全本 全注 全评

史記

评注版

五 列传

[西汉]司马迁 著

韩兆琦 评注

岳麓書社·长沙

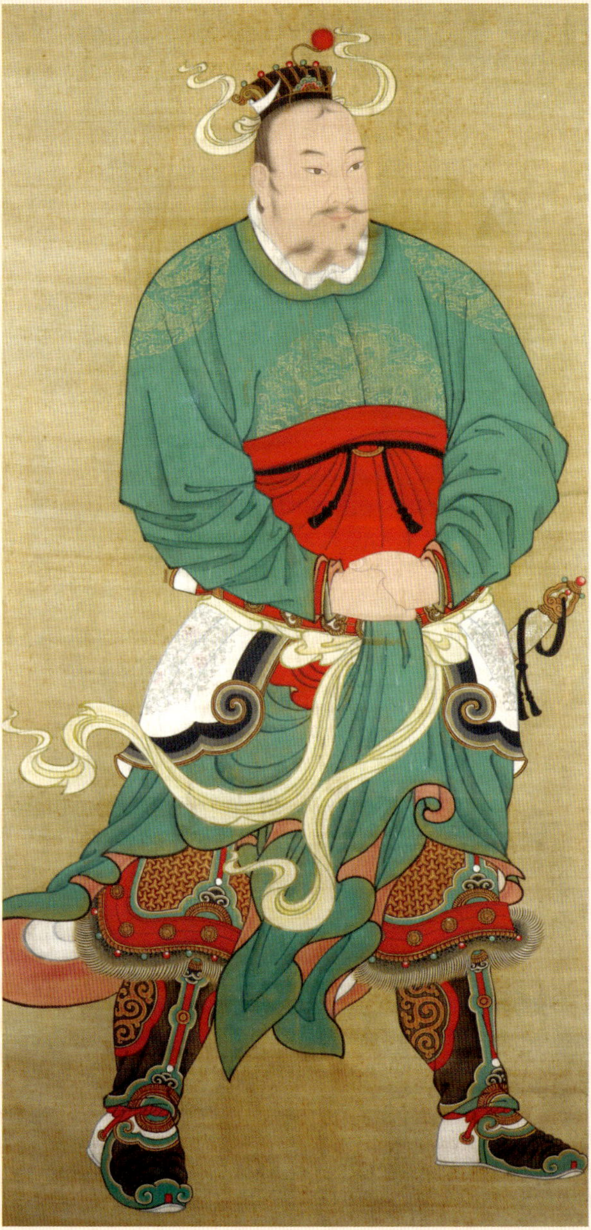

韩信

晋画像砖《李广骑射》

卫青墓

马踏匈奴石雕

西汉弩机

天降单于瓦当

匈奴狼噬牛金牌饰

匈奴金冠

目　录

蒙恬列传第二十八

蒙恬者，其先齐人也。恬大父蒙骜，自齐事秦昭王，官至上卿。[①]秦庄襄王元年，蒙骜为秦将，伐韩，取成皋、荥阳，作置三川郡。[②]二年，蒙骜攻赵，取三十七城。始皇三年，蒙骜攻韩，取十三城。五年，蒙骜攻魏，取二十城，作置东郡。始皇七年，蒙骜卒。骜子曰武，武子曰恬。恬尝书狱，典文学[③]。始皇二十三年，蒙武为秦裨将军，与王翦攻楚，大破之，杀项燕。二十四年，蒙武攻楚，虏楚王。蒙恬弟毅。

（以上为第一段，写蒙恬的先辈为秦国统一所做的杰出贡献。）

①大父蒙骜——大父：祖父。　上卿——春秋、战国时代各国的最高级别执政大臣。　②成皋——韩邑名，在今河南荥阳汜水镇西，旧城址尚存。　荥阳——韩县名，县治在今河南郑州惠济区西北。　作置三川郡——作置：设立。三川郡：秦郡名，郡治雒阳，在今洛阳东。③书狱，典文学——书：指学习。文学：指司法部门的各种文书簿籍。典文学：即在司法部门做文字工作。

始皇二十六年，蒙恬因家世得为秦将，攻齐，大破之，拜为内史[①]。秦已并天下，乃使蒙恬将三十万众北逐戎狄，收河南[②]。筑长城，因地形，用制险塞，起临洮，至辽东，延袤万余里。[③]于是渡河，据阳山，逶蛇而北。[④]暴师于外十余年，居上郡[⑤]。是时蒙恬威振匈奴。始皇甚尊宠蒙氏，信任贤之[⑥]。而亲近蒙毅，位至上卿，出则参乘，入则御前。[⑦]恬任外事而毅常为内谋，名为忠信，故虽诸将相莫敢与之争焉。[⑧]

（以上为第二段，写蒙恬在佐助秦王政统一六国称帝，以及在伐匈奴、筑长城、修驰道等诸项活动中的巨大贡献。）

①内史——秦官名，京畿地区的最高行政长官，即后世的京兆尹。 ②收河南——将今内蒙古境内的黄河以南（即通常所说的"河套"）地区收归秦朝版图。 ③因地形，用制险塞——意思是随着各处的自然地形而筑成险要的城障。 临洮——秦县名，县治在今甘肃岷县。 辽东——秦郡名，郡治襄平，在今辽宁辽阳。 延袤（mào）万余里——延袤：犹今所谓延伸，延长。按：此长城是在战国秦、赵、燕三国长城旧址上发展起来的，全长万余里。 ④渡河——指在今内蒙古河套一带渡黄河北进。 阳山——即今内蒙古河套以北的狼山。因其在黄河以北，故称"阳"。 逶蛇（wēi yí）而北——指出兵北上。逶蛇：沿小路曲折行进的样子。 ⑤上郡——秦郡名，郡治肤施，在今陕西榆林东南。 ⑥信任贤之——信之、任之，以之为贤。按：此三个动词共统一个宾语之例，是比较怪的句法。 ⑦参乘（shèng）——陪皇帝同乘一辆车，兼充警卫。 御前——在皇帝的座前充当警卫。 ⑧常为内谋——常在内为皇帝出谋划策。 名为忠信——意即有忠信之名。 诸将相莫敢与之争——当时文臣最高官职是"丞相"，武将最高官职是"太尉"，蒙氏兄弟虽然不是"丞相"与"太尉"，但所受的信任与尊宠实在"丞相"与"太尉"之上。

赵高者，诸赵疏远属[①]也。赵高昆弟数人，皆生隐宫[②]，其母被刑僇，世世卑贱。秦王闻高强力，通于狱法，举以为中车府令。[③]高即私事公子胡亥，喻之决狱。[④]高有大罪，秦王令蒙毅法治之。毅不敢阿法，当高罪死，除其宦籍。帝以高之敦于事[⑤]也，赦之，复其官爵。

始皇欲游天下，道九原，直抵甘泉[6]，乃使蒙恬通道，自九原抵甘泉，堑山堙谷，千八百里。[7]道未就[8]。

始皇三十七年冬，行出游会稽，並海上，北走琅邪。[9]道病，使蒙毅还祷山川，未反。[10]

始皇至沙丘崩，秘之，群臣莫知。是时丞相李斯、公子胡亥、中车府令赵高常从。高雅[11]得幸于胡亥，欲立之，又怨蒙毅法治之而不为己也，因有贼心。[12]乃与丞相李斯、公子胡亥阴谋，立胡亥为太子。太子已立，遣使者以罪赐公子扶苏、蒙恬死。扶苏已死，蒙恬疑而复请之[13]。使者以蒙恬属吏，更置。[14]胡亥以李斯舍人为护军[15]。使者还报，胡亥已闻扶苏死，即欲释蒙恬。赵高恐蒙氏复贵而用事，怨之[16]。

毅还至，赵高因为胡亥忠计，[17]欲以灭蒙氏，乃言曰："臣闻先帝欲举贤立太子久矣，而毅谏曰'不可'。若知贤而俞弗立，则是不忠而惑主也。[18]以臣愚意，不若诛之。"胡亥听而系蒙毅于代[19]。前已囚蒙恬于阳周[20]。丧至咸阳，已葬，太子立为二世皇帝，而赵高亲近，日夜毁恶蒙氏，求其罪过，举劾之。

子婴进谏曰："臣闻故赵王迁杀其良臣李牧而用颜聚，[21]燕王喜阴用荆轲之谋而倍秦之约，[22]齐王建杀其故世忠臣而用后胜之议。[23]此三君者，皆各以变古者[24]失其国而殃及其身。今蒙氏，秦之大臣谋士也，而主欲一旦弃去之，臣窃以为不可。臣闻轻虑者不可以治国，独智者不可以存君。[25]诛杀忠臣而立无节行之人，是内使群臣不相信而外使斗士之意离也，臣窃以为不可。"

胡亥不听，而遣御史曲宫乘传之代，[26]令蒙毅曰："先主欲立太子而卿难之。今丞相以卿为不忠，罪及其宗。朕不忍，乃赐卿死，亦甚幸矣，卿其图之！"毅对曰："以臣不能得先主之意，则臣少宦，顺幸没世，可谓知意矣。[27]以臣不知太子之能，则太子独从，周旋天下，去诸公子绝远，臣无所疑矣。[28]夫先主之举用太子，数年之积也，臣乃何言之敢谏，何虑之敢谋！非敢饰辞以避死也，为羞累先主之名[29]。愿大夫为虑焉，使臣得死情实。[30]且夫顺成全者，道之所贵也；[31]刑杀者，道之所卒也[32]。昔者秦穆公杀三良而死，罪百里奚而非其罪也，故立号曰'缪'。[33]昭襄王杀武安君白起，[34]楚平王杀伍奢，[35]吴王夫差杀伍子胥。此四君者，皆为大失，而天下非之，以其君为不明，以是籍于诸侯[36]。故曰'用道治者不杀无罪，而罚不加于无辜'。唯大夫留心！"使者知胡亥之意，不听蒙毅之言，遂杀之。

二世又遣使者之阳周，令蒙恬曰："君之过多矣，而卿弟毅有大罪，法及内史[37]。"恬曰："自吾先人，及至子孙，积功信于秦三世矣。今臣将兵三十余万，身虽囚系，其势足以倍畔[38]，然自知必死而守义者，不敢辱先人之教，以不忘先主也。昔周成王初立，未离襁褓，周公旦负王以朝，卒定天下。及成王有病甚殆，公旦自揃其爪以沈于河，[39]曰：'王未有识，是旦执事。[40]有罪殃，旦受其不祥。'乃书而藏之记府[41]，可谓信矣。及王能治国，有贼臣言：'周公旦欲为乱久矣，王若不备，必有大事。'王乃大怒，周公旦走而奔于楚。成王观于记府，得周公旦沈书[42]，乃流涕曰：'孰谓周公旦欲为乱乎！'杀言之者而反周公旦。故《周书》曰：'必参而伍之[43]。'今恬之宗，世无二心，而事卒如此，是必孽臣逆乱，内陵之道也。[44]夫成王失而复振则卒昌；桀杀关龙逢，纣杀王子比干而不悔，身死则国亡。臣故曰'过可振而谏可觉'也[45]。察于参伍，上圣之法也。[46]凡臣之言，非以求免于咎也，将以谏而死，愿陛下为万民思从道也。[47]"使者曰："臣受诏行法于将军，不敢以将军言闻于上也。"蒙恬喟然太息曰[48]："我何罪于天，无过而死乎？"良久，徐曰："恬罪固当死矣，起临洮属之辽东，城堑万余里，此其中不能无绝地脉哉？此乃恬之罪也[49]。"乃吞药自杀。

（以上为第三段，写赵高、李斯政变后，蒙氏兄弟被叛乱分子所杀。）

①诸赵疏远属——意谓赵高原是赵国人，是赵国王室的远房宗族。诸赵：赵国的宗室诸家族。 ②隐宫——旧说皆以为是惩治并关押宫刑犯人的场所。《秦始皇本纪》之《正义》曰："余刑见于市朝，宫刑一百日，隐于荫室养之乃可，故曰隐宫，下蚕室是。"本文的《索隐》曰："盖其父犯宫刑，妻子没为奴婢，妻后野合，所生子者皆承赵姓。并宫之，故云兄弟生于隐宫也。"按：父亲有罪受宫刑，母亲不可能也跟着关入隐宫，他们的孩子更不一定也得跟着受宫刑。赵高有女婿名叫阎乐，说明赵高并未自幼被宫。马非百《秦集史》认为：据新出土的《云梦秦简》法律部分，有"隐宫"之名。所谓"隐宫"，乃是一个收容受过刑罚而因立功被赦之罪人的机关。处在隐宫之罪人，必须从事劳动，其性质约与后世之劳动教养大致相同。"赵高昆弟数人，皆生隐宫，其母被刑僇，世世卑贱"，是说高母曾受刑戮，后因获释，得处隐宫，故高兄弟皆能相继生于隐宫。由于隐宫是属于劳动教养所性质，是罚罪犯之所，而赵高兄弟皆生于此，故称之为"世世卑贱"。按：马氏之说可信。 ③秦王闻高强力——秦王：指称"皇帝"以前的嬴政。强力：坚强有力，此从其意志而言。 中车府令——在宫中为皇帝管理车马的官。 ④私事——暗中为之做事。即拉拢，勾结。 喻之决狱——喻：教。决狱：判案。 ⑤敦于事——敦：勉，即今之所谓"积极勤快"。 ⑥道九原，直抵甘泉——道：由，从。九原：秦郡名，郡治在今内蒙古包头西。甘泉：山名，在今陕西淳化西北。山上有皇帝的离宫，即甘泉宫。 ⑦通道——即所谓"修直道"。 壍(qiàn)山——在山里挖出通道。渐：同"堑"，壕沟，这里用作动词。 堙(yīn)谷——填平山谷。 千八百里——按：秦始皇之修直道，乃为加强北部之国防计，非如史公所谓"始皇欲游天下"。 ⑧道未就——按：此语紧接下文，意谓此道尚未修完，则下述一系列巨变发生。 ⑨並海上——沿海边北行。並：通"傍"，沿着。 琅邪——山名，也是秦郡名。琅邪郡的郡治在今山东青岛黄岛区琅邪台西北；其地有琅邪山，在琅邪郡城之东南十余里。始皇于二十八年(前219)曾巡游至此，筑琅邪台，并刻石以明得意，参见《秦始皇本纪》。 ⑩还祷山川——回到内地祭祀各处的名山大川，以祈求为始皇帝消灾。还：此处有"旋转""巡回"之意，或直接读"旋"亦可。 未反——

亦同上文之“未就”,盖此事未完,下述之大变故即已发生。“未就”“未回”,都突出了文章之紧凑,气氛之惶急。 ⑪雅——平素,一向。 ⑫不为已——指不为赵高留地步。 贼心——祸心,篡乱害人之心。贼:害,残害。 ⑬复请之——再向朝廷叩问赐死之由。 ⑭属(zhǔ)吏——交由负责该事的官吏看守起来。属:交管。 更置——改押在一个别的地方,即后文所说的阳周。 ⑮护军——类似后代的“监军”,皇帝派往军中负责监督、监察的官员。 ⑯恐蒙氏复贵而用事,怨之——谓赵高担心蒙氏再度掌权,会因怨恨赵高而报复之。 ⑰毅还至——指祭祀山川回来,接上文“未反”二字。 因为胡亥忠计——按:“忠计”二字略涩,似应作“进计”。 ⑱知贤而俞弗立——俞:此处通“逾”,谓知太子贤而逾久不立。 惑主——使君主迷惑。 ⑲系蒙毅于代——代:秦郡名,郡治代县,在今河北蔚县东北。 ⑳阳周——秦县名,县治在今陕西子长西北。蒙恬与扶苏原在北部边境的军中,驻地未详何处。赵高的使者逼迫扶苏自杀后,蒙恬还要再请示,于是赵高的使者遂将蒙恬“更置”关押于阳周。 ㉑李牧——战国后期赵国的良将,曾支撑赵国残局,为赵国抗秦兵,破匈奴,最后被赵王迁袭捕杀害。 颜聚——原是齐国的将领,后又为赵将。关于李牧为赵国支撑残局与其被赵王迁所杀事,详见《廉颇蔺相如列传》。 ㉒燕王喜——战国时燕国的亡国之君。按:派荆轲入秦行刺者为燕太子丹,不是其父燕王喜。 倍秦之约——背叛向秦求和之约。倍:通“背”。 ㉓齐王建——齐国的亡国之君。 后胜——齐王建的宰相,秦国的奸细。齐王建听信后胜之劝而断送齐国事,详见《田敬仲完世家》。 ㉔变古者——改变旧有的办法、章程。古:此处义同“故”。 ㉕独智——只相信自己的智慧。即刚愎自用,自以为是。 不可以存君——王叔岷认为“君”应作“身”,“治国”与“存身”对文。 ㉖御史曲宫——御史姓曲名宫。御史:也称“侍御史”,御史大夫的属官,御史大夫为当时的“三公”之一,其下属有侍御史多人,主管监察弹劾。 传(zhuàn)——驿车。 ㉗以臣不能得先主之意——如果我要是不能理解先帝的意思。 少宦——从小在先帝身边为官。 顺幸没世——一直侍候先帝至死,没有受过任何指责。 可谓知意——说明我是理解先帝的。

㉘以臣不知太子之能——如果说我不了解太子您的贤能。　周旋——周游。　去诸公子绝远——意谓胡亥所受的始皇帝的荣宠,远非其他诸子所能比。　臣无所疑矣——说明我对您是没有任何怀疑的。㉙羞累先主之名——不愿意由于自己承认没有的事情,而给老皇帝造成用人不当的坏名声。　㉚愿大夫为虑焉——希望您替我考虑一下。大夫:敬称曲宫。　得死情实——犹今所谓“死得问心无愧”。　㉛顺成全——按着事物的规律,让其自然发展,有始有终。　道——古指天地万物的通理、常理。　㉜刑杀者,道之所卒也——泷川资言曰:“枫、三本‘卒’作‘末’。”按:“道之所末”与上句“道之所贵”相对文。《老子》第三十一章有所谓“兵者,不祥之器,物或恶之,故有道者不处……夫乐杀人者,则不可得志于天下矣”,即其意。　㉝秦穆公——名任好,春秋时代秦国较有作为的君主。　杀三良而死——指用秦之良臣奄息、仲行、鍼(qián)虎三人为自己殉葬。事见《诗经·黄鸟》与《秦本纪》。　百里奚——秦之贤臣,即所谓“五羖(gǔ)大夫”,原为虞国人。入秦后,为秦穆公举荐了贤臣蹇叔。秦穆公“罪百里奚以非罪”,不知确指何事。史载公元前628年秦穆公利令智昏地想趁晋文公之死发兵偷袭郑国,百里奚、蹇叔极力劝阻,秦穆公不但不听,反而对他们恶语辱骂。结果秦军大败,证明了百里奚与蹇叔的意见是完全正确的。事见《左传·僖公三十三年》与《秦本纪》。　立号曰“缪”——即死后谥曰“缪”。“缪”也就是“荒谬”的意思。根据谥法:“名与实爽曰缪。”㉞昭襄王——即前文所说的秦昭王,秦始皇的曾祖父。　白起——秦国的名将,曾帮助秦昭王大力侵削东方诸国,以功被封为武安君。最后在范雎的挑动下,被迫自杀。　㉟楚平王——春秋后期楚国的国君。　伍奢——楚平王太子的太傅,因反对奸臣费无极对太子的陷害,在费无极的挑动下,被楚平王所杀。　㊱以是籍于诸侯——以是:因此。籍:犹今之所谓“狼籍”。《索隐》曰:“言其恶声狼籍,布于诸国。”一说,籍为书写、记录,记其罪恶于史籍。　㊲法及内史——意谓他的犯法牵连到你。　㊳其势足以倍畔——谓其完全具备造反的能力。倍畔:即“背叛”。　㊴有病甚殆(dài)——殆:危险。　自揃(jiǎn)其爪以沈于河——剪爪投之于黄河是古人向鬼神盟誓时所做的一种姿态。表示愿

以自己的生命担保。 ㊵王未有识——成王年小,尚不懂事。 执事——掌管国家大事。 ㊶藏之记府——记府:保存文献、档案的地方。犹今之档案馆。 ㊷得周公沈书——按:“沈书”应作“祷书”。㊸参而伍之——《太史公自序》说名家“控名责实,参伍不失”,即摆出事实,认真比较,推求其最合理者。 ㊹孽臣——这里的意思即奸臣、贼臣,隐指赵高、李斯等。 内陵——内部自行削弱。 ㊺故曰“过可振而谏可觉”也——《索隐》曰:“‘振’者,救也。然语亦倒,以言前人受谏可觉,则其过乃可救。” ㊻察于参伍——通过核查比较弄清事实真相。察:清楚,明白。 上圣——古代的英明帝王。 ㊼将以谏而死——将以此作为临死前的最后一次劝谏。 从道——按大道行事。即上文蒙毅所讲的“顺成全”“不杀无罪”。 ㊽喟(kuì)然——伤心的样子。 太息——叹息。 ㊾其中不能无绝地脉哉?此乃恬之罪也——凌约言认为:白起之引剑自裁也,曰:“我何罪于天而至此哉?”良久,曰:“我固当死。长平之战,赵卒降者数十万人,我诈而尽坑之,是足以死。”与蒙恬之咎地脉同,然实以叙其功耳。吴见思认为:终以不了了语竟收,以明蒙恬之无罪也。

太史公曰:吾适北边,自直道归,[①]行观蒙恬所为秦筑长城亭障,堑山堙谷,通直道,固轻百姓力[②]矣。夫秦之初灭诸侯,天下之心未定,痍伤者未瘳,[③]而恬为名将,不以此时强谏,振百姓之急,养老存孤,务修众庶之和,而阿意兴功,[④]此其兄弟遇诛,不亦宜乎!何乃罪地脉哉?

(以上为第四段,是作者的论赞,批评了蒙恬在协助秦始皇统一六国后未能及时地辅佐秦始皇改行仁政,致使国破身亡,言外无限感慨。)

①适北边——到北部的边防前线去。 自直道归——指经由九原至甘泉的“直道”而回长安。 ②轻百姓力——不把百姓的劳动当成一回事。轻:不重视,肆意消耗。 ③痍伤者——指蒙受战争创伤的黎民百姓。 未瘳(chōu)——尚未痊愈。 ④修众庶之和——恢复百姓的元气。和:元气。 阿意——曲从秦始皇的意旨。阿:曲,曲从。

兴功——指修长城,修驰道、直道,以及伐匈奴等大规模劳民伤财的事情。

［**简评**］ 作品记述了以蒙恬为代表的蒙氏家族在协助秦王统一全国过程中所建立的卓越功勋,和统一全国后蒙恬在驱逐匈奴,以及筑长城、修直道、驰道等活动中的突出贡献。作者对蒙氏家族,尤其是蒙恬其人的历史作用是有充分认识与高度评价的。作者所感到不足的是始皇统一天下后,蒙恬没能在和平建设方面起到更好的作用。这不是蒙恬个人的不足,乃是整个秦朝统治集团的致命缺陷。后来贾谊说他们不懂得“仁义不施,攻守之势异也”;叔孙通有所谓“儒家难与进取,可与守成”,就都是针对这些问题说的,司马迁这里同样也是在事过之后提出问题。但话又说回来,不正是由于先有了秦始皇这么一场触目惊心的壮烈的悲剧,而后才使人们对秦王朝的问题看得这样清楚吗?司马迁批评蒙恬“不以此时强谏”,在《白起王翦列传》中也批评王翦“不能辅秦建德”,这都没有错,尽管后代有些开国大将为了“强谏”而招致杀身,并于世事无补。

本书写蒙氏家族的历史功勋,以及蒙氏兄弟遇害的过程都很简略,其详细描写的乃是扶苏的一段谏辞,和蒙毅、蒙恬的两段辩白之辞。三段陈辞超过了整篇传记的二分之一,而且写得感慨淋漓,极其饱满,这才是整篇作品的用意之所在。它一方面表现了作者对蒙氏兄弟、蒙氏家族惨烈遭遇的无比同情;同时又对赵高、李斯篡国集团残害忠良的行径无比痛恨,这种事在《史记》中连篇不断,在西汉建国以来几十年里也书不胜书。到头来是既害了别人,又害了自己,更严重的是从此葬送了好端端的国家社稷。这种历史惨剧一直要搬演到何年何月呢?历史家陷入了无法解释的悲愤与惶惑之中。

［**集评**］《太史公自序》:“为秦开地益众,北靡匈奴,据河为塞,因山为固,建榆中,作《蒙恬列传》第二十八。”

储欣曰:“观汉之所以兴,萧、曹相国之所以得,则知秦之所以亡,王翦、蒙恬之所以失。太史公权衡千古,垂法著戒,深得《春秋》之意。彼谓‘是非颇谬于圣人’者,亦独何哉!”(《史记选》)

尚镕曰:“迁责王翦不能辅秦建德,固其根本;责李斯不补主阙,严威酷刑;责蒙恬不能强谏,振急修和。且责翦以偷合取容,责斯以阿顺苟合,责恬以阿意兴功。真古之良史,可为万世驭将相之明鉴矣。”(《史记辨证》)

吴见思曰:“此传系三段,前(序)世系战功是一段,立二世是一段,诛蒙恬兄弟是一段,《史记》合传多用穿插顿挫凌驾法。此传只以子婴谏词与蒙毅对词、蒙恬对词三处照映成篇,而前后起结,干净明简,不作支蔓,是史传中一篇老实文字。《史记》附传一篇之中必记其始卒,独赵高干此记其始。于李斯传记其终。”(《史记论文》)

李景星曰:“《蒙恬传》极写其兄弟权势之盛,故篇中于恬、毅之事,不用并提,即用对叙。看似恬、毅合传,实则以恬为主。开首详叙先世,即为权势之盛伏根;以下曰‘因家世得为秦将’,曰‘始皇尊宠蒙氏,曰‘诸将相莫敢与之争’,曰‘蒙氏,秦之大臣谋士也’,曰‘积功于秦三世矣’,皆为‘权势’二字极力提动,而又以子婴之谏与恬、毅临死之言相映成文,遂觉权势之盛与权势之穷一齐俱出。赞语谓蒙氏兄弟之诛为宜,而一篇所写之权势又皆化成两人之罪案。用笔之妙,何可思议!至赵高为李斯、蒙恬之对头,故于《李斯传》内备记其终,于《蒙恬传》内又详叙其始。而李斯、蒙恬之受祸处写得圆足,而赵高之出身本末亦写得圆足。以一人之事附记两传之中,斯又附传之创格也。”(《四史评议》)

郭嵩焘曰:“蒙氏有功而无几微过差,其北备匈奴,方秦并天下时事无急于是者;起长城为防,至汉兴犹蒙其利。而蒙氏固将也,以任边事,其职应然,观其临死绝地脉之言,抑何其言之沉痛也!史公责其‘阿意兴功’,而以其遇诛为宜,不亦过乎!”(《史记札记》)

白寿彝曰:“秦皇(王)朝反击匈奴的胜利,是对匈奴贵族侵扰势力第一次最沉重的打击。匈奴单于‘头曼不胜秦’被迫‘北徙’十余年,故汉初著名政论家贾谊称其‘却匈奴七百余里,胡人不敢南下而牧马,士不敢弯弓而报怨’。桑弘羊也说:经蒙恬反击之后,‘匈奴势慑,不敢南面而望十余年’。这场反击战,解除了匈奴奴隶主贵族的侵扰与破坏,‘悉收河南地’,使今河套内外,大河南北的广大地区在一个相当长的时间内摆脱了兵祸的灾难。这对于我国古代统一多民族国家的形成,促进这些边远地区文化的发展,保护包括匈奴人民在内的各族人民生命财产的安全,是有积极意义的。”

又曰:“蒙恬修筑的长城主要由三大段组成,西北段,西南起临洮(今甘肃岷县),东北至九原(今内蒙古自治区包头市西北)。除部分利用秦旧有长城外,大多因河为塞,并在险要处新筑了许多亭障;北段,由高阙至代郡(治代县,今河北蔚县)以北;东北段,由代郡东行,抵辽东碣石。这两段大抵因赵、燕旧长城缮修、增筑而成。整个工程‘因地形,用制险塞,起临洮,至辽东,延袤万余里’。长城修筑后,虽未能阻挡匈奴贵族的南下,但在当时的历史条件下,还是起过一定的防卫作用。同时,长城本身作为伟大的建筑工程遗留后世,则是我国劳动人民富于智慧和独创性的见证。”(《中国通史》)

张大可曰:“蒙氏世世为秦将,在秦的统一与政权巩固的过程中,都立有大功。司马迁为蒙恬、蒙毅兄弟二人立传,记载了他们的历史功绩以及被赵高陷害所遭遇的不幸。但是,蒙恬在筑长城、修驰道等问题上，不顾人民疾苦，阿意兴功，受到了司马迁的批评。这里表现了司马迁同情人民的立场，这一精神是可贵的。”（《史记新注》）

杨燕起、阎崇东曰：“文篇重点通过子婴进谏和蒙毅、蒙恬的申述，揭示了诛杀忠臣对于国家存亡的危害作用。……司马迁有意借用三人的评说，总结历史的经验教训，指出诛杀忠臣往往是与国家的灭亡相联系的，不可不注意这一项重要的为政之‘理’。”（《〈史记〉精华导读》）

马非百曰：“世传蒙恬尝以兔毛造笔，又曾造筝。而《傅子》则云：‘筝者上圆象天，下平象地……乃仁智之器，岂蒙恬亡国之臣所能开思运巧？’此真最不合理之怀疑，非天下之公论也。李斯、赵高、胡母敬能造小篆，王次仲、程邈能造隶书，彼独非‘亡国之臣’耶？恬云：‘今臣将兵三十万，身虽囚系，其势足以背畔；自知必死而守义者，不敢辱先人之教，以不忘先主也。’蔼然仁者之言，安在其不能‘开思运巧’以造‘仁者之器’哉？吾故附之《传》末而明辨之，使后之人读而知秦之亡，非蒙氏之罪，而其能否‘开思运巧’又与亡国无关云。”（《秦集史》）

张耳陈餘列传第二十九

张耳者,大梁[①]人也。其少时,及魏公子毋忌为客[②]。张耳尝亡命游外黄。[③]外黄富人女甚美,嫁庸奴,亡其夫,去抵父客[④]。父客素知张耳,乃谓女曰:"必欲求贤夫,从张耳。"女听,乃卒为请决[⑤],嫁之张耳。张耳是时脱身游,女家厚奉给张耳,张耳以故致千里客[⑥]。乃宦魏为外黄令。名由此益贤。陈餘者,亦大梁人也,好儒术,数游赵苦陉[⑦]。富人公乘氏以其女妻之,亦知陈餘非庸人也。餘年少,父事张耳,两人相与为刎颈交[⑧]。

秦之灭大梁也,张耳家外黄。高祖为布衣时,尝数从张耳游,客数月。秦灭魏数岁,已闻此两人魏之名士也,购求有得张耳千金[⑨],陈餘五百金。张耳、陈餘乃变名姓,俱之陈,为里监门以自食[⑩]。两人相对,里吏尝有过笞陈餘[⑪],陈餘欲起,张耳蹑之,使受笞。吏去,张耳乃引陈餘之桑下而数之曰:"始吾与公言何如?今见小辱而欲死一吏乎[⑫]?"陈餘然之。秦诏书购求两人,两人亦反用门者以令里中[⑬]。

(以上为第一段,写张耳、陈餘早年穷困时期的友谊。)

①大梁——古城名,旧址在今河南开封,战国后期魏国的国都。

②及魏公子毋忌为客——及:赶上。魏公子毋忌:即信陵君,"毋忌"也

写作“无忌”。事迹详见《魏公子列传》。为客:为之做宾客。 ③亡命——因避罪而隐姓埋名潜逃。 外黄——秦县名,县治在今河南民权西北。 ④嫁庸奴,亡其夫,去抵父客——王念孙以为“既为富人女,而又甚美,则无嫁庸奴之理”,故而此句中“嫁”字衍文,应削;其余应作“庸奴其夫,亡去,抵父客”。按:王说甚是,《汉书》作“外黄富人女甚美,庸奴其夫,亡邸父客”,可资参证。“庸奴”用作动词,即“奴役”的意思。 ⑤乃卒为请决——此句主语为“父客”,谓父客代此女向其夫请求解除婚姻关系。决:离异,分开。 ⑥脱身游——单身一人漂泊在外。 以故致千里客——张耳靠其妻家之财当起富翁,“致千里客”,亦效法魏公子收养门客。 ⑦数游赵苦陉(xíng)——数:频繁,屡屡。苦陉:赵县名,县治在今河北定州南邢邑镇。 ⑧父事——像对待父亲一样奉事。 刎颈交——师古曰:“言托契深重,虽断颈绝头,无所顾也。” ⑨购求——悬赏捉拿。 ⑩俱之陈——共同逃到了陈郡。陈郡的郡治在今河南周口淮阳区。 为里监门——给里巷看大门。 以自食(sì)——以此维持生活。 ⑪里吏尝有过笞(chī)陈餘——里吏:主管该里事务的小吏。按:《汉书》于此作“吏尝以过笞陈餘”,无“里”字,较此畅达。以过笞:即以陈餘有过而笞之。 ⑫而欲死一吏乎——值得与一个小吏计较而牺牲性命吗? ⑬反用门者以令里中——反过来以监门人的身份把上头的命令传达给全里巷。

陈涉起蕲[①],至入陈,兵数万。张耳、陈餘上谒陈涉,涉及左右生平数闻张耳、陈餘贤,未尝见,见即大喜。

陈中豪杰父老乃说陈涉曰:“将军身被坚执锐,率士卒以诛暴秦,复立楚社稷,存亡继绝,功德宜为王。且夫监临天下诸将,不为王不可,愿将军立为楚王也。”陈涉问此两人,两人对曰:“夫秦为无道,破人国家,灭人社稷,绝人后世,罢百姓之力[②],尽百姓之财。将军瞋目张胆,出万死不顾一生之计,为天下除残也。今始至陈而王之,示天下私。愿将军毋王,急引兵而西,遣人立六国后,自为树党,为秦益敌也。[③]敌多则力分,与众则兵强[④]。如此野无交兵，县无守城，[5]诛暴秦，据咸阳以令诸侯。诸侯亡而得立，以德服之，如此则帝业成矣。今独王陈，恐天下解[6]也。”陈涉不听，遂立为王。

陈餘乃复说陈王曰：“大王举梁、楚而西，务在入关，未及收河北也。[7]臣尝游赵，知其豪桀及地形，愿请奇兵北略赵地。”于是陈王以故所善陈人武臣为将军，邵骚为护军，以张耳、陈餘为左右校尉，予卒三千人，北略赵地。

武臣等从白马渡河，至诸县，说其豪桀曰：“秦为乱政虐刑以残贼天下，数十年矣。北有长城之役，南有五岭之戍，外内骚动，百姓罢敝，头会箕敛，[8]以供军费，财匮力尽，民不聊生。重之以苛法峻刑，使天下父子不相安。陈王奋臂为天下倡始，王楚之地，方二千里，莫不响应，家自为怒，人自为斗，各报其怨而攻其仇，县杀其令丞，郡杀其守尉。今已张大楚，王陈，使吴广、周文将卒百万西击秦。[9]于此时而不成封侯之业者，非人豪也。诸君试相与计之！夫天下同心而苦秦久矣。因天下之力而攻无道之君，报父兄之怨而成割地有土之业，此士之一时也。[10]”豪桀皆然其言。乃行收兵[11]，得数万人，号武臣为武信君。下赵十城，余皆城守，莫肯下。

乃引兵东北击范阳[12]。范阳人蒯通说范阳令曰：“窃闻公之将死，故吊。虽然，贺公得通而生。”范阳令曰：“何以吊之？”对曰：“秦法重，足下为范阳令十年矣，杀人之父，孤人之子，断人之足，黥人之首，不可胜数。然而慈父孝子莫敢倳刃[13]公之腹中者，畏秦法耳。今天下大乱，秦法不施，然则慈父孝子且倳刃公之腹中以成其名，此臣之所以吊公也。今诸侯畔秦矣，武信君兵且至，而君坚守范阳，少年皆争杀君，下武信君[14]。君急遣臣见武信君，可转祸为福，在今矣。”

范阳令乃使蒯通见武信君曰：“足下必将战胜然后略地[15]，攻得然后下城，臣窃以为过矣。诚听臣之计，可不攻而降城，不战而略地，传檄而千里定，可乎？”武信君曰：“何谓也？”蒯通曰：“今范阳令宜整顿其士卒以守战者也，怯而畏死，贪而重富贵，故欲先天下降，畏君以为秦所置吏，诛杀如前十城也。然今范阳少年亦方杀其令，自以城距君。君何不赍臣侯印，拜范阳令[16]，范阳令则以城下君，少年亦不敢杀其令。令范阳令乘朱轮华毂，使驱驰燕、赵郊。燕、赵郊见之，皆曰‘此范阳令，先下者也’，即喜矣，燕、赵城可毋战而降也。此臣之所谓传檄而千里定者也。”武信君从其计，因使蒯通赐范阳令侯印。赵地闻之，不战以城下者三十余城。

至邯郸，张耳、陈餘闻周章军入关，至戏却[17]；又闻诸将为陈王徇地，多以谗毁得罪诛；怨陈王不用其策、不以为将而以为校尉，乃说武臣曰：“陈王起蕲，至陈而王，非必立六国后[18]。将军今以三千人下赵数十城，独介居河北，不王无以填之。[19]且陈王听谗，还报[20]，恐不脱于祸。又不如立其兄弟；不，即立赵后[21]。将军毋失时，时间不容息[22]。”武臣乃听之，遂立为赵王。以陈餘为大将军，张耳为右丞相，邵骚为左丞相。

使人报陈王，陈王大怒，欲尽族武臣等家，而发兵击赵。陈王相国房君谏曰：“秦未亡而诛武臣等家，此又生一秦[23]也。不如因而贺之，使急引兵西击秦。”陈王然之，从其计，徙系武臣等家宫中，封张耳子敖为成都君。[24]

陈王使使者贺赵，令趣发兵西入关。张耳、陈餘说武臣曰：“王王赵，非楚意，特以计贺王。楚已灭秦，必加兵于赵。愿王毋西兵，北徇燕、代，南收河内以自广。[25]赵南据大河[26]，北有燕、代，楚虽胜秦，必不敢制赵。”赵王以为然，因不西兵，而使韩广略燕，李良略常山，张黡略上党。

韩广至燕，燕人因立广为燕王。赵王乃与张耳、陈餘北略地燕界。赵王间出[27]，为燕军所得。燕将囚之，欲与分赵地半，乃归王。使者往，燕辄杀之以求地。张耳、陈餘患之。有厮养卒谢其舍中曰[28]:"吾为公说燕,与赵王载归[29]。"舍中皆笑曰:"使者往十余辈,辄死,若何以能得王?"乃走燕壁,燕将见之,[30]问燕将曰:"知臣何欲?"燕将曰:"若欲得赵王耳。"曰:"君知张耳、陈餘何如人也?"燕将曰:"贤人也。"曰:"知其志何欲?"曰:"欲得其王耳。"赵养卒乃笑曰:"君未知此两人所欲也。夫武臣、张耳、陈餘杖马棰下赵数十城,此亦各欲南面而王,岂欲为卿相终已邪?[31]夫'臣'与'主'岂可同日而道哉,顾其势初定,未敢参分而王,且以少长先立武臣为王,以持赵心[32]。今赵地已服,此两人亦欲分赵而王,时未可耳。今君乃囚赵王。此两人名为求赵王,实欲燕杀之,此两人分赵自立。夫以一赵尚易燕,况以两贤王左提右挈,[33]而责杀王之罪,灭燕易矣。"燕将以为然,乃归赵王,养卒为御而归。

李良已定常山,还报,赵王复使良略太原。至石邑,秦兵塞井陉,[34]未能前。秦将诈称二世使人遗李良书,不封,曰:"良尝事我得显幸。良诚能反赵为秦,赦良罪,贵良。"良得书,疑不信。乃还之邯郸,益请兵。未至,道逢赵王姊出饮,从百余骑。李良望见,以为王,伏谒道旁。王姊醉,不知其将,使骑谢李良。[35]李良素贵[36],起,惭其从官。从官有一人曰:"天下畔秦,能者先立。且赵王素出将军下,今女儿[37]乃不为将军下车,请追杀之。"李良已得秦书,固欲反赵,未决,因此怒,遣人追杀王姊道中,乃遂将其兵袭邯郸。邯郸不知,竟杀武臣、邵骚。赵人多为张耳、陈餘耳目者,以故得脱出。收其兵,得数万人。客有说张耳曰:"两君羁旅,而欲附赵,[38]难;独立赵后,扶以义,可就功。[39]"乃求得赵歇,立为赵王,居信都。[40]李良进兵击陈餘,陈餘败李良,李良走归章邯[41]。

(以上为第二段,写张耳、陈餘起兵前期通力经营河北的情形。)

①陈涉起蕲(qí)——蕲:秦县名,县治在今安徽宿州蕲县镇。据《陈涉世家》,陈涉乃起兵于大泽乡,大泽乡当时即属蕲县。 ②罢百

姓之力——指筑长城,修驰道、直道,修阿房宫、修骊山陵墓等工程。罢:通"疲",消耗。 ③急引兵而西——西:指西下攻取秦朝的首都咸阳。 立六国后——即前之所谓"存亡继绝"。六国:指被秦始皇消灭的那些诸侯国,如齐、楚、燕、韩、赵、魏等。 自为树党——为自己广建盟友。 为秦益敌——给秦王朝大量树敌。 ④与众——党与多。与:同伙,同党。 ⑤野无交兵——田野上无人抵抗。 县无守城——各县城皆无为秦朝坚守者。 ⑥解——解体,散伙。 ⑦梁、楚——"梁"指以大梁(今开封)为中心的今河南东北部一带;"楚"在这里指以陈郡(今周口)为中心的今河南中部一带。陈郡在战国后期曾为楚国都城,现又为陈涉的都城。 入关——指入函谷关。函谷关在今河南灵宝东北,是东方入秦的必经之地。 河北——黄河以北,是战国时代的赵国及其北部的燕国之所在。 ⑧罢敝——即"疲惫"。 头会箕敛——按人头计算,以簸箕敛谷。极言其赋敛苛重。 ⑨张大楚,王陈——即《陈涉世家》之所谓"号为张楚",称王于陈。 使吴广、周文将卒百万西击秦——周文:也叫"周章","章"可能是周文的字。据《陈涉世家》,当时陈涉派出的西征军主要有两支,一支由吴广率领,目标是攻取并戍守荥阳(今郑州惠济区西北)一带;一支是由周文率领,入关直取咸阳。周文这支西征军开始势如破竹,几十万人曾一度攻到咸阳东南郊的戏水。 ⑩割地有土——指称侯、称王。 一时——难得的时机。 ⑪行收兵——主语为"武臣等"。行:因而,随即。有解释为在前进中招募兵员,扩充军队,亦可。 ⑫引兵东北击范阳——依钱大昕说,此"范阳"应指今河南范县,旧属齐国,不可能远指河北的涿郡。钱说可从。 ⑬倳(zì)刃——以刀刺人。倳:同"剚",刺入。 ⑭下武信君——下:投降。 ⑮略地——拓展地盘。略:侵夺。 ⑯赍(jī)臣侯印,拜范阳令——让我带着侯爵的印信,去封拜范阳令为侯。赍:携带。 ⑰至戏却——周章率军前进至咸阳城东南的戏水,被章邯军打败,东撤至曹阳(今河南灵宝东北),又兵败被杀事,参见《陈涉世家》。戏:戏水,流经今陕西临潼区东。 ⑱非必立六国后——并不是非得六国诸侯之后才可称王。 ⑲独介居河北——介:特,孤独。这里即独树一帜、独当一面的意思。 不王无以填之——填:通"镇",镇守。 ⑳还报——如果回陈向陈涉复命、请示。 ㉑又不如立其兄弟;不,即立赵后——凌稚隆引余有丁观点,认为:此语为陈王言也,言即免祸,陈王且立其兄弟或赵后,不予武臣也。 ㉒间不容息——极言时间之紧迫,不容片刻喘息。 ㉓又生一秦——又产生一个和秦朝差不多的敌对势力。 ㉔徙系——谓强制搬迁,加以软禁。 封张耳子敖为成都君——意谓加封是假,拘系做人质是真。 ㉕毋西兵——不要派兵西入关。 徇——犹言“略”,派兵巡行攻取。 河内——秦郡名,郡治怀县,在今河南武陟西南。 ㉖赵南据大河——当时的黄河自今河南西部流来,经今洛阳北,又东北经滑县、濮阳入山东,又北折经平原、德州,至河北黄骅入海,大体流经了当时赵国的南境与东境。 ㉗间出——化装外出。 ㉘厮养卒——析薪为厮,炊烹为养。即今之所谓“炊事员”。 谢其舍中曰——向其同屋的小卒们告辞说。谢:告,告辞。 ㉙吾为公说燕,与赵王载归——我去为你们说服燕王,用车把赵王接回来。 ㉚燕壁——燕军的营垒。 燕将见之——“燕将”似当作“燕王”,下同。 ㉛杖马棰(chuí)——意即扬鞭策马。此指东征西战。棰:鞭子。 岂欲为卿相终已邪——怎肯一辈子只做卿相呢?终已:终了,到头。有本作“终己”,盖误。 ㉜顾其势初定——顾:转折语词,犹今所谓“问题在于”。 以少长——犹今之所谓“按大小”“按辈分”。以:按。 以持赵心——持:把握,稳定。 ㉝易燕——藐视燕国。易:轻视,瞧不起。 左提右挈(qiè)——意即相互配合,紧密呼应。 ㉞石邑——秦县名,县治在今河北石家庄西南。井陉(xíng)——即井陉口,即今山西平定东北旧关。 ㉟不知其将——不知道他是将军。 使骑谢李良——只是让侍从向李良打了个招呼。骑:骑兵侍从。 ㊱李良素贵——据此,知下文秦将反间之所谓二世云“良尝事我得显幸”者非妄语,李良盖尝为秦之贵官。 ㊲今女儿——对妇女的轻蔑称呼。犹今之所谓“丫头片子”“老娘儿们”。㊳羁旅——客居异地,张耳、陈餘都是河南大梁人,如今到了河北,所以说他“羁旅”。 附赵——让赵地的军民亲附。 ㊴独立赵后——独:唯有。 扶以义——以仁义之道辅佐。 就功——成功。 ㊵乃求得赵歇,立为赵王——事在秦二世二年(前208)一月。赵歇:战国时赵王的后裔，具体细情史书无载。　信都——秦县名，后来项羽将其改名“襄国”，在今河北邢台。　㊶章邯(hán)——秦朝名将，原为少府。陈涉部将周章率军攻入关内时，秦朝调动骊山始皇陵墓工地的罪犯从军，以章邯为将。章邯先是破杀周章，接着又破杀陈涉，后来又破杀项梁。详情见《项羽本纪》。

章邯引兵至邯郸，皆徙其民河内，夷其城郭。张耳与赵王歇走入巨鹿城，王离围之。[①]陈餘北收常山兵，得数万人，军巨鹿北。章邯军巨鹿南棘原，筑甬道属河，饷王离。[②]王离兵食多，急攻巨鹿。巨鹿城中食尽兵少，张耳数使人召前陈餘[③]，陈餘自度兵少，不敌秦，不敢前。数月，张耳大怒，怨陈餘，使张黡、陈泽往让陈餘曰：“始吾与公为刎颈交，今王与耳旦暮且死，而公拥兵数万，不肯相救，安在其相为死！苟必信，胡不赴秦军俱死？且有十一二相全。[④]”陈餘曰：“吾度前终不能救赵，徒尽亡军。且餘所以不俱死，欲为赵王、张君报秦[⑤]。今必俱死，如以肉委饿虎，何益？”张黡、陈泽曰：“事已急，要以俱死立信[⑥]，安知后虑！”陈餘曰：“吾死顾以为无益，必如公言[⑦]。”乃使五千人令张黡、陈泽先尝秦军，至皆没。[⑧]

当是时，燕、齐、楚闻赵急，皆来救[⑨]。张敖亦北收代兵，得万余人，来，皆壁餘旁，[⑩]未敢击秦。项羽兵数绝章邯甬道，王离军乏食，项羽悉引兵渡河，遂破章邯[⑪]。章邯引兵解，诸侯军乃敢击围巨鹿秦军，遂虏王离。涉间自杀。卒存巨鹿者，楚力也。

于是赵王歇、张耳乃得出巨鹿，谢诸侯[⑫]。张耳与陈餘相见，责让陈餘以不肯救赵，及问张黡、陈泽所在。陈餘怒曰：“张黡、陈泽以必死责臣，臣使将五千人先尝秦军，皆没不出。”张耳不信，以为杀之，数问陈餘。陈餘怒曰：“不意君之望臣深也，岂以臣为重去将哉？[⑬]”乃脱解印绶，推予张耳。张耳亦愕不受。陈餘起如厕。客有说张耳曰：“臣闻‘天与不取，反受其咎’。今陈将军与君印，君不受，反天不祥。急取之！”张耳乃佩其印，收其麾下。而陈餘还，亦望张耳不让，遂趋出。[14]张耳遂收其兵，陈餘独与麾下所善数百人之河上泽中渔猎，由此陈餘、张耳遂有郤。

赵王歇复居信都。张耳从项羽诸侯入关。汉元年二月，项羽立诸侯王，张耳雅游[15]，人多为之言，项羽亦素数闻张耳贤，乃分赵立张耳为常山王，治信都[16]。信都更名襄国。

陈餘客多说项羽曰："陈餘、张耳一体有功于赵。"项羽以陈餘不从入关，闻其在南皮，即以南皮旁三县以封之，[17]而徙赵王歇王代[18]。

张耳之国，陈餘愈益怒，曰："张耳与餘功等也，今张耳王，餘独侯，此项羽不平。"及齐王田荣畔楚，陈餘乃使夏说说田荣曰："项羽为天下宰不平，尽王诸将善地，徙故王王恶地，今赵王乃居代！[19]愿王假臣兵，请以南皮为捍蔽。[20]"田荣欲树党于赵以反楚，乃遣兵从陈餘。陈餘因悉三县兵袭常山王张耳。张耳败走，念诸侯无可归者，曰："汉王与我有旧故，而项羽又强，立我，我欲之楚。[21]"甘公[22]曰："汉王之入关，五星聚东井。东井者，秦分[23]也，先至必霸。楚虽强，后必属汉。"故耳走汉。汉王亦还定三秦，方围章邯废丘[24]。张耳谒汉王，汉王厚遇之。

陈餘已败张耳，皆复收赵地，迎赵王于代，复为赵王。赵王德陈餘，立以为代王。陈餘为赵王弱，国初定，不之国，留傅赵王，而使夏说以相国守代。

汉二年，东击楚，使使告赵，欲与俱。陈餘曰："汉杀张耳乃从。"于是汉王求人类张耳者斩之，持其头遗陈餘。陈餘乃遣兵助汉。汉之败于彭城西，陈餘亦复觉张耳不死，即背汉。

汉三年，韩信已定魏地，遣张耳与韩信击破赵井陉，斩陈餘泜水上，追杀赵王歇襄国。汉立张耳为赵王。汉五年，张耳薨，谥为景王。子敖嗣立为赵王。高祖长女鲁元公主为赵王敖后[25]。

（以上为第三段，写张耳陈餘由误会至分裂、对立，直至陈餘被张耳、韩信所攻杀的过程。)

①巨鹿——秦郡名,郡治在今河北平乡西南,当时信都(今邢台)之东南。　王离围之——王离:秦将名,战国末期秦国名将王翦之孙,此时为秦军讨伐东方起义军的主要将领之一,爵位在章邯之上。王离围巨鹿在秦二世二年(前208)闰九月。　②棘原——古地名。在今河北平乡县西南平乡南。　筑甬道属河——修了一条甬道,从黄河边直通巨鹿城下的王离军前。甬道:两侧筑防御工事的通道,以便从中向前方运送兵员、粮草等。属河:通连到黄河边。属,连。盖从黄河运来粮饷,以供应王离军。　饷——以饭食招待人。这里指供应粮草。　③召前陈馀——招呼城北的陈馀,使之进兵解救围城。　④苟必信——如果真是守信义。苟:如若。　胡不赴秦军俱死——胡:何。赴秦军俱死:指城里城外一齐与秦军拼命。　且有十一二相全——或许还有一点取得胜利的希望。十一二:十分之一二。　⑤报秦——向秦军讨还血债。　⑥要以俱死立信——要:重要的是。俱死立信:以与敌拼命表明信义。　⑦必如公言——如果一定照你这么说。按:此对话语气未完,由叙述补足例。　⑧先尝秦军——尝:尝试。　至皆没——钟惺认为:陈馀不救赵,不失为持重,未为甚错。错在使五千人先尝秦军,送陈泽、张黡于死。君臣朋友间,不情甚矣。　⑨燕、齐、楚闻赵急,皆来救——燕地的首领韩广,派其部将臧荼率军前来;齐地的首领田荣与项羽闹矛盾,不肯救赵,而被田荣驱逐的田都则率部前来;楚地的首领即楚怀王,为救赵派出了主力大军。　⑩张敖亦北收代兵——张敖原被陈涉系于宫内做人质,至章邯破杀陈涉,占领陈县,张敖似即于此时逃归其父张耳,成为赵国之将。　壁——营垒。这里用作动词,即驻扎。　⑪项羽悉引兵渡河,遂破章邯——按:此所谓"遂破章邯",即绝章邯"以饷王离"之甬道。　⑫谢诸侯——此"诸侯"实指各路大军之统帅。　⑬不意君之望臣深也——想不到你对我的怨恨竟这么深。望:怨恨。　岂以臣为重去将哉——你以为我就这么看重这个"将军"之位吗?重去将:舍不得离开这个将位。重:看重,吝惜。　⑭望张耳不让——怨恨张耳的不推辞。望:怨恨。让:推辞。　趋出——小步急行而出。"趋"是古代臣子在君主面前行路的一种姿势,因为当时赵王

在座,故而陈餘如此。 ⑮雅游——平素好交游。即朋友多,人缘好。 ⑯立张耳为常山王,治信都——按:信都原为赵王歇之都城,今乃封与张耳。分明是逐其故主。 ⑰南皮——秦县名,县治在今河北南皮东北。 以南皮旁三县以封之——即封之为“南皮侯”。 ⑱徙赵王歇王代——国都代县(今河北蔚县东北),盖由平原沃野迁往僻远穷困之地。 ⑲天下宰——全国政务的主持者。 诸将——指项羽自己部下的将领如黥布、司马欣,以及其他诸侯之将而随项羽入关者,如田都、臧荼等。 徙故王王恶地——如赵歇改封代王,韩广改封辽东王,田市(fú)改封胶东王。 乃居代——竟然被赶到了代国。 ⑳假——借,给。 以南皮为捍蔽——以我的地盘南皮为你做屏藩。意即我愿成为你治下的一个追随者与捍卫者。蔽:犹言“屏障”“藩篱”。 ㉑汉王与我有旧故——即篇首所谓“高祖为布衣时,尝数从张耳游”。按:“旧故”二字同义,留一即可,此处似嫌繁复。 项羽又强,立我——师古曰:“羽既强盛,又为所立,是以狐疑,莫知所往。” ㉒甘公——当时以占星为业的术士,史失其名。有以《天官书》中之“甘公”当之者,似非。 ㉓秦分——秦地的分野。古人将天上的星区和地上的政区加以对应,叫作分野。 ㉔围章邯废丘——章邯在巨鹿被项羽打败后投降,随项羽入关,被项羽封为雍王,都废丘(今陕西兴平东南)。刘邦于汉元年(前206)八月由南郑(今陕西汉中南郑区西南)杀回关中后,不久即将章邯围困于废丘。章邯坚守长达十个月,直到汉二年(前205)六月始城破被杀。 ㉕鲁元公主为赵王敖后——此谓鲁元公主亦于此时称王后,非谓此时始嫁张敖。

汉七年,高祖从平城过赵,[1]赵王朝夕袒韝蔽,自上食,[2]礼甚卑,有子婿礼。高祖箕踞詈,甚慢易之。[3]赵相贯高、赵午等年六十余[4],故张耳客也。生平为气[5],乃怒曰:“吾王孱王也[6]!”说王曰:“夫天下豪桀并起,能者先立。今王事高祖甚恭,而高祖无礼[7],请为王杀之!”张敖啮其指出血,曰:“君何言之误!且先人亡国,赖高祖得复国,德流子孙,秋豪皆高祖力也。愿君无复出口。”贯高、赵午等十余人皆相谓曰：“乃吾等非也。吾王长者，不倍德。且吾等义不辱，今怨高祖辱我王，故欲杀之，何乃污王为乎[8]？令事成归王，事败独身坐耳。”

汉八年，上从东垣还，过赵[9]。贯高等乃壁人柏人，要之置厕。[10]上过欲宿，心动，问曰：“县名为何？”曰：“柏人。”“柏人者，迫于人也[11]！”不宿而去。

汉九年，贯高怨家知其谋，乃上变告之[12]。于是上皆并逮捕赵王、贯高等。十余人皆争自刭，贯高独怒骂曰：“谁令公为之？今王实无谋，而并捕王；公等皆死，谁白王不反者？”乃轞车胶致[13]，与王诣长安。治张敖之罪。上乃诏赵群臣宾客有敢从王[14]皆族。贯高与客孟舒等十余人，皆自髡钳，为王家奴，从来[15]。贯高至，对狱[16]，曰：“独吾属为之，王实不知。”吏治榜笞数千，刺剟，身无可击者，[17]终不复言。吕后数言张王以鲁元公主故，不宜有此[18]。上怒曰：“使张敖据天下，岂少而女乎？[19]”不听。廷尉以贯高事辞闻[20]，上曰：“壮士！谁知者，以私问之[21]。”中大夫泄公[22]曰：“臣之邑子，素知之。[23]此固赵国立名义不侵为然诺者也。[24]”上使泄公持节问之。箯舆前，仰视曰[25]：“泄公邪？”泄公劳苦如生平欢，[26]与语，问张王果有计谋不。高曰：“人情宁不各爱其父母妻子乎？今吾三族皆以论死，岂以王易吾亲哉？[27]顾为王实不反，独吾等为之。”具道本指所以为者[28]王不知状。于是泄公入，具以报，上乃赦赵王。

上贤贯高为人能立然诺，使泄公具告之，曰：“张王已出。”因赦贯高。贯高喜曰：“吾王审[29]出乎？”泄公曰：“然。”泄公曰：“上多足下[30]，故赦足下。”贯高曰：“所以不死一身，无余者，白张王不反也。今王已出，吾责已塞，死不恨矣。且人臣有篡杀之名，何面目复事上哉！纵上不杀我，我不愧于心乎？”乃仰绝肮[31]，遂死。当此之时，名闻天下。

张敖已出，以尚鲁元公主故，封为宣平侯。[32]于是上贤张王诸客，以钳奴从张王入关，无不为诸侯相、郡守者[33]。及孝惠、高后、文帝、孝景时，张王客子孙皆得为二千石[34]。

张敖，高后六年薨。子偃为鲁元王。以母吕后女故，吕后封为鲁元王。元王弱，兄弟少，乃封张敖他姬子二人：寿为乐昌侯，侈为信都侯。高后崩，诸吕无道，大臣诛之，而废鲁元王及乐昌侯、信都侯。孝文帝即位，复封故鲁元王偃为南宫侯，续张氏。

（以上为第四段，写赵相贯高的义烈行为与张耳子孙的升沉遭遇。）

①汉七年——公元前200年。　高祖从平城过赵——从平城绕路经过赵都邯郸回当时的首都雒阳。平城：汉县名，县治在今山西大同东北。汉七年，韩王信联合匈奴在今山西北部一带反汉，刘邦统兵前往征讨，被匈奴人包围在平城，后听陈平之议，与匈奴签订和约而还。事情详见《高祖本纪》《陈丞相世家》《韩信卢绾列传》《匈奴列传》。　②袒韝（gōu）蔽——脱去外衣，戴上皮套袖。韝：皮套袖。　自上食——亲自为刘邦端饭上菜。以表现其孝敬之情。　③箕踞詈（lì）——叉着双腿叫骂。这是刘邦一贯的傲慢态度。箕踞：长伸双腿而坐，其状如箕。这在古代是一种放肆、无礼的行为。詈：辱骂。　慢易——傲慢，目中无人。　④赵相贯高、赵午等年六十余——《集解》引徐广曰："《田叔传》云：'赵相赵午等数十人皆怒。'然则或宜言'六十余人'。"按："年"字疑衍。　⑤生平为气——历来重气节、讲义气。　⑥吾王孱（chán）王也——意谓我们的大王软弱。孱：懦弱。犹如今之"软骨头""软蛋"。　⑦今王事高祖甚恭，而高祖无礼——梁玉绳曰："'高祖'非生前之称，此与下四'高祖'皆当从《汉书》作'皇帝'。"　⑧何乃污王为乎——怎么能玷污了大王的清白呢？　⑨上从东垣还，过赵——东垣：汉县名，县治在今石家庄东，当时为常山郡的郡治所在地。汉八年（前199），韩王信的同党在东垣一带发动叛乱，刘邦率军往讨，形势稳定后，回师时路经赵国。　⑩壁人柏人——壁：用作动词，藏人于夹壁。柏人：汉县名，在今河北隆尧西，当时属赵，在赵国北境。　要之置厕——准备在驿站旁边伏击刘邦。要：截击，半路伏击。置：驿站，旅馆。厕：

通“侧”。 ⑪柏人者，迫于人也——姚苎田认为：高祖赐娄敬姓“刘”，而云“娄者乃刘也”；于柏人心动，则云“柏人者，迫于人也”，粗糙杜撰，可哂亦可爱，小处传神，三毫欲活矣。 ⑫上变告之——变：也叫“变事”，指告人“谋反”的上书。 ⑬轞(jiàn)车胶致——轞车：装槛之车，亦特指囚车。胶致：用胶将木板粘牢，以防犯人逃逸。 ⑭从王——指跟随赵王进京。 ⑮贯高与客孟舒等十余人，皆自髡(kūn)钳，为王家奴，从来——髡：指给犯人剃去头发。钳：指给犯人用铁箍套着脖子。全句意谓贯高等人把自己打扮成家奴的样子。中井积德曰：“称‘王家奴’者，孟舒等耳，《田叔传》盖得实。‘贯高与’三字疑衍。”按：中井说是，贯高乃刘邦所指名逮捕者，无须假装奴隶从行。 ⑯对狱——回答狱吏审问。 ⑰吏治——狱吏拷问贯高。治：审判，拷问。 榜笞(chī)——用皮鞭、棍棒抽打。 刺剟(duō)——用锥子扎。 ⑱张王以鲁元公主故，不宜有此——梁玉绳曰：“‘鲁元’二字当衍，‘鲁’封在后，而‘元’乃谥也。” ⑲据天下——指占有天下而称帝。 岂少而女乎——难道还会缺少像你闺女这样的女子吗？而：你，你的。 ⑳廷尉以贯高事辞闻——廷尉将贯高的“口供”上报给刘邦。 ㉑谁知者，以私问之——意谓谁和他是朋友，让他以个人的身份找贯高谈谈。知：了解，相知。 ㉒中大夫泄公——中大夫：皇帝的侍从官名，上属郎中令，掌论议。 ㉓臣之邑子——我们县里的人。 素知之——早就了解他。 ㉔立名义——重名节，讲义气。 不侵——不变，不改初衷。为然诺——说话一定兑现。然诺：实现诺言。 ㉕箯(biān)舆前——吏卒将贯高用担架抬至泄公跟前。箯舆：似今之“竹轿”“担架”，用以移动伤病者。 仰视曰——主语是贯高，极言其伤重难动之状。㉖劳苦——安慰，慰问。 如生平欢——像平时老朋友见面那样欢快。

㉗吾三族皆以论死——“皆”前应增“将”字读，盖贯高推测之言。岂以王易吾亲哉——易：不重视，不关心。或可解释作“替代”“交换”，亦通。 ㉘本指所以为者——所以这么干的本来目的。指：通“恉”，意向，目的。 ㉙审——确实。 ㉚上多足下——多：这里用作动词，意即看重，赞赏。足下：恭称对方，意同“阁下”“尊前”等。 ㉛绝肮(háng)——指割断脖子动脉。肮：同“吭”，喉咙。 ㉜尚鲁元公

主——尚:上配。意犹今之所谓"高攀","娶"的虔敬之称。　封为宣平侯——虽然不再治罪,但因其部下出现这种严重的事故,褫其王位,降为列侯。　㉝以钳奴从张王入关,无不为诸侯相、郡守者——据《田叔列传》,当时以"钳奴"身份随张敖入京者有孟舒、田叔等十余人。贯高事弄清后,刘邦乃"尽拜之为郡守、诸侯相",孟舒被拜为云中太守,田叔被拜为汉中太守,后来田叔又被拜为鲁相。其他人姓氏、事迹不详。　㉞二千石:指郡守与诸侯相一级的高级官员。

太史公曰:张耳、陈馀,世传所称贤者;其宾客厮役,莫非天下俊桀,所居国无不取卿相者。然张耳、陈馀始居约时,相然信以死,岂顾问哉。[①]及据国争权,卒相灭亡,何乡者相慕用之诚,后相倍之戾也[②]!岂非以势利交哉?名誉虽高,宾客虽盛,所由殆与太伯、延陵季子异矣。[③]

(以上为第五段,是作者的论赞,作者对张耳、陈馀的交友不终表现了深深感慨。)

①居约——处于穷困的境地。约:穷困,不得舒展。　然信——犹言"然诺",说话算话,守信不移。　顾问——犹今之所谓"犹豫""瞻前顾后"。　②乡者——从前。乡:通"向"。　相慕用——相互敬慕,相互为用。　相倍之戾(lì)——倍:通"背",彼此对立。戾:严重,厉害。　③所由——所走的道路。　殆——几乎,差不多。　太伯——吴太伯。周文王的大伯父,曾主动离开周国,将国君继承权让与其三弟,也就是周文王的父亲季历,被后代称赞为礼让的典型。　延陵季子——即春秋末年的吴国公子季札,吴王寿梦之子,诸樊、馀祭、夷昧之弟,其父、其兄曾多次欲立季札为吴王,季札皆拒绝。以上二事详见《吴太伯世家》。

［简评］　在陈涉起义后的三年诸侯反秦期间,反秦势力主要有三个地区,其一是今河南、山东、江苏、安徽诸省交界地区,代表人物是项梁、项羽、刘邦;其二是山东地区,代表人物是田

儋、田荣、田横等;其三是河北南部地区,代表人物就是本篇所讲的张耳与陈餘。张耳与陈餘的军事力量虽然不是很大,但消灭秦军主力、造成秦王朝瓦解以至灭亡的关键一战却是发生在张耳、陈餘的地区,这就是项羽为解救赵国而进行的巨鹿之战,详情可参看《项羽本纪》。在长达三年多的楚汉战争中,赵国地处于刘、项主战场的北侧。在楚汉战争的开始阶段,赵国与齐国牵制项羽,为刘邦充当别动队,帮了大忙;接着刘邦为对项羽构成战略包围,派韩信率军清扫北方,韩信一路上灭魏、灭代、灭赵、降燕、灭齐,从而为项羽敲响了丧钟。在这期间,韩信所打得最神奇,也是司马迁描写韩信最精彩的一仗,就是打赵国的陈餘,详情见《淮阴侯列传》。司马迁说他之所以要写《张耳陈餘列传》,是因为赵国在这漫长的五六年间曾经"填赵,塞常山",从而"弱楚权",就是指张耳、陈餘等所起的这种历史作用而言。

张耳和陈餘原本是生死之交的朋友,后来由于误会而转为相互仇恨、相互对立,直到最后张耳竟协助韩信攻杀了陈餘,这种交友不终,反目成仇的事实是令司马迁感慨的。虽然责任主要来自张耳,但张耳之所以猜疑、不满陈餘也不是没有道理。曹操有诗所谓"势力使人争,嗣旋(还)自相戕",如果不做官、不卷入政治漩涡不就没有这种事了吗?但张耳、陈餘是那种不做官、不卷入政治旋涡的人吗?因此有些评论者用纯道德对他们进行评判,这是不能解决问题的,即使评断出是非也没有办法教训官场中人。张耳、陈餘是作品的中心人物,但除了开头两段对这两个人物着墨较多,面目略觉清晰外,其他部分都用笔不多,形象比较模糊。相反本篇之写蒯通、写厮养卒、写贯高,却生动具体,饱含感情,给人留下了深刻印象。

[**集评**]《太史公自序》:"填赵塞常山,以广河内,弱楚权,明汉王之信于天下,作《张耳陈餘列传》第二十九。"

罗大经曰："耳之见，过馀远矣。馀卒败死泜水，而耳事汉高，富贵寿考，福流子孙，非偶然也。大智大勇，必能忍小耻小忿，彼其云蒸龙变，欲有所会，岂与琐琐者较乎？"(《史记评林》引)

姚苎田曰："考巨鹿之围，张敖以子赴父之难，亦且按甲徘徊，似未可以'不救'深责陈馀。张耳于陈馀解绶之际，引佩不辞，致成大隙，耳亦稍负馀矣。虽然，信陵之兵符未窃，原欲赴邯郸俱亡；魏其之触网无辞，义不令仲孺独死，此中耿耿，馀或者未之前闻。向使赵果烬于章邯，不知馀何以处此？末特附一不侵然诺之贯高，未必不为彼'刎颈交'痛下一札也。"(《史记菁华录》)

陈子龙曰："张陈之交虽不终，然其隙因国事。"(《史记测议》)

林伯桐曰："张耳、陈馀所争者，大非为私也。其始则多疑心，其后则各负气耳。试观吴、楚反时，条侯以梁委吴，不肯往救，本以为国，非为身也，而梁孝王深恨。汉高末年，陈平夺樊哙兵，亦以为国，且免哙于死矣，而哙妻吕须进谗。盖疑心未释，则气不能平。耳、馀之相怨一方，无足怪也。史公以'利'责之，似过矣。"(《史记蠡测》)

吴敏树曰："太史公引太伯、延陵责备耳、馀，其言似乎阔远，究详其旨，特欲以让道正之耳。当陈馀投印之时，张耳若不乘便收取，虽交分少疏，何至便相仇杀？又若常山剖符之日，能以赵歇竟辞，而身与成安等，受君侯之号，捐前忿，去后嫌，贤者之风，不当如是耶？而陈馀既脱身泽中，隐身渔猎，三县之封，婉辞无受；张耳独侈然为王，得无内愧而投谢哉？不此之务，徒见利所在，若鸡鹜争食者然，然彼以为烈丈夫取天下行也，而由古贤高让之道观之，微乎其无足道矣。呜乎！学者能用斯识趣以观古人，以游当世，安往而不得吾意乎？"(《柈湖文集》)

吴见思曰:“《史记》合传皆每人一段,以关锁穿插见妙;独此传则两人出处同、事业同,即后来构怨亦同,故俱以一笔双写。安章顿句,处处妥帖,而无东枝西梧之病。岂不独雄于千古哉!《耳餘传》如两龙同一海,始则弭耳而游,后则嶷角而斗,水立云飞,一海皆动。乃既去之后,双尾一掉,而余波犹复翻天,则贯高一段是也。”

又曰:“局法不待言矣,而词致之妙,则反在蒯通两说、厮养卒归王。多少曲折,多少层叠,其妙已尽;而贯高一段,则又用短句促节,而事语详尽,情景逼真,正神手也。写耳、餘‘刎颈交’,用多少‘两人’字,若天生两人,胶漆相固,形影相比,终天地而不可离者,而孰知其如此哉,正为后文作三叹也。写陈餘往往不如张耳,即千金五百价争以倍,可为一笑。”(《史记论文》)

李景星曰:“《张耳陈餘传》以‘由此陈餘、张耳遂有隙’一句为通篇关键,以上步步写其合,以下步步写其离,活画出一幅‘势利交情’态。传末详叙贯高事,正为张、陈作反托。有此‘立名义不侵然诺’之人,愈显得张、陈两人十分不堪也。通篇‘两人’二字凡十一见,而用笔以错综见奇,凡楚、汉间闲情碎事,为《项》《高纪》《陈涉》各世家所未说者,传中往往及之。又一时奇士,如蒯通、房君、赵厮养卒、甘公、夏说、孟舒、泄公等,亦俱于传内带见,此于列传中著人而兼纪事者也,不可以寻常之列传例之。赞语凡三转,明白疏畅,而顿挫自古。”(《四史评议》)

牛运震曰:“张耳、陈餘以腹心之交,凶终隙末,此不得不为合传者也。传以两人之交情始末为精神眼目,或合叙,或单叙,错综见奇。传后附张敖、贯高事尤淋漓出色。”(《史记评注》)

魏豹彭越列传第三十

魏豹者,故魏诸公子也。[①]其兄魏咎,故魏时封为宁陵君。秦灭魏,迁咎为家人[②]。陈胜之起王也,咎往从之。陈王使魏人周市徇魏地,[③]魏地已下,欲相与立周市为魏王。周市曰:"天下昏乱,忠臣乃见。今天下共畔秦,其义必立魏王后乃可。"齐、赵使车各五十乘[④],立周市为魏王。市辞不受,迎魏咎于陈[⑤]。五反[⑥],陈王乃遣立咎为魏王。

章邯已破陈王,乃进兵击魏王于临济[⑦]。魏王乃使周市出请救于齐、楚。齐、楚遣项它、田巴将兵随市救魏。章邯遂击破杀周市等军,围临济。咎为其民约降。约定,咎自烧杀[⑧]。

(以上为第一段,写魏豹之从兄魏咎初起反秦,兵败被杀的情景。)

①故魏——战国时代的魏国,以与汉初所封的魏国相对而言。诸公子——王太子以外的国君的其他儿子。 ②家人——平民。 ③周市(fú)——陈胜的部将,原魏地人。 徇魏地——徇:巡行。指带着军队到魏地开拓地盘。 ④齐、赵使车各五十乘——齐:指齐地的义军领袖田儋,战国时齐王的后代,于前209年起兵自立为王,都于临淄(今山东淄博东北);赵:指陈胜派往赵地的义军首领武臣,此人拓得赵地后遂在邯郸自立为赵王,事在秦二世元年(前209)八月。 ⑤市辞不受,迎魏咎于陈——按:此即其所谓"天下昏乱,忠臣乃见"。陈:秦

县名，亦是陈郡的郡治所在地，在今河南周口淮阳区，陈涉起义后，以此为都城。魏咎投奔陈涉后，陈涉见魏咎实力强，威望高，担心日后威胁自己，故将其“留”在自己身边。 ⑥五反——周市派人接了五次。⑦击魏王于临济——事在秦二世二年（前208）正月。临济：当时魏国的国都，在今河南封丘东。 ⑧约定，咎自烧杀——事在秦二世二年六月。按：订约请降，为使百姓不随己同灭；而后自杀，以示宁死不屈，魏咎深得人心，非偶然也。

魏豹亡走楚。楚怀王予魏豹数千人，复徇魏地。项羽已破秦，降章邯。豹下魏二十余城，立豹为魏王①。豹引精兵从项羽入关。汉元年，项羽封诸侯，欲有梁地，乃徙魏王豹于河东，都平阳，为西魏王。②

汉王还定三秦，渡临晋，魏王豹以国属焉③，遂从击楚于彭城。汉败还，至荥阳，豹请归视亲病，至国，即绝河津畔汉。④汉王闻魏豹反，方东忧楚⑤，未及击，谓郦生⑥曰：“缓颊⑦往说魏豹，能下之，吾以万户封若。⑧”郦生说豹。豹谢曰：“人生一世间，如白驹过隙耳。今汉王慢而侮人，骂詈诸侯群臣如骂奴耳，非有上下礼节也，吾不忍复见也。”于是汉王遣韩信击虏豹于河东，传诣荥阳，以豹国为郡。⑨汉王令豹守荥阳⑩。楚围之急，周苛遂杀魏豹⑪。

（以上第二段，写魏豹为王始末。）

①豹下魏二十余城，立豹为魏王——事在秦二世二年（前208）九月。依此处文意，“立豹为魏王”者应是楚怀王；《汉书》于此作“豹下魏二十余城，立为魏王”，亦不谓他人所立。应以魏豹自立为是。 ②欲有梁地——想把原属魏国的地盘划归己有。当时项羽自封为西楚霸王，都彭城（今江苏徐州），辖九郡，梁地离彭城不远，故不欲封给他人。梁：“魏”的别称，因战国时魏国迁都大梁，故魏国也称“梁国”，魏王也称“梁王”，魏地也称“梁地”。 徙魏王豹于河东——河东：秦郡名，郡治安邑（今山西夏县西北），战国初、中期这一带属魏国。 平阳——

秦县名,在今山西临汾西南。 西魏王——与当初魏咎在临济一带称王相对而言。 ③以国属焉——《高祖本纪》云:"三月,汉王从临晋渡,魏王豹将兵从。"是未经战斗,魏豹即已降刘邦。 ④请归视亲病——亲:指父母。 绝河津畔汉——事在汉二年(前205)五月。绝河津:意即封锁黄河渡口,断绝黄河上的交通往来。畔:通"叛"。 ⑤东忧楚——担心东方项羽的攻击。 ⑥郦生——郦食其(yì jī),刘邦手下的谋士。事迹详见《郦生陆贾列传》。 ⑦缓颊——慢慢地劝说。缓颊:徐言,从容劝说。也有说即"饶舌",耍嘴皮子。 ⑧下之——使之归降。 以万户封若——即封你为万户侯。若:你。 ⑨传(zhuàn)诣荥阳——用传车将魏豹押解到荥阳(今郑州惠济区西北)。传:驿车,驿站所备供过往官员所用之车马。荥阳是当时刘邦正面抗击项羽的前线。 以豹国为郡——据《高祖本纪》,韩信灭魏后,刘邦在其地设立了河东、太原、上党三个郡。 ⑩令豹守荥阳——韩信俘获魏豹,将魏豹押解到刘邦处,刘邦将其释放,派他与周苛、枞公等一同守荥阳,抗击项羽。 ⑪周苛遂杀魏豹——事在汉三年(前204)八月。据《高祖本纪》,当时项羽围刘邦于荥阳,情势紧急,刘邦用陈平之谋让纪信假扮自己出东门投降,自己则开西门逃走,留下周苛、枞公、魏豹坚守荥阳。周苛、枞公相谓曰:"反国之王,难与守城。"因杀魏豹。

彭越者,昌邑[①]人也,字仲。常渔巨野泽中[②],为群盗。陈胜、项梁之起,少年或谓越曰:"诸豪桀相立[③]畔秦,仲可以来,亦效之。"彭越曰:"两龙方斗,且待之。"

居岁余,泽间少年相聚百余人,往从彭越,曰:"请仲为长。"越谢曰:"臣不愿与诸君。"少年强请,乃许。与期旦日日出会,后期者斩。旦日日出,十余人后,后者至日中。于是越谢曰:"臣老,诸君强以为长。今期而多后,不可尽诛,诛最后者一人。"令校长[④]斩之。皆笑曰:"何至是?请后不敢。"于是越乃引一人斩之,设坛祭,乃令徒属。[⑤]徒属皆大惊,畏越,莫敢仰视。乃行略地,收诸侯散卒,得千余人。

沛公之从砀北击昌邑，彭越助之。昌邑未下，沛公引兵西。彭越亦将其众居巨野中，收魏散卒。项籍入关，王诸侯，还归，彭越众万余人毋所属[⑥]。汉元年秋，齐王田荣畔项王，汉乃使人赐彭越将军印，使下济阴以击楚[⑦]。楚命萧公角将兵击越，越大破楚军。汉王二年春，与魏王豹及诸侯东击楚，彭越将其兵三万余人归汉于外黄。汉王曰："彭将军收魏地得十余城，欲急立魏后。今西魏王豹亦魏王咎从弟也，真魏后。"乃拜彭越为魏相国，擅将其兵，略定梁地。

汉王之败彭城解而西也，彭越皆复亡其所下城，独将其兵北居河上。[⑧]汉王三年，彭越常往来为汉游兵，击楚，绝其后粮于梁地。[⑨]汉四年冬，项王与汉王相距荥阳，彭越攻下睢阳、外黄十七城。项王闻之，乃使曹咎守成皋，自东收彭越所下城邑，皆复为楚。越将其兵北走谷城。汉五年秋，项王之南走阳夏，彭越复下昌邑旁二十余城，得谷十余万斛，以给汉王食。

汉王败，使使召彭越并力击楚。越曰："魏地初定，尚畏楚，未可去。"汉王追楚，为项籍所败固陵。乃谓留侯曰："诸侯兵不从，为之奈何？"留侯曰："齐王信之立，非君王之意，信亦不自坚。[⑩]彭越本定梁地，功多，始君王以魏豹故，拜彭越为魏相国。今豹死毋后，且越亦欲王，而君王不蚤定。与此两国约[⑪]：即胜楚，睢阳以北至谷城，皆以王彭相国；[⑫]从陈以东傅海，与齐王信[⑬]。齐王信家在楚，此其意欲复得故邑。君王能出捐此地许二人，二人今可致；即不能，事未可知也。"于是汉王乃发使使彭越，如留侯策。使者至，彭越乃悉引兵会垓下，遂破楚。项籍已死。春，立彭越为梁王，都定陶。

（以上为第三段，写彭越协助刘邦反秦、反项，以军功被封为梁王。）

①昌邑——秦县名，县治在今山东巨野南。 ②常渔巨野泽中——常：通"尝"，曾经。巨野泽：水泽名，在今山东巨野北，当时水域

辽阔，后来小说所写的梁山泊就是其中的一部分。 ③相立——指彼此承认为王。 ④校长——即“校尉”。古时一个将军下属若干部，各部的长官称作“校尉”。当时彭越草创人少，故手下只有一个“校长”。 ⑤设坛祭——设坛祭天地、战神，以及宣誓定盟等。 乃令徒属——意即真正把这些手下的人管辖了起来。令：管制，约束。 ⑥毋所属——由于彭越没有跟着入关，所以项羽分封诸侯为王时就没有封彭越，从而使彭越没有着落。毋：无，没有。 ⑦下济阴以击楚——意即击楚之济阴。济阴：秦县名，县治在今山东菏泽定陶区西北。 ⑧解而西——溃散西逃。 河上——即今河南滑县一带的古黄河边上。 ⑨游兵——游击兵团。 绝其后粮于梁地——在今河南开封一带进行游击战，断绝项羽后方对前方的运输供应。 ⑩齐王信之立，非君王之意——韩信于汉四年（前203）十一月平定齐国后，派人向刘邦请封假齐王，刘邦开始大怒，后来听从张良、陈平之谋，立韩信为齐王。事见《淮阴侯列传》。 不自坚——指心不定，心存怀疑。 ⑪与此两国约——现在就可以先向韩信、彭越等约定。 ⑫即胜楚——若日后打败项羽。 睢阳以北至谷城，皆以王彭相国——意谓将今河南东部与山东西部的大片地盘划给彭越，封其为梁（魏）王。 ⑬从陈以东傅海，与齐王信——从陈郡（郡治在今河南周口淮阳区）以东直到海边，约当今之河南东南部与安徽、江苏两省的北部地区。傅：贴近。

六年，朝陈[①]。九年，十年，皆来朝长安[②]。

十年秋，陈豨反代地，高帝自往击，至邯郸，征兵梁王[③]。梁王称病，使将将兵诣邯郸[④]。高帝怒，使人让梁王。梁王恐，欲自往谢。其将扈辄曰：“王始不往，见让而往，往则为禽矣。不如遂发兵反。”梁王不听，称病。梁王怒其太仆，欲斩之。太仆亡走汉，告梁王与扈辄谋反。于是上使使掩[⑤]梁王，梁王不觉，捕梁王，囚之雒阳。有司治反形已具，请论如法。上赦以为庶人，传处蜀青衣[⑥]。西至郑[⑦]，逢吕后从长安来，欲之雒阳，道见彭王。彭王为吕后泣涕，自言无罪，愿处故昌邑[⑧]。吕后许诺，与俱东至雒阳。吕后白上曰："彭王壮士，今徙之蜀，此自遗患，不如遂诛之。妾谨与俱来。"于是吕后乃令其舍人告彭越复谋反。廷尉王恬开奏请族之[⑨]。上乃可，遂夷越宗族，国除[⑩]。

（以上为第四段，写彭越被刘邦、吕后所猜忌而强加罪名杀害。）

①朝陈——到陈郡朝见刘邦。据《淮阴侯列传》，此时有人上书告发韩信造反，刘邦听取陈平的建议，假说要南游云梦泽，中途路经陈郡时，要诸侯们都来朝见，实际是为了趁机袭捕韩信，事在汉六年（前201）十二月。　②来朝长安——到长安朝见刘邦。长安：古城名，旧址在今陕西西安西北。　③征兵梁王——意即让梁王亲自带兵随往。④梁王称病，使将将兵诣（yì）邯郸——称：推说。诣：到。　⑤掩——袭捕。　⑥传处蜀青衣——以传车将其押往蜀地的青衣县安置。传：传车，驿车。青衣：汉县名，县治在今四川雅安名山区北。　⑦郑——秦县名，县治在今陕西渭南华州区。　⑧愿处故昌邑——意即希望回昌邑（今山东巨野南）老家。　⑨廷尉王恬开奏请族之——王恬开：应作"王恬启"，书"开"是避景帝之讳。按：此廷尉亦善解帝、后之意者，史公笔下无限感慨。　⑩上乃可，遂夷越宗族，国除——按：有家人举报，有法官论判奏请，而后皇帝乃将其族灭，手续齐全，真可谓滴水不漏。

太史公曰：魏豹、彭越虽故贱，然已席卷千里，南面称孤，喋血乘胜日有闻矣。[①]怀畔逆之意，及败，不死而虏囚，身被刑戮，何哉？中材[②]已上且羞其行，况王者乎！彼无异故，智略绝人，独患无身耳[③]。得摄尺寸之柄，其云蒸龙变，欲有所会其度，[④]以故幽囚而不辞云。

（以上为第五段，是作者的论赞。作者虽将魏豹、彭越二人并提，实则主要是表现了对彭越悲剧结局的无限感慨。）

①喋血乘胜——《索隐》曰："喋，犹践也，杀敌践血而行。"指克敌制胜，乘势追击。　日有闻矣——意即曾名震一时。　②中材——中等才智。指普通人，平常人。　③独患无身耳——指不轻易死，忍辱苟

活。④得摄尺寸之柄——摄：抓取，掌握。尺寸之柄：比喻很小的权力。欲有所会其度——希望能遇到机会施展其才。度：气量，才干。

［**简评**］ 魏豹和彭越都是在天下剧变时奋发崛起，拥兵自立，号令一方的人物。魏豹的事迹不多，才干人品也不足称道，但他的兴衰反映了河东一带的政治形势。本篇的重点是写彭越。彭越在楚汉战争中是起着关键作用的人物，他在梁地展开了大规模的游击战、运动战，掐断了项羽后方与前方的联系，最后率兵与刘邦、韩信等彻底消灭项羽于垓下。正是由于他的功劳巨大，所以才和韩信、黥布被刘邦封为王。但是彭越还是被刘邦杀害了。罪名呢？司马迁在作品中明确地告诉人们，这是由于“吕后乃令其舍人告彭越复谋反”，而且在彭越被杀后，刘邦还将他的尸体剁成肉酱以分赐群臣，这种做法简直令人发指。《魏豹彭越列传》在表现刘邦诛杀功臣的若干传记中，是司马迁态度最明确、指出问题最清楚的一篇。

［**集评**］ 《太史公自序》：“收西河、上党之兵，从至彭城；越之侵掠梁地，以苦项羽，作《魏豹彭越列传》第三十。”

牛运震曰：“魏豹、彭越先后定梁地，俱不得其终，故同传。《魏豹传》简直，然叙事自有致。豹不足立传也，魏咎、周市不可不传，二人因豹二见，故为豹传而二人附之。”（《史记评注》）

洪迈曰：“韩信、英布、彭越皆以谋反诛夷。……三人之事，越独为冤，且扈辄劝越反，越不听，有司以越不诛辄为‘反形已具’。然则贯高欲杀高祖，张敖不从，其事等耳，乃以为‘不知状’而敖得释，何也？”（《容斋随笔》）

郭嵩焘曰：“彭越无大功于汉，而与韩信齐名，正以居梁地近楚故也。楚方与汉王相争荥阳、京、索间，彭越数从后绝其粮道，是以项王数反击彭越，往来奔驰，以至罢困；汉之所以卒灭项王，

彭越之力为多,读《项羽本纪》自得之。”(《史记札记》)

凌稚隆曰:“越有不赏之功,即有罪,犹宜从轻,矧非其罪?而惟以吕氏一言族之,高帝其寡恩哉!然帝征兵而越不至,则越亦有以自取矣。太史公赞韩信曰:‘以假令信学道谦让,可以比周、召、太公之徒。’愚于越也亦云。”(《史记评林》)

吴见思曰:“魏豹为魏王,彭越为魏相国,同起魏地,故作两人合传。然魏豹殊不足取,故略具事体而已。至韩信击卤以后,更复索然。写彭越老成练达,有坚忍不拔之志,为项羽所败,累仆累起,虽非重瞳敌手,然终以制重瞳之命,写来自是不凡。”

又曰:“彭越初起处虽未甚淋漓,然百许人之中毅然行法,便不是草窃规模。写彭越有老吏心胸、老奸手段,止是临死一泣,大减分数耳。”(《史记论文》)

林纾曰:“《彭越传》疏率若不经意,弗如《淮阴》之详,且与魏豹同传,然世称汉初功臣必曰‘韩、彭’者,几不得解。乃不知《高帝本纪》中,累书‘彭越反梁地’,以牵掣项羽使不得过成皋,厥功与韩信垓下之役实同。读《史记》者能于不经意中求之,或得史公之妙。”(《桐城吴先生点勘〈史记〉读本序》)

李景星曰:“《魏豹传》中以周市立魏咎引起,《彭越传》中以渔巨野引起,叙次生动,是通篇极出色处。其余亦俱简净不支。至叙彭越事,而曰‘朝陈’,曰‘皆来朝长安’,曰‘梁王恐,欲往自谢’,曰‘梁王不觉’,曰‘自言无罪’,皆于无形中证明越之不反,尤为太史公特笔。赞语凡数折,疏宕不群。‘独患无身耳’五字,写出英雄心胸,大是奇语。‘以故幽囚而不辞云’,说魏、彭二人,并触动自己心事,言外有无穷感伤,不可呆读。”(《四史评议》)

黥布列传第三十一

黥布者，六人也，[1]姓英氏。秦时为布衣。少年，有客相之曰："当刑而王。"及壮，坐法黥[2]。布欣然笑曰："人相我当刑而王，几是乎[3]？"人有闻者，共俳笑[4]之。布已论输丽山，丽山之徒数十万人，布皆与其徒长豪桀交通，[5]乃率其曹偶亡之江中为群盗[6]。

陈胜之起也，布乃见番君[7]，与其众叛秦，聚兵数千人。番君以其女妻之。章邯之灭陈胜，破吕臣[8]军，布乃引兵北击秦左右校，破之清波，[9]引兵而东。闻项梁定江东会稽，涉江而西，陈婴以项氏世为楚将，乃以兵属项梁。[10]渡淮南，英布、蒲将军亦以兵属项梁。[11]

项梁涉淮而西，击景驹、秦嘉等，布常冠军。[12]项梁至薛，闻陈王定死，乃立楚怀王。项梁号为武信君，英布为当阳君。项梁败死定陶，怀王徙都彭城[13]，诸将英布亦皆保聚彭城。当是时，秦急围赵[14]，赵数使人请救。怀王使宋义为上将，范增为末将，项籍为次将，英布、蒲将军皆为将军，悉属宋义，北救赵。及项籍杀宋义于河上[15]，怀王因立籍为上将军，诸将皆属项籍。项籍使布先渡河击秦[16]，布数有利，籍乃悉引兵涉河从之，遂破秦军，降章邯等。

楚兵常胜,功冠诸侯,诸侯兵皆以服属楚者,以布数以少败众也[17]。

项籍之引兵西至新安,又使布等夜击坑章邯秦卒二十余万人。至关,不得入,[18]又使布等先从间道破关下军,遂得入,至咸阳。布常为军锋。项王封诸将,立布为九江王,都六。

(以上为第一段,写黥布初随项羽破秦,被项羽封为九江王的情形。)

①黥布——因英布曾受黥刑,故时人以此相称。 六——秦县名,县治在今安徽六安东北。 ②坐法黥——由于犯法而被脸上刺字。黥:古代在犯人脸上刺字涂黑的一种刑法,也称"墨刑"。坐:因。③几是乎——大概就是指这个吧! 几:近,差不多。也有说"几"读为"岂",莫非。 ④俳(pái)笑——戏笑,以之取乐。 ⑤论输丽山——被判罪押往骊山服役。论:判罪。丽山:即"骊山",在今陕西西安临潼区东南。此处指骊山脚下的秦始皇陵墓工地。 徒长——管理犯人的小头领。 ⑥曹偶——辈,类,同一类的人。 亡之江中——亡:潜逃。江中:大概指今江西、安徽一带的长江上。 ⑦番君——番县的县令,姓吴名芮,后来因派将随项羽反秦,先被项羽封为衡山王,后来又被刘邦封为长沙王。番:秦县名,县治在今江西鄱阳东北。 ⑧吕臣——陈胜的部下,陈胜兵败被杀后,吕臣收合余众,又曾一度收复了陈县,继续坚持"张楚"的旗号,后被秦朝的左右校打败。事见《陈涉世家》。⑨左右校——疑即章邯部下之校尉。古时一名将军统领若干"部","部"的长官即校尉。 清波——秦县名,县治在今河南新蔡西南。⑩陈婴——当时活动在东阳县(今江苏盱眙)一带的义军头领。 乃以兵属项梁——陈婴起事后,有人欲拥立其为王,陈母劝其勿应,时值项梁渡江,陈婴遂率部归之。 ⑪渡淮南——"南"字疑衍。"渡淮"即渡淮水北上。 蒲将军——史失其名,后来与黥布都成为项羽部下的名将。 ⑫景驹、秦嘉——都是当时楚地的义军头领。陈涉死后,秦嘉拥立楚国的旧贵族景驹为王,项梁对此不满,故起兵攻灭之。 布常冠军——黥布之勇猛善战常为全军之冠。 ⑬怀王徙都彭城——楚怀王

原来都于盱台(今江苏盱眙),项梁死后,怀王为团聚破败的义军,徙都前进至彭城(今江苏徐州)。 ⑭秦急围赵——章邯破杀项梁后,以为楚地之寇不足忧,遂渡河北上,与王离等围困河北义军张耳、赵王歇于巨鹿(今河北平乡西南),事在汉二年(前205)。 ⑮项籍杀宋义于河上——楚怀王是项氏所立的傀儡,项梁骄傲,心目中没有怀王是可以想见的。项梁败死后,怀王夺了项羽的兵权,令其受宋义统属,项羽自是不服,因此在北上途中杀了宋义,自立为上将军。怀王无法,只好补任了项羽,详见《项羽本纪》。 ⑯使布先渡河击秦——此处之"河",有人说指黄河,有人说指漳河。漳河离巨鹿较近,黄河离巨鹿较远,二者皆路途所必经,因此二说皆可。 ⑰以布数以少败众也——吴见思认为:此处借项羽写英布,看来反若英布高出项羽一头,借客形主之法。 ⑱至关——此指函谷关,在今河南灵宝东北,是东方入秦的门户。不得入——据《高祖本纪》,有人对刘邦说:"秦富十倍天下,地形强。今闻章邯降项羽,项羽乃号为雍王,王关中。今则来,沛公恐不得有此。可急使兵守函谷关,无内诸侯军。"于是刘邦遂派兵据守。

汉元年四月,诸侯皆罢戏下①,各就国。项氏立怀王为义帝,徙都长沙,乃阴令九江王布等行击之。其八月,布使将击义帝,追杀之郴县②。

汉二年,齐王田荣畔楚,项王往击齐,征兵九江,九江王布称病不往,遣将将数千人行。汉之败楚彭城,布又称病不佐楚。项王由此怨布,数使使者诮让召布,布愈恐,不敢往。项王方北忧齐、赵,西患汉,所与者独九江王,又多布材,③欲亲用之,以故未击。

汉三年,汉王击楚,大战彭城,不利,出梁地,至虞,④谓左右曰:"如彼等者,无足与计天下事。"谒者随何进曰:"不审⑤陛下所谓。"汉王曰:"孰能为我使淮南,令之发兵倍楚,留项王于齐数月,⑥我之取天下可以百全。"随何曰:"臣请使之。"乃与二十人俱,使淮南。至,因太宰主之⑦,三日不得见。随何因说太宰曰:

“王之不见何，必以楚为强，以汉为弱，此臣之所以为使[8]。使何得见，言之而是邪，是大王所欲闻也；言之而非邪，使何等二十人伏斧质淮南市，以明王倍汉而与楚也。”太宰乃言之王，王见之。随何曰：“汉王使臣敬进书大王御者，窃怪大王与楚何亲也。”淮南王曰：“寡人北乡而臣事之。”随何曰：“大王与项王俱列为诸侯，北乡而臣事之，必以楚为强，可以托国也。项王伐齐，身负板筑，以为士卒先；大王宜悉淮南之众，身自将之，为楚军前锋，今乃发四千人以助楚。夫北面而臣事人者，固若是乎？夫汉王战于彭城，项王未出齐也，大王宜骚淮南之兵渡淮，[9]日夜会战彭城下，大王抚万人之众，无一人渡淮者，垂拱而观其孰胜。夫托国于人者，固若是乎？大王提空名以乡楚，而欲厚自托，[10]臣窃为大王不取也。然而大王不背楚者，以汉为弱也。夫楚兵虽强，天下负之以不义之名，以其背盟约[11]而杀义帝也。然而楚王恃战胜自强，汉王收诸侯，还守成皋、荥阳，下蜀、汉之粟，深沟壁垒，分卒守徼乘塞[12]。楚人还兵，间以梁地，深入敌国八九百里，[13]欲战则不得，攻城则力不能，老弱转粮千里之外；楚兵至荥阳、成皋，汉坚守而不动，进则不得攻，退则不得解。故曰楚兵不足恃也。使楚胜汉，则诸侯自危惧而相救。夫楚之强，适足以致天下之兵耳[14]。故楚不如汉，其势易见也。今大王不与万全之汉而自托于危亡之楚，臣窃为大王惑之。臣非以淮南之兵足以亡楚也。夫大王发兵而倍楚，项王必留[15]；留数月，汉之取天下可以万全。臣请与大王提剑而归汉，汉王必裂地而封大王，又况淮南，[16]淮南必大王有也。故汉王敬使使臣进愚计，愿大王之留意也。”淮南王曰：“请奉命。”阴许畔楚与汉[17]，未敢泄也。

楚使者在，方急责英布发兵，舍传舍[18]。随何直入，坐楚使者上坐，曰：“九江王已归汉，楚何以得发兵？”布愕然。楚使者起。何因说布曰：“事已构[19]，可遂杀楚使者，无使归，而疾走汉并力[20]。”布曰：“如使者教，因起兵而击之耳。”于是杀使者，因起兵而攻楚。楚使项声、龙且攻淮南,项王留而攻下邑。[21]数月,龙且击淮南,破布军。布欲引兵走汉,恐楚王杀之,故间行与何俱归汉。

淮南王至,上方踞床洗[22],召布入见。布大怒,悔来,欲自杀。出就舍,帐御饮食从官如汉王居,布又大喜过望。于是乃使人入九江。楚已使项伯收九江兵,尽杀布妻子。布使者颇得[23]故人幸臣,将众数千人归汉。汉益分布兵而与俱北,收兵至成皋。四年七月,立布为淮南王,与击项籍。

汉五年,布使人入九江,得数县。六年,布与刘贾入九江,诱大司马周殷,周殷反楚,遂举九江兵与汉击楚,破之垓下。

项籍死,天下定,上置酒。上折[24]随何之功,谓何为"腐儒","为天下安用腐儒!"随何跪曰:"夫陛下引兵攻彭城,楚王未去齐[25]也,陛下发步卒五万人,骑五千,能以取淮南乎?"上曰:"不能。"随何曰:"陛下使何与二十人使淮南,至,如陛下之意[26],是何之功贤于步卒五万人、骑五千也。然而陛下谓何'腐儒''为天下安用腐儒',何也?"上曰:"吾方图子之功。"乃以随何为护军中尉[27]。布遂剖符为淮南王,都六,九江、庐江、衡山、豫章郡皆属布。

(以上为第二段,写刘邦派随何说黥布归汉,以及黥布为汉立功,被刘邦封为淮南王的情形。)

①皆罢戏下——都从戏水岸边撤走,到各自的封地去。戏:河水名,发源于骊山,经项羽当时驻军的鸿门东侧,北流入渭水。 ②郴县——在今湖南郴州。 ③所与者——与:联合,联盟。 又多布材——多:爱惜,称赞。 ④出梁地——败退时经由梁国(今河南东北部及山东西部一带地区)。出:经由,路过。 虞——秦县名,县治在今河南虞城北。 ⑤不审——不明白。 ⑥使淮南——到九江王黥布处去,因黥布的都城六县及其主要地盘都在淮南,而刘邦后来又封黥为"淮南王",所以后人写史遂设了这样的称呼,下同。 倍楚——背叛项羽。倍:通"背"。 留项王于齐数月——按:"于齐"二字衍文。

⑦因太宰主之——意谓得到了太宰的接待。太宰:为帝王掌管膳食之官。主:为之做主人。即以客礼接待。 ⑧此臣之所以为使——意谓我之所以来此,正是要向你的主子谈谈这个问题。 ⑨未出齐——尚未从齐国赶回。出:离。 宜骚淮南之兵渡淮——骚:通“扫”,指倾国出动,以解彭城之危。 ⑩提空名以乡楚——意即空留着一个与楚亲近的名声。 欲厚自托——意即保存自己的实力,拥兵自重。 ⑪背盟约——指违背谁先入关谁当关中王的约定。 ⑫守徼(jiào)乘塞——意即登上塞堡,守好各方的边境。徼:边境上的亭堡工事。乘:登,登高而守。 ⑬楚人还兵——指项羽刚从齐国回来。 间以梁地——从项羽的彭城到荥阳、成皋,中间隔着旧日梁国的辽阔地区。 深入敌国八九百里——指经由彭越所活动的地区。 ⑭致天下之兵——招引各国诸侯来攻。致:招引。 ⑮项王必留——指留下来解决黥布问题。 ⑯裂地——指再割出一块地盘。 又况淮南——意即淮南更不在话下。 ⑰畔楚与汉——畔:通“叛”。与:助,联合。 ⑱舍传(zhuàn)舍——三字衍文。中井积德曰:“据下文,‘布愕然’句,是事在布之前也,不于传舍。《汉书》削‘舍传舍’三字,为是。”传舍:犹今之所谓“宾馆”“招待所”。 ⑲事已构——事情已经形成,犹今之所谓“生米已做成熟饭”。构:成。 ⑳疾走汉并力——按:此话不合情理。随何说黥布叛楚的目的,据前文是令其留住项羽,不使项羽即刻西进,给刘邦以集结、部署兵力之机;今则曰令其率兵走汉,与汉并力,前后矛盾。 ㉑项声、龙且(jū)——都是项羽的部将。 下邑——秦县名,县治在今安徽砀山县。 ㉒踞床洗——坐在床边洗脚。 ㉓颇得——稍稍得到了一些。“颇”字在汉代表示数量不多。 ㉔折——贬低。 ㉕楚王未去齐——项羽尚未离开齐国回军彭城。即婉言刘邦在彭城失利前。 ㉖如陛下之意——如:合,满足。 ㉗护军中尉——皇帝派往军中以节制、监督军中诸事的长官。

七年,朝陈。八年,朝雒阳。九年,朝长安。

十一年,高后诛淮阴侯,布因心恐。夏,汉诛梁王彭越,醢[①]之,盛其醢遍赐诸侯。至淮南,淮南王方猎,见醢,因大恐,阴令人部聚兵，候伺旁郡警急。[2]

布所幸姬疾，请就医，医家与中大夫[3]贲赫对门，姬数如医家。贲赫自以为侍中，乃厚馈遗，[4]从姬饮医家。姬侍王，从容语次，誉赫长者也。[5]王怒曰："汝安从知之？"具说状。王疑其与乱[6]。赫恐，称病。王愈怒，欲捕赫。赫言变事，乘传诣长安。[7]布使人追，不及。赫至，上变，言布谋反有端，可先未发诛也。[8]上读其书，语萧相国。相国曰："布不宜有此，恐仇怨妄诬之。请系赫，使人微验淮南王。[9]"淮南王布见赫以罪亡，上变，固已疑其言国阴事；汉使又来，颇有所验[10]，遂族赫家[11]，发兵反。反书闻，上乃赦贲赫，以为将军。

上召诸将问曰："布反，为之奈何？"皆曰："发兵击之，坑竖子耳，何能为乎[12]！"汝阴侯滕公召故楚令尹问之。[13]令尹曰："是故当反。"滕公曰："上裂地而王之，疏爵而贵之，南面而立万乘之主，其反何也？"令尹曰："往年杀彭越，前年杀韩信，此三人者，同功一体之人也。自疑祸及身，故反耳。"滕公言之上曰："臣客故楚令尹薛公者，其人有筹策之计，可问。"上乃召见问薛公。薛公对曰："布反不足怪也。使布出于上计，山东[14]非汉之有也；出于中计，胜败之数未可知也；出于下计，陛下安枕而卧矣。"上曰："何谓上计？"令尹对曰："东取吴，西取楚，并齐取鲁，传檄燕、赵，固守其所，山东非汉之有也。""何谓中计？""东取吴，西取楚，并韩取魏，据敖庾之粟，塞成皋之口，[15]胜败之数未可知也。""何谓下计？""东取吴，西取下蔡[16]，归重于越，身归长沙，[17]陛下安枕而卧，汉无事矣。"上曰："是[18]计将安出？"令尹对曰："出下计。"上曰："何谓废上中计而出下计？"令尹曰："布故丽山之徒也，自致万乘之主，此皆为身，不顾后为百姓万世虑者也，故曰出下计。"上曰："善。"封薛公千户[19]。乃立皇子长为淮南王。上遂发兵自将东击布。

布之初反，谓其将曰："上老矣，厌兵，必不能来。使诸将，诸将独患淮阴、彭越,今皆已死,余不足畏也。"故遂反。果如薛公筹之,东击荆,荆王刘贾走死富陵。尽劫其兵,渡淮击楚。楚发兵与战徐、僮[20]间,为三军,欲以相救为奇[21]。或说楚将曰:"布善用兵,民素畏之[22]。且兵法,诸侯战其地为散地[23]。今别为三,彼败吾一军,余皆走,安能相救!"不听。布果破其一军,其二军散走。

遂西,与上兵遇蕲西会甀[24]。布兵精甚,上乃壁庸城[25],望布军置陈如项籍军,上恶之。与布相望见,遥谓布曰:"何苦而反?"布曰:"欲为帝耳。"上怒骂之,遂大战。布军败走,渡淮,数止战,不利,与百余人走江南[26]。布故与番君婚,以故长沙哀王使人绐布,伪与亡,诱走越,故信而随之番阳。[27]番阳人杀布兹乡民田舍,遂灭黥布。

立皇子长为淮南王,封贲赫为期思侯[28],诸将率多以功封者。

(以上为第三段,写黥布因恐惧、怀疑而"造反"被杀的经过。)

①醢(hǎi)——将人剁成肉酱。 ②部聚兵——集合部队。 候伺旁郡警急——打探周围直属中央的诸郡有无紧急动向。候伺:暗中打探、窥伺。 ③中大夫——在宫内服务的官员,上属郎中令,掌参谋议论。 ④侍中——在内廷服务。 厚馈遗(kuì wèi)——给医生送厚礼,以讨好英布之幸姬。 ⑤从容语次——在随便的谈话中谈到。长者——厚道人。 ⑥与乱——与之私通。 ⑦言变事——自称有谋反的消息要向朝廷报告。变事:也单称"变",指告发叛乱阴谋。乘传——乘坐驿车。 诣(yì)——到,到达。 ⑧上变——向朝廷呈上揭发谋反的函件。 有端——有苗头,有迹象。 先未发诛——趁其未发兵,先诛灭之。 ⑨系赫——将贲赫拘押起来。 微验——暗中调查。 ⑩颇有所验——也查到了一些迹象。 ⑪族赫家——将贲赫的家人全部处死。 ⑫何能为乎——还能有什么别的办法! ⑬滕公——即夏侯婴,因其曾被刘邦任为滕县令,故人多以"滕公"称之。他长期为刘邦赶车,官太仆。 故楚令尹——曾在项羽处当过令尹的人,史失其名,后文但称其为"薛公"(在秦朝当过薛县令)。令尹:楚官

名，职同宰相。　⑭山东——古常用以指崤山（今河南洛宁西北）以东的今河南、安徽、山东等旧属于六国的广大地区。　⑮据敖庾之粟——敖庾：即敖仓，秦代所建的贮粮之所，在当时荥阳县（今河南荥阳东北）北的敖山上，旧址已被黄河冲蚀掉。　塞成皋之口——意即占据成皋（今河南荥阳汜水镇西）这一控制东西交通的要冲。　⑯下蔡——汉县名，县治在今安徽凤台。　⑰归重于越——把所有辎重都转移到今浙江绍兴一带。绍兴古称会稽，是旧时越国的首都。　身归长沙——自己领着人去投奔长沙王。当时的长沙王吴臣，是吴芮的儿子。吴芮则是黥布的岳父。　⑱是——此，此人，指黥布。　⑲千户——千户侯。即关内侯，有侯爵而无封地。　⑳徐、僮——皆汉县名，徐县县治在今江苏泗洪南，当时为临淮郡的郡治所在地；僮县县治在今安徽泗县东北，当时上属临淮郡。　㉑为三军，欲以相救为奇——其意盖谓欲通过轮番出击，相互配合，以消耗敌人而争取最终取胜。　㉒布善用兵，民素畏之——民：指刘邦部下的将领与士兵，非谓黎民百姓。　㉓诸侯战其地为散地——在自己家乡作战，士兵容易逃散。　㉔蕲（qí）西会甀（zhuì）——蕲县城西的会甀邑。蕲：汉县名，县治在今安徽宿州南，当时属沛郡。　㉕壁庸城——屯兵于庸城。壁：修筑营垒。这里意即驻扎。庸城：古邑名，应距会甀不远。　置陈如项籍军——陈："阵"的古字。　上恶（wù）之——恶：畏恶，讨厌。　㉖走江南——逃到长江以南。此指逃到今湖南长沙一带。　㉗长沙哀王——应作"长沙成王"，即吴芮之子吴臣，谥曰"成"，是黥布之妻的兄弟。哀王是成王之子，孝惠二年（前193）始为王。　绐（dài）——欺骗。　伪与亡，诱走越——引诱他，假说与他一道逃向南越。　番阳——即本文开头所说的番县，县治在今江西鄱阳东北。　㉘期思侯——封地期思县。期思县的县治，在今河南淮滨东南的期思镇。

太史公曰：英布者，其先岂《春秋》所见楚灭英、六，皋陶之后哉？[①]身被刑法，何其拔兴之暴[②]也！项氏之所坑杀人以千万数，而布常为首虐。[③]功冠诸侯，用此得王，亦不免于身为世大僇。[④]祸之兴自爱姬殖，妒媢生患，[5]竟以灭国！

（以上为第四段，是作者的论赞，作者称道黥布之功，谴责黥布之虐，感慨黥布因“小故”被杀。）

①《春秋》所见——《春秋》上所说的。 楚灭英、六——被楚国所灭的英、六二小国。 皋陶之后——皋陶，舜时的贤臣。 ②拔兴之暴——兴起得如此猛烈、突然。拔兴：勃兴。暴：猛烈，突然。 ③以千万数——以“千”数，以“万”数。皆极言其多。 首虐——领先作恶，如屠城、坑秦卒、杀楚怀王等。 ④用此得王——用：因。 身为世大僇（lù）——语略不顺，大意谓自身也落得个被世人所耻笑、辱骂的下场。僇：侮辱。 ⑤自爱姬殖——殖：生，始。 妒媢（mào）——妒嫉。

［**简评**］ 作品写了黥布先是在项羽手下冲锋陷阵，破秦封王；接着写他在随何的诱说下脱离项羽投奔刘邦；最后又写了他在韩信、彭越被杀后，起兵反刘邦，被刘邦讨灭的过程。黥布是一员猛将，但人品不足言，反复无常，很像东汉末年的吕布。但是黥布的“谋反”被杀，完全是被刘邦逼出来的，作者对此有明确的态度。黥布的兴亡史，表现了陈胜起义至刘邦建国初期十几年间淮南一带的政治形势。此外，《史记》中无《随何传》，此文遂又有附传随何的意义。

［**集评**］ 《太史公自序》：“以淮南叛楚归汉，汉用得大司马殷，卒破子羽于垓下，作《黥布列传》第三十一。”

黄震曰：“布起丽山之徒，以兵属项氏，常为军锋，得国九江，南面称孤矣。汉使随何说之归汉，遂灭楚垓下，王淮南。及信、越诛而布大恐，幸姬启衅，竟以反诛。愚谓布非反汉，汉非少恩，势使然耳。夫布于汉，非萧、曹素臣服者比也。群起逐鹿，成者帝，败者族，方雌雄未决，不得已资之以济吾事。事济矣，同起事者犹在，则此心不能一日安，故其势不尽族之不止也。故夫乘势徼危者，未有不灭其身。”（《黄氏日钞》）

杨燕起、阎崇东曰："项羽之起，英布尝为先锋，功冠诸侯。英布之背楚归汉，楚弱汉强，至垓下之会而破项羽。故于汉，英布与彭越、韩信，'三人者，同功一体之人也'。记述正见此意。然英布终起江中群盗，拔兴之暴，常为首虐；悔怒尊大，见居又喜；窃疑幸姬，妒娼生患；一皆为身，不顾后虑。本传尽情刻画，以示终不脱其故丽山之徒的本性。附见随何，刘邦左右之儒生，使淮南说布叛楚归汉。其论楚汉形势，与韩信拜将后的政治分析，前后照应。淮阴是相争前的预计，随何是对抗中的分析，淮阴着眼于人心之向背，随何剖析了实力上的强弱；一建议反其道而行之；一易见楚之势不如汉。将军、儒生，识见相似，可见当时事势，洞识者并非无人，且已为勤于观察的各方政治人士所关注，并形成为大体相似的共同认识。……文篇的整体构思，亦显示了汉初统一措施所体现的时代要求。"(《〈史记〉精华导读》)

郭嵩焘曰："贯高说赵王反，蒯通说韩信反，高祖皆赦之，所为必诛信、越者，畏其能耳。既致之死，其猜忌之心应已释然矣，又醢之以赐诸侯，此何为也？盖将以威胁诸侯，使之噤不敢发耳。高帝以布衣有天下，专欲以威制人，秦世之用法刻深，亦此意也。呜呼，秦、汉之际，天地一大变也。"(《史记札记》)

汤谐曰："此文自始至终，一片奇气，其透快如刀砍斧截，蹦跳如生龙活虎，当时淮南王勇冠三军，劈易万人，史公为之作传，便全是此意象，真化工肖物之神技也。"(《史记半解》)

吴见思曰："文章之妙不在字句之内，如花之有光，另有一种妍妙，而非房蕊须瓣也；如山之有色，另有一种辉润，而非烟岚树石也，语此方可与言文矣。读《英布传》，不过逐段叙事，亦若另有一种话锋利刃，犀利触目，不可解也。"

又曰："《英布传》即借时事提序夹写，不特时事明晰，亦且热闹可观。"(《史记论文》)

李景星曰："《黥布传》纯以旁写取胜，前路处处以项羽伴说，见布之勇不在项羽下，其人之归附与否，与汉极有关系。中间详叙随何说布，见布之所以归汉也。后幅详写薛公策布，见汉之所以制布也。一个草泽英雄，自始至终不能出人范围，是可用之才，确非用人之才。至其首尾又与《彭越传》作反正映，彭越渔大泽，黥布输丽山，其出身同；彭越未免乞怜，黥布到底强劲，其结局异。赞语倔强疏挺，正称黥布为人。结尾咄然而止，笔亦老横。”(《四史评议》)

淮阴侯列传第三十二

淮阴侯韩信者，淮阴[①]人也。始为布衣时，贫无行，不得推择为吏[②]，又不能治生商贾，常从人寄食饮，人多厌之者。常数从其下乡南昌亭长寄食[③]，数月，亭长妻患之，乃晨炊蓐食[④]。食时信往，不为具食。信亦知其意，怒，竟绝去。

信钓于城下，诸母漂[⑤]，有一母见信饥，饭信，竟漂数十日[⑥]。信喜，谓漂母曰："吾必有以重报母。"母怒曰："大丈夫不能自食，吾哀王孙[⑦]而进食，岂望报乎！"

淮阴屠中少年有侮信者，曰："若虽长大，好带刀剑，中情怯耳。"众辱之[⑧]曰："信能死，刺我；不能死，出我袴下[⑨]。"于是信孰视之，俯出袴下，蒲伏[⑩]。一市人皆笑信，以为怯。

及项梁渡淮，信杖剑[⑪]从之，居戏下[⑫]，无所知名。项梁败，又属项羽，羽以为郎中[⑬]。数以策干项羽，羽不用。汉王之入蜀，信亡楚归汉，未得知名，为连敖[⑭]。坐法当斩，其辈十三人皆已斩，次至信，信乃仰视，适见滕公[⑮]，曰："上不欲就天下乎？何为斩壮士！"滕公奇其言，壮其貌，释而不斩。与语，大说之。言于上，上拜以为治粟都尉[⑯]，上未之奇也。

信数与萧何语，何奇之。至南郑[⑰]，诸将行道亡者数十人[⑱]。

信度何等已数言上，上不我用，即亡。何闻信亡，不及以闻，自追之。人有言上曰：“丞相何亡。”上大怒，如失左右手。居一二日，何来谒上，上且怒且喜，骂何曰：“若亡，何也？”何曰：“臣不敢亡也，臣追亡者。”上曰：“若所追者谁何？”曰：“韩信也。”上复骂曰：“诸将亡者以十数，公无所追；追信，诈也。”何曰：“诸将易得耳，至如信者，国士无双。王必欲长王汉中，无所事信；必欲争天下，非信无所与计事者。顾王策安所决耳。”王曰：“吾亦欲东耳，安能郁郁久居此乎！”何曰：“王计必欲东，能用信，信即留；不能用，信终亡耳。”王曰：“吾为公以为将[19]。”何曰：“虽为将，信必不留。”王曰：“以为大将。”何曰：“幸甚。”于是王欲召信拜之。何曰：“王素慢无礼，今拜大将如呼小儿耳，此乃信所以去也。王必欲拜之，择良日，斋戒，设坛场，具礼，乃可耳。”王许之。诸将皆喜，人人各自以为得大将。至拜大将，乃韩信也，一军皆惊。

信拜礼毕，上坐[20]。王曰：“丞相数言将军，将军何以教寡人计策？”信谢，因问王曰：“今东乡争权天下，岂非项王邪？”汉王曰：“然。”曰：“大王自料勇悍仁强孰与项王？”汉王默默良久，曰：“不如也。”信再拜贺[21]曰：“惟信亦为大王不如也。然臣尝事之，请言项王之为人也。项王喑噁叱咤[22]，千人皆废[23]，然不能任属贤将，此特匹夫之勇耳。项王见人恭敬慈爱，言语呕呕[24]，人有疾病，涕泣分食饮，至使人有功当封爵者，印刓敝[25]，忍不能予，此所谓妇人之仁也。项王虽霸天下而臣诸侯，不居关中而都彭城。有背义帝之约[26]，而以亲爱王[27]，诸侯不平。诸侯之见项王迁逐义帝置江南，亦皆归逐其主而自王善地。项王所过无不残灭者，天下多怨，百姓不亲附，特劫于威强耳[28]。名虽为霸，实失天下心。故曰其强易弱。今大王诚能反其道：任天下武勇，何所不诛！以天下城邑封功臣，何所不服！以义兵从思东归之士，[29]何所不散！且三秦王[30]为秦将，将秦子弟数岁矣，所杀亡[31]不可胜计，又欺其众降诸侯，至新安，项王诈坑秦降卒二十余万，唯独邯、欣、翳得脱，秦父兄怨此三人，痛入骨髓。今楚强以威王此三人，秦民莫爱也。大王之入武关，秋毫无所害，除秦苛法，与秦民约，法三章㉜耳，秦民无不欲得大王王秦者。于诸侯之约，大王当王关中，关中民咸知之。大王失职入汉中，秦民无不恨者。今大王举而东，三秦可传檄而定也。”于是汉王大喜，自以为得信晚。遂听信计，部署诸将所击。

（以上为第一段，写韩信早年的穷困和投奔刘邦后被拜为大将的过程。）

①淮阴——秦县名，在今江苏淮安淮阴区西南。 ②推择为吏——战国以来，乡官有向国家推举本乡人才使之为吏的制度。③寄食——依托别人生活。 ④晨炊蓐食——早晨做饭，人在草席上就把饭吃了。蓐：草席。 ⑤诸母漂——一些老妇在漂洗衣物。⑥竟漂数十日——一直到漂洗完，数十日内每天如此。 ⑦吾哀王孙——王孙：犹言“公子”，对年轻人的敬称。 ⑧众辱之——当众侮辱他。 ⑨袴下——有本作“胯下”。袴：通“胯”。 ⑩“于是信孰视之”三句——蒲伏：即“匍匐”，爬行。 ⑪杖剑——持剑。言除一剑外，便无其他进见之资。 ⑫戏下——即麾下，部下。戏：通“麾”。⑬郎中——侍从人员。 ⑭连敖——管仓库粮饷的小官。王骏图认为：连敖者，必主仓廒之官，其职甚微。及滕公言于上，乃拜以为治粟都尉，则犹据资格而推升之耳。故知连敖亦治粟之官也。 ⑮滕公——即夏侯婴，曾被刘邦任为滕县县令，故时人称为滕公。 ⑯治粟都尉——管理粮饷的军官。 ⑰南郑——在今陕西汉中南郑区，当时为汉之都城。 ⑱诸将行道亡者数十人——行，读 háng。诸将行，即诸将辈。或读 xíng，行道，犹言途中。《汉书》删“行”字。 ⑲吾为公以为将——按：可见汉王之勉强。此欲用为将，非为知韩信之才，乃欲不伤萧何情面，担心萧何逃跑。 ⑳上坐——谓刘邦行拜将之礼毕而落座。上：称刘邦。 ㉑贺——嘉许，称赞。称赞他有这种自知之明，能承认自己不如人家。这是整段论事的基础。 ㉒喑噁叱咤（yīn wù chì zhà）——呵斥声。 ㉓废——瘫痪。 ㉔呕（xū）呕——温和的样子。

㉕刓(wán)敝——抚弄坏了,磨损。刓:磨去棱角。 ㉖有背义帝之约——指未按"先入关者王之"的约定办事。有:通"又"。 ㉗以亲爱王——让自己亲近的人称王。此句有本连下文断作"以亲爱王诸侯",亦通。 ㉘特劫于威强耳——只是因为被他的强大兵威所胁制,而不敢反抗罢了。又:王念孙认为:"强"读"勉强"之"强","强"下当有"服"字……言百姓非心服项王,特劫于威而强服耳。王说较妥。 ㉙义兵——指刘邦在南郑现有的全部士卒(包括在当地新招收的士兵)。 思东归之士——指刘邦从关中带来的逃跑剩下的那些老兵。《高祖本纪》:"汉王之国,项王使卒三万人从。楚与诸侯之慕从者数万人……至南郑,诸将及士卒多道亡归,士卒皆歌思东归。" ㉚三秦王——指章邯、董翳、司马欣。三人皆秦将,后降项羽。项羽入关后,封章邯为雍王,董翳为翟王,司马欣为塞王。三国皆在故秦地,故称三人为三秦王。 ㉛杀亡——战死的和逃散的。 ㉜法三章——即杀人者死,伤人及盗抵罪。

八月,汉王举兵东出陈仓[①],定三秦。汉二年,出关,收魏、河南,韩、殷王皆降。合齐、赵共击楚。四月,至彭城,汉兵败散而还。信复收兵与汉王会荥阳,复击破楚京、索[②]之间,以故楚兵卒不能西。

汉之败却彭城,塞王欣、翟王翳亡汉降楚,齐、赵亦反汉与楚和。六月,魏王豹谒归视亲疾,至国,即绝河关[③]反汉,与楚约和。汉王使郦生说豹,不下。其八月,以信为左丞相[④],击魏。魏王盛兵蒲坂[⑤],塞临晋,信乃益为疑兵,陈船欲度临晋,而伏兵从夏阳以木罂缻渡军,[⑥]袭安邑[⑦]。魏王豹惊,引兵迎信,信遂虏豹,定魏为河东郡。汉王遣张耳与信俱,引兵东北击赵、代。后九月,破代兵,禽夏说阏与[⑧]。信之下魏破代,汉辄使人收其精兵,诣荥阳以距楚。

信与张耳以兵数万,欲东下井陉击赵[⑨]。赵王、成安君陈餘闻汉且袭之也,聚兵井陉口,号称二十万。广武君李左车说成安君曰："闻汉将韩信涉西河，虏魏王，禽夏说，新喋血阏与，今乃辅以张耳，议欲下赵，此乘胜而去国远斗，其锋不可当。臣闻千里馈粮，士有饥色；樵苏后爨，师不宿饱[⑩]。今井陉之道，车不得方轨，骑不得成列，行数百里，其势粮食必在其后。愿足下假臣奇兵三万人，从间道绝其辎重；足下深沟高垒，坚营勿与战。彼前不得斗，退不得还，吾奇兵绝其后，使野无所掠，不至十日，而两将之头可致于戏下。愿君留意臣之计。否，必为二子所禽矣。"成安君，儒者也，常称义兵不用诈谋奇计，曰："吾闻兵法'十则围之，倍则战'。今韩信兵号数万，其实不过数千。能千里而袭我，亦已罢[⑪]极。今如此避而不击，后有大者，何以加之！则诸侯谓吾怯，而轻来伐我。"不听广武君策。广武君策不用[⑫]。

韩信使人间视[⑬]，知其不用，还报，则大喜，乃敢引兵遂下。未至井陉口三十里，止舍。夜半传发，选轻骑二千人，人持一赤帜，从间道萆山[⑭]而望赵军，诫曰："赵见我走，必空壁逐我，若疾入赵壁，拔赵帜，立汉赤帜。"令其裨将传飧，[⑮]曰："今日破赵会食！"诸将皆莫信，详应曰："诺。"谓军吏曰："赵已先据便地为壁，且彼未见吾大将旗鼓，未肯击前行，恐吾至阻险而还。"信乃使万人先行，出，背水陈[⑯]。赵军望见而大笑。平旦，信建大将之旗鼓，鼓行出井陉口，赵开壁击之，大战良久。于是信、张耳详弃鼓旗，走水上军。水上军开入之，复疾战。赵果空壁争汉鼓旗，逐韩信、张耳。韩信、张耳已入水上军，军皆殊死战，不可败。信所出奇兵二千骑，共候赵空壁逐利，则驰入赵壁，皆拔赵旗，立汉赤帜二千。赵军已不胜，不能得信等，欲还归壁，壁皆汉赤帜，而大惊，以为汉皆已得赵王将矣，兵遂乱，遁走，赵将虽斩之，不能禁也。于是汉兵夹击，大破虏赵军，斩成安君泜水上[⑰]，禽赵王歇。

信乃令军中毋杀广武君，有能生得者购千金。于是有缚广武君而致戏下者，信乃解其缚，东乡坐[⑱]，西乡对，师事之。

诸将效首虏，毕贺，因问信曰："兵法右倍山陵，前左水泽[⑲]，今者将军令臣等反背水陈，曰破赵会食，臣等不服。然竟以胜，此何术也？”信曰：“此在兵法，顾诸君不察耳。兵法不曰‘陷之死地而后生，置之亡地而后存’？且信非得素拊循士大夫也，[20]此所谓‘驱市人而战之’[21]，其势非置之死地，使人人自为战；今予之生地，皆走，宁尚可得而用之乎！”诸将皆服曰：“善。非臣所及也。”

于是信问广武君曰：“仆欲北攻燕，东伐齐，何若而有功？”广武君辞谢曰：“臣闻败军之将，不可以言勇；亡国之大夫，不可以图存。今臣败亡之虏，何足以权大事乎！”信曰：“仆闻之，百里奚居虞而虞亡，在秦而秦霸，非愚于虞而智于秦也，用与不用，听与不听也。诚令成安君听足下计，若信者亦已为禽矣。以不用足下，故信得侍耳。”因固问曰：“仆委心归计[22]，愿足下勿辞。”广武君曰：“臣闻智者千虑，必有一失；愚者千虑，必有一得。故曰‘狂夫之言，圣人择焉’。顾恐臣计未必足用，愿效愚忠。夫成安君有百战百胜之计，一旦而失之，军败鄗下，身死泜上。今将军涉西河，虏魏王，禽夏说阏与，一举而下井陉，不终朝破赵二十万众，诛成安君。名闻海内，威震天下，农夫莫不辍耕释耒，褕衣甘食，倾耳以待命者[23]。若此，将军之所长也。然而众劳卒罢，其实难用。今将军欲举倦弊之兵，顿之燕坚城之下，欲战恐久力不能拔，情见势屈[24]，旷日粮竭，而弱燕不服，齐必距境以自强也。燕齐相持而不下，则刘项之权未有所分也。若此者，将军所短也。臣愚，窃以为亦过矣。故善用兵者不以短击长，而以长击短。”韩信曰：“然则何由？”广武君对曰：“方今为将军计，莫如案甲休兵，镇赵抚其孤，百里之内，牛酒日至，以飨士大夫醳兵[25]，北首燕路[26]，而后遣辩士奉咫尺之书，暴其所长于燕，燕必不敢不听从。燕已从，使喧言者[27]东告齐，齐必从风而服，虽有智者，亦不知为齐计矣。如是，则天下事皆可图也。兵固有先声而后实者，此之谓也。”韩信曰：“善。”从其策，发使使燕，燕从风而靡。乃遣使报汉，因请立张耳为赵王，以镇抚其国。汉王许之，乃立张耳为赵王。

（以上为第二段，写韩信势如破竹，破魏、破代、破赵、收燕，平定山西、河北，突出地表现了韩信卓越的军事才能。）

①陈仓——秦县名，在今陕西宝鸡东。 ②京、索——谓京县、索亭。皆在今河南荥阳一带。 ③绝河关——河关即蒲津关，也叫临晋关，在今陕西大荔东的黄河西岸。魏豹绝河关，是为了阻止汉兵进入魏境。 ④以信为左丞相——此左丞相乃虚衔，实不任其职。 ⑤蒲坂——地名，在今山西永济西南的黄河东岸，隔河与临晋关相对。⑥夏阳——秦县名，在今陕西韩城南。 木罂缻（yīng fǒu）——木盆、木桶之类。缻：同“缶”。 ⑦安邑——在今山西夏县西北，当时为河东重镇。 ⑧阏（yù）与——在今山西和顺。 ⑨“信与张耳以兵数万”二句——井陉（xíng）：即井陉口，太行山的险隘之一，在今河北井陉北。 ⑩“臣闻千里馈粮”四句——见《黄石公·上略》。馈：运送。樵苏：砍柴割草。宿饱：常饱。爨（cuàn）：烧火做饭。 ⑪罢——通“疲”。 ⑫广武君策不用——六字重复。《汉书》削“广武君策不用”六字。 ⑬间视——暗中窥伺。 ⑭间道萆山——从小路上山，隐蔽到（临近赵营的）山上。萆：通“蔽”。 ⑮裨（pí）将——副将。主将的副官、助手之类。 传飧（sūn）——传令用一些便饭。飧：简单的饭食。 ⑯背水陈——背靠着河水列阵。陈：“阵”的古字。 ⑰斩成安君泜（chí）水上——泜水：源出于河北赞皇西南，东流以经元氏南至宁晋南，折南入滏阳河。 ⑱东乡坐——谓使李左车东向而坐于尊位。乡：通“向”。 ⑲“兵法右倍山陵”二句——《孙子·行军篇》：“丘陵堤防，必处其阳而右背之。”右背：谓右倚背靠。倍：通“背”。 ⑳拊循——抚爱之，顺适其心意。指对人有恩德。这里指有训练、有领导关系。 士大夫——指部下将士。 ㉑驱市人而战之——意谓领着一群乌合之众去打仗。市人：集市上的人。以喻素不相识、毫无关系的人。 ㉒委心归计——委心：犹言“倾心”，诚心诚意地听其吩咐。归计：犹言“求教”，求计于人。 ㉓“农夫莫不辍耕释耒（lěi）”三句——辍耕释耒：谓不事生产。褕（yú）衣甘食：穿好的，吃好的。褕：华美。待命：等候“大命”的降临。即等死。以上三句极言韩信兵威之强。 ㉔情见

势屈——自己的实情(指短处而言)就要暴露,自己的势态就要被动。㉕醳(yì)兵——谓以酒食犒赏士兵。按:"以飨士大夫醳兵",文字不顺。亦有人将"醳兵"读作"释兵",然则与上文之"按甲休兵"重复。中井积德曰:"'醳兵'二字,竟不可通,或衍文。《汉书》删之。" ㉖北首燕路——言将部队摆成即将北上攻燕的架势。 ㉗喧言者——谓辩士。喧言:扬言。

楚数使奇兵渡河击赵,赵王耳、韩信往来救赵,因行定赵城邑,发兵诣汉。楚方急围汉王于荥阳,汉王南出,之宛、叶间,[①]得黥布,走入成皋,楚又复急围之。六月,汉王出成皋,东渡河,独与滕公俱,从张耳军修武。至,宿传舍。晨自称汉使,驰入赵壁。张耳、韩信未起,即其卧内上[②]夺其印符,以麾召诸将,易置之。信、耳起,乃知汉王来,大惊。汉王夺两人军,即令张耳备守赵地,拜韩信为相国[③],收赵兵未发者击齐。

信引兵东,未渡平原[④],闻汉王使郦食其已说下齐,韩信欲止。范阳辩士蒯通说信曰:"将军受诏击齐,而汉独发间使下齐,宁有诏止将军乎?何以得毋行也!且郦生一士,伏轼掉三寸之舌,[⑤]下齐七十余城,将军将数万众,岁余乃下赵五十余城,为将数岁,反不如一竖儒之功乎?"于是信然之,从其计,遂渡河。齐已听郦生,即留纵酒,罢备汉守御。信因袭齐历下[⑥]军,遂至临菑[⑦]。齐王田广以郦生卖己,乃亨之[⑧],而走高密,使使之楚请救。韩信已定临菑,遂东追广至高密西。楚亦使龙且将,号称二十万,救齐。

齐王广、龙且并军与信战,未合。人或说龙且曰:"汉兵远斗穷战,其锋不可当。齐、楚自居其地战,兵易败散。不如深壁,令齐王使其信臣招所亡城,亡城闻其王在,楚来救,必反汉。汉兵二千里客居,齐城皆反之,其势无所得食,可无战而降也。"龙且曰:"吾平生知韩信为人[⑨],易与耳。且夫救齐不战而降之,吾何功？今战而胜之，齐之半可得，何为止！”遂战，与信夹潍水陈。韩信乃夜令人为万余囊，满盛沙，壅水上流，引军半渡，击龙且，详不胜，还走⑩。龙且果喜曰：“固知信怯也。”遂追信渡水。信使人决壅囊，水大至，龙且军大半不得渡。即急击，杀龙且，龙且水东军散走，齐王广亡去⑪。信遂追北至城阳，皆虏楚卒。

汉四年，遂皆降平齐。使人言汉王曰：“齐伪诈多变，反覆之国也，南边楚，不为假王以镇之，其势不定，愿为假王便。”当是时，楚方急围汉王于荥阳，韩信使者至，发书，汉王大怒，骂曰：“吾困于此，旦暮望若来佐我，乃欲自立为王！”张良、陈平蹑汉王足，因附耳语曰：“汉方不利，宁能禁信之王乎？不如因而立，善遇之，使自为守。不然，变生。”汉王亦悟，因复骂曰：“大丈夫定诸侯，即为真王耳，何以假为！”乃遣张良往立信为齐王，征其兵击楚。

（以上为第三段，写韩信破齐、败楚，并被封为齐王的过程，韩信与刘邦的矛盾已逐渐尖锐。）

①宛——秦县名，在今河南南阳。　叶——在今河南叶县南。②卧内上——疑有衍文。泷川资言认为衍“内”字，《汉书》无“内上”二字。　③拜韩信为相国——拜信为赵相国也。　④渡平原——平原：古邑名，在今山东平原西南。汉时黄河流经其侧。所谓“渡”者，指在此渡河。　⑤伏轼——坐车时伏于车厢前的横木上，以表恭敬。这里指乘车。　掉——摇动。　⑥历下——在今山东济南东南。　⑦临菑——在今山东淄博东北齐都镇。　⑧乃亨之——亨：“烹”的本字。⑨吾平生知韩信为人——盖指其少时为淮阴恶少所辱之事，龙且亦以韩信为怯。　⑩详不胜，还走——详：通“佯”。按：此与井陉之战相同，韩信皆先示人以弱形，引敌入圈套。　⑪齐王广亡去——《田儋列传》《秦楚之际月表》皆云田广亦于此役被杀，而《高祖本纪》与《淮阴侯列传》则云“亡去”，疑前者近是。或此役亡去，亦旋即被捕杀。

楚已亡龙且，项王恐，使盱眙人武涉往说齐王信曰：“天下共苦秦久矣，相与戮力击秦。秦已破，计功割地，分土而王之，以休士卒。今汉王复兴兵而东，侵人之分，夺人之地，已破三秦，引兵出关，收诸侯之兵以东击楚，其意非尽吞天下者不休，其不知厌足如是甚也。且汉王不可必[①]，身居项王掌握中数矣，项王怜而活之，然得脱，辄倍约，复击项王，其不可亲信如此。今足下虽自以与汉王为厚交，为之尽力用兵，终为之所禽矣。足下所以得须臾至今[②]者，以项王尚存也。当今二王之事，权在足下。足下右投则汉王胜，左投则项王胜。项王今日亡，则次取足下。足下与项王有故，何不反汉与楚连和，参分天下王之？今释此时，而自必于汉以击楚，且为智者固若此乎！”韩信谢曰：“臣事项王，官不过郎中，位不过执戟[③]，言不听，画不用，故倍楚而归汉。汉王授我上将军印，予我数万众，解衣衣我，推食食我，言听计用，故吾得以至于此。夫人深亲信我，我倍之不祥，虽死不易。幸为信谢项王！”

武涉已去，齐人蒯通知天下权在韩信，欲为奇策而感动之，以相人说韩信曰：“仆尝受相人之术。”韩信曰：“先生相人何如？”对曰：“贵贱在于骨法，忧喜在于容色，成败在于决断，以此参之，万不失一。”韩信曰：“善。先生相寡人何如？”对曰：“愿少间[④]。”信曰：“左右去矣。”通曰：“相君之面，不过封侯，又危不安。相君之背，贵乃不可言。”韩信曰：“何谓也？”蒯通曰：“天下初发难也，俊雄豪桀建号壹呼，天下之士云合雾集，鱼鳞杂遝[⑤]，熛至风起[⑥]。当此之时，忧在亡秦而已。今楚、汉分争，使天下无罪之人肝胆涂地，父子暴骸骨于中野，不可胜数。楚人起彭城，转斗逐北，至于荥阳，乘利席卷，威震天下。然兵困于京、索之间，迫西山[⑦]而不能进者，三年于此矣。汉王将数十万之众，距巩、雒[⑧]，阻山河之险，一日数战，无尺寸之功，折北不救，败荥阳，伤成皋，遂走宛、叶之间，此所谓智勇俱困者也。夫锐气挫于险塞，而粮食竭于内府，百姓罢极怨望，容容[⑨]无所倚。以臣料之，其势非天下之贤圣固不能息天下之祸。当今两主之命县[10]于足下。足下为汉则汉胜，与楚则楚胜。臣愿披腹心，输肝胆，效愚计，恐足下不能用也。诚能听臣之计，莫若两利而俱存之，参分天下，鼎足而居，其势莫敢先动。夫以足下之贤圣，有甲兵之众，据强齐，从燕、赵[11]，出空虚之地[12]而制其后，因民之欲，西乡为百姓请命，[13]则天下风走而响应矣，孰敢不听！割大弱强[14]，以立诸侯，诸侯已立，天下服听而归德于齐。案齐之故[15]，有胶、泗之地[16]，怀诸侯以德，深拱揖让[17]，则天下之君王相率而朝于齐矣。盖闻'天与弗取，反受其咎；时至不行，反受其殃'。愿足下孰虑之。"

韩信曰："汉王遇我甚厚，载我以其车，衣我以其衣，食我以其食。吾闻之，乘人之车者载人之患，衣人之衣者怀人之忧，食人之食者死人之事，吾岂可以乡利倍义乎！"蒯生曰："足下自以为善汉王，欲建万世之业，臣窃以为误矣。始常山王、成安君为布衣时，相与为刎颈之交[18]，后争张黡、陈泽之事[19]，二人相怨。常山王背项王，奉项婴头而窜逃，归于汉王[20]。汉王借兵而东下，杀成安君泜水之南，头足异处，卒为天下笑。此二人相与，天下至欢也。然而卒相禽者，何也？患生于多欲而人心难测也。今足下欲行忠信以交于汉王，必不能固于二君之相与也，而事多大于张黡、陈泽。故臣以为足下必汉王之不危己，亦误矣。大夫种、范蠡存亡越，霸句践，立功成名而身死亡。野兽已尽而猎狗亨。夫以交友言之，则不如张耳之与成安君者也；以忠信言之，则不过大夫种、范蠡之于句践也。此二人者[21]，足以观矣。愿足下深虑之。且臣闻勇略震主者身危，而功盖天下者不赏。臣请言大王功略：足下涉西河，虏魏王，禽夏说，引兵下井陉，诛成安君，徇赵，胁燕，定齐，南摧楚人之兵二十万，东杀龙且[22]，西乡以报，此所谓功无二于天下，而略不世出[23]者也。今足下戴震主之威，挟不赏之功，归楚，楚人不信；归汉，汉人震恐：足下欲持是安归乎？夫势在人臣之位而有震主之威，名高天下，窃为足下危之。"韩信谢曰:“先生且休矣,吾将念之。”

后数日,蒯通复说曰:“夫听者事之候也[24],计者事之机也[25],听过计失而能久安者,鲜矣。听不失一二者,不可乱以言[26];计不失本末者,不可纷以辞。夫随厮养之役者,失万乘之权[27];守儋石之禄者[28],阙[29]卿相之位。故知者决之断也[30],疑者事之害也,审豪厘之小计,遗天下之大数,智诚知之,决弗敢行者,百事之祸也。故曰:‘猛虎之犹豫,不若蜂虿之致螫;骐骥之跼躅[31],不如驽马之安步;孟贲之狐疑,不如庸夫之必至也;虽有舜禹之智,吟而不言[32],不如瘖聋之指麾也[33]。’此言贵能行之。夫功者难成而易败,时者难得而易失也。‘时乎时,不再来。’愿足下详察之。”韩信犹豫不忍倍汉,又自以为功多,汉终不夺我齐,遂谢蒯通。蒯通说不听[34],已详狂为巫。

汉王之困固陵[35],用张良计[36],召齐王信,遂将兵会垓下。项羽已破,高祖袭夺齐王军[37]。汉五年正月,徙齐王信为楚王,都下邳[38]。

(以上为第四段,详著武涉、蒯通劝韩叛汉之辞,以微示韩信日后被杀的罪名为莫须有。)

①不可必——不可担保,不能确信。 ②须臾至今——延续到今天。王念孙曰:“须臾,犹从容、延年之意也。” ③官不过郎中,位不过执戟——《集解》曰:“郎中,宿卫执戟之人也。”即位不过执戟郎。 ④愿少间——犹言“请您给我一个机会”。即请摒去他人。间:间隙。 ⑤鱼鳞杂遝(tà)——像鱼鳞一样密集地排列着。杂遝:众多杂乱貌。 ⑥熛(biāo)至风起——如火之飞腾,如风之卷起。熛:火焰飞腾,迸飞。 ⑦西山——泛指京、索西面的山地。 ⑧距巩、雒——依据巩、雒以抗楚兵。巩:秦县名,在今河南巩义西南。雒:雒阳,在今河南洛阳东北。 ⑨容容——犹言“摇摇”,动荡不安的样子。 ⑩县——同“悬”。 ⑪从燕、赵——率领燕、赵之军。从:使之随己。 ⑫出空虚之地——指出兵控制楚、汉双方兵力空虚的地方。 ⑬西乡——率军攻向刘邦、项羽。当时楚汉相距于成皋(今河南荥阳汜水镇西),刘邦、

项羽都在齐国之西方。　为百姓请命——指要求楚、汉息兵，与齐成三足鼎立之势，以结束“肝胆涂地”“父子暴骸骨于中野”的连年战争。⑭割大弱强——削弱那些强大的国家。　⑮案齐之故——安定好齐国现在已有的地盘。案：安定，安抚。　⑯有胶、泗之地——进一步占有胶河和泗水流域。其地相当于今山东东部和西南部地区。　⑰深拱揖让——从容有礼的样子。深拱：高拱手。从容轻闲貌。　⑱“始常山王、成安君为布衣时”二句——常山王：即张耳，曾被项羽封为常山王。成安君：即陈馀。　⑲争张黡（yǎn）、陈泽之事——反秦义兵起后，张耳、陈馀立赵歇为赵王，二人共辅之。后秦将王离围赵歇、张耳于巨鹿，陈馀驻兵于城北，而不敢救。张耳派张黡、陈泽出城责陈馀，陈馀令五千人随之击秦军，张黡、陈泽皆战没。张耳不见两人，遂以为被陈馀所杀。二人遂成仇隙。　⑳“常山王背项王”三句——张耳随项羽入关，被封为常山王（王赵地），原赵王歇被迁于代。陈馀联合田荣击张耳，张耳兵败，往投汉王。所谓“奉项婴头”事，不见记载。奉：捧也。㉑此二人者——按：前面说了张耳、陈馀与范蠡、文种两组人，此云“二人”，究竟指谁呢？有云指陈馀、文种二人被杀者，但二人之死性质完全不同，此说不能成立。《汉书》无“人”字，云“此二者”，乃指陈馀、张耳之朋友交，与文种、句践之君臣交二事言。此极明畅。　㉒南摧楚人之兵二十万，东杀龙且——“摧楚人之兵二十万”与“杀龙且”乃一事，视前文可知，此分言“南”“东”，于理不当。王念孙认为“东”字应作“遂”。　㉓不世出——世上不再出现。极言其稀少之意。师古曰：“言其计略奇异，世所希有。”　㉔听者事之候也——意谓能听人之善谋，就能看清事物发展变化的征候。　㉕计者事之机也——意谓能反复计虑，就能把握住成败存亡的机纽。　㉖听不失一二者，不可乱以言——意谓听取他人的建议，如能保证错听的不过一二成，那么别人就不可能用什么花言巧语来惑乱你的思虑。　㉗夫随厮养之役者，失万乘之权——意谓安心于当奴仆的人，就会失去做皇帝的可能。随：顺适。厮养：指奴仆。　㉘儋石之禄——微少的俸禄。儋：“担”的古字。一人所负者。或曰百斤为担。石：古称一百二十市斤为一石。㉙阙——丢失，放过。　㉚知者决之断也——王念孙曰：“‘知者决之断'，当作'决者知之断'。下句'疑者事之害'，正与此相反也。有智而不能决，适足以害事，故下文又申之曰'智诚知之，决弗敢行者，百事之祸也'。"王说诚是。二句意谓，办事坚决是智者果断的表现。 ㉛踽躅（jú zhú）——义同"踟蹰"，徘徊不前。 ㉜吟而不言——噤口不语。吟：通"噤"，闭口不言。 ㉝瘖（yīn）——哑巴。 指麾——以手势示意。 ㉞蒯（kuǎi）通说不听——赵翼曰："全载蒯通语，正以见淮阴之心乎为汉，虽以通之说喻百端，终确然不变，而他日之诬以反而族之者之冤，痛不可言也。" ㉟汉王之困固陵——固陵：即今河南太康南。汉五年（前202），刘邦与韩信、彭越等约定共击项羽，"至固陵，而信、越之兵不会。楚击汉军，大破之。汉王复入壁，深堑而自守"。事见《项羽本纪》。 ㊱用张良计——为召诸将兵，张良建议"君王能自陈以东傅海，尽与韩信，睢阳以北至谷城，以与彭越，使各自为战"。刘邦从之，诸路兵遂至。 ㊲高祖袭夺齐王军——王世贞认为：韩信雄武多智，然一为帝诈而夺赵兵，再为帝诈而夺齐兵，一绐而失国，再绐而失族，何也？信笃于信，高帝谓不我负乃尔。焦竑认为：帝极厚信，亦极忌信。使信将，则以张耳监之；信下魏破代，则收其精兵诣荥阳；信禽赵降燕，则夺其印符易置诸将；信平齐灭楚，则袭夺齐军。盖勇略如信，恐为乱难制，故屡损其权，俱忌心所使也。 ㊳下邳——秦县名，县治在今江苏睢宁北。

信至国，召所从食漂母，赐千金。及下乡南昌亭长，赐百钱，曰："公，小人也，为德不卒。"召辱己之少年令出胯下者以为楚中尉[①]。告诸将相曰："此壮士也。方辱我时，我宁不能杀之邪？杀之无名，故忍而就于此。"

项王亡将钟离眛家在伊庐，[②]素与信善。项王死后，亡归信。汉王怨眛，闻其在楚，诏楚捕眛。信初之国，行县邑，陈兵出入。汉六年，人有上书告楚王信反。高帝以陈平计[③]，天子巡狩会诸侯，南方有云梦[④]，发使告诸侯会陈："吾将游云梦。"实欲袭信，信弗知。高祖且至楚，信欲发兵反，自度无罪，欲谒上，恐见禽。人或说信曰:“斩眜谒上,上必喜,无患。”信见眜计事,眜曰:“汉所以不击取楚,以眜在公所[⑤]。若欲捕我以自媚于汉,吾今日死,公亦随手亡矣。”乃骂信曰:“公非长者!”卒自刭。信持其首,谒高祖于陈。上令武士缚信,载后车。信曰:“果若人言,‘狡兔死,良狗烹;高鸟尽,良弓藏;敌国破,谋臣亡。’天下已定,我固当亨!”上曰:“人告公反。”遂械系信。至雒阳,赦信罪,以为淮阴侯。

信知汉王畏恶其能,常称病不朝从[⑥]。信由此日夜怨望,居常鞅鞅,羞与绛、灌等列[⑦]。信尝过樊将军哙,哙跪拜送迎,言称臣,曰:“大王乃肯临臣!”信出门,笑曰:“生[⑧]乃与哙等为伍!”上常从容与信言诸将能不,各有差。上问曰:“如我能将几何?”信曰:“陛下不过能将十万。”上曰:“于君何如?”曰:“臣多多而益善耳。”上笑曰:“多多益善,何为为我禽?”信曰:“陛下不能将兵,而善将将,此乃信之所以为陛下禽也。且陛下所谓天授,非人力也。”

陈豨拜为巨鹿守,辞于淮阴侯。淮阴侯挈其手,辟左右,与之步于庭,仰天叹曰:“子可与言乎?欲与子有言也。”豨曰:“唯将军令之。”淮阴侯曰:“公之所居,天下精兵处也;而公,陛下之信幸臣也。人言公之畔,陛下必不信;再至,陛下乃疑矣;三至,必怒而自将。吾为公从中起,天下可图也[⑨]。”陈豨素知其能也,信之,曰:“谨奉教!”汉十年,陈豨果反。上自将而往,信病不从。阴使人至豨所,曰:“弟举兵[⑩],吾从此助公。”信乃谋与家臣夜诈诏赦诸官徒奴[⑪],欲发以袭吕后、太子。部署已定,待豨报。其舍人得罪于信,信囚,欲杀之。舍人弟上变[⑫],告信欲反状于吕后。吕后欲召,恐其党[⑬]不就。乃与萧相国谋,诈令人从上所来,言豨已得死,列侯群臣皆贺。相国绐信曰:“虽疾,强入贺。”信入,吕后使武士缚信,斩之长乐钟室。信方斩,曰:“吾悔不用蒯通之计,乃为儿女子[⑭]所诈,岂非天哉!”遂夷信三族。

高祖已从豨军来,至,见信死,且喜且怜之,问:“信死亦何言?”吕后曰:“信言恨不用蒯通计。”高祖曰:“是齐辩士也。”乃诏齐捕蒯通。蒯通至,上曰:“若教淮阴侯反乎?”对曰:“然,臣固教之。竖子不用臣之策,故令自夷于此。如彼竖子用臣之计,陛下安得而夷之乎!”上怒曰:“亨之!”通曰:“嗟乎,冤哉亨也!”上曰:“若教韩信反,何冤?”对曰:“秦之纲绝而维弛⑮,山东大扰,异姓并起,英俊乌集。秦失其鹿⑯,天下共逐之,于是高材疾足者先得焉。跖之狗吠尧,尧非不仁,狗因吠非其主。当是时,臣唯独知韩信,非知陛下也。且天下锐精⑰持锋欲为陛下所为者甚众,顾力不能耳。又可尽亨之邪?”高帝曰:“置之。”乃释通之罪。

(以上为第五段,写韩信最后终于被吕后、刘邦、萧何等所算计杀害,突出了“狡兔死,走狗烹”这一封建社会常见的历史规律。)

①召辱己之少年令出胯下者以为楚中尉——中尉:掌管京城治安的武官。试取李广被起为右北平太守,“即请霸陵尉与俱,至军而斩之”者与此相较,其气度心胸相差多少? ②亡将钟离眛(mèi)——钟离眛是项羽的名将,项羽败死垓下后,钟离眛为躲避刘邦的缉拿,逃至韩信处避难,后被逼自刎。 伊庐——邑名,在今江苏灌云东北。 ③陈平计——有人告韩信谋反,诸将曰:“亟发兵坑竖子耳!”陈平以为如此不妙。他让刘邦假说南游云梦,召韩信会陈,趁机袭捕。 ④云梦——即云梦泽。指古时湖北南部、湖南北部长江两岸的大片湖泽之地。江北的叫云泽,江南的叫梦泽。 ⑤以眛在公所——因钟离眛是猛将,可以助韩信作战。所:处。 ⑥朝从——定期朝见,有事从行。 ⑦羞与绛、灌等列——犹言羞与绛、灌为伍。绛:指绛侯周勃。灌:指颍阴侯灌婴。周勃、灌婴皆刘邦名将,然缺少文采谋略,故后人有所谓“绛灌无文,随陆无武”之论。 ⑧生——犹言“到头来”。 ⑨天下可图也——周寿昌认为:陈豨此时无反意,信因其来辞,突教之反,不惧豨之言于上乎? 此等情事不合,所谓微辞也。 ⑩弟举兵——尽管起兵(造反)。弟:但,尽管。 ⑪诸官徒奴——各衙署所领有的苦役和官奴。严衍认为:有罪而居作者为徒,有罪而没入官者为奴。 ⑫上变——上书告发非常之事。师古曰:“凡言变告者,谓告非常之事。”

变:也称变事,告变的书信。 ⑬党——通"傥"。或者,万一。 ⑭儿女子——犹言妇女小孩子。指吕后与汉惠帝刘盈。 ⑮纲绝而维弛——指法度紊乱,政权崩溃。纲:网上的大绳。维:系车盖的绳。纲、维皆绳,引申为维持国家体统的法度。 ⑯秦失其鹿——"鹿"字的偕音即"禄",代指国家政权。 ⑰锐精——犹言磨刀磨枪。精:指精铁。

太史公曰:"吾如淮阴,淮阴人为余言,韩信虽为布衣时,其志与众异。其母死,贫无以葬,然乃行营高敞地,①令其旁可置万家。余视其母冢,良然。假令韩信学道谦让,不伐己功,不矜其能②,则庶几哉,于汉家勋可以比周、召、太公之徒,后世血食矣③。不务出此,而天下已集④,乃谋畔逆,夷灭宗族,不亦宜乎!"

(以上为第六段,是作者的论赞。表面上批评韩信不该谋反,实际上是怀疑所谓"谋反"的事实,表现了极大的感慨、惋惜之情。)

①行营——寻找、谋求。 高敞地——地势高而宽敞的地方。 ②不伐己功,不矜其能——伐:骄傲自夸,与"矜"字义同。 ③"则庶几哉"三句——庶几:差不多,差可。周:周公姬旦。召(shào):召公姬奭(shì)。太公:吕尚,姜姓,吕氏,名望,字尚父。此三人都是周朝的开国元勋。后来周公被封于鲁,召公被封于燕,太公被封于齐,皆传国数百年。血食:享受后世子孙的祭祀。三句意谓(假令韩信能……),那么他在汉朝的功勋就差不多可以和古代的周公、召公、太公相媲美,传国不绝了。 ④不务出此,而天下已集——此非史公正面语。李慈铭曰:"'天下已集,乃谋畔逆',此史公微文。谓淮阴之愚,必不至此也。"

[**简评**] 史公《自序》云:"楚人迫我京索,而信拔魏赵、定燕齐,使汉三分天下有其二,以灭项籍,作《淮阴侯列传》。"可知司马迁此传的主旨乃为记述并盛赞淮阴侯佐汉破楚的历史功勋,对其一再上当,尤其最后被罗织罪名,惨遭杀害的结局,表现了无限的惋惜与同情。而对刘邦、吕后等人的猜忌残忍,则隐约地表现了愤慨与厌恶。诸论家皆云韩信不当反,从主观动机而

言，也许确是实情；但韩信的政治观念落后，热衷于裂土称王，这与项羽那种分封诸侯、甘为盟主的思想如出一辙。这无疑是刘邦建立中央集权国家的一大障碍。况又矜才自负，不仅羞与绛、灌为伍，即刘邦本人，亦不在其眼目之内，这些也都是他的取死之道。故此事应从两方面分别评论。

［**集评**］《太史公自序》："楚人迫我京索，而信拔魏、赵，定燕、齐，使汉三分天下有其二，以灭项籍，作《淮阴侯列传》第三十二。"

茅坤曰："予览观古兵家流，当以韩信为最，破魏以木罂，破赵以立汉赤帜，破齐以囊沙，彼皆从天而下，而未尝与敌人血战者。予故曰：'古今来，太史公文仙也；李白诗仙也；屈原辞赋仙也；刘阮，酒仙也；而韩信兵仙也，然哉。"（《史记评林》引）

杨维桢曰："韩信登坛之日，皆陈平生之画略，论楚之所以失，汉之所以得，此三秦还定之谋卒定于韩信之手也。"（《史记评林》引）

梁玉绳曰："信之死冤矣，前贤皆极辩其无反状，大抵出于告变者之诬词，及吕后与相国文致之耳。史公依汉廷狱案，叙入传中，而其冤自见。一饭千金，弗忘漂母；解衣推食，宁负高皇？不听涉、通于拥兵王齐之日，必不妄动于淮阴家居之时；不思结连布、越大国之王，必不轻约边远无能之将。宾客多，与称病之人何涉？左右辟，则挈手之语谁闻？上谒入贺，谋逆者未必坦率如斯；家臣徒奴，善将者亦复部署有几？"（《史记志疑》）

司马光曰："高祖用诈谋禽信于陈，言'负'则有之，虽然，信亦有以取之也。始，汉与楚相距荥阳，信灭齐不还报而自王。其后汉追楚至固陵，与信期共攻楚而不至，当是之时，高祖固有取信之心矣，顾力不能耳。及天下既定，则信复何恃哉？夫乘时以徼利者，市井之志也；酬功而报德者，士君子之心也。信以市井

之志利其身，而以士君子之心望于人，不亦难哉！”(《资治通鉴》)

钟惺曰：“信而不以反诛也，不(亦)世家乎哉！然信实不反也。信不反而以反诛，则亦不得不降而为列传也。以尊法也。曰‘淮阴’而不名者，重其人其功，而原其不反也。”(《史怀》)

赵翼曰：“《淮阴侯列传》全载蒯通语，正以见淮阴之心在为汉，虽以通之说喻百端，终确然不变，而他日之诬以反而族之者之冤痛，不可言也。班书则于《韩信传》尽删通语，而另为通作传，以此语叙入《通传》中，似乎详简得宜矣，不知蒯通本非必应立传之人。载其语于《淮阴传》，则淮阴之心迹见，而通之为辩士亦附见。史迁所以不更立《蒯通传》，正以明淮阴之心，兼省却无限笔墨。班掾则转因此语而为通作传，反略其语于《韩信传》中，是舍所重而重所轻，且开后世史家一事一传之例，宜乎后世之史日益繁也。”(《陔餘丛考》)

汤谐曰：“然信一生志愿只在封王，既为齐王，愿望已毕，并无丝毫反念，而卒以赤族，故史公既深责之，又重伤之，既深责信之矜功要爵，自取灭亡；又重伤汉之蓄意剪除，激令怨望，因特详叙蒯通说信反汉奇策于前，更将释通之罪作结于后。以见蒯通劝信反犹得无辜；信本不从通反，而汉奈何因疑生嫉，激而罪之至于此极也。如此看下半篇作意作法，方得明透。”(《史记半解》)

方苞曰：“太史公于汉兴诸将，皆列数其成功而不及其方略，以区区者不足言也。惟于信详哉其言之，盖信之战，刘、项之兴亡系焉，且其兵谋遂为后世法也。……其详载武涉、蒯通之言，则微文以志痛也。方信据全齐，军锋震楚、汉，不忍乡利倍义，乃谋畔于天下既集之后乎？……其与陈豨辟人挈手之语，孰闻之乎？……欲与家臣夜诈诏发诸官徒奴，孰听之乎？信之过，独在请假王与约分地而后会兵垓下。……蒯通教信以反，罪尚可赦，

况定齐而求自王，灭楚而利得地，乃不可末减乎？故以通之语终焉。”(《方望溪先生文集》)

李景星曰：“《淮阴传》有正写，有特笔。叙淮阴计画及其战功，此正写也。虽说得酣畅淋漓，犹在人意想之中。叙武涉之说淮阴，蒯通之说淮阴，则以最详明、最痛快之笔出之；叙淮阴教陈豨反汉，则以隐约之笔出之，正以明淮阴之不反。而‘挈手避左右’云云，乃当时罗织之辞，非实事也。又恐后人误以为真，更以蒯通对高祖语安置于传末，而曰‘竖子不用臣之策，故令自夷如此’。夫曰‘不用’，曰‘自夷’，则淮阴之心迹明矣。凡此，皆所谓特笔也。”(《四史评议》)

吴见思曰：“文章家逐段铺排，绝无裁剪，则数一二而已，何以为文？故韩信一传，前半于追亡登坛详序之后，大如击楚、击魏、击赵代，奇如木罂渡军，只用略写、虚写；至李左车井陉一说，方始详，正虚实相参，疏密互见之妙也。凡人之才，独运则易，重发则难，盖其才易尽也。史公于武涉之后，接入蒯通，使他人遇此，如果雷同，固非佳士；即虽寻妙解，亦是支词。他偏用一样见解，一样词气，而仔细看来，一则句句是为项王，一则句句是为韩信，宁可以道里计哉！”(《史记论文》)

韩信卢绾列传第三十三

韩王信者,故韩襄王孽孙也,长八尺五寸。[①]及项梁之立楚后怀王也,燕、齐、赵、魏皆已前王,[②]唯韩无有后[③],故立韩诸公子横阳君成为韩王,欲以抚定韩故地。项梁败死定陶,成奔怀王。沛公引兵击阳城,使张良以韩司徒降下韩故地[④],得信,以为韩将,将其兵从沛公入武关。

沛公立为汉王,韩信从入汉中,乃说汉王曰:"项王王诸将近地,而王独远居此,此左迁也。[⑤]士卒皆山东人,跂而望归,[⑥]及其锋东乡,可以争天下。"汉王还定三秦,乃许信为韩王,先拜信为韩太尉,将兵略韩地。

项籍之封诸王皆就国,韩王成以不从无功,不遣就国,更以为列侯。及闻汉遣韩信略韩地,乃令故项籍游吴时吴令郑昌[⑦]为韩王以距汉。汉二年,韩信略定韩十余城。汉王至河南,韩信急击韩王昌阳城。昌降,汉王乃立韩信为韩王,常将韩兵从。三年,汉王出荥阳,韩王信、周苛等守荥阳。及楚败荥阳,信降楚,已而得亡,复归汉,汉复立以为韩王,竟从击破项籍,天下定。五年春,遂与剖符为韩王,王颍川[⑧]。

(以上为第一段,写韩王信因佐助刘邦灭秦、灭项,而被刘邦封王的情形。)

①韩王信——姓韩名信,之所以如此称呼,是史家为了与淮阴侯韩信相区别。　韩襄王孽孙——韩襄王:名仓,战国时韩国的国君。孽孙:孽子之子。孽子:即庶子,非正妻所生的儿子。　长八尺五寸——约今之1.96米。秦时之一尺约合今23.1厘米。　②项梁之立楚后怀王——事在秦二世二年(前208)六月。时陈涉死去六个月,项梁已起兵九个月,项梁为便于号召群众反秦,接受范增建议,从乡间找来楚怀王之孙名"心"者立为王,仍称"楚怀王",为各路起义军之领袖。　燕、齐、赵、魏皆已前王——陈涉的部将韩广被派到北方后,自立为燕王,都蓟县(今北京西南);战国齐王之后代田儋与其弟田荣、田横等起兵后自立为齐王,都临淄(今山东淄博东北);战国魏王之后魏咎被周市等拥立为魏王,都临济(今河南封丘东),都在秦二世元年(前209)九月。陈涉的部将武臣被派到河北后自立为赵王,都邯郸(今河北邯郸),在秦二世元年八月。　③无有后——指尚无起兵称王者。　④以韩司徒降下韩故地——刘邦由徐州一带西下洛阳,南攻南阳,要经过当时韩国的地面,而张良是韩国贵族之后,在这一带颇有号召力,故刘邦临时任张良为韩国的高官。司徒:古官名,"三公"之一(位列卿)。降下:击之使其投降、归附。　⑤王诸将近地——指封秦国降将章邯为雍王、司马欣为塞王、董翳为翟王,都在关中地区。　左迁——降职,贬官。⑥山东——崤山以东。　跂(qǐ)而望归——思乡急切的样子。跂:踮起脚跟。　⑦吴令郑昌——从前秦朝的吴县县令郑昌,他是项梁、项羽的旧友。　⑧王颍川——以颍川郡(郡治阳翟,在今河南禹州)为韩王信的封国。

明年春,上以韩信材武[1],所王[2]北近巩、雒,南迫宛、叶,东有淮阳,皆天下劲兵处[3],乃诏徙韩王信王太原以北,备御胡,都晋阳。信上书曰:"国被边,匈奴数入,晋阳去塞远,请治马邑。[4]"上许之,信乃徙治马邑。秋,匈奴冒顿大围信,信数使使胡求和解。[5]汉发兵救之,疑信数间使[6],有二心,使人责让信。信恐诛,因与匈奴约共攻汉,反,以马邑降胡,击太原。

七年冬,上自往击,破信军铜鞮[7],斩其将王喜,信亡走匈奴。其将白土人曼丘臣、王黄等立赵苗裔赵利为王,[8]复收信败散兵,而与信及冒顿谋攻汉。匈奴使左、右贤王将万余骑与王黄等屯广武以南[9],至晋阳,与汉兵战,汉大破之,追至于离石,复破之。匈奴复聚兵楼烦西北,汉令车骑击破匈奴。[10]匈奴常败走,汉乘胜追北,闻冒顿居代上谷[11]。高皇帝居晋阳,使人视冒顿,还报曰"可击",上遂至平城[12]。上出白登[13],匈奴骑围上,上乃使人厚遗阏氏[14]。阏氏乃说冒顿曰:"今得汉地,犹不能居;且两主不相厄[15]。"居七日,胡骑稍引去。时天大雾,汉使人往来,胡不觉。护军中尉陈平言上曰:"胡者全兵,请令强弩傅两矢外向,[16]徐行出围。"入平城,汉救兵亦到,胡骑遂解去。汉亦罢兵归。韩信为匈奴将兵往来击边。

汉十年,信令王黄等说误陈豨。[17]十一年春,故韩王信复与胡骑入居参合,[18]距汉。汉使柴将军[19]击之,遗信书曰:"陛下宽仁,诸侯虽有畔亡,而复归,辄复故位号,不诛也。大王所知。今王以败亡走胡,非有大罪,急自归!"韩王信报曰:"陛下擢仆起闾巷,南面称孤,此仆之幸也。荥阳之事,仆不能死,囚于项籍,此一罪也。及寇攻马邑,仆不能坚守,以城降之,此二罪也。今反为寇将兵,与将军争一旦之命,此三罪也。夫种、蠡[20]无一罪,身死亡;今仆有三罪于陛下,而欲求活于世,此伍子胥所以偾于吴[21]也。今仆亡匿山谷间,旦暮乞贷蛮夷,仆之思归,如痿人不忘起,盲者不忘视也,势不可耳。[22]"遂战。柴将军屠参合,斩韩王信。

信之入匈奴,与太子俱[23];及至颓当城[24],生子,因名曰颓当。韩太子亦生子,命曰婴。至孝文十四年,颓当及婴率其众降汉。汉封颓当为弓高侯,婴为襄城侯。吴楚军时[25],弓高侯功冠诸将。传子至孙,孙无子,失侯。婴孙以不敬失侯。颓当孽孙韩嫣,贵幸,名富显于当世。[26]其弟说,再封,数称将军,卒为案道侯。[27]子代,岁余坐法死[28]。后岁余,说孙曾拜为龙頟侯,续说后。[29]

(以上为第二段,写韩王信因被刘邦疑忌而叛结匈奴,终至被刘邦讨杀的情景。)

①材武——有文才,有武略。 ②所王——封国所居之地。 ③天下劲兵处——意即兵家必争之地,国家要驻重兵把守的地方。 ④晋阳去塞远——晋阳离北部边界太远,有情况难以及时作出反应。塞:边塞,北界之长城。 请治马邑——请以马邑为韩国都城。马邑:在今山西朔州,原属于雁门郡。 ⑤冒顿(mò dú)——秦汉之交的匈奴首领,是匈奴由弱转强的关键人物。事迹见《匈奴列传》。 使使胡求和解——按:能否请求和解乃国家之政策,藩国自行派人入胡乃超越权限之事。 ⑥数间使——屡屡暗中派使臣往来。 ⑦铜鞮(dī)——汉县名,在今山西沁县南,属于上党郡,又在太原郡之南。 ⑧其将白土人曼丘臣、王黄——白土:汉县名,在今陕西神木西北。曼丘臣:姓曼丘,名臣。 赵苗裔——战国时赵国王室的后代。 ⑨左、右贤王——匈奴单于手下的两位副手,左贤王分治东部地区,右贤王分治西部地区。左贤王居上,常由单于太子充任。 广武——汉县名,在今山西代县西南。 ⑩楼烦——汉县名,在今山西宁武,当时属雁门郡,在马邑西南。 车骑(qí)——车兵与骑兵。 ⑪代上谷——一说在今河北蔚县东北;一说在今山西代县西北;一说在今山西大同附近。 ⑫平城——汉县名,在今山西大同东北。 ⑬上出白登——出:经由,路过,这里指"到达"。白登:丘陵名,在今山西大同东北。 ⑭厚遗(wèi)阏氏(yān zhī)——以厚礼贿赂冒顿的姬妾,并以汉朝将送美女于单于云云以激起其醋意,使其劝冒顿放走刘邦。阏氏:汉时匈奴单于、诸王之妻的统称或尊称。犹如汉人之所谓姬妾、妃嫔。 ⑮两主不相厄——两个君主不相互为难。 ⑯全兵——沈钦韩认为:谓短兵自卫者,故可以弩破围。周寿昌认为:言胡全用锐利之兵以杀敌,如刀矛戈戟皆是,无盾铠之类以御弩矢也。 傅两矢外向——一张强弩搭两支箭,对着两侧相夹的敌人,引而不发。 ⑰说误——劝说、诱惑,使其造反。 陈豨(xī)——刘邦的开国功臣,当时任代国的丞相,并兼统代、赵边兵。事迹详见下文。 ⑱故韩王信——"故"字衍文,应删。 参合——汉

县名,在今山西阳高南。 ⑲柴将军——名武,刘邦的开国元勋,以军功封棘蒲侯。 ⑳种、蠡——文种、范蠡。 ㉑偾(fèn)于吴——死于吴国。偾:僵仆。 ㉒如痿人不忘起——痿人:瘫痪者。 势不可耳——按:此数语,闻之酸楚,史公笔下感慨无限。 ㉓与太子俱——与其太子一起逃入匈奴。韩王信的太子名赤。 ㉔颓当城——在今内蒙古乌兰察布右翼后旗西北,一说在四子王旗附近。 ㉕吴楚军时——指朝廷平定吴、楚七国叛乱的时候。事在景帝三年(前154)。 ㉖颓当孽孙——韩颓当之庶子所生的儿子。 韩嫣——武帝的男宠。事迹见《佞幸列传》。 名富显于当世——"富"字应削。 ㉗其弟说(yuè)——韩嫣之弟韩说。 再封——两次受封为侯。 卒为案道侯——据《卫将军骠骑列传》与《建元以来侯者年表》,韩说以从大将军卫青击匈奴得王功被封为龙頟侯;元鼎五年(前112),坐酎金,国绝;元鼎六年(前111),又以横海将军击东越功被封为案道侯;征和二年(前91)因巫蛊案抄卫太子家,被卫太子所诛。 ㉘子代,岁余坐法死——据《建元以来侯者年表》,其子名"长";据《汉书·高惠高后文功臣表》,其子名"兴",征和三年(前90)继其父爵为侯,征和四年(前89)坐祝诅上,腰斩。 ㉙说孙曾拜为龙頟侯——据《建元以来侯者年表》,韩说死后,"征和二年,子长代。有罪,绝;子曾复封为龙頟侯"。此名"曾(也作增)"者,乃韩说之子。《正义》曰:"《汉书·功臣表》云:武后元年说孙曾绍封,《汉表》是也。" 续说后——被定为韩说的后世继承人。按:韩增为宣帝时名臣,与霍光等同被画像于麒麟阁。

卢绾者,丰[①]人也,与高祖同里。卢绾亲[②]与高祖太上皇相爱。及生男,高祖、卢绾同日生,里中持羊酒贺两家。及高祖、卢绾壮,俱学书[③],又相爱也。里中嘉两家亲相爱[④],生子同日,壮又相爱,复贺两家羊酒。高祖为布衣时,有吏事辟匿,[⑤]卢绾常随出入上下。及高祖初起沛,卢绾以客从[⑥],入汉中为将军,常侍中[⑦]。从东击项籍,以太尉常从,出入卧内,衣被饮食赏赐,群臣莫敢望。虽萧、曹等,特以事见礼,[⑧]至其亲幸,莫及卢绾。绾封为长安侯。长安，故咸阳也。

汉五年冬，以破项籍，乃使卢绾别将，与刘贾击临江王共尉，破之。[9]七月还，从击燕王臧荼[10]，臧荼降。高祖已定天下，诸侯非刘氏而王者七人。欲王卢绾，为群臣觖望[11]。及虏臧荼，乃下诏诸将相列侯，择群臣有功者以为燕王。群臣知上欲王卢绾，皆言曰："太尉长安侯卢绾常从平定天下，功最多，可王燕。"诏许之。汉五年八月，乃立卢绾为燕王。诸侯王得幸莫如燕王。

汉十一年秋，陈豨反代地，高祖如邯郸击豨兵，燕王绾亦击其东北。当是时，陈豨使王黄求救匈奴。燕王绾亦使其臣张胜于匈奴，言豨等军破。张胜至胡，故燕王臧荼子衍出亡在胡，见张胜曰："公所以重于燕者，以习胡事也。[12]燕所以久存者，以诸侯数反，兵连不决也。今公为燕欲急灭豨等，豨等已尽，次亦至燕，公等亦且为虏矣。公何不令燕且缓陈豨而与胡和？[13]事宽，得长王燕；即有汉急，可以安国。[14]"张胜以为然，乃私令匈奴助豨等击燕。燕王绾疑张胜与胡反，上书请族张胜[15]。胜还，具道所以为者。燕王寤，乃诈论它人，脱胜家属，使得为匈奴间，[16]而阴使范齐之陈豨所，欲令久亡，连兵勿决[17]。

汉十二年，东击黥布，豨常将兵居代。汉使樊哙击斩豨，其裨将降，言燕王绾使范齐通计谋于豨所。高祖使使召卢绾，绾称病。上又使辟阳侯审食其、御史大夫赵尧往迎燕王，因验问左右。绾愈恐，闭匿[18]，谓其幸臣曰："非刘氏而王，独我与长沙[19]耳。往年春，汉族淮阴，夏，诛彭越，皆吕后计。今上病，属任[20]吕后。吕后妇人，专欲以事诛异姓王者及大功臣。"乃遂称病不行，其左右皆亡匿。语颇泄，辟阳侯闻之，归具报上[21]，上益怒。又得匈奴降者，降者言张胜亡在匈奴，为燕使。于是上曰："卢绾果反矣！"使樊哙击燕。燕王绾悉将其宫人家属骑数千居长城下，候伺，幸上病愈，自入谢[22]。四月，高祖崩，卢绾遂将其众亡入匈奴，匈奴以为东胡卢王[23]。绾为蛮夷所侵夺，常思复归。居岁余，死胡中。

高后时，卢绾妻子亡降汉，会高后病，不能见，舍燕邸，为欲置酒见之[24]。高后竟崩，不得见。卢绾妻亦病死。

孝景中六年，卢绾孙他之，以东胡王降，封为亚谷侯。

（以上为第三段，写卢绾因是刘邦亲信而封王，与其为王后谋反被讨，逃死匈奴的凄凉晚景。）

①丰——秦时沛县的乡邑名，汉代乃升为丰县，即今江苏丰县。②卢绾亲——卢绾的父亲。　③俱学书——一道学习认字、写字。④嘉两家亲相爱——嘉：赞许。两家亲相爱：两家的老人关系紧密。⑤布衣——平民。　有吏事辟匿——有官场上的麻烦需要躲藏。辟：通"避"。　⑥以客从——以宾客的身份跟随刘邦。　⑦常侍中——经常在内廷侍奉刘邦。　⑧虽萧、曹等——即使如萧何、曹参等。　特以事见礼——特：只不过。以事见礼：谓只是一种工作上、职务上的尊重。　⑨别将——另外单独统率一支人马。　刘贾——刘邦的族人，开国功臣。事迹见《荆燕世家》。　击临江王共尉，破之——共尉：项羽所封的临江王共敖之子，汉三年（前204）八月，继其父位为临江王；汉五年（前202）二月，因一直忠于项羽被刘邦所灭。　⑩从击燕王臧荼——谓跟随刘邦往击燕王臧荼。臧荼原是燕王韩广的部将，因率军救赵并随项羽入关，被项羽封为燕王。汉三年十月韩信灭赵后，在韩信大军的威胁下，臧荼于十二月率燕国降汉。汉五年七月，臧荼又举兵反汉，九月被讨平。　⑪觖（jué）望——不满意，怨恨。觖：不满，不平。⑫重于燕——被燕王卢绾所亲幸。　习胡事——熟悉匈奴事务。⑬且缓陈豨——不要急着进攻陈豨。　而与胡和——让燕国也与匈奴交好。　⑭事宽——指不被刘邦所猜疑、攻击。　即有汉急——假如被汉王朝所猜疑、攻击。即：若，假如。　可以安国——指可以与匈奴联合，以保全燕国不被刘邦所灭。　⑮请族张胜——请刘邦允许将张胜的家属全部杀掉。　⑯诈论它人——处决了一些别的人，假说是处决了张胜的家属。论：治罪，处决。　使得为匈奴间（jiàn）——让他们为自己与匈奴传递消息。　⑰欲令久亡，连兵勿决——"亡"字疑衍。久连兵勿决：长期与刘邦处于交战状态。　⑱闭匿——谓躲藏起来，不见审食其与赵尧。　⑲长沙——指长沙王吴臣。　⑳属任——委托，

信任。 ㉑归具报上——具:逐次。 ㉒候伺,幸上病愈,自入谢——候伺:刺探,窥视。幸:希望。入谢:进朝请罪。按:此与韩王信之所谓“痿人不忘起,盲者不忘视”云云相照应。 ㉓东胡卢王——匈奴东部地区的“卢王”。 ㉔舍燕邸,为欲置酒见之——二句主语为吕后。舍:居住。这里是使动用法。燕邸:燕王在京的官邸。类似今驻京办事处。

陈豨者,宛朐人也,不知始所以得从。[①]及高祖七年冬,韩王信反,入匈奴,上至平城还,乃封豨为列侯[②],以赵相国将,监赵、代边兵[③],边兵皆属焉。

豨常告归过赵[④],赵相周昌[⑤]见豨宾客随之者千余乘,邯郸官舍皆满。豨所以待宾客如布衣交,皆出客下。[⑥]豨还之代,周昌乃求入见。见上,具言豨宾客盛甚,擅兵于外数岁,恐有变。上乃令人覆案豨客居代者财物诸不法事,多连引豨。豨恐,阴令客通使王黄、曼丘臣所。及高祖十年七月,太上皇崩,使人召豨,豨称病甚。九月,遂与王黄等反,自立为代王,劫略赵、代。

上闻,乃赦赵、代吏人为豨所诖误劫略者,皆赦之[⑦]。上自往,至邯郸,喜曰:“豨不南据漳水,北守邯郸,知其无能为也。”赵相奏斩常山守、尉,曰:“常山二十五城,豨反,亡其二十城。”上问曰:“守、尉反乎?”对曰:“不反。”上曰:“是力不足也。”赦之,复以为常山守、尉。上问周昌曰:“赵亦有壮士可令将者乎?”对曰:“有四人。”四人谒,上谩骂曰:“竖子能为将乎?”四人惭伏。上封之各千户,以为将。左右谏曰:“从入蜀、汉,伐楚,功未遍行,[⑧]今此何功而封?”上曰:“非若所知! 陈豨反,邯郸以北皆豨有,吾以羽檄征天下兵,未有至者,今唯独邯郸中兵耳[⑨]。吾胡爱四千户封四人,不以慰赵子弟[⑩]!”皆曰:“善。”于是上曰:“陈豨将谁?”曰:“王黄、曼丘臣,皆故贾人。”上曰:“吾知之矣。”乃各以千金购黄、臣等[⑪]。

十一年冬,汉兵击斩陈豨将侯敞、王黄于曲逆下,⑫破豨将张春于聊城,斩首万余。太尉勃⑬入定太原、代地。十二月,上自击东垣,东垣不下,卒骂上;⑭东垣降,卒骂者斩之,不骂者黥之⑮。更命东垣为"真定"。王黄、曼丘臣其麾下受购赏之,皆生得⑯,以故陈豨军遂败。

上还至洛阳。上曰:"代居常山北,赵乃从山南有之,⑰远。"乃立子恒为代王,都中都,代、雁门皆属代。⑱

高祖十二年冬,樊哙军卒追斩豨于灵丘⑲。

(以上为第四段,写陈豨因军功任代相,监代、赵边兵,及其因受谗毁、猜疑而"谋反"被讨杀的情形。)

①宛朐——也作"冤句",秦县名,在今山东曹县西北。　不知始所以得从——不知开头是怎么跟上了刘邦。按:梁玉绳曰:"豨以特将于前元年从起宛朐。"　②上至平城还,乃封豨为列侯——梁玉绳曰:"当是汉五年秋,破燕王臧荼还乃封耳。"　③以赵相国将,监赵、代边兵——赵相国:应作"代相国"。陈豨是以代相国的身份为将军,节制代、赵两国的边防部队。　④常告归过赵——常:通"尝",曾经。告归:请假回家。过赵:陈豨的家属在长安,陈豨从代国回长安,须南行经过赵都邯郸。　⑤周昌——刘邦的开国功臣,曾为御史大夫,彼时任刘邦之子赵王刘如意的国相。　⑥布衣交——像平民之间的交情一样。指从来不摆侯者的架子。　皆出客下——言屈体下之,不以富贵自尊大。　⑦乃赦赵、代吏人为豨所诖(guà)误劫略者,皆赦之——诖误:利用哄骗的手段诱人犯罪。按:此句繁芜辞费,前面之"赦"字与后面之"皆赦之",二者当削其一。　⑧从入蜀、汉——指曾在汉元年(前206)跟随刘邦到过南郑的将士。　功未遍行——该赏的还没有全部赏到。　⑨今唯独邯郸中兵耳——现在一个偌大的赵国,只有邯郸城里的这点部队。　⑩吾胡爱四千户封四人,不以慰赵子弟——胡爱:为什么要吝啬。慰:安慰,鼓励。　⑪各以千金购黄、臣等——购:悬赏捉拿。千金:汉称黄金一斤曰"一金","一金"约当铜钱一万枚。　⑫击斩陈豨将侯敞、王黄——梁玉绳曰:"《史诠》谓'王黄'二字衍,是也。

下云‘生得王黄’,《樊哙传》云‘虏王黄’,则非‘斩’矣。” 曲逆——汉县名,在今河北顺平东南。 ⑬太尉勃——周勃,刘邦的开国功臣,时任太尉之职。 ⑭东垣——汉县名,在今河北石家庄东。 卒骂上——东垣城里的士卒辱骂刘邦。 ⑮不骂者黥之——王念孙曰:“‘黥’当从《高祖纪》作‘原’。‘原之’,谓宥之也……若‘不骂者亦黥之’,则人皆不免于罪矣。” ⑯王黄、曼丘臣其麾下受购赏之,皆生得——王叔岷认为:“之”字疑当在“生得”下。 ⑰常山——即“恒山”,在今河北曲阳西北,汉人为避文帝(刘恒)讳,改呼之为“常山”。 赵乃从山南有之——指赵国从恒山南的邯郸隔山对代地实行管辖,战国时代的赵国就是这样的。 ⑱乃立子恒为代王——事在高祖十一年(前196)正月。刘恒即日后的汉文帝,初被封为代王。 中都——汉县名,在今山西平遥西南。 代、雁门皆属代——代郡、雁门郡都划归代国。雁门:汉郡名,郡治善无,在今山西右玉南。按:刘恒之代国实辖太原、雁门、代郡等地,非只辖“代与雁门”。 ⑲灵丘——汉县名,县治在今山西灵丘东。

太史公曰:韩信、卢绾非素积德累善之世[①],徼一时权变,以诈力成功,[②]遭汉初定,故得列地,南面称孤。内见疑强大,外倚蛮貊以为援,是以日疏自危,事穷智困,卒赴匈奴,岂不哀哉!陈豨,梁人,其少时数称慕魏公子;[③]及将军守边,招致宾客而下士,名声过实。周昌疑之,疵瑕颇起,惧祸及身,邪人进说[④],遂陷无道。於戏悲夫!夫计之生孰成败于人也深矣[⑤]!

(以上为第五段,是作者的论赞,作者对造成韩信、卢绾、陈豨三人“谋反”的客观形势,与三人或被杀、或被迫逃死匈奴的结局,表现了深深的感慨。)

①非素积德累善之世——并非一贯积德累善之人的后代。世:后代。 ②徼一时之权变——靠着赶上了一时的风云变化。徼:取,这里即“靠着”。 以诈力成功——按:以此说韩王信、卢绾似不够贴切。 ③梁人——战国后期的魏国因建都大梁(今河南开封),故也称梁

国。陈豨的故乡宛朐,旧属魏国,故称“梁人”。 称慕——称道,敬慕。 魏公子——即信陵君。 ④邪人进说——有人认为“邪人”指周昌,也有人认为当指韩王信、王黄等“诖误”陈豨的人。 ⑤夫计之生孰成败于人也深矣——按:此句似应作“夫计之生孰,于人成败也深矣”。生孰:指计划考虑得好不好,成熟不成熟。孰:“熟”的古字。

［**简评**］ 作品记述了韩王信、卢绾、陈豨,由开始受刘邦信任,到后来被刘邦怀疑,直至叛变、投靠匈奴,被刘邦讨平的过程。这是反映汉初刘邦与功臣之间尖锐矛盾的众多作品中的一篇,应与《淮阴侯列传》《魏豹彭越列传》《黥布列传》等一同观看。作品的批判矛头主要是指向最高统治集团,而对这些被怀疑,最后无奈走向“反叛”的功臣们,作者则寄予了深深的感慨与同情。如其中所写韩王信致柴武书中的所谓“痿人不忘起,盲者不忘视”,以及卢绾带着家属留在长城下候伺,以等待刘邦的消息等,都突出地表明这些人的“叛变”,实在是并不情愿,而是由最高统治者的决策失误造成的。《卢绾传》用了许多笔墨详细地描写了卢绾与刘邦的两世相亲,其紧密程度在《史记》描写中几乎是独一无二的。但就是这样的关系,最后仍是以“叛乱”被杀而告终,其意味是极为深长的。《张耳陈餘列传》有所谓“何乡者相慕用之诚,后相倍之戾也? 岂非以势利交哉!”用以说张耳与陈餘并不贴切,若拿过来说刘邦与卢绾,倒是十分合适的。

［**集评**］ 《太史公自序》:“楚汉相拒巩洛,而韩信为填颍川,卢绾绝籍粮饷,作《韩信卢绾列传》第三十三。”

吕祖谦曰:“信虽失职守边,然舍晋阳内外之妥,而请治马邑,亦非偷惰者也。高祖猜疑责让,使其以国外叛,为虏向导,遂有平城之围。自是匈奴轻汉,为世大患,阅百年而未息,苟非信启其端,亦未必如此之甚,然则人主心量不宏,所系岂小哉!”

(《大事记》)

赵恒曰："韩信、卢绾、陈豨，此三人者原无叛逆之意，其二人以强大见疑，其一人以宾客太盛见疑，俱陷无道，失计所致也，故结以'计之生孰成败于人也深矣'。"(《史记评林》引)

茅坤曰："然亲爱如绾，而犹为臧衍、张胜所诖误，至于亡入匈奴，亦由汉待功臣太薄，数以猜忌诛之，故反者十而七八耳，悲夫！"又曰："予读《淮阴传》，太史公谓豨之拜巨鹿守也，过辞淮阴。淮阴方怨汉之削其地、绌其爵，而与绛灌等也，故即挈手而阴说之以反于代。窃疑淮阴虽怨汉，不当如是轻起反侧心。及读《豨传》，以周昌疑其宾客过盛，汉且遣人覆案之，豨故惧而反。然首尾并不见淮阴佐豨之迹，岂当时吕后与萧何等自以高帝之老，而将兵于外，恐信起不测，故诈令人喧言之，而遂绐斩之耶？"

又曰："汉平陈豨之易有四，赦赵、代吏人为为豨所诖误劫略者，则代之士卒悦矣。赦常山守尉，则凡赵、代之郡县城邑所为豨下者，皆可望风而反矣；封赵四人，则赵、代之壮士人人思奋矣；以千金购王黄、曼丘臣等，则豨麾下去矣。以此攻豨，何有也。"(《史记评林》引)

姚苎田曰："汉异姓王至被恩宠者卢绾，至忠谨无过者吴芮，其他所诛灭虽未必尽当其罪，然亦实有以自取也。绾之恩遇又非芮所敢望，则苟其纯白乃心，恭顺守节，当亦未必遂有败亡之祸。无如信、越之死皆出于牝鸡，逖听寒心，闻风股栗，不得不为三窟自全之计，卒使布衣昆弟之欢，变而为走越亡胡之势。绾诚孤恩，汉亦负义，此无他，吕雉有以驱之，而小人复以谋身之私智煽之也。为人臣者，尚鉴之哉！"

又曰："《卢绾传》起处有许多稠叠恩宠，即不得不生出结处许多宛转余情，今人读之而望古遥集，君臣离合死生之际，有呜咽感欷而不能已者，传中之绝唱也。"(《史记菁华录》)

李景星曰："此篇以三叛将合传，韩、卢二人异姓封王同，反叛同,亡匈奴同,子孙来归同,陈豨虽非二人比,而与二人同为北边患,故以二人合传,而豨亦附之。《韩信传》载其报柴将军书,《卢绾传》详其亲幸,已定二人罪案;而文笔特以整密胜。附传写高祖破陈豨事,又变整密为恣肆,如神龙掉尾,灵变无端。至平成之围,独详于《韩信传》者,以事由信起也,《卢绾传》详述张胜者,以绾之不终于汉,乃张胜构成之也。凡此,皆是太史公眼明心细处,不可不知。"(《四史评议》)

田儋列传第三十四

田儋者，狄人也，故齐王田氏族也。[1]儋从弟田荣，荣弟田横，皆豪，宗强，能得人。[2]

陈涉之初起王楚也，使周市略定魏地，北至狄，狄城守。田儋详为缚其奴，从少年之廷，[3]欲谒杀奴[4]。见狄令，因击杀令，而召豪吏子弟曰："诸侯皆反秦自立，齐，古之建国，儋，田氏，当王。[5]"遂自立为齐王，发兵以击周市。周市军还去，田儋因率兵东略定齐地。

秦将章邯围魏王咎于临济[6]，急。魏王请救于齐，齐王田儋将兵救魏。章邯夜衔枚击，大破齐、魏军，杀田儋于临济下。儋弟田荣收儋余兵走东阿。

齐人闻田儋死，乃立故齐王建之弟田假为齐王，田角为相，田间为将，以距诸侯。

田荣之走东阿，章邯追围之。项梁闻田荣之急，乃引兵击破章邯军东阿下。章邯走而西，项梁因追之。而田荣怒齐之立假，乃引兵归，击逐齐王假。假亡走楚，齐相角亡走赵，角弟田间前求救赵[7]，因留不敢归。田荣乃立田儋子市为齐王，荣相之，田横为将，平齐地。

项梁既追章邯，章邯兵益盛，项梁使使告赵、齐，发兵共击章邯。田荣曰："使楚杀田假，赵杀田角、田间，乃肯出兵。"楚怀王曰："田假，与国之王，穷而归我，杀之不义。"赵亦不杀田角、田间，以市[⑧]于齐。齐曰："蝮螫手则斩手[⑨]，螫足则斩足。何者？为害于身也。今田假、田角、田间于楚、赵，非直手足戚也[⑩]，何故不杀？且秦复得志于天下，则齮龁用事者坟墓矣。[⑪]"楚、赵不听，齐亦怒，终不肯出兵。章邯果败杀项梁，破楚兵，楚兵东走，而章邯渡河围赵于巨鹿。项羽往救赵，由此怨田荣。

（以上为第一段，写诸侯反秦期间田儋、田荣经营齐地的情形，及其与项氏矛盾之产生。）

①狄——秦县名，在今山东高青东南。　故齐王——战国时代齐国的国王。　②皆豪，宗强——"豪"下似应有"杰"字。　能得人——指人缘好，受人拥护。　③详——通"佯"，假装。　从少年之廷——带着一些年轻人来到县衙门。从：使之跟着。意即带领。　④欲谒杀奴——求见县令请准许杀死此奴。谒：请，求见。　⑤齐，古之建国——齐地是我们齐国当初被封的地方。　儋，田氏，当王——我田儋，是齐国王室的后代，现在理应为王。　⑥围魏王咎于临济——魏咎是战国时魏王的后代，于秦二世二年（前208）十二月被周市等拥立为魏王。正月，章邯破杀陈涉后进兵围困魏咎于临济。临济：秦县名，在今河南封丘东。　⑦角弟田间前求救赵——在新齐王田假未被田荣击逐前，田间就奉命到赵国求救了，此时正在赵国。　⑧市——做交易。　⑨蝮螫（shì）手则斩手——谓被蝮蛇咬到手后，怕其毒流布全身而致死，故舍小以保大。蝮：蝮蛇，毒蛇中的一种。螫：蜇，咬。　⑩非直手足戚也——非直：不只。戚：忧，痛苦。盖谓斩手足虽痛苦，但为活命，尚不可不斩；今齐不救楚，秦必危及楚赵存亡，楚赵何为不杀三田乎？　⑪秦复得志于天下——指秦朝消灭起义军，重整国家秩序。　则齮龁（yǐ hé）用事者坟墓——齮龁：原指用牙咬，这里指挖掘。用事者坟墓：指反秦者的祖茔。

项羽既存赵，降章邯等，西屠咸阳，灭秦而立侯王也，乃徙齐王田市更王胶东，治即墨。齐将田都[①]从共救赵，因入关，故立都为齐王，治临菑[②]。故齐王建孙田安，项羽方渡河救赵，田安下济北数城，引兵降项羽，[③]项羽立田安为济北王，治博阳。田荣以负项梁不肯出兵助楚、赵攻秦，故不得王；赵将陈餘亦失职[④]，不得王：二人俱怨项王。

项王既归，诸侯各就国，田荣使人将兵助陈餘，令反赵地，而荣亦发兵以距击田都，田都亡走楚。田荣留齐王市，无令之胶东。市之左右曰："项王强暴，而王当之胶东，不就国，必危。"市惧，乃亡就国[⑤]。田荣怒，追击杀齐王市于即墨，还攻杀济北王安。于是田荣乃自立为齐王，尽并三齐[⑥]之地。

项王闻之，大怒，乃北伐齐。齐王田荣兵败，走平原，平原人杀荣。项王遂烧夷齐城郭，所过者尽屠之。齐人相聚畔之。荣弟横，收齐散兵，得数万人，反击项羽于城阳。而汉王率诸侯败楚，入彭城。项羽闻之，乃醳[⑦]齐而归，击汉于彭城，因连与汉战，相距荥阳。以故田横复得收齐城邑，立田荣子广为齐王，而横相之，专国政，政无巨细皆断于相。

横定齐三年，汉王使郦生往说下齐王广及其相国横。横以为然，解其历下军[⑧]。汉将韩信引兵且东击齐。齐初使华无伤、田解军于历下以距汉。汉使至，乃罢守战备，纵酒，且遣使与汉平。[⑨]汉将韩信已平赵、燕，用蒯通计，度平原，[⑩]袭破齐历下军，因入临菑。齐王广、相横怒，以郦生卖己，而亨郦生。齐王广东走高密，相横走博阳，守相田光走城阳，将军田既军于胶东。楚使龙且救齐，齐王与合军高密。汉将韩信与曹参破杀龙且，虏齐王广。汉将灌婴追得齐守相田光。至博阳，而横闻齐王死，自立为齐王，还击婴，婴败横之军于嬴下[⑪]。田横亡走梁，归彭越。彭越是时居梁地，中立，且为汉，且为楚。韩信已杀龙且，因令曹参进兵破杀田既于胶东，使灌婴破杀齐将田吸于千乘。韩信遂平齐，乞自立为齐假王,汉因而立之。

后岁余,汉灭项籍,汉王立为皇帝,以彭越为梁王。田横惧诛,而与其徒属五百余人入海,居岛中。高帝闻之,以为田横兄弟本定齐,齐人贤者多附焉,今在海中,不收,后恐为乱,乃使使赦田横罪而召之。田横因谢曰:“臣亨陛下之使郦生,今闻其弟郦商为汉将而贤,臣恐惧,不敢奉诏,请为庶人,守海岛中。”使还报,高皇帝乃诏卫尉郦商曰:“齐王田横即至,人马从者敢动摇者致族夷![12]”乃复使使持节具告以诏商状,[13]曰:“田横来,大者王,小者乃侯耳[14];不来,且举兵加诛焉。”田横乃与其客二人乘传诣雒阳。

未至三十里,至尸乡厩置,[15]横谢使者曰:“人臣见天子当洗沐。”止留。谓其客曰:“横始与汉王俱南面称孤,今汉王为天子,而横乃为亡虏而北面事之,其耻固已甚矣。且吾亨人之兄,与其弟并肩而事其主,纵彼畏天子之诏,不敢动我,我独不愧于心乎?且陛下所以欲见我者,不过欲一见吾面貌耳。今陛下在雒阳,今斩吾头,驰三十里间,形容尚未能败,犹可观也。”遂自刭。令客奉其头,从使者驰奏之高帝。高帝曰:“嗟乎,有以也夫[16]!起自布衣,兄弟三人更王,岂不贤乎哉!”为之流涕,而拜其二客为都尉,发卒二千人,以王者礼葬田横。

既葬,二客穿其冢旁孔,皆自刭,下从之。高帝闻之,乃大惊,以田横之客皆贤,“吾闻其余尚五百人在海中”,使使召之[17]。至则闻田横死,亦皆自杀。于是乃知田横兄弟能得士也。

(以上为第二段,写楚汉战争初期之田荣反项,为刘邦充当别动队,以及田横被刘邦消灭的情形。)

①齐将田都——按:田都此前未见记载,疑其为田假之将,随田假同时逃奔项羽者,后乃随项羽一同救河北。 ②治临菑——以临菑(今山东淄博东北齐都镇)为都城。 ③济北——秦郡名,辖地约当今山东泰安、济南、德州等地区,郡治博阳(今山东泰安东南)。 引兵降

项羽——意谓亦随项羽西下入关。 ④失职——未得封赏，没有着落。当时因陈馀未随项羽入关，故项羽遂未封陈馀为王，只封给了他南皮(今河北南皮东北)周围的三个县。 ⑤亡就国——偷着跑到胶东(都墨县，在今山东平度东南)去上任。 ⑥三齐——指项羽所封的田市之胶东、田安之济北与田都之临菑，三国均在旧齐国的地面，故称“三齐”。 ⑦醳——此处通“释”，放弃。 ⑧解其历下军——解除了历下守军的紧急防守状态。历下：即历城，因其南有历山，故称历下，在今山东济南东南，是齐国的军事重镇。 ⑨汉使——指郦食其。且——方，即将。 平——订立盟约。 ⑩用蒯(kuǎi)通计——蒯通：当时为韩信的谋士。当韩信进兵至平原时，已经得知郦食其劝说齐国投降的消息，韩信想要就此罢兵，蒯通则认为这样太便宜了郦食其，而韩信则失去了立大功的机会，于是劝韩信照常对齐国发动攻击。 度平原——在平原县一带渡过黄河，进入齐地。度：通“渡”。平原：秦县名，也是古黄河渡口名，称“平原津”，在今山东平原县西南。当时的黄河流经平原县西，北流至今河北黄骅入海。 ⑪婴败横之军于嬴下——嬴下：嬴县城下，嬴县的县治在今山东济南莱芜区西北。 ⑫齐王田横即至——即：如，若。 人马从者敢动摇者致族夷——谁敢动田横的人马随从，就把谁满门抄斩。致：招来。族夷：族灭。 ⑬持节——手执旌节。节：帝王使者外出所持的信物。 诏商状——嘱咐郦商的样子。 ⑭大者王，小者乃侯耳——搞得好可能封王，最小也封侯。 ⑮未至三十里——指离着雒阳还有近三十里。 尸乡厩(jiù)置——尸乡的驿站。尸乡：偃师县内的乡名，在今河南洛阳偃师区西。厩：马棚。置：驿站。 ⑯有以也夫——犹今所谓“不是偶然的”。有以：有原因，有道理。 ⑰“吾闻其余尚五百人在海中”，使使召之——按：此对话未完，而以叙述补足。

太史公曰：甚矣蒯通之谋，乱齐骄淮阴，其卒亡此两人！[①]蒯通者，善为长短说[②]，论战国之权变[③]，为八十一首[④]。通善齐人安期生[⑤]，安期生尝干项羽，项羽不能用其策。已而项羽欲封此两人，两人终不肯受，亡去。田横之高节，宾客慕义而从横死，岂非至贤！余因而列焉。不无善画者，莫能图，何哉⑥？

（以上为第三段，是作者的论赞，作者倾心地赞美了田横能得士，谴责了蒯通出坏主意，致使韩信与田氏之齐皆不得善终的可悲结局。）

①蒯通之谋——指劝韩信不要顾忌刘邦派郦生说降，要迅即发兵攻打齐国。其语详见《淮阴侯列传》。　乱齐骄淮阴——使田氏之齐顿遭毁灭，也使韩信灭齐后称王，更加居功不逊。卒亡此两人——两人：指田横、韩信。　②长短说——《索隐》曰："言欲令此事长，则长说之；短，则短说之，故《战国策》亦名曰'短长书'是也。"　③权变——谓不讲常理，只讲随机应变，是战国游说之士特征，也是《战国策》一类著作的基本倾向。　④为八十一首——据《汉书·蒯通传》，此八十一篇号为《隽永》，然《汉书·艺文志》不载，只载《蒯子》五篇。今人又有怀疑现存之《战国策》即出于蒯通之手者，然亦推测而已。　⑤安期生——亦称安期，楚汉之际的黄老兼神仙家一流，其人又见于《封禅书》与《乐毅列传》。　⑥不无善画者，莫能图，何哉——画：一种说法指谋划，一种说法指绘画。图：有人认为指图谋，有人认为指画像。司马迁在《留侯世家》中说张良："余以为其人计魁梧奇伟，至见其图，状貌如妇人好女。"可见司马迁确实是在寻找一些重要人物的图像。由于景慕田横，因而遗憾没有人能把他画下来。陈直认为：西汉初之画谓壁画及绢帛画，东汉则尚石刻画像，所画之人有古帝王、孝子、忠臣、烈士、义女等类型。田横宾客合于烈士范畴，在太史公之意，可与聂政、荆轲并图也。

［**简评**］　作品记述了齐国后裔田儋、田荣、田横等从陈涉起义到刘邦建国之七八年间，相继在今山东一带割据称王的兴衰史。田氏诸人在诸侯反秦时，多数场合是与项羽、刘邦隔绝、独立的。在楚汉战争中他们不是刘邦一党，但他们的活动却屡次帮了刘邦大忙。他们是在项羽分封天下后最早起兵倒项的势力，正是由于他们的牵制，才使刘邦得以顺利地还定了三秦，并

出关打入了彭城。可以说，田氏是刘邦最得力的非同盟的同盟军。文章最后写了田横的宁死不屈，慷慨自尽，以及他的门客和五百壮士集体自尽的悲壮情景，表现了司马迁对他们这种精神气节的无限敬佩之情。钱穆在《现代中国学术论衡》中说，司马迁在此传最后特载田横其人与其事，是此亦特见中国之史学精神、民族精神处；说田横英名乃垂百世，长为吾中华民族一人物，此亦一成功，非失败。

［**集评**］《太史公自序》："诸侯畔项王，唯齐连子羽城阳，汉得以间遂入彭城，作《田儋列传》第三十四。"

陈文烛曰："此传头绪甚多，当以田儋、田荣、田横为主案。而田儋初杀狄令，自立为王。儋死，齐人立田假为王；田荣又逐田假，立田市为王，卒又杀田市，自立为王；及荣为平原人所杀，田横乃立田广为王，已而田广为汉虏，横乃自立为王。此则其颠末之序云。至其自狄城而走东阿，或走楚，或走平原，或走高密，或走梁，又入海居岛中，奔播流离，无足齿者。得太史公编入诸传，而又于田横多恕辞，乃粗有可观。非太史公笔力不能描写。"（《史记评林》引）

吴见思曰："原是三人合传，而处处关合，首尾照映，此乃史公极有行列文字。中间写田横自到一段，尤慷慨明净。……赞中忽写蒯通，又传外插出一安期生，非孟浪也，盖因'田横兄弟能得士'一句，因思天下士如二客，如五百人，皆得因田横而见。此外如蒯通，如安期生者，不知埋没几何，遂与草木同腐，故不觉为之三叹，而厕之传末也。史公诚好士哉！"（《史记论文》）

刘子翚曰："人谓田横兄弟能得士，余谓五百人果能皆为横死，则方其盛时据三齐之地，所得死士可胜论哉？然横兄弟亦屡与诸侯战，未尝一胜，则所谓死士者安在？史迁欲成田横得士之名，故实世俗之传如此，或者未必尽然也。"（《史记评林》引）

茅坤曰："田氏兄弟相贼杀，头绪如丝，而太史公详次如指画，予尝爱昌黎《画记》，人马什器，多而文不乱，此传略相似。"（《史记评林》引）

杨燕起曰："本篇记述田儋、田荣、田横同族三人的事迹，表现了自陈涉起事至刘邦立汉期间齐地政治形势的变化。陈涉王楚，田儋自立为齐王，发兵以击周市；项梁追章邯，……这说明田氏三人，尤其是田荣、田横之作为地方豪强势力，其活动独成体系，难以统属，对农民起义军尤其是对项羽表现出巨大的离心倾向。"（《史记全译》）

李景星曰："《田儋传》以高祖所言'起自布衣，兄弟三人更王，岂不贤乎哉'数语为一篇骨子。起首曰'能得人'，结尾曰'能得士'首尾照应，尤一篇扼要处。盖太史公为田儋兄弟立传，以其贤也。而其所以贤，则在于能得人。通篇将三人事一串写来，以田儋领起，即接述儋弟荣、荣弟横，一篇大局已安于此。而又及儋子市、荣子广与诸田中、田假、田角、田都、田安等，其间争立贼杀，虽纷如乱丝，而指画详明，却瞭如列图。于列传中参用世家体，是最有章法文字，不独写田横处生色也。至传曰'二客'，曰'五百人'，赞语又突出蒯通、安期生，皆为'得人'点染，并非闲笔。"（《四史评议》）

钱穆曰："司马迁作《史记》乃取法孔子之《春秋》，其记事多采之《左传》《国策》诸书，而有取舍，又有增益，兹不论，姑论其载楚汉之际乃及西汉开国后事，则所略而不备者多矣，而乃特载田横其人与其事。此亦特见中国之史学精神、民族精神处。……田横英名乃垂百世，长为吾中华民族一人物，此亦一成功，非失败。"（《现代中国学术论衡》）

樊郦滕灌列传第三十五

舞阳侯樊哙者，沛人也。[①]以屠狗为事，与高祖俱隐[②]。

初从高祖起丰，攻下沛。高祖为沛公，以哙为舍人[③]。从攻胡陵、方与[④]，还守丰，击泗水监丰下，破之[⑤]。复东定沛，破泗水守薛西。[⑥]与司马尼战砀东，却敌，斩首十五级，赐爵国大夫。[⑦]常从沛公击章邯军濮阳，攻城先登，斩首二十三级，赐爵列大夫。[⑧]复常从，从攻城阳[⑨]，先登。下户牖，破李由军，斩首十六级，赐上间爵。[⑩]从攻围东郡守尉于成武，却敌，斩首十四级，捕虏十一人，赐爵五大夫。[⑪]从击秦军，出亳南。河间守军于杠里，破之。[⑫]击破赵贲军开封北，以却敌先登，斩候一人，首六十八级，捕虏二十七人，赐爵卿。[⑬]从攻破杨熊军于曲遇[⑭]。攻宛陵，先登，斩首八级，捕虏四十四人，赐爵封号贤成君。[⑮]从攻长社、轘辕，绝河津，[⑯]东攻秦军于尸，南攻秦军于犨。[⑰]破南阳守齮于阳城东[⑱]。攻宛城，先登[⑲]。西至郦，以却敌，斩首二十四级，捕虏四十人，赐重封。[⑳]攻武关，至霸上，斩都尉一人，[㉑]首十级，捕虏百四十六人，降卒二千九百人。

项羽在戏下[㉒]，欲攻沛公。沛公从百余骑因项伯面见项羽，谢无有闭关事。[㉓]项羽既飨军士，中酒，亚父谋欲杀沛公，[㉔]令项庄拔剑舞坐中，欲击沛公，项伯常屏蔽之。[25]时独沛公与张良得入坐，樊哙在营外，闻事急，乃持铁盾入。到营，营卫止哙，哙直撞入，立帐下。项羽目之，问为谁。张良曰："沛公参乘[26]樊哙。"项羽曰："壮士。"赐之卮酒彘肩。哙既饮酒，拔剑切肉食，尽之。项羽曰："能复饮乎？"哙曰："臣死且不辞，岂特卮酒乎！且沛公先入定咸阳，暴师霸上，以待大王。大王今日至，听小人之言，与沛公有隙，臣恐天下解，心疑大王也。"项羽默然。沛公如厕，麾樊哙去。既出，沛公留车骑，独骑一马，与樊哙等四人步从，从间道山下归走霸上军，而使张良谢项羽。项羽亦因遂已[27]，无诛沛公之心矣。是日微樊哙奔入营谯让项羽，沛公事几殆[28]。

明日，项羽入屠咸阳。立沛公为汉王。汉王赐哙爵为列侯，号临武侯。[29]迁为郎中，从入汉中。[30]

还定三秦，别击西丞白水北、雍轻车骑于雍南，[31]破之。从攻雍、斄城，先登。击章平军好畤，[32]攻城，先登陷阵，斩县令丞各一人，首十一级，虏二十人，迁郎中骑将[33]。从击秦车骑壤东[34]，却敌，迁为将军。攻赵贲，下郿、槐里、柳中、咸阳；[35]灌废丘，最[36]。至栎阳，赐食邑杜之樊乡。[37]从攻项籍，屠煮枣。[38]击破王武、程处军于外黄。[39]攻邹、鲁、瑕丘、薛。[40]项羽败汉王于彭城，尽复取鲁、梁地。[41]哙还至荥阳，益食平阴二千户。[42]以将军守广武一岁[43]。项羽引而东，从高祖击项籍，下阳夏，虏楚周将军卒四千人。围项籍于陈，大破之。屠胡陵。

项籍既死，汉王为帝，以哙坚守战有功，益食八百户。从高帝攻反燕王臧荼，虏荼，定燕地。楚王韩信反，哙从至陈，取信，定楚。更赐爵列侯，与诸侯剖符，世世勿绝，食舞阳，号为舞阳侯，除前所食。以将军从高祖攻反韩王信于代。自霍人以往至云中，与绛侯等共定之，[44]益食千五百户。因击陈豨与曼丘臣军，战襄国，[45]破柏人[46]，先登，降定清河、常山凡二十七县，残东垣，迁为左丞相[47]。破得綦毋卬、尹潘军于无终、广昌[48]。破豨别将胡人王黄军于代南,因击韩信军于参合。[49]军所将卒[50]斩韩信,破豨胡骑横谷,斩将军赵既,虏代丞相冯梁、守孙奋、大将王黄、将军、太卜太仆解福等十人。与诸将共定代乡邑七十三。其后燕王卢绾反,哙以相国击卢绾,破其丞相抵蓟南,[51]定燕地,凡县十八,乡邑五十一。益食邑千三百户,定食舞阳五千四百户。从斩首百七十六级,虏二百八十八人。别破军[52]七,下城五,定郡六,县五十二,得丞相一人,将军十二人,二千石已下至三百石十一人。

哙以吕后女弟吕须为妇,生子伉,故其比诸将最亲。

先黥布反时,高祖尝病甚,恶见人,卧禁中,诏户者[53]无得入群臣。群臣绛、灌等莫敢入。十余日,哙乃排闼直入,[54]大臣随之。上独枕一宦者卧。哙等见上流涕曰:"始陛下与臣等起丰沛,定天下,何其壮也!今天下已定,又何惫也!且陛下病甚,大臣震恐,不见臣等计事,顾独与一宦者绝乎[55]?且陛下独不见赵高之事乎?"高帝笑而起。

其后卢绾反,高帝使哙以相国击燕。是时高帝病甚,人有恶哙党于吕氏,即上一日宫车晏驾,则哙欲以兵尽诛灭戚氏、赵王如意之属。[56]高帝闻之大怒,乃使陈平载绛侯代将,而即军中斩哙[57]。陈平畏吕后,执哙诣长安。至则高祖已崩,吕后释哙,使复爵邑。

孝惠六年,樊哙卒,谥为武侯。子伉代侯,而伉母吕须亦为临光侯,高后时用事专权,[58]大臣尽畏之。伉代侯九岁,高后崩,大臣诛诸吕、吕须媭属,因诛伉。舞阳侯中绝数月。孝文帝既立,乃复封哙他庶子市人为舞阳侯,[59]复故爵邑。市人立二十九岁卒,谥为荒侯。子他广代侯,六岁[60],侯家舍人得罪他广,怨之,乃上书曰:"荒侯市人病不能为人[61],令其夫人与其弟乱而生他广,他广实非荒侯子,不当代后。"诏下吏[62]。孝景中六年,他广夺侯为庶人,国除。

(以上为第一段,写刘邦功臣樊哙的生平事迹。)

①舞阳侯樊哙——樊哙封地舞阳县,县治在今河南舞阳。沛——秦县名,即今江苏沛县。 ②与高祖俱隐——《高祖本纪》云:"秦始皇帝常曰'东南有天子气',于是因东游以厌之。高祖即自疑,亡匿,隐于芒、砀山泽岩石之间。"是樊哙于此时即跟随之。 ③舍人——原指贵族门下的宾客、食客,这里指侍从。 ④从攻胡陵、方与——胡陵:秦县名,县治在今山东鱼台东南。方与:秦县名,县治在今山东鱼台西。 ⑤击泗水监丰下,破之——盖刘邦等举事后,泗水监率兵来讨,刘邦等击破之。泗水:秦郡名,郡治相县,在今安徽濉(suī)溪西北,当时沛县是泗水郡的属县。秦时各郡的长官有郡守、郡尉、郡监,郡监由朝廷派御史到各郡充任。 ⑥复东定沛——沛县前被秦军夺去,今刘邦又攻占之。 破泗水守薛西——泗水守:泗水郡的郡守,此人名"壮",史失其姓。薛:秦县名,县治在今山东滕州南。据《秦楚之际月表》,刘邦于此役中杀泗水守。 ⑦司马尼(yí)——秦将,司马是官名,在军中主管司法,其人名尼。 砀(dàng)——秦县名,县治在今河南永城东北。 国大夫——即官大夫,是秦爵二十级中的第六级。秦爵二十级详见《商君列传》注。 ⑧先登——率先登上。 列大夫——即公大夫,秦爵二十级中的第七级。 ⑨城阳——也作"成阳",秦县名,县治在今山东菏泽东北。 ⑩下户牖(yǒu)——攻下了户牖。户牖:乡邑名,在今河南兰考东北。 破李由军——事在秦二世二年(前208)八月。李由:秦丞相李斯之子,当时为三川郡(郡治雒阳,在今洛阳东)守,于此役中被起义军所杀。 赐上间爵——有谓应作"上闻爵"。沈钦韩认为:樊哙为沛公私将,此"上闻爵"亦得上达怀王。 ⑪从攻围东郡守尉于成武——东郡守尉:东郡的郡守与郡尉。成武:秦县名,在今山东成武。 五大夫——秦爵二十级中的第九级。 ⑫出亳南——经由亳县南。亳:古邑名,在今河南商丘东南。 河间守军——王叔岷认为"河间守军"四字上应有"击"字。 杠里——古邑名,在当时的成武西。 ⑬击破赵贲军开封北——赵贲:章邯的部将。开封:秦县名,县治在今河南开封西南。 候——军官名。古代军制,将军军营下分部,部设校尉;部下分曲,曲设军候。 赐爵卿——秦爵第十级至第十八级,相当于卿。 ⑭破杨熊军于曲遇——杨熊:秦将

名。曲遇:古邑名,在今河南中牟东。 ⑮宛陵——秦县名,在今河南新郑东北。 赐爵封号贤成君——《集解》引徐广曰:"时赐爵有执帛、执圭,又有赐爵封而加美名以为号也。" ⑯长社——古邑名,在今河南长葛东。 轘(huán)辕——关隘名,在今河南洛阳偃师区东南。绝河津——断绝黄河上的渡口,目的是不让黄河以北的义军渡河南下与刘邦争夺地盘。这里的"河津"是指平阴津,在今河南洛阳孟津区东北。 ⑰尸——乡邑名,在今河南洛阳偃师区西。 犨(chōu)——秦县名,县治在今河南鲁山县东南。 ⑱破南阳守齮(yǐ)于阳城东——南阳守齮:南阳郡的郡守名"齮"。阳城:秦县名,县治在今河南方城东。 ⑲攻宛城,先登——宛城:秦县名,在今河南南阳,当时为南阳郡的郡治所在地。按:据《高祖本纪》,宛城乃在刘邦军的围攻下投降刘邦。 ⑳郦——秦县名,县治在今河南内乡西北。 赐重封——师古曰:"加二号耳。"王先谦曰:"封爵未闻有加二号者……若今之亲王双俸,亦云'双亲王'也。" ㉑武关——关隘名,在今陕西丹凤东南。霸上——在当时的咸阳东南,为古代咸阳、长安附近的驻兵之所。按:刘邦军到达霸上,秦王子婴投降刘邦事在汉元年(前206)十月(当时以十月为岁首)。 都尉——武官名,级别略当于校尉。 ㉒项羽在戏下——项羽破秦兵于巨鹿,又接受章邯投降后,于汉元年十二月进入关中,驻兵于戏下。戏:水名,即今西安临潼区东戏河。源出骊山,北流经古戏亭东,又北入渭水。 ㉓项伯——项羽的堂叔。 谢无有闭关事——按:此处表述似欠准确。时刘邦乃向项羽推说其派兵守关非为防项羽,而非否认有派兵守关事。 ㉔项羽既飨军士——按:此处表述亦欠准确,项羽本来飨军士是为了进击刘邦;而刘邦因项伯会见项羽后,项羽遂留其宴饮,此与"飨军士"无涉。 中酒——犹言"酒酣",正在酣饮之中。 亚父——指范增,项羽的谋士。项羽对其尊称"亚父",谓礼敬之隆比于父。 ㉕项庄——项羽的族人,时为项羽部将。屏蔽——《项羽本纪》作"翼蔽",更为形象。 ㉖参乘——陪同帝王乘车,而充当警卫的武士。即《左传》中的"车右"。 ㉗遂已——遂告结束。已:终止,结束。 ㉘是日微樊哙奔入营谯让项羽,沛公事几殆——微:无,如果没有。谯让:责备。殆:危险。按:以上鸿门宴事,过程详见《项羽本纪》。 ㉙列侯——有封地的侯爵，以与无封地的“关内侯”相区别。 号临武侯——洪亮吉认为：传明言“号临武侯”，则固权以美号赐之……下云“赐食邑杜之樊乡”，始有实封耳。 ㉚郎中——帝王身边的侍从官员，上属郎中令。 从入汉中——刘邦等离开咸阳，翻越秦岭到南郑（今陕西汉中东）就国，事在汉元年四月。 ㉛别击——另率一支军队单独出击。 西丞——西县县丞。西县的县治在今甘肃天水西南，县丞是县令的副手。 白水——秦县名，县治在今四川青川东北。 雍轻车骑于雍南——意即击破雍王章邯的车兵、骑兵于雍县城南。雍：秦县名，县治在今陕西宝鸡凤翔区南。 ㉜从攻雍、斄（tái）城——斄：秦县名，县治在今陕西武功西。雍县、斄县都是雍国的领地。 击章平军好畤（zhì）——章平：章邯之弟。好畤：秦县名，故城在今陕西乾县东好畤村。 ㉝郎中骑将——郎中是帝王的侍从、护卫人员，在这些郎中里设有户、车、骑三将。 ㉞从击秦车骑壤东——“秦”应作“三秦”，即指章邯。壤：壤乡，在今陕西武功。 ㉟赵贲——原是秦朝的将领，至今仍跟从章邯。 郿——秦县名，县治在今陕西眉县东。 槐里——秦时称作废丘，即当时章邯的国都，汉时改称槐里，治今陕西兴平东南。 柳中——即细柳，古邑名，在今陕西咸阳西南。 ㊱灌废丘，最——谓以水灌废丘，城陷，其功最上。 ㊲栎（yuè）阳——秦县名，县治在今陕西西安阎良区武屯街道，前为塞王司马欣的国都，司马欣于汉元年八月降汉。 赐食邑杜之樊乡——按：樊哙从这时才真正享有封地。杜：秦县名，县治在今陕西西安东南。樊乡：即樊川。 ㊳从攻项籍——事在汉二年（前205）四月。 煮枣——城名，在今山东东明南。 ㊴王武、程处——都是项羽的部将。 外黄——秦县名，县治在今河南民权西北。 ㊵邹——秦县名，县治在今山东邹城东南。 鲁——秦县名，在今山东曲阜。 瑕丘——秦县名，县治在今山东济宁兖州区东北。 薛——秦县名，县治在今山东滕州南。 ㊶项羽败汉王于彭城——事在汉二年（前205）四月。是时刘邦趁项羽被田横牵制于齐地之机，率军东下，一举攻入彭城（今江苏徐州）。项羽闻讯后，驰回救援，以骑兵三万大破刘邦军五十六万，详情见《项羽本纪》。 鲁、梁地——泛指今山东西南部、河南东部地区。

鲁:春秋时国名,国都曲阜(今山东曲阜)。梁:战国时国名,国都大梁(今河南开封)。 ㊷荥阳——秦县名,在今河南荥阳。因在古荥泽之北,故称。是刘邦与项羽相拒两年多的主战场。 益食平阴二千户——谓在原有樊乡旧地的基础上,追增平阴二千户。平阴:秦县名,县治在今河南洛阳孟津区东北。 ㊸以将军守广武一岁——广武:军事要地,在今荥阳东北广武山上。 ㊹自霍人以往至云中——约当今之山西北部和与之临近的内蒙古呼尔特一带。霍人:汉县名,县治在今山西繁峙东。云中:汉郡名,郡治在今内蒙古托克托东北。 绛侯——周勃,刘邦的开国功臣,因功封绛侯,事迹详见《绛侯周勃世家》。 ㊺击陈豨——事在高祖十年(前197)九月。陈豨是刘邦的部将,被任为代相,监代、赵边兵。因盛养宾客被刘邦所疑,于八月反于代、赵。 与曼丘臣军,战襄国——曼丘臣:原是韩王信的部将,韩王信叛入匈奴后,曼丘臣等继续在代、赵地区进行反汉活动。襄国:汉县名,县治在今河北邢台。 ㊻柏人——汉县名,县治在今河北隆尧西。 ㊼迁为左丞相——此"左丞相"只是虚衔,类似情况亦见于下文之郦商。 ㊽破得綦毋卬、尹潘军于无终、广昌——綦毋卬、尹潘:都是陈豨的部将。无终:汉县名,县治在今天津蓟州区。广昌:汉县名,县治在今河北涞源。 ㊾王黄——原是韩王信的部将,韩王信叛入匈奴后,王黄与曼丘臣等继续在代、赵地区进行反汉活动。 代南——代郡城南。当时代郡的郡治在今河北蔚县东北。 参合——汉县名,县治在今山西阳高南。 ㊿军所将卒——即柴武,时为樊哙部下。王叔岷认为:武为将军,非卒也。 51哙以相国击卢绾——"相国"在这里仍只是加官。 破其丞相抵蓟南——丞相抵:似应作"丞相偃、大将抵",盖二人。蓟南:蓟县城南。蓟县在今北京西南,当时为燕国的都城。 52别破军——自己带兵独立作战所打败的敌人。 53户者——守门人。 54绛、灌——绛侯周勃、颍阴侯灌婴,都是刘邦的元勋。 排闼(tà)——推门(闯入)。 55顾独与一宦者绝乎——难道就这样让一个太监陪着离开人世吗?绝:辞世。 56恶哙党于吕氏——说樊哙与吕氏结党。恶:说人坏话。 即上一日宫车晏驾——即:若。一日:某一天。宫车晏驾:婉指帝王之死。 戚氏——即戚夫人,刘邦的宠姬。 赵王如意——刘邦最宠爱的少子,戚夫人所生,刘邦曾一度欲废掉太子刘盈,而另立刘如意为太子。 ⑰使陈平载绛侯代将,而即军中斩哙——意谓让陈平到军中宣读命令,当场处决樊哙,而让周勃代樊哙为将。由于陈平怕杀樊哙会得罪吕后,遂将樊哙押解回京。 ⑱吕须亦为临光侯——事在吕后四年(前184)。 用事专权——主语为"吕须"。 ⑲孝文帝既立——孝文帝名恒,刘邦之子,原为代王,大臣诛诸吕毕,被迎立为帝,事在吕后八年(前180)九月。 哙他庶子市人——樊哙其他的非嫡妻所生的儿子,名市人。 ⑳他广代侯,六岁——樊他广代立为侯的第六年,即景帝中元五年(前145)。 ㉑病不能为人——指生理方面有缺陷,不能行男女之事。 ㉒下吏——将此事交由当事官吏调查处理。

曲周侯郦商者,高阳人。[1]陈胜起时,商聚少年东西略人[2],得数千。沛公略地至陈留,六月余,商以将卒四千人属沛公于岐。[3]从攻长社,先登,赐爵封信成君。[4]从沛公攻缑氏,绝河津,[5]破秦军雒阳东。从攻下宛、穰[6],定十七县。别将攻旬关,[7]定汉中。

项羽灭秦,立沛公为汉王。汉王赐商爵信成君,以将军为陇西都尉。[8]别将定北地、上郡。[9]破雍将军焉氏,周类军栒邑,苏驵军于泥阳,赐食邑武成六千户。[10]以陇西都尉从击项籍军,五月出巨野,与钟离昧战,疾斗,受梁相国印,[11]益食邑四千户。以梁相国将从击项羽二岁三月[12]。攻胡陵。

项羽既已死,汉王为帝。其秋,燕王臧荼反,商以将军从击荼,战龙脱[13],先登陷阵,破荼军易下,却敌,迁为右丞相,[14]赐爵列侯,与诸侯剖符,世世勿绝,食邑涿五千户,号曰涿[15]侯。以右丞相别定上谷,因攻代,受赵相国印。以右丞相赵相国别与绛侯等定代、雁门,得代丞相程纵[16]、守相郭同、将军已下至六百石十九人。还,以将军为太上皇卫一岁七月。以右丞相击陈豨,残东垣。又以右丞相从高帝击黥布,攻其前拒[17],陷两陈,得以破布军。更食曲周五千一百户,除前所食。凡别破军三,降定郡六,县七十三,得丞相、守相、大将各一人,小将二人,二千石已下至六百石十九人。

商事孝惠。高后时，商病，不治[18]。其子寄，字况，与吕禄[19]善。及高后崩，大臣欲诛诸吕，吕禄为将军，军于北军[20]，太尉勃不得入北军，于是乃使人劫郦商，令其子况绐吕禄，吕禄信之，故与出游，而太尉勃乃得入据北军，遂诛诸吕。是岁商卒，谥为景侯。子寄代侯。天下称郦况卖交也[21]。

孝景前三年，吴、楚、齐、赵反[22]，上以寄为将军，围赵城，十月不能下。[23]得俞侯栾布自平齐来，[24]乃下赵城，灭赵，王自杀，除国。孝景中二年，寄欲取平原君为夫人，景帝怒，下寄吏，有罪，夺侯。[25]景帝乃以商他子坚封为缪侯，续郦氏后。缪靖侯卒，子康侯遂成立[26]。遂成卒，子怀侯世宗立。世宗卒，子侯终根立，为太常，坐法，国除。

（以上为第二段，写刘邦功臣郦商及其家族的始末。）

①曲周侯郦商——郦商是刘邦的谋士郦食其之弟，封地曲周县（今河北曲周东北）。　高阳——乡邑名，在今河南杞县西南，当时属陈留。　②略人——劫掠人丁。　③六月余——其意盖谓郦商已起事六个多月。　商以将卒四千人属沛公于岐——岐：方位不详。据《郦生陆贾列传》，刘邦略地至陈留郊，郦食其先归刘邦，协助刘邦攻取了陈留，而后郦食其"言其弟郦商，使将数千人从沛公"。　④长社——秦县名，县治在今河南长葛东。　赐爵封信成君——初次赏功即赐爵封君。　⑤缑（gōu）氏——秦县名，县治在今河南洛阳偃师区东南。　绝河津——断绝黄河渡口。河津：此指今河南洛阳孟津区东北的平阴津。时赵将司马卬欲渡河入关，刘邦恐其分己之功，于是"北攻平阴，绝河津"。　⑥从攻下宛、穰——宛：秦县名，在今河南南阳。穰：秦县名，在今河南邓州。　⑦别将——单独率领一支人马。　旬关——关塞名，也是县名，在今陕西旬阳，邻近湖北。　⑧汉王赐商爵信成君——"君"字似应作"侯"，高祖为汉王，绛、灌诸将皆赐侯爵。　陇西都尉——陇西郡的地方武官。陇西：秦郡名，郡治狄道，在今甘肃临洮。　⑨北地——秦郡名，郡治马领（今甘肃庆城西北）。　上郡——秦郡

名，郡治肤施（今陕西榆林东南）。 ⑩破雍将军焉氏——击垮了雍王章邯部将的军队于乌氏。按："焉氏"应作"乌氏"，秦县名，在今甘肃平凉东。 周类——章邯的部将。 栒邑——秦县名，县治在今陕西旬邑。 苏驵——章邯的部将。 泥阳——秦县名，县治在今甘肃宁县东南。 赐食邑武成——将武成县给予郦商为封地。武成也作"武城"，秦县名，县治在今陕西渭南华州区东北。 ⑪出巨野——经由巨野（今山东巨野县东北）。出：经由，这里指到达。 钟离昧——项羽的猛将。 受梁相国印——刘邦原任彭越为"梁相国"，彭城战败后，彭越一度离去，故刘邦复以郦商为"梁相国"。 ⑫以梁相国将从击项羽二岁三月——意谓在刘邦与项羽相持于荥阳的两年多时间里，郦商始终以"梁相国"的身份率兵跟从刘邦。 ⑬龙脱——也作"龙兑"，在今河北保定满城区东北。 ⑭易下——易县城下，秦时的易县县治在今河北雄县西北。 迁为右丞相——"右丞相"在这里是虚衔，并非实职。 ⑮涿——秦县名，在今河北涿州。 ⑯得代丞相程纵——樊哙曾虏"代丞相冯梁"，今又有"程纵"，盖皆陈豨所任。 ⑰前拒——营垒的前门。 ⑱不治——意即不治事，"事"字似不可省。 ⑲吕禄——吕后之侄，当时被封为赵王，主管北军。 ⑳军于北军——主事于北军兵营。北军：守卫京城的精锐部队。 ㉑天下称郦况卖交也——郦况哄骗吕禄交出兵权，终致诸吕被灭。从道德的角度，这是欺骗、出卖朋友。司马迁重视友情，所以在这里引"天下"人语道出郦况是"卖交"。 ㉒吴、楚、齐、赵反——此即"吴楚七国之乱"。当时作乱的"七国"，除吴王刘濞、楚王刘戊外，还有赵王刘遂、济南王刘辟光、菑川王刘贤、胶西王刘印、胶东王刘雄渠，而单单没有齐国。但因为济南、菑川、胶西、胶东四国都是从齐国分出来的，所以《史记》《汉书》说此事时常以"齐"字总称此四国，实则造成了混淆。 ㉓围赵城——围困赵国的都城邯郸（今河北邯郸）。 十月不能下——"十月"似应作"三月"。 ㉔俞侯栾布——栾布原是彭越的朋友，文帝时为燕相，由于平定七国之乱有功，被封为俞（鄃）侯。 自平齐来——吴楚反后，济南、菑川、胶西、胶东四国亦反，而齐不反，于是四国围攻齐，朝廷派栾布率军救齐，齐围得解。此云"平齐"，意思不清。 ㉕平原君——景帝王皇后之母，名曰臧儿。武帝即位后，封之为平原君。　景帝怒——景帝之所以发怒，是因为郦寄倘若娶了平原君，便一下子成了景帝的岳父，是可忍孰不可忍。　夺侯——剥夺其侯爵，收回其封地。　㉖康侯遂成立——康侯名“遂成”，谥曰“康”。

汝阴侯夏侯婴，沛人也，为沛厩司御。①每送使客还，过沛泗上亭，与高祖语，未尝不移日②也。婴已而试补县吏，与高祖相爱。高祖戏而伤婴，人有告高祖③。高祖时为亭长，重坐伤人，告故不伤婴④，婴证之。后狱覆，婴坐高祖系岁余，掠笞数百，终以是脱高祖。⑤

高祖之初与徒属欲攻沛也，婴时以县令史为高祖使。⑥上降沛一日，高祖为沛公，赐婴爵七大夫，⑦以为太仆。从攻胡陵，婴与萧何降泗水监平，平以胡陵降。赐婴爵五大夫。⑧从击秦军砀东，攻济阳，下户牖，⑨破李由军雍丘下，以兵车趣攻战疾，赐爵执帛。⑩常以太仆奉车从击章邯军东阿、濮阳下，以兵车趣攻战疾，破之，赐爵执珪。⑪复常奉车从击赵贲军开封，杨熊军曲遇。婴从捕虏六十八人，降卒八百五十人，得印一匮。⑫因复常奉车从击秦军雒阳东，以兵车趣攻战疾，赐爵封，转为滕公⑬。因复奉车从攻南阳，战于蓝田、芷阳，以兵车趣攻战疾，至霸上。项羽至，灭秦，立沛公为汉王。汉王赐婴爵列侯，号昭平侯⑭，复为太仆，从入蜀、汉。

还定三秦，从击项籍。至彭城，项羽大破汉军。汉王败，不利，驰去，见孝惠、鲁元，载之。⑮汉王急，马罢，虏在后⑯，常蹶两儿欲弃之，婴常收，竟载之，徐行，面雍树乃驰⑰。汉王怒，行欲斩婴者十余，卒得脱，而致孝惠、鲁元于丰⑱。

汉王既至荥阳，收散兵，复振，赐婴食祈阳。复常奉车从击项籍，追至陈，卒定楚，至鲁，益食兹氏⑲。

汉王立为帝。其秋，燕王臧荼反，婴以太仆从击荼。明年，从至陈,取楚王信。更食汝阴,剖符世世勿绝。以太仆从击代,至武泉、云中,益食千户。因从击韩信军胡骑晋阳旁,大破之。追北至平城,为胡所围,七日不得通。高帝使使厚遗阏氏,冒顿开围一角。高帝出欲驰,婴固徐行,弩皆持满外向,卒得脱,益食婴细阳千户。[20]复以太仆从击胡骑句注[21]北,大破之。以太仆击胡骑平城南,三陷陈,功为多,赐所夺邑五百户。以太仆击陈豨、黥布军,陷陈却敌,益食千户,定食汝阴六千九百户,除前所食。

婴自上初起沛,常为太仆,竟高祖崩[22]。以太仆事孝惠。孝惠帝及高后德婴之脱孝惠、鲁元于下邑之间也,乃赐婴县北第第一[23],曰"近我",以尊异之。孝惠帝崩,以太仆事高后。高后崩,代王之来,婴以太仆与东牟侯入清宫,废少帝,[24]以天子法驾迎代王代邸,与大臣共立为孝文皇帝,复为太仆。八岁卒,谥为文侯。子夷侯灶立,七年卒。子共侯赐立,三十一年卒。子侯颇尚平阳公主。立十九岁,元鼎二年,坐与父御婢[25]奸罪,自杀,国除。

(以上为第三段,写刘邦功臣夏侯婴的生平始末。)

①汝阴——在今安徽阜阳。　为沛厩(jiù)司御——在沛县的官马棚负责赶车。　②未尝不移日——两人一说就是好长时间。移日:太阳移动了位置。言时间之久。　③人有告高祖——有人状告刘邦。告:诉之于法。　④时为亭长,重坐伤人,告故不伤婴——因其身为小吏,怕犯伤人罪,因而说自己没有伤害夏侯婴。重:看重。　婴证之——意谓夏侯婴也随其做伪证,说自己没有受伤。　⑤狱覆——指重新审判。　婴坐高祖系岁余,掠笞数百——夏侯婴因做伪证为刘邦开脱,被系狱一年多,挨了几百棍子。　脱高祖——为刘邦开脱了罪责。　⑥县令史——县中小吏,主管文书。　为高祖使——作为刘邦的使者与县令谈判。　⑦上降沛一日——攻下沛县一天之后。　高祖为沛公——刘邦被推举为沛县县令。当时楚人称县令为"公"。　七大夫——即"公大夫",秦爵二十级的第七级。师古注:"公大夫也,爵第七,故谓之'七大夫'。"　⑧降泗水监平——招降了泗水郡(治相县,在今安徽濉溪西北)的监郡,其人名平。　五大夫——秦爵二十级的

第九级。 ⑨从击秦军砀东——砀:砀郡郡治砀县,县治在今河南永城东北。 济阳——秦县名,县治在今河南兰考东北。 户牖——乡邑名,在当时的济阳西南。 ⑩趣攻战疾——犹言猛攻激战。趣:促,急。或曰"趣"指催促诸将,使疾战。 执帛——楚官爵名,低于"执珪"。 ⑪以太仆奉车——以太仆的身份为刘邦赶车。 执珪——楚爵名,位同上卿。 ⑫从捕虏——在跟从刘邦作战中捕获敌人。 得印一匮——匮:"柜"的古字。意即一箱。 ⑬转为滕公——虚任为滕县县令,秦时的滕县在今山东滕州西南。 ⑭汉王赐婴爵列侯,号昭平侯——盖只有封号,尚无实际封地。 ⑮汉王败,不利,驰去——按:七字繁芜,《汉书》削"败"字。 见孝惠、鲁元——刚好碰上了逃散的刘邦的一子一女。孝惠:刘邦之子,吕后所生,名盈,即日后的汉惠帝。鲁元:刘邦之女,吕后所生。即日后的鲁元公主。 ⑯汉王急,马罢,虏在后——罢:通"疲"。虏:指项羽的追兵。 ⑰徐行,面雍树乃驰——意谓开始让马慢走,等两个孩子抱紧后,夏侯婴才让马快跑起来。面雍树:《集解》引苏林曰:"南阳人谓抱小儿为'雍树'。'面'者,大人以面首向临之,小儿抱大人颈似悬树也。" ⑱卒得脱,而致孝惠、鲁元于丰——最终逃脱,将孝惠、鲁元送到了郦邑,也就是后来改名的新丰,在今陕西西安临潼区东北。 ⑲益食兹氏——将兹氏县(今山西汾阳东南)追加给夏侯婴为封地。 ⑳婴固徐行——师古曰:"故示闲暇,所以固士心而令敌不测也。" 细阳——汉县名,县治在今安徽阜阳北。 ㉑句(gōu)注——山名,也叫陉岭、雁门山、西陉山,在今山西代县西北。 ㉒竟高祖崩——意谓夏侯婴为刘邦当太仆一直到刘邦死。 ㉓县北第第一——最挨近未央宫北阙的豪华住宅。县:县官。此处指皇帝之宫殿。 ㉔高后崩,代王之来——吕后死,周勃、刘章等诛诸吕,改迎代王并立以为帝事,在吕后八年(前180)。代王:刘邦之子刘恒,原被封为代王。 东牟侯——刘兴居,齐王刘襄与朱虚侯刘章之弟。 入清宫,废少帝——入未央宫驱逐当时尚在位的傀儡小皇帝,即惠帝子少帝。 ㉕父御婢——其父宠爱过的婢女。

颍阴侯灌婴者,睢阳贩缯者也。[1]高祖之为沛公,略地至雍丘下，章邯败杀项梁，而沛公还军于砀。婴初以中涓从，击破东郡尉于成武及秦军于扛里，[②]疾斗，赐爵七大夫。从攻秦军亳南、开封、曲遇，战疾力，赐爵执帛，号宣陵君。从攻阳武以西至雒阳，破秦军尸北，[③]北绝河津，南破南阳守齮[④]阳城东，遂定南阳郡。西入武关，战于蓝田，疾力，至霸上，赐爵执珪，号昌文君。

沛公立为汉王，拜婴为郎中，从入汉中，十月，拜为中谒者[⑤]。从还定三秦，下栎阳[⑥]，降塞王。还围章邯于废丘，未拔。从东出临晋关，击降殷王，定其地。击项羽将龙且、魏相项他军定陶南，疾战，破之。赐婴爵列侯，号昌文侯，食杜平乡[⑦]。

复以中谒者从降下砀，以至彭城。项羽击，大破汉王。汉王遁而西，婴从还，军于雍丘。王武、魏公申徒反[⑧]，从击破之。攻下黄，西收兵，军于荥阳。[⑨]楚骑来众，汉王乃择军中可为骑将者，皆推故秦骑士重泉人李必、骆甲习骑兵，今为校尉，可为骑将。汉王欲拜之，必、甲曰："臣故秦民，恐军不信臣，臣愿得大王左右善骑者傅之。"灌婴虽少，然数力战，乃拜灌婴为中大夫，令李必、骆甲为左右校尉，将郎中骑兵击楚骑于荥阳东，大破之。受诏别击楚军后，绝其饷道，起阳武至襄邑。击项羽之将项冠于鲁下[⑩]，破之，所将卒斩右司马、骑将各一人。击破柘公王武，军于燕西，所将卒斩楼烦将五人、连尹一人。[⑪]击王武别将桓婴白马下，[⑫]破之，所将卒斩都尉一人。以骑渡河南，送汉王到雒阳，使北迎相国韩信军于邯郸。还至敖仓，婴迁为御史大夫。[⑬]

三年，以列侯食邑杜平乡。[⑭]以御史大夫受诏将郎中骑兵东属相国韩信，击破齐军于历下，所将卒虏车骑将军华毋伤及将吏四十六人。降下临菑，得齐守相田光。追齐相田横至嬴、博，[⑮]破其骑，所将卒斩骑将一人，生得骑将四人。攻下嬴、博，破齐将军田吸于千乘[⑯]，所将卒斩吸。东从韩信攻龙且、留公旋于高密[⑰]，卒斩龙且，生得右司马、连尹各一人，楼烦将十人，身生得亚将周兰。

齐地已定，韩信自立为齐王，使婴别将击楚将公杲于鲁北，破之。转南，破薛郡长，身虏骑将一人。攻傅阳，前至下相以东南僮、取虑、徐。[18]度淮，尽降其城邑，至广陵。项羽使项声、薛公、郯公复定淮北。婴度淮北，击破项声、郯公下邳，斩薛公，下下邳，击破楚骑于平阳，遂降彭城，虏柱国项佗，降留、薛、沛、酂、萧、相。攻苦、谯，复得亚将周兰[19]。与汉王会颐乡。从击项籍军于陈下，破之，所将卒斩楼烦将二人，虏骑将八人。赐益食邑二千五百户。

项籍败垓下去也，婴以御史大夫受诏将车骑别追项籍至东城，破之。所将卒五人共斩项籍，皆赐爵列侯。降左右司马各一人，卒万二千人，尽得其军将吏。下东城、历阳[20]。渡江，破吴郡长吴下，得吴守，遂定吴、豫章、会稽郡。还定淮北，凡五十二县。

汉王立为皇帝，赐益婴邑三千户。其秋，以车骑将军从击破燕王臧荼。明年，从至陈，取楚王信。还，剖符，世世勿绝，食颍阴二千五百户，号曰颍阴侯。

以车骑将军从击反韩王信于代，至马邑，受诏别降楼烦以北六县，斩代左相，破胡骑于武泉北。复从击韩信胡骑晋阳下，所将卒斩胡白题[21]将一人。受诏并将燕、赵、齐、梁、楚车骑，击破胡骑于硰石。[22]至平城，为胡所围，从还军东垣。

从击陈豨，受诏别攻豨丞相侯敞军曲逆下，破之，卒斩敞及特将五人[23]。降曲逆、卢奴、上曲阳、安国、安平。攻下东垣。

黥布反，以车骑将军先出，攻布别将于相[24]，破之，斩亚将楼烦将三人。又进击破布上柱国军及大司马军。又进破布别将肥诛[25]。婴身生得左司马一人，所将卒斩其小将十人，追北至淮上。益食二千五百户。布已破，高帝归，定令婴食颍阴五千户，除前所食邑。凡从得二千石二人，别破军十六，降城四十六，定国一，郡二，县五十二，得将军二人，柱国、相国各一人，二千石十人。

婴自破布归，高帝崩，婴以列侯事孝惠帝及吕太后。太后崩，吕禄等以赵王自置为将军，军长安，为乱。[26]齐哀王闻之，举兵西，且入诛不当为王者。[27]上将军吕禄等闻之，乃遣婴为大将，将军往击之。婴行至荥阳，乃与绛侯等谋，因屯兵荥阳，风[28]齐王以诛吕氏事，齐兵止不前。绛侯等既诛诸吕，齐王罢兵归，婴亦罢兵自荥阳归，与绛侯、陈平共立代王为孝文皇帝。孝文皇帝于是益封婴三千户，赐黄金千斤，拜为太尉。[29]

三岁，绛侯勃免相就国，婴为丞相，罢太尉官。是岁，匈奴大入北地、上郡。令丞相婴将骑八万五千往击匈奴。匈奴去，济北王反，诏乃罢婴之兵。[30]后岁余，婴以丞相卒，谥曰懿侯。子平侯阿代侯[31]。二十八年卒，子彊代侯。十三年，彊有罪，绝二岁。元光三年，天子封灌婴孙贤为临汝侯，续灌氏后，八岁，坐行财[32]有罪，国除。

（以上为第四段，写刘邦功臣灌婴的生平始末。）

①颍阴——在今河南许昌。　睢阳——秦县名，县治在今河南商丘南。　②中涓——王者身边的侍从人员，主管洒扫诸内务。　击破东郡尉于成武——事在秦二世三年（前207）十月。当时项羽等被派往河北救巨鹿，刘邦被派率军西进。东郡尉：东郡的郡尉。成武：秦县名，即今山东成武县，当时属东郡。　扛里——应作“杠里”，古邑名，在今山东成武一带。　③阳武——秦县名，县治在今河南原阳东南。　尸北——尸乡之北。尸乡在今河南洛阳偃师区西。　④南阳守齮——南阳郡的郡守名齮，史失其姓。　⑤中谒者——帝王的侍从官员，主管赞礼与收发传达等。　⑥栎阳——秦县名，在今陕西西安阎良区东南，当时为塞王司马欣的国都。　⑦食杜平乡——此四字疑衍，视后文可知。　⑧王武、魏公申徒反——王武：原是刘邦的部将。魏公申徒：疑其原是魏豹的部下，前随魏豹归顺刘邦，今见刘邦败，遂又反叛。　⑨攻下黄——“黄”前应有“外”字，外黄：秦县名，县治在今河南民权西北。　西收兵，军于荥阳——事在汉二年（前205）五月。　⑩鲁下——鲁县（今山东曲阜）城下。　⑪击破柘（zhè）公王武，军于燕西——柘公：柘县（今河南柘城北）县令，史失其姓名。燕西：燕县城西。燕县的县治

在今河南延津东北。　楼烦将——统率擅长骑射士兵的将领。楼烦：北方部族名，以骑射闻名，故后人遂以“楼烦”称善于骑射者。　连尹——楚官名，具体职务不详。　⑫别将——单独主管一个方面的将领。　白马——秦县名，县治在今河南滑县城关镇东。　⑬送汉王到雒阳，使北迎相国韩信军于邯郸——据《淮阴侯列传》，当时韩信已平定赵国，驻军修武（今河南获嘉），刘邦突至修武，袭夺了韩信的军队，封张耳为赵王，以守赵地；加韩信以“相国”的虚衔，令其组织新兵东击齐国。所谓“迎韩信军”，即指袭夺韩信的军队。然《高祖本纪》与《淮阴侯列传》言此皆与“邯郸”无关。又，刘邦袭夺韩信军在汉三年（前204）六月，今系之于汉二年亦误。　敖仓——秦朝所建的大粮仓，在当时荥阳北的黄河边上。　御史大夫——“三公”之一，主管监察，这里仍只是加官。　⑭三年——此“三年”二字似应移至上文“受诏别击楚军”句上。　食邑杜平乡——将杜县（今陕西西安东南）的平乡封给灌婴为领地。　⑮嬴——秦县名，县治在今山东济南莱芜区西北。　博——秦县名，县治在今山东泰安东南。　⑯千乘——秦县名，县治在今山东高青高城镇北。按：据《田儋列传》，灌婴破田横、田吸事皆在潍水之役破杀龙且后。　⑰东从韩信攻龙且、留公旋于高密——事在汉四年（前203）十一月。龙且：项羽的部将，当时奉命率二十万人救齐。留公旋：留县（今江苏沛县东南）的县令，其名曰旋，项羽部将，与龙且一道率军救齐。高密：秦县名，县治在今山东高密西南，地临潍水。　⑱傅阳——秦县名，在今山东枣庄南。　下相——秦县名，县治在今江苏宿迁西南。　僮——秦县名，县治在今安徽泗县东北。　取虑——秦县名，县治在今江苏睢宁西南。　徐——秦县名，县治在今江苏泗洪南。

⑲复得亚将周兰——梁玉绳曰：“前攻高密已生得周兰，此云‘复得’，岂逸而重获乎？”　⑳下东城、历阳——东城：秦县名，在今安徽定远东南。历阳：秦县名，在今安徽和县。据《项羽本纪》，项羽在东城又进行了一场战斗后，南逃至乌江亭，自刎而死。乌江亭在今安徽和县东北苏、皖界上的乌江镇，上文乃叙吕马童等五人共杀项羽于东城，误。

㉑白题——匈奴族的部落名。其俗以白垩涂其额，故名，如黑齿、雕题之类。　㉒并将燕、赵、齐、梁、楚车骑——意谓除统领汉军外，还兼

统着燕、赵、齐、梁、楚等诸侯国的随征士兵。　硰(shā)石——古城名,《正义》说在楼烦县西北。　㉓卒斩敞及特将五人——卒:所将之卒。特将:意近别将,谓独将一军,不属他人节制。　㉔相——汉县名,在今安徽濉溪西北,当时为沛郡的郡治所在地。　㉕肥诛——姓肥名诛。　㉖吕禄等以赵王自置为将军——按:吕禄为赵王,以上将军将北军;吕产为吕王(后为梁王),掌南军,皆吕后所封任,非诸吕"自置"。　军长安,为乱——时诸吕之职皆吕后所任,所谓"作乱"乃周勃、陈平等所加予的罪名。　㉗齐哀王——刘襄,刘肥之子,刘邦之孙,"哀"字是谥。　且入诛不当为王者——且:将。不当为王者:指吕产、吕禄等。"入诛不当为王者"乃齐哀王告诸侯王书中语。　㉘风——吹风。示意将与之相联合。　㉙赐黄金千斤——汉代称黄金一斤曰"一金",一金可抵铜钱一万。　拜为太尉——此前乃周勃为太尉,文帝即位后升任周勃为右丞相,故以太尉任灌婴。太尉:"三公"之一,全国的最高武官,位同副丞相,丞相出缺,即以太尉顶补。　㉚济北王反——事在文帝三年(前177)。济北王:刘兴居,齐哀王刘襄与朱虚侯刘章之弟。其兄弟三人在消灭诸吕中有大功,而事后颇受排挤,刘章郁闷而死,刘兴居遂图谋叛乱。　诏乃罢婴之兵——谓中止对匈奴的用兵,而全力对付刘兴居,于是刘兴居被讨平。　㉛子平侯阿代侯——"阿"字应作"何"。　㉜行赇(qiú)——行贿。赇:贿赂。

太史公曰:吾适丰沛,问其遗老,观故萧、曹、樊哙、滕公之家,及其素,异哉所闻![①]方其鼓刀屠狗卖缯之时,岂自知附骥之尾,垂名汉廷,德流子孙哉?[②]余与他广通,为言高祖功臣之兴时若此云。[③]

(以上为第五段,是作者的论赞,作者对这些平民出身,只因赶上了机会,遂致身通显的将相,表现出某种对"命运"的感慨。)

①观故萧、曹、樊哙、滕公之家——萧何、曹参、樊哙、滕婴都是沛县人,故可同时参观诸人故居。　及其素——指从遗老处听来的有关萧、曹、滕、灌等平素为人的说法。　异哉所闻——指故乡人对这些功臣元老们的传说,和自己在朝廷所了解的情况大不相同。　②附骥之

尾——指苍蝇附于骥尾,可随之一日而致千里。此处指这些人都因为跟上了刘邦故而一起发迹。骥:千里马。 德流子孙——意谓由于他们立功封侯,故而使其后世子孙能长时间地继承爵位俸禄。 ③余与他广通——我与樊哙的孙子樊他广是好朋友。通:交好。按:此“余与他广通”之“余”,恐是司马谈,而非司马迁。 兴——指诸人揭竿而起跟着刘邦打天下时的情景。

[**简评**] 樊哙、郦商、滕婴、灌婴都是刘邦最忠实、最可靠的部下,是帮助刘邦创业元勋中的核心成员。他们论才干、论历史贡献,当然无法与韩信、黥布、彭越,乃至萧何、张良等相比,但是他们在灭秦、灭楚中的战功,至少不在曹参、周勃等之下。再加上他们每个人又都在救助刘邦,或者在挽救刘氏政权的关键时刻起过非常重要的作用,因此这四个人的地位与能量是决不能低估的。尤其在韩信、黥布、彭越等一批异姓诸侯王被翦除之后,他们的功勋之显赫与地位之崇重,就更加可想而知了。灌婴在刘邦的开国功臣中年龄偏小,故而能接续萧何、曹参、王陵、陈平、周勃,在文帝时位至丞相,成为汉初布衣将相之局的核心人物之一,这与他的历史贡献也极为相称。关于本篇的作者,王国维、顾颉刚等都以为应是司马谈,不可能是司马迁。其说大体可信。

[**集评**] 《太史公自序》:“攻城野战,获功归报,哙商有力焉。非独鞭策,又与之脱难,作《樊郦列传》第三十五。”

洪亮吉曰:“武侯不与‘三杰’之数,而为‘三杰’所不能及者有二:高祖欲止秦宫,得武侯之谏而还军霸上。高祖尝卧禁中恶见群臣,武侯排闼入而谏遽起,高祖所以不为亡秦之续也。……彼鸿门数语,气压项王,脱高祖于虎口者,武侯之余事耳。太史公乃与滕、灌合传,缕述其攻城略地之功,而忠言谠论或多缺略

不书，真乃睫毛之相矣。”（《四史发伏》）

钟惺曰：“夏侯婴之为太仆，自初从高帝起沛，至有天下历吕后惠帝，一官数十年，终其身，平时仕宦人处此，能无怏怏，况开国功臣乎，此传以‘太仆’二字作眼目，到底婴之品自见。”（《史怀》）

郭嵩焘曰：“《项羽本纪》：‘与汉约中分天下，割鸿沟以西为汉，鸿沟以东为楚。’解而东归，亦未有败亡之征也。垓下一败而遂熸焉，使人莫测所由。盖韩信定齐地，灌婴遂渡淮与项声等相持淮北。既破项声，下下邳，彭城势孤，遂降汉。项羽方解而东归，而彭城先失，军无斗心，是一败而不复可支。灌婴之掠淮北、降彭城，所以速项羽之亡也。韩信与项羽会战垓下，灌婴又东自彭城夹击。以婴本为骑将，故使以所部五千骑追项羽，《项羽本纪》所谓王翳、吕马童、杨喜、杨武、吕胜，皆灌婴所部骑将也。《项羽本纪》特叙战事，其详皆著之《灌婴传》中，以项羽之亡实系之灌婴一军也。此史公叙事最著明处。”（《史记札记》）

王鸣盛曰：“诸吕之平，灌婴有力焉。方高后病甚，令吕禄为上将军，军北军，吕产居南军，其计可谓密矣。卒使郦寄绐说吕禄归将印，以兵属太尉，而诛诸吕者，陈平、周勃之功也。然其始惠帝崩，高后哭，泣不下，此时高后奸谋甫兆，使平、勃能逆折其邪心，安见不可扑灭者。乃听张辟强狂竖之言，请拜产、禄为将，将兵居南北军；高后欲王诸吕，王陵守白马之约，而平、勃以为无所不可，然则成吕氏之乱者，平、勃也。幸而产、禄本庸材，又得朱虚侯之忠勇，平、勃周旋其间，而乱卒平，功尽归此两人；而孰知当时留屯荥阳与齐连和之时，婴之远虑有过人者。齐王之杀其相而发兵，夺琅邪王兵并将而西也，此时吕禄独使婴击之。婴高帝宿将，诸吕方忌故大臣，而危急之际，一旦假以重兵，此必婴平日伪自结于吕氏，若乐为之用者，而始得此于禄。既得兵柄，遂留屯荥阳，待观其变，而共诛之。其时吕氏乱谋急矣，顾未敢猝发者，彼见大将握重兵在外，而与敌连和以观变，恐猝发而婴倍之，反率诸侯西向，故犹豫未忍决。于是平、勃乃得从容定计，夺其兵权而诛之。然则平、勃之成功，婴有以助之也。然婴不以此时亟与齐合，引兵而归，共诛诸吕，乃案兵无动者，盖太尉入北军，吕禄归将印，此其诛诸吕如振槁叶耳。若婴合齐兵而归，遽以讨吕氏为名，则吕氏乱谋发之必骤，将印必不肯解，而太尉不得入北军矣。彼必将胁平、勃而拒婴与齐之兵。幸而胜之，喋血京师，不戕千万之命不止，此又婴计之得也。”（《十七史商榷》）

黄震曰：“灌婴起自贩缯，从高祖骑射，战功居多。其后不为诸吕击齐，而共立文帝，遂致位宰相，盖武健而有定识云。”（《黄氏日钞》）

杨燕起、阎崇东曰：此传“最为集中地表现了汉初布衣将相的格局，这些人出身较为卑微，或屠狗、或贩缯、或为县厩司御、或为无事少年，均为下层民众或官府吏卒，在秦末农民起义形势的席卷之下，相继依从刘邦起事，建功立业，终至‘剖符，世世勿绝’，而成为了汉廷的将相，与萧何、曹参、周勃、陈平等人一起，组成了汉家朝廷最为核心的依靠力量。补充说明了刘邦反秦起义、楚汉之争、平定异姓王及翦灭诸吕的具体战斗历程，每人依从刘邦反秦灭项都有详细的攻战记录，……他们都有‘走狗’之功，所以他们都是汉代的开国功臣。……论赞总结说‘附骥之尾，垂名汉廷，德流子孙’，正是时势促使这一般平民成了历史的英雄和功臣。……本篇最典型地体现出取材于档案的特色，……可见当时记功之精细及军功册封制度之严密，据之作史，自然准确无误。……本篇当为司马谈所作，论赞曰：‘余与他广通，为言高祖功臣之兴时若此云。’他广，樊哙之孙，景帝中六年（前144）他广夺侯为庶人。时司马谈约二十余岁，当与他广年岁相仿，可以交通，司马迁此时生才二岁，故推知‘余’为司马谈。”（《〈史记〉精华导读》）

茅坤曰："太史公详次樊、郦、滕、灌战功，大略与曹参、周勃等相似，然并从，未尝专将也。其间书法，曰'攻'、曰'下'、曰'破'、曰'定'、曰'屠'、曰'残'、曰'先登而却敌'、曰'陷阵'、曰'最'、曰'疾战'、曰'斩首'……咸各有法。又如曰'身生虏'、曰'别击'、曰'别将'、曰'从攻'、曰'所将卒'，此以各书其战阵之绩，有不可紊乱所授也。"(《史记钞》)

柯维骐曰："太史公各传，文法各异。《哙传》叠用'先登'字及'斩首若干级'字；《商传》则叠用'以'字；《夏侯婴传》则叠用'以兵车趣攻战疾'字，《灌婴传》则叠用'疾力''疾战'字，斯子长文章之妙者也。"(《史记考要》)

李景星曰："樊、郦、滕、灌以身份同合传，樊以屠狗为事，郦聚少年而东西略人，滕为沛厩司御，灌在睢阳贩缯，其出身微贱同。《樊传》曰'复常从'，《郦传》曰'以将军为太上皇卫'，《滕传》屡书'为太仆'，《灌传》曰'以中涓从'，其被亲幸亦同，是以太史公合而传之。传之妙在一样笔法连写四篇，而每篇又各自一样，樊哙是亲臣，故叙其战功以'从'字冠首，附战级、赐爵而不再编年月；《郦商传》虽以年月纪事，而却以官名提纲，属战功于其下；滕公夏侯婴本是车将，故节节提'奉车'字样；灌婴是骑将，故曰'长于用骑'，曰'破其骑'，曰'斩骑将'，曰'击破楚将'，曰'虏骑将'，曰'破胡骑'，曰'受诏并将燕、赵、梁、楚车骑'，处处以'骑'字关合，较上三传尤有色泽。"(《四史评议》)

张丞相列传第三十六

张丞相苍者，阳武人也，好书律历。[①]秦时为御史，主柱下方书。[②]有罪，亡归[③]。及沛公略地过阳武，苍以客从[④]攻南阳。苍坐法当斩，解衣伏质[⑤]，身长大，肥白如瓠。时王陵[⑥]见而怪其美士，乃言沛公，赦勿斩。遂从西入武关，至咸阳。沛公立为汉王，入汉中，还定三秦。陈餘击走常山王张耳，耳归汉，汉乃以张苍为常山守。从淮阴侯击赵，苍得陈餘[⑦]。赵地已平，汉王以苍为代相，备边寇。已而徙为赵相，相赵王耳。耳卒，相赵王敖。复徙相代王。燕王臧荼反，高祖往击之，苍以代相从攻臧荼有功，以六年中封为北平侯，食邑千二百户。

迁为计相，一月，更以列侯为主计四岁。[⑧]是时萧何为相国，而张苍乃自秦时为柱下史，明习天下图书计籍[⑨]。苍又善用算律历，故令苍以列侯居相府，领主郡国上计者。[⑩]黥布反亡，汉立皇子长为淮南王，而张苍相之。十四年，迁为御史大夫[⑪]。

（以上为第一段，写张苍因精通历算而为计相，并官至御史大夫。）

①阳武——秦县名，县治在今河南原阳东南。　好书律历——好读书，擅长律度与历法。律：指音律以及度量衡等。　②御史——御史大夫的属官。　主柱下方书——指主管朝廷议事的记录以及各地上奏

的文书。 ③有罪,亡归——谓在朝有罪,逃回家中。 ④以客从——以宾客的身份跟从刘邦。 ⑤伏质——趴在砧板上,等候行刑。质:砧板。 ⑥王陵——刘邦的开国功臣,封安国侯。 ⑦苍得陈馀——《淮阴侯列传》云"斩成安君(即陈馀)泜水上,禽赵王歇",与此说法略异。 ⑧计相——在丞相属下分管各郡国向朝廷进贡以及交纳税赋的簿籍。由于张苍地位高,故尊称为"计相"。 一月,更以列侯为主计四岁——意谓任"计相"一月之后,更以列侯的身份任"主计",并一连干了四年。 ⑨计籍——有关全国各地的出产以及应向朝廷所交贡赋的簿籍。 ⑩善用算律历——擅长算数、律度、历法。 领主郡国上计者——领主:分工主管。上计:汉代由县令(长)将该县的户口、垦田、钱款等出入编为计簿呈送郡国,郡守、国相再加以汇编,用副本上计于中央的丞相,或由皇帝亲自受计。 ⑪御史大夫——与丞相、太尉合称"三公",位同副宰相。宰相位缺,即由御史大夫替补。张苍在大臣诛诸吕前后接替曹窋为御史大夫。

周昌者,沛人也。其从兄曰周苛,秦时皆为泗水卒史[①]。及高祖起沛,击破泗水守监,于是周昌、周苛自卒史从沛公,沛公以周昌为职志,周苛为客。[②]从入关,破秦。沛公立为汉王,以周苛为御史大夫,周昌为中尉[③]。

汉王四年,楚围汉王荥阳急,汉王遁出去,而使周苛守荥阳城。楚破荥阳城,欲令周苛将[④]。苛骂曰:"若趣降汉王!不然,今为虏矣!"[⑤]项羽怒,亨[⑥]周苛。于是乃拜周昌为御史大夫。常从击破项籍。以六年中与萧、曹等俱封,封周昌为汾阴侯;周苛子周成以父死事,封为高景侯。

昌为人强力,敢直言,自萧、曹等皆卑下之。[⑦]昌尝燕时入奏事,高帝方拥戚姬。[⑧]昌还走,高帝逐得[⑨],骑周昌项,问曰:"我何如主也?"昌仰曰:"陛下即桀纣之主也。"于是上笑之,然尤惮周昌。及帝欲废太子,而立戚姬子如意为太子,大臣固争之,莫能得,上以留侯策即止[⑩]。而周昌廷争之强,上问其说。[⑪]昌为人吃,又盛怒,[12]曰:“臣口不能言,然臣期期知其不可。陛下虽欲废太子,臣期期不奉诏。[13]”上欣然而笑。既罢,吕后侧耳于东箱听,见周昌,为跪谢曰:“微君,太子几废。”[14]

是后戚姬子如意为赵王,年十岁,高祖忧即万岁之后不全也。[15]赵尧年少,为符玺御史[16]。赵人方与公[17]谓御史大夫周昌曰:“君之史赵尧,年虽少,然奇才也,君必异之,是且代君之位。[18]”周昌笑曰:“尧年少,刀笔吏[19]耳,何能至是乎!”居顷之,赵尧侍高祖。高祖独心不乐,悲歌,群臣不知上之所以然。赵尧进请问曰:“陛下所为不乐,非为赵王年少而戚夫人与吕后有郤邪?备万岁之后而赵王不能自全乎?”高祖曰:“然。吾私忧之,不知所出[20]。”尧曰:“陛下独宜为赵王置贵强相[21],及吕后、太子、群臣素所敬惮乃可。”高祖曰:“然。吾念之欲如是,而群臣谁可者?”尧曰:“御史大夫周昌,其人坚忍质直,且自吕后、太子及大臣皆素敬惮之,独昌可。”高祖曰:“善。”于是乃召周昌,谓曰:“吾欲固烦公,公强为我相赵王。”周昌泣曰:“臣初起从陛下,陛下独奈何中道而弃之于诸侯[22]乎?”高祖曰:“吾极知其左迁[23],然吾私忧赵王,念非公无可者,公不得已强行!”于是徙御史大夫周昌为赵相。

既行久之,高祖持御史大夫印弄之,曰:“谁可以为御史大夫者?”孰视赵尧,曰:“无以易尧。”遂拜赵尧为御史大夫。尧亦前有军功食邑,及以御史大夫从击陈豨有功,封为江邑侯。

高祖崩,吕太后使使召赵王,其相周昌令王称疾不行。使者三反,周昌固为不遣赵王。于是高后患之,乃使使召周昌。周昌至,谒高后,高后怒而骂周昌曰:“尔不知我之怨戚氏乎?而不遣赵王,何?”昌既征,高后使使召赵王,赵王果来。至长安月余,饮药而死。周昌因谢病不朝见,三岁而死。

后五岁,高后闻御史大夫江邑侯赵尧高祖时定赵王如意之画,乃抵尧罪,以广阿侯任敖为御史大夫。

任敖者，故沛狱吏。高祖尝辟吏，吏系吕后，遇之不谨。[24]任敖素善高祖，怒，击伤主吕后吏[25]。及高祖初起，敖以客从为御史，守丰二岁。[26]高祖立为汉王，东击项籍，敖迁为上党守。陈豨反时，敖坚守，封为广阿侯，食千八百户。高后时为御史大夫。三岁免，以平阳侯曹窋为御史大夫[27]。高后崩，不与大臣共诛吕禄等，免，以淮南相张苍为御史大夫。

（以上为第二段，写周昌、任敖以刘邦旧部为御史大夫事。）

①皆为泗水卒史——兄弟二人同为泗水卒史。泗水：秦郡名，郡治相县（今安徽濉溪西北），当时沛县属泗水郡。卒史：吏员名，秩百石，约当于现在的科级。　②昌为职志——掌管旗帜的官。志：通“帜”。　周苛为客——《集解》引张晏曰：“为帐下宾客，不掌官。”盖犹战国之“客卿”“客将”。　③中尉——主管首都治安的长官，兼主北军。　④欲令周苛将——欲令周苛投降，给项氏当将军。　⑤若趣（cù）降汉王——你应该赶紧投降汉王。　不然，今为虏矣——否则，你们很快就要被汉王所俘虏。今：将，即将。　⑥亨——“烹”的本字。　⑦强力——犹今所谓“原则性强”，遇事敢说话，敢坚持己见。　自萧、曹等皆卑下之——连萧何、曹参那样功劳大、地位高的人都不敢与之相抗。卑下之：向其让步。　⑧燕时——安闲享乐的时候。燕：安。　戚姬——刘邦的宠妃，赵王刘如意之母。　⑨逐得——追上去扯住。⑩上以留侯策即止——留侯张良为吕后出谋划策，让其请来“商山四皓”，从而打消了刘邦的废立念头。　⑪廷争之强——在朝廷上强烈地反对皇帝的意见。　上问其说——刘邦问他坚持己见的理由。⑫为人吃——说话口吃。　又盛怒——又正处在气头上。盖说话口吃的人越生气便越说不出话来。　⑬期期——口吃者说不成话时着急之声。　奉诏——犹言“从命”　⑭东箱——正殿的东侧室。箱：通“厢”。　微君，太子几废——微君：假如没有您。几废：差点儿被废。　⑮如意为赵王——事在高祖九年（前198）。　即——若，如果。万岁之后——婉称帝王之死。　不全——不能保全性命。即怕被吕后所杀。　⑯符玺御史——御史大夫的属官，为帝王掌管玉玺，此时为周

昌的属下。 ⑰方与公——方与县的县令,姓名不详。方与县的县治在今山东鱼台。 ⑱君之史——您的下属人员。史:此处泛指下属吏员。 异之——对其另眼看待。 是——此,此人。 ⑲刀笔吏——古时泛称小吏,因其为人属下,须随时带着刀笔等书写工具,故称。⑳不知所出——不知如何是好。 ㉑为赵王置贵强相——置:设立,配备。贵强相:地位、威望既高,又能固持己见的丞相。 ㉒弃之于诸侯——离开朝廷,下放到诸侯国。按:当时派朝廷官吏去诸侯国任职,人多不情愿。 ㉓左迁——指降职。御史大夫为"三公",而诸侯国的丞相比"九卿"还要略低一些。 ㉔高祖尝辟吏——谓刘邦曾为官场上的麻烦而躲藏起来。辟:通"避"。 系吕后——将吕后下狱。系:拘禁。 遇之不谨——对待吕后不礼貌。遇:对待。 ㉕主吕后吏——管理吕后的狱吏。 ㉖以客从为御史——以宾客的身份跟从刘邦为书记官。 守丰二岁——为刘邦镇守丰邑两年。丰:乡邑名,上属沛县,是刘邦的故乡。 ㉗平阳侯曹窋(zhú)为御史大夫——曹窋:曹参之子,袭其父爵为平阳侯。曹窋为御史大夫在高后四年(前184)。

苍与绛侯等尊立代王为孝文皇帝[①]。四年,丞相灌婴卒,张苍为丞相。

自汉兴至孝文二十余年,会天下初定,将相公卿皆军吏。张苍为计相时,绪正律历[②]。以高祖十月始至霸上,因故秦时本以十月为岁首,弗革。[③]推五德之运,以为汉当水德之时,尚黑如故。[④]吹律调乐,入之音声,及以比定律令。[⑤]若百工,天下作程品[⑥]。至于为丞相,卒就之[⑦]。故汉家言律历者,本之张苍。苍本好书,无所不观,无所不通,而尤善律历。

张苍德王陵。王陵者,安国侯也。及苍贵,常父事王陵。陵死后,苍为丞相,洗沐,常先朝陵夫人上食,[⑧]然后敢归家。

苍为丞相十余年,鲁人公孙臣上书言汉土德时,其符有黄龙当见。[⑨]诏下其议张苍,张苍以为非是,罢之。[⑩]其后黄龙见成纪,于是文帝召公孙臣以为博士,草土德之历制度,更元年。[⑪]张丞相由此自绌[12]，谢病称老。苍任人为中候，大为奸利，上以让苍，[13]苍遂病免。苍为丞相十五岁而免。孝景前五年，苍卒，谥为文侯。子康侯代，八年卒。子类代为侯，八年，坐临诸侯丧后，就位不敬，国除。

初，张苍父长不满五尺，及生苍，苍长八尺余，为侯、丞相。苍子复长。及孙类，长六尺余，坐法失侯。苍之免相后，老，口中无齿，食乳，女子为乳母[14]。妻妾以百数，尝孕者不复幸[15]。苍年百有余岁而卒。

（以上为第三段，写张苍以精通律历，由御史大夫升任丞相。）

①苍与绛侯等尊立代王为孝文皇帝——事见《孝文本纪》，时诸臣劝进，张苍已以“御史大夫”列名于表中。绛侯：周勃，刘邦的开国功臣，在诛灭诸吕中有大功。代王：刘恒，刘邦之子，薄氏所生。其为代王及入朝为帝的过程，详见《吕太后本纪》《孝文本纪》。　②绪正律历——即制定历法，统一度量衡等。绪正：都用作动词。　③十月始至霸上——刘邦破秦入关，到达霸上（在当时的咸阳城东南）的时间是在十月，正好是当时秦朝历法新年的第一个月，于是张苍等认为这是天意，表明汉王朝应该与秦朝使用相同的历法。　弗革——不改变。即仍用秦历。革：更改。　④五德之运——战国以来的五行家所炮制的一套说法。他们把金、木、水、火、土五行，排成一个相“生”相“克”的循环体系，例如说水克火、火克金、金克木等等，生拉硬扯地排成一圈。然后再把这套学说与历代王朝的更替比附起来，如认为周朝是火性的（“火德”），而秦朝取代了它，因此秦朝是水性（“水德”）；现在汉朝又取代了秦朝，那它当然应该是“土”性。但汉初对此有争议，问题出在有些人不愿意承认残暴短命的秦朝是一个独立的朝代。他们认为汉朝是直接上承周朝的，因此汉朝仍是“水德”。由此，他们主张对秦朝的各种制度都相沿不变，张苍就是属于这类人。　尚黑如故——还和秦朝一样，以黑为上。五行家们把金、木、水、火、土与王朝更替比附后，接着与东、西、南、北、中五个方位，红、黄、蓝、白、黑五种颜色比附起来。例如他们说南方是火性，颜色是红的；西方是金性，颜色是白的；北方是

水性,颜色是黑的;中央是土性,颜色是黄的。某王朝属于哪种性质(“德”),就要贵重与之相应的那种颜色,秦朝的“尚黑”就是这样确定下来的。这种“尚黑”特别表现在皇帝的礼服、车驾,以及祭祀所用牲畜的毛色上。 ⑤吹律调乐——以六律、六吕十二个定音管来校正各种器乐、声乐的音值。 以比定律令——以此为基础,进一步制定各种律度,包括军律、法律以及度量衡等。古人对于音乐的律吕有许多神秘的说法,可参考《律书》。 ⑥若百工,天下作程品——语略不顺,大意谓还给各种工匠的制作,规定了标准尺码。若:犹今之所谓“至于”。程品:犹今之所谓“标准件”。 ⑦至于为丞相,卒就之——意谓早在张苍为计相时就着手研究这些问题,等他做了丞相,这些章程制度就全部完成了。 ⑧洗沐——洗澡沐发。这里指公休、放假。 先朝陵夫人上食——先去给王陵的遗孀请安,侍候她吃饭。朝:拜见。上食:给长辈端饭。有人认为“上食”是给王陵的神主敬上供品。 ⑨鲁——诸侯国名,国都在今山东曲阜。 公孙臣——姓公孙名臣,一个近于方士的五行学者。 言汉土德时——倡言汉代应是“土德”当令。时:应时,当令。 其符有黄龙当见——能证明这种“土德”的征兆就是将有黄龙出现。符:验,征兆。见:同“现”。 ⑩下其议张苍——将公孙臣的奏章交给丞相裁夺。 罢之——将其建议否决。 ⑪黄龙见成纪——事情发生于文帝十五年(前165)。成纪:汉县名,县治在今甘肃静宁西南。 召公孙臣以为博士——博士:官名,属太常,在皇帝周围掌议论顾问。 草土德之历制度——另草拟一套与“土德”相应的历法与制度。 更元年——皇帝改年号,另起一个新的“元年”。 ⑫自绌——自贬。 ⑬任人为中候——为一个做中候的人担保。汉代录用新人为官,往往要有人担保,被担保者出了问题,担保人要牵连遭罪。中候:官名,属将作少府,掌视察工徒。 大为奸利——以非法手段大量谋取钱财。主语是为中候者。 让——责备。 ⑭女子为乳母——让一些年轻妇女给他喂奶。 ⑮妻妾以百数,尝孕者不复幸——极言张苍之淫靡。

申屠丞相嘉者,梁人,以材官蹶张从高帝击项籍,迁为队率。[①]从击黥布军，为都尉[②]。孝惠时，为淮阳守。孝文帝元年，举故吏士二千石从高皇帝者，悉以为关内侯，食邑二十四人，[③]而申屠嘉食邑五百户。张苍已为丞相，嘉迁为御史大夫。张苍免相，孝文帝欲用皇后弟窦广国为丞相，曰："恐天下以吾私广国。"广国贤有行，故欲相之，念久之，不可[④]，而高帝时大臣又皆多死，余见无可者，乃以御史大夫嘉为丞相，因故邑封为故安侯。[⑤]

嘉为人廉直，门不受私谒。是时太中大夫邓通方隆爱幸，赏赐累巨万。文帝尝燕饮通家，其宠如是。是时丞相入朝，而通居上傍，有怠慢之礼。丞相奏事毕，因言曰："陛下爱幸臣，则富贵之；至于朝廷之礼，不可以不肃！"上曰："君勿言，吾私之[⑥]。"罢朝坐府中，嘉为檄召邓通诣丞相府，不来，且斩通。通恐，入言文帝。文帝曰："汝第往，吾今使人召若。[⑦]"通至丞相府，免冠，徒跣[⑧]，顿首谢。嘉坐自如，故不为礼，责曰："夫朝廷者，高皇帝之朝廷也。通小臣，戏殿上，大不敬，当斩，吏今行斩之！"通顿首，首尽出血，不解[⑨]。文帝度丞相已困通，使使者持节召通，而谢丞相曰："此吾弄臣，君释之。"邓通既至，为文帝泣曰："丞相几杀臣。"

嘉为丞相五岁，孝文帝崩，孝景帝即位。二年，晁错为内史[⑩]，贵幸用事，诸法令多所请变更，议以谪罚侵削诸侯[⑪]。而丞相嘉自绌所言不用，疾错。[⑫]错为内史，门东出，不便，更穿一门南出。南出者，太上皇庙堧垣[⑬]。嘉闻之，欲因此以法错擅穿宗庙垣为门[⑭]，奏请诛错。错客有语错，错恐，夜入宫上谒，自归景帝[⑮]。至朝，丞相奏请诛内史错。景帝曰："错所穿非真庙垣，乃外堧垣，故他官居其中[⑯]，且又我使为之，错无罪。"罢朝，嘉谓长史曰："吾悔不先斩错，乃先请之，为错所卖[⑰]。"至舍，因欧血而死，谥为节侯。[⑱]子共侯蔑代，三年卒。子侯去病代，三十一年卒。子侯臾代，六岁，坐为九江太守受故官送[⑲]有罪，国除。

自申屠嘉死之后，景帝时开封侯陶青、桃侯刘舍为丞相。及今上时，柏至侯许昌、平棘侯薛泽、武强侯庄青翟、高陵侯赵周等为丞相。皆以列侯继嗣，娖娖廉谨，为丞相备员而已，无所能发明功名有著于当世者。⑳

（以上为第四段，写申屠嘉以军功为丞相的情景。）

①申屠丞相嘉——姓申屠，名嘉。“申屠”也作“申徒”，即“司徒”。 材官蹶(jué)张——材官：以力大著称的特种兵。蹶张：能踏强弩张之，故名。 从高帝击项籍，迁为队率——意谓在楚汉战争时期由一名士兵升为队长，与其他功臣相比盖资历甚浅。队率：犹言队长。 ②都尉——中级军官名，级别略当于校尉。 ③故吏士二千石从高皇帝者——意谓刘邦当年的老部下现已官至二千石一级者。 关内侯——本指有侯爵而无封地，故只能居于关中者。但汉代的“关内侯”有的也有封地，只是面积小而已。它比“列侯”低一级，列侯的封地大约相当于一个县。 食邑二十四人——指此次受封者共二十四人。 ④念久之，不可——郭嵩焘认为：广国始自脱为人奴，灌婴为相一年中方择良师傅教之，安得遽有贤行，而以为相哉？史公故作激昂语以表文帝，非事实也。 ⑤余见无可者——其他现存的旧功臣中又没有合适的人选。见：同“现”。 因故邑封为故安侯——故邑：为关内侯时所得的那块“食邑”。故安侯：封地故安县，县治在今河北易县东南。 ⑥吾私之——言欲私下诫教之。 ⑦第往——但管前去。第：但，尽管。 吾今使人召若——我马上就让人唤你回来。今：立即。若：你。 ⑧徒跣(xiǎn)——光着脚。这是古人认罪、请罪的样子。 ⑨不解——怒气不消。亦即不饶他。 ⑩晁错为内史——晁错：文、景时期的名臣，因力主削藩，引发吴楚七国之乱，被景帝所杀。内史：后来也称京兆尹，首都及其郊区的行政长官。 ⑪以谪罚侵削诸侯——抓住诸侯们的过错，大肆削减他们的权力与封地。 ⑫自绌所言不用——为自己的意见不被采纳而感到失落。绌：通“黜”。 疾错——嫉恨晁错。 ⑬南出者，太上皇庙堧(ruǎn)垣——意谓为开这个向南的门，而动了太上皇庙的堧垣。太上皇庙：刘邦父亲刘太公的庙。堧垣：帝王陵庙正式围墙外面的圈着空地的小矮墙。小墙里边的这些空地就叫作“堧”。 ⑭欲因此以法错擅穿宗庙垣为门——法错：致晁错于法，即以法处罚晁

错。按:观申屠嘉之行事如此,亦未见其“廉直”。 ⑮自归景帝——自己向景帝投案请罪。 ⑯故他官居其中——所以允许一些官府的房子盖在里面。他官:语意不清。有说应作“冗官”,仍是不顺。 ⑰为错所卖——意谓竟栽在了晁错手里。卖:哄骗,捉弄。 ⑱欧血而死——欧:同“呕”。 谥为节侯——《谥法解》:“好廉自克曰节。” ⑲受故官送——接受前任太守的贿赂。 ⑳娖娖(chuò)——同“龊龊”,矜持拘谨貌。 备员——犹言“充数”,不起任何作用。 发明——指在政治上有所建树。

太史公曰:张苍文学律历,为汉名相[①],而绌贾生、公孙臣等言正朔服色事而不遵,明用秦之《颛顼历》,何哉?[②]周昌,木强[③]人也。任敖以旧德[④]用。申屠嘉可谓刚毅守节矣,然无术学,[⑤]殆与萧、曹、陈平异矣[⑥]。

(以上为第五段,是作者的论赞,作者对张苍、周昌、申屠嘉等人有褒有贬,总的看来,一代不如一代。)

①张苍文学律历,为汉名相——按:“文学律历”上似应增“以”字。 ②贾生——即贾谊,文帝时名臣。事迹见《屈原贾生列传》。贾谊与公孙臣都主张汉为“土德”。 正朔——这里指历法。正:正月,在一年的十二个月里,究竟用哪一个月作为岁首,各种历法是不同的,如周朝的历法是以十一月为岁首,秦朝的历法是以十月为岁首。朔:指每个月的初一。 不遵——即不采用。 秦之《颛顼历》——即以十月为岁首的历法。 ③木强——言其质直倔强如木头。 ④旧德——旧恩。指保护吕后而言。 ⑤刚毅守节——按:申屠嘉因政见不同,而必欲置晁错于死地,很难说是“刚毅守节”;司马迁本人也对晁错有偏见,故而对申屠嘉有如此评价。 术学——指治理国家的谋略、学问。 ⑥与萧、曹、陈平异矣——萧何、曹参、陈平是汉朝初期的几任丞相。这三个人在刘邦的开国功臣中最具有知识分子的特点,因此在运用谋略、权术方面,与本文所载的周昌、任敖、申屠嘉等显然不同,但司马迁对他们似乎也都有某种不满。

孝武时丞相多甚，不记，莫录其行起居状略，且纪征和以来[①]。

有车丞相，长陵人也，卒而有韦丞相代。[②]韦丞相贤者，鲁人也。以读书术为吏，至大鸿胪。[③]有相工相之，当至丞相。有男四人，使相工相之，至第二子，其名玄成。相工曰："此子贵，当封。"韦丞相言曰："我即为丞相，有长子，是安从得之[④]？"后竟为丞相，病死，而长子有罪论，不得嗣，而立玄成。玄成时佯狂，不肯立[⑤]，竟立之，有让国之名。后坐骑至庙，不敬，有诏夺爵一级，为关内侯，失列侯，得食其故国邑[⑥]。韦丞相卒，有魏丞相代[⑦]。

魏丞相相者，济阴人也，[⑧]以文吏至丞相。其人好武，皆令诸吏带剑，带剑前奏事。或有不带剑者，当入奏事，至乃借剑而敢入奏事。其时京兆尹赵君，丞相奏以免罪，[⑨]使人执魏丞相，欲求脱罪而不听。[⑩]复使人胁恐魏丞相，以夫人贼杀侍婢事而私独奏请验之，[⑪]发吏卒至丞相舍，捕奴婢笞击问之，实不以兵刃杀也。而丞相司直繁君[⑫]奏京兆尹赵君迫胁丞相，诬以夫人贼杀婢，发吏卒围捕丞相舍，不道[⑬]；又得擅屏骑士事，赵京兆坐要斩。[⑭]又有使掾陈平等劾中尚书，疑以独擅劫事而坐之[⑮]，大不敬。长史以下皆坐死，或下蚕室。[⑯]而魏丞相竟以丞相病死，子嗣。[⑰]后坐骑至庙，不敬，有诏夺爵一级，为关内侯，失列侯，得食其故国邑。魏丞相卒，以御史大夫邴吉代。

邴丞相吉者，鲁国人也，以读书好法令至御史大夫。孝宣帝时，以有旧故，封为列侯，[⑱]而因为丞相。明于事，有大智，后世称之。以丞相病死，子显嗣。后坐骑至庙，不敬，有诏夺爵一级，失列侯，得食故国邑。显为吏至太仆，坐官耗乱，身及子男有奸赃，[⑲]免为庶人。

邴丞相卒，黄丞相代。长安中有善相工[⑳]田文者，与韦丞相、魏丞相、邴丞相微贱时会于客家，田文言曰："今此三君者，皆丞相也。"其后三人竟更相代为丞相，何见之明也。

黄丞相霸者，淮阳人也，以读书为吏，至颍川太守。治颍川，以礼义条教[21]喻告化之。犯法者，风晓[22]令自杀。化大行，名声闻。孝宣帝下制[23]曰："颍川太守霸，以宣布诏令治民，道不拾遗，男女异路，狱中无重囚。赐爵关内侯，黄金百斤。"征为京兆尹而至丞相，复以礼义为治。以丞相病死。子嗣，后为列侯。黄丞相卒，以御史大夫于定国代。于丞相已有《廷尉传》，在《张廷尉》语中[24]。于丞相去，御史大夫韦玄成代。

韦丞相玄成者，即前韦丞相子也。代父，后失列侯。其人少时好读书，明于《诗》《论语》。为吏至卫尉，徙为太子太傅。[25]御史大夫薛君[26]免，为御史大夫。于丞相乞骸骨免，而为丞相，因封故邑为扶阳侯。数年，病死，孝元帝亲临丧，赐赏甚厚。子嗣后。其治容容随世俗浮沉，而见谓谄巧。[27]而相工本谓之当为侯代父，而后失之；复自游宦而起，至丞相[28]。父子俱为丞相，世间美之，岂不命哉！相工其先知之。韦丞相卒，御史大夫匡衡代。

丞相匡衡者，东海人也。[29]好读书，从博士受《诗》[30]。家贫，衡佣作以给食饮[31]。才下，数射策不中；至九，乃中丙科。[32]其经以不中科故明习[33]。补平原文学卒史[34]。数年，郡不尊敬[35]。御史征之，以补百石属，[36]荐为郎，而补博士，拜为太子少傅，而事孝元帝。孝元好《诗》，而迁为光禄勋，居殿中为师，授教左右，而县官坐其旁听，[37]甚善之，日以尊贵。御史大夫郑弘坐事免，而匡君为御史大夫。岁余，韦丞相死，匡君代为丞相，封乐安侯。以十年之间，不出长安城门而至丞相，岂非遇时而命也哉！

太史公曰[38]：深惟士之游宦所以至封侯者，微甚。[39]然多至御史大夫即去[40]者。诸为大夫而丞相次也，其心冀幸丞相物故也。[41]或乃阴私相毁害，欲代之。然守之日久不得[42]，或为之日少而得之，至于封侯，真命也夫！御史大夫郑君守之数年不得，匡君居之未满岁[43]，而韦丞相死，即代之矣，岂可以智巧得哉！多有贤圣之才，困厄不得者众甚也。

（以上第六段，此段所写武帝后期与武帝之后的几个丞相连同“太史公曰”，皆为后人所缀补，非史公之旧文。）

①且纪征和以来——征和：汉武帝的年号，共四年（前92—前89）。②车丞相——原姓田，名千秋，因受皇帝恩宠，特准其乘车入朝，故称“车丞相”。 长陵——汉县名，由于刘邦的陵墓（长陵）在此县境，故以之名县，在今陕西咸阳东北。 卒而有韦丞相代——观此文像是车千秋卒后，直接由韦贤继任其职，其实不是。车千秋卒于昭帝元凤四年（前77），继之而为丞相者先有王䜣、杨敞、蔡义，而后才是韦贤。③韦丞相贤——韦贤，宣帝本始三年（前71）为丞相，封扶阳侯。 读书术——读儒书、习儒术。 大鸿胪——也叫“典客”，主管少数民族事务的朝官。 ④有长子，是安从得之——意谓我的侯爵当由长子继承，他怎么轮得到呢？ ⑤玄成时佯狂，不肯立——韦玄成开始佯狂不受，直到宣帝下了诏令，才算定局。 ⑥失列侯，得食其故国邑——意谓韦玄成降为关内侯，失掉了扶阳县的大片封地，但还在原地盘上保留了一块“食邑”。 ⑦韦丞相卒，有魏丞相代——据《汉书》本传与《百官公卿表》，宣帝地节三年（前67），韦贤“赐金免”，魏相接任为丞相。此云“韦丞相卒”，误。 ⑧魏丞相相——姓魏名相。 济阴——汉郡名，郡治定陶，在今山东菏泽定陶区西北。 ⑨赵君——字子都，名广汉，西汉后期几个有名的京兆尹之一。 丞相奏以免罪——意谓赵广汉有罪，魏相启奏皇帝，将其降了一级。此云“奏以免罪”，语欠明晰。⑩使人执魏丞相——指赵广汉派人对魏相进行要挟。此云“执”，含义不清。 欲求脱罪而不听——赵广汉要挟魏相，希望达到使自己免罪的目的，而魏相不答应。 ⑪夫人贼杀侍婢——魏相夫人的一个侍婢因受笞打而自杀，赵广汉企图将其说成是魏夫人的故意残害。贼：残害。 私独奏请验之——私下启奏皇帝，请求派人查办。 ⑫丞相司直繁（pó）君——丞相司直：丞相属下的执法官。繁君：繁延寿。据《汉书》，此丞相司直乃萧望之，非繁延寿。萧望之事见《汉书》本传。⑬不道——意即大逆妄为。 ⑭擅屏骑士——据《汉书·赵广汉传》，当时的事实是，赵广汉的一个客人与魏相的属下发生冲突，赵广汉怀疑是苏贤从中挑动的。苏贤是一名屯驻霸上的骑兵，于是赵广汉就指使

人给苏贤定了“不诣屯所，乏军兴”的罪名（乏军兴，即影响紧急战备）。这就是前面所说的赵广汉最初所犯的罪。屏：旧注为“斥逐”，但从事实看乃是“构陷”，不知何以用“屏”字。　赵京兆坐要斩——赵广汉因此被处腰斩。要：“腰”的古字。　⑮又有使掾陈平等劾中尚书，疑以独擅劫事而坐之——按：两句意思不清，《汉书》亦不见其事。此姑就原文解释：魏相支使僚属举劾皇帝身边的侍从官员，想把赵广汉擅自要挟丞相、抄丞相家的罪过牵连到中尚书身上。疑：通“拟”，此处意为想要。中尚书：皇帝身边的文秘人员。　⑯长史——三公府署诸掾属之长，秩千石。　下蚕室——即处以宫刑。　⑰竟以丞相病死——谓魏相并未受到牵连，而得以善终。　子嗣——其子袭爵为侯。　⑱以有旧故——指邴吉对宣帝有旧恩。宣帝刘询，是武帝戾太子之孙，戾太子因巫蛊事被逼反自杀后，全家遇害。当时刘询只有几个月，也被下狱。这时邴吉主管狱事，他对刘询多方关照，后又将其转移了出去。刘询后来得以为帝，邴吉实有大功。　封为列侯——邴吉被封为博阳侯。⑲坐官耗乱——任太仆时诸事混乱。　身及子男有奸赃——谓邴显与其子都贪赃枉法。《汉书》说他“与官属大为奸利，臧千余万”。　⑳善相工——善于相面的术士。　㉑礼义条教——指儒家的道德伦理与国家的法律规章。　㉒风晓——吹风示意，使之明白。　㉓制——皇帝的命令。皇帝的命令称“制”、称“诏”，乃从秦始皇开始。　㉔于丞相已有《廷尉传》，在《张廷尉》语中——按：“张廷尉”即“张释之”。事见《史记·张释之冯唐列传》，其中无于定国事。　㉕卫尉——位在九卿，当时有未央宫卫尉、长乐宫卫尉各一人，分别主管皇帝与皇太后宫廷的防卫。　太子太傅——皇太子的辅导官。　㉖薛君——名广德，一个儒生出身的正直官吏。　㉗其治容容——其为相时执政的态度是平平庸庸。　见谓谄巧——被人说是巧伪人。按：韦贤、韦玄成父子相继以读儒书取相位，对汉代把读儒书当作敲门砖的风气的形成起有重要作用。当时邹鲁的民歌唱道：“遗子金满籝，不如一经。”　㉘复自游宦而起，至丞相——又通过自己的游学做官，做到了丞相。　㉙丞相匡衡——名衡，字稚圭，以读儒书而取丞相，是一个近乎侥幸的滑头分子。

东海——汉郡名，郡治郯县，在今山东郯城北。　㉚从博士受

《诗》——跟着太学博士学习《诗经》。 ㉛佣作以给食饮——利用打工解决生活问题。佣作:给人打工。 ㉜才下——刚开始参加考试。 数射策不中——多次考试考不上。射策:即回答考官的试题。策:书写试题的木板。考生能否回答得令考官满意,就如同射箭能否射中箭靶,故以“射策”为称。 至九,乃中丙科——一直考到第九回,才得了个三等。根据当时规定,中甲科者,可以为郎;中乙科者,为太子舍人;中丙科者,为文学掌故。 ㉝其经以不中科故明习——正是由于匡衡多次考不中,反复读书,所以才使他对儒家经典理解得既深且透。 ㉞补平原文学卒史——被分配到平原郡当小吏。平原:汉郡名,郡治在今山东平原西南。 ㉟数年,郡不尊敬——按:《汉书》有所谓“学者多上书,荐衡经明,当世少双”,与此不同。 ㊱御史——此处指御史大夫。 补百石属——意谓先是在御史大夫属下任百石小吏。 ㊲光禄勋——原称郎中令,九卿之一,掌管宫廷门户与统领皇帝的侍从人员。 居殿中为师,授教左右——在宫廷里当教师,给皇帝身边的侍从上课。 县官——此处指皇帝。 ㊳太史公曰——此或即褚先生之所评。 ㊴深惟——深思,细想。 微甚——很少。 ㊵多至御史大夫即去——不少人升到御史大夫,就再也上不去了。 ㊶诸为大夫而丞相次也——御史大夫,离丞相只差半级。当时丞相去职,照例由御史大夫替补。 其心冀幸丞相物故——谓当御史大夫的人都盼着丞相快死。 ㊷然守之日久不得——有些人在任上等了好久也没能等上。守:等候。 ㊸御史大夫郑君守之数年不得,匡君居之未满岁——郑弘为御史大夫数年,最终也没等上;而匡衡接任御史大夫,第二年韦玄成死,不满一年就接替当了丞相。

[**简评**] 本篇名为《张丞相列传》,其实是文帝、景帝、武帝时期一群丞相的合传;又因为当时的“丞相”大都是由“御史大夫”向上递补,所以本文又连带叙述了几位御史大夫。这些人没有萧何、曹参、王陵、陈平、周勃、灌婴等人的军功与谋略,而又生活在“太平无事”的时期,更由于这些人的本性就是想持法守成,

而不想有什么改革进取，所以司马迁说他们“娖娖廉谨”，都是一群挂名充数之人。张苍是其中名望最高的，号称“善律令”；《太史公自序》又说他“为章程”，但文、景时期所奉行的基本上仍是经萧何等人略作修改的秦朝所奉行的那一套旧制度，张苍所做的充其量不过是一些无关紧要的小修小补而已。周昌、申屠嘉都号称“强直”“守节”，是这群人物中的佼佼者。然而，周昌无端地怀疑、举报陈豨，致使陈豨因危惧而“谋反”。申屠嘉首先立议要诛晁错，晁错后来固然是死于袁盎的谗毁，景帝当任其咎，但景帝之所以如此之快地听信袁盎，当与申屠嘉的先进此议不无关系。此等表现似乎都不可称其为“刚直”与“守节”。后人所补的韦贤以下诸人，良莠不齐，其中以韦贤、韦玄成、匡衡等最为惹人生厌。他们曲学阿世，近乎“佞幸”一流；而匡衡之举奏陈汤，则又不仅“佞幸”而已。这段文字的补撰者是否为褚少孙，不得而知，但其感情态度颇与司马迁相近。

［**集评**］《太史公自序》：“汉既初定，文理未明，苍为主计，整齐度量，序律历，作《张丞相列传》第三十六。”

黄震曰：“传为张苍作也，至汉末，位丞相者皆附之，盖汉初丞相皆功臣。自灌婴死而张苍继，始以文学好律吕，至丞相申屠嘉又自御史大夫叙迁，然能刚毅守正，至景帝之世，丞相备位，仅存名氏，太史公不复为传，而褚先生直取韦贤以下继之，于魏相称‘好武’；于邴吉称‘有大智’；于黄霸称‘以礼义为治’；其后韦元成父子相继，匡衡十年至丞相，皆归之命，有慨叹不满之意矣。”（《黄氏日钞》）

汤谐曰：“不知史公微意，乃深惜周昌之不得为相也。昌立朝廷则萧、曹卑下，安太子则与留侯同功，身价过苍与嘉远甚，使不左迁而得为丞相，当孝惠高后时，必大有可观者，奈何以私故弃之诸侯，致使终抑郁以死哉？此史公之所为惜也。”（《史记半

解》)

钟惺曰:"以'丞相'二字作眼,却从'御史大夫'说来,实归重'丞相',故本传不曰'张苍',而曰'张丞相',此命题主意也。所传止张苍一人,而周苛、周昌、赵尧、任敖、曹窋、灌婴、申屠嘉,错出点缀,承转收应,或用张苍引起,而诸人继之;或中入张苍,而诸人后先周始之。数人出处,数十年官职用舍沿革,断续藏露,莫得其端,而历历可见,真不当以一人一事始末看之也。"(《史怀》)

李景星曰:"《张丞相列传》又是一格,传以'御史大夫'、'丞相'为线索。先张苍而为御史大夫者,有周苛、周昌、赵尧、任敖、曹密五人,故将说张苍为御史大夫,先说五人之为御大夫,以递及于苍;后张苍为丞相者,有申屠嘉、陶青、刘舍、许昌、薛泽、庄青翟、赵周七人,故既说张苍为丞相,又说七人之为丞相以附著于苍。而苍之为御大夫、为丞相,遂从前后夹写,而出纳数人于一传之中,而宾主分明,叙次变化,上下数十年官职之沿革,人才之用舍,一一俱见,岂非快事! 而又附叙王陵之救苍与苍之报陵,以备其终始。叙苍之长大肥白与父子祖孙之身体以为之波澜,看似闲处处从闲处著笔,其实乃运以绝大力量。太史公之不可及,正在于此。赞语简质,却抑扬有致。褚先生'孝武时丞相'一段,文亦自佳,但较之史公,则如婢学夫人矣。"(《四史评议》)

张大可曰:"本篇是以张苍为首的一篇汉初丞相、御史大夫的类传。汉初功臣为丞相的萧何、曹参、陈平等已有专传世家,其余丞相总写一传以见梗概,因为以张苍为首,故以'张丞相'名篇。全传写了张苍之雍容,周昌之刚强,任敖于吕后之旧德,申屠嘉之守节,各人个性不同,均能守职敢言。自申屠嘉之后,景帝时丞相陶青、刘舍,武帝时丞相许昌、薛泽、庄青翟、赵周等人皆是备员无能之三公,故只一笔带过,不记载他们的行状,此为司马迁示例,即他写历史人物的原则,只记载有益社会的人,同

时也反映了西汉自申屠嘉以后，丞相权力被剥夺，竟至无人可入传了。”(《史记全本新注》)

杨燕起、阎崇东曰：“《史记》将汉代立国至武帝时的丞相分别为三类，以见其优劣。第一类是萧何、曹参、陈平、周勃等，这些人堪称国家栋梁，乃社稷之臣，政治上辅佐刘邦，各有建树，股肱辅弼，功载千秋，故列于世家；第二类是本传所载人物，各有好的品德和政治行为。……论赞特别提到他们不如萧、曹、陈，但都还是多少有所建树，是有用的和必不可少的；第三类是自景帝至武帝时的‘皆以列侯继嗣，娖娖廉谨，为丞相备员而已，无所能发明功名有著于当世者’，这就是本传附见的诸多人物。三类丞相的评述，是说明由于天子权力的逐步加强，丞相的作用、影响在不断削弱，反映汉代前期政治体制上的变化，从一个侧面反映出专制主义中央集权的实施及其有关特征。”(《〈史记〉精华导读》)

郦生陆贾列传第三十七

郦生食其者，陈留高阳人也。[①]好读书，家贫落魄，无以为衣食业，为里监门吏。然县中贤豪不敢役，县中皆谓之狂生。

及陈胜、项梁等起，诸将徇地[②]过高阳者数十人，郦生闻其将皆握龊好苛礼自用，[③]不能听大度之言，郦生乃深自藏匿。后闻沛公将兵略地陈留郊，沛公麾下骑士适郦生里中子也，沛公时时问邑中贤士豪俊。骑士归，郦生见，谓之曰："吾闻沛公慢而易人[④]，多大略，此真吾所愿从游，莫为我先[⑤]。若[⑥]见沛公，谓曰'臣里中有郦生，年六十余，长八尺，人皆谓之狂生，生自谓我非狂生'。"骑士曰："沛公不好儒，诸客冠儒冠来者，沛公辄解其冠，溲溺[⑦]其中。与人言，常大骂。未可以儒生说也。"郦生曰："弟[⑧]言之。"骑士从容言如郦生所诫者。[⑨]

沛公至高阳传舍，使人召郦生。郦生至，入谒，沛公方倨床使两女子洗足，而见郦生。郦生入，则长揖不拜，曰："足下欲助秦攻诸侯乎？且欲率诸侯破秦也？"沛公骂曰："竖儒[⑩]！夫天下同苦秦久矣，故诸侯相率而攻秦，何谓助秦攻诸侯乎？"郦生曰："必聚徒合义兵诛无道秦，不宜倨见长者。"于是沛公辍洗，起摄衣，延郦生上坐，谢之。郦生因言六国从横时[⑪]。沛公喜，赐郦生食,问曰:“计将安出?”郦生曰:“足下起纠合之众,收散乱之兵,不满万人,欲以径入强秦,此所谓探虎口者也。夫陈留,天下之冲,四通五达之郊也,今其城又多积粟。臣善其令[12],请得使之,令下足下[13]。即不听,足下举兵攻之,臣为内应。”于是遣郦生行,沛公引兵随之,遂下陈留。号郦食其为广野君。

郦生言其弟郦商,使将数千人从沛公西南略地。郦生常为说客,驰使诸侯。

汉三年秋,项羽击汉,拔荥阳,汉兵遁保巩、雒[14]。楚人闻淮阴侯破赵,彭越数反梁地,则分兵救之。淮阴方东击齐,汉王数困荥阳、成皋,计欲捐成皋以东,屯巩、洛以拒楚。郦生因曰:“臣闻知天之天者,王事可成;不知天之天者,王事不可成。王者以民人为天,而民人以食为天[15]。夫敖仓[16],天下转输[17]久矣,臣闻其下乃有藏粟甚多。楚人拔荥阳,不坚守敖仓,乃引而东,令適卒分守成皋[18],此乃天所以资汉也。方今楚易取而汉反却,自夺其便[19],臣窃以为过矣。且两雄不俱立,楚汉久相持不决,百姓骚动,海内摇荡,农夫释耒,工女下机[20],天下之心未有所定也。愿足下急复进兵,收取荥阳,据敖仓之粟,塞成皋之险,杜大行之道,[21]距蜚狐之口,[22]守白马之津[23],以示诸侯效实形制[24]之势,则天下知所归矣。方今燕、赵已定,唯齐未下。今田广据千里之齐,田间将二十万之众,军于历城[25],诸田宗强,负海阻河济,[26]南近楚,人多变诈,足下虽遣数十万师,未可以岁月破也。臣请得奉明诏说齐王,使为汉而称东藩[27]。”上曰:“善。”

乃从其画,复守敖仓,而使郦生说齐王曰:“王知天下之所归乎?”王曰:“不知也。”曰:“王知天下之所归,则齐国可得而有也;若不知天下之所归,即齐国未可得保也。”齐王曰:“天下何所归?”曰:“归汉。”曰:“先生何以言之?”曰:“汉王与项王戮力西面击秦,约先入咸阳者王之。汉王先入咸阳,项王负约不与而王之汉中。项王迁杀义帝[28],汉王闻之,起蜀汉之兵击三秦,出关而责义帝之处[29]，收天下之兵，立诸侯之后。降城即以侯其将，得赂即以分其士，与天下同其利，豪英贤才皆乐为之用。诸侯之兵四面而至，蜀汉之粟方船[30]而下。项王有倍约之名，杀义帝之负[31]；于人之功无所记，于人之罪无所忘；战胜而不得其赏，拔城而不得其封；非项氏莫得用事；为人刻印，刓而不能授[32]；攻城得赂，积而不能赏，天下畔之，贤才怨之，而莫为之用。故天下之士归于汉王，可坐而策[33]也。夫汉王发蜀汉，定三秦，涉西河[34]之外，援上党之兵，[35]下井陉，诛成安君，[36]破北魏[37]，举三十二城：此蚩尤[38]之兵也，非人之力也，天之福[39]也。今已据敖仓之粟，塞成皋之险，守白马之津，杜大行之阪，距蜚狐之口，天下后服者先亡矣。王疾先下汉王，齐国社稷可得而保也；不下汉王，危亡可立而待也。"田广以为然，乃听郦生，罢历下兵守战备，与郦生日纵酒。

淮阴侯闻郦生伏轼[40]下齐七十余城，乃夜度兵平原[41]袭齐。齐王田广闻汉兵至，以为郦生卖己，乃曰："汝能止汉军，我活汝；不然，我将亨汝！"郦生曰："举大事不细谨，盛德不辞让。而公不为若更言！[42]"齐王遂亨郦生，引兵东走。

汉十二年，曲周侯郦商以丞相将兵击黥布有功。高祖举[43]列侯功臣，思郦食其。郦食其子疥数将兵，功未当侯，上以其父故，封疥为高梁侯。后更食武遂[44]，嗣三世。元狩[45]元年中，武遂侯平坐诈诏衡山王[46]取百斤金，当弃市，病死，国除也。

（以上为第一段，写郦食其的生平事迹，突出了郦食其虽疏阔大言但却耿介正直的性格。）

①陈留——秦县名，县治在今河南开封祥符区东南。　高阳——古邑名，在今河南杞县西南，当时属陈留县。　②徇地——犹言"略地"，谓带兵巡行，发布号令，而遂占有其地。　③握齱——即"龌龊"，器局狭小、行止卑微的样子。即今之所谓"小家子气"。　自用——自以为是。　④慢而易人——傲慢，瞧不起人。易：轻视。　⑤莫为我先——没有人能帮我作介绍。先：引见，介绍。　⑥若——尔，你。　⑦溲溺——撒尿。　⑧弟——但，尽管。　⑨从容——犹今之所谓

“很自然地”。谓在合适的时机,像是无意中随便谈到似的。 诫——告。 ⑩竖儒——骂人语。《索隐》曰:“竖者,僮仆之称,沛公轻之,以比奴竖,故曰竖儒。” ⑪言六国从横时——谓言战国时成功、失败,可供借鉴的各种事情。从横:合纵连衡。这里泛指战国时各国(主要是秦与六国)之间的激烈斗争。从:“纵”的古字。 ⑫令——指陈留县的县令。 ⑬令下足下——犹言“让他归顺您”。下:降,归附。⑭巩、雒——巩是巩县,在今河南巩义西南。雒指雒阳,在今河南洛阳东北。巩、雒在荥阳西百余里。 ⑮“王者以民人为天”二句——《索隐》引《管子》云:“王者以民为天,民以食为天,能知天之天者,斯可矣。” ⑯敖仓——秦朝的大粮仓,旧址在今河南荥阳北的黄河边上。因其地处敖山,故称敖仓。 ⑰转输——指各地向这里运送粮食。⑱令適卒分守成皋——按:即项羽自引兵东击彭越,令曹咎守成皋事。见《项羽本纪》《高祖本纪》。適卒:指士卒,因秦时多发罪人征戍,故曰谪卒。適:通“谪”。 ⑲自夺其便——谓自己放弃有利的时机。夺:失掉。这里指放弃。 ⑳农夫释耒(lěi),工女下机——皆言由于战争动乱,朝不保夕,人皆无心生产,而苟且待命之状。 ㉑杜——断绝,堵塞。 大行——即太行山。在今河北、河南、山西三省交界处。大:通“太”。 ㉒距——通“拒”,亦杜塞之意。 蜚狐——即飞狐口,关隘名,在今河北蔚县东南恒山峡谷口之北口。蜚:通“飞”。 ㉓白马之津——白马津,黄河渡口名,在今河南滑县东北。 ㉔效实形制——效实:注重实效,控制要害。形制:自己占据有利地形,以制服他人。按:《汉书》无“效实”二字。何焯认为:此似后人依托之语,时汉已虏魏豹、擒赵歇,河东、河内、河北皆归汉,何庸复杜太行之道,以示诸侯形势乎?燕赵已定,即代郡蜚狐,亦非楚人所能北窥,无事距守。壶关近太行之道,何庸杜此兼距彼乎?与当时事实阔远。梁玉绳曰:“斯乃秦人规取韩、赵旧谈,郦生仍战国说士余习。” ㉕历城——即历下,在今山东济南东南。 ㉖负海——背靠大海。指无后顾之忧。 阻——据,凭借。 河济——黄河、济水。流经齐国西北境,为齐国的天然屏障。 ㉗为汉而称东藩——即使之为汉的东方属国。藩:藩篱。古代用以称诸侯国。诸侯国是宗主国的藩篱屏障。 ㉘迁杀义帝——项羽分封诸侯后，假意尊立怀王为义帝，使之都于郴县，迁徙途中，项羽又指使黥布、吴芮等将其杀害。 ㉙责义帝之处——犹言责问项羽今义帝安在也。 ㉚方船——并舟。极言其数量之多，来势之快。 ㉛负——罪过，亏缺。 ㉜刓(wán)而不能授——刓：磨去棱角。言项羽吝啬，印已刻好，执于手中，以致磨掉了棱角尚不舍得给人。 ㉝可坐而策——极言其形势易见，且不可改变。 ㉞涉西河——指韩信破魏豹事，见《淮阴侯列传》。西河：黄河自砥柱以上，龙门以下为西河。 ㉟援——引，拉来。 上党之兵——原属魏豹，今豹为韩信所擒，故上党之兵可被韩信所引以击赵。上党：秦郡名，郡治长子(今山西长子西南)。 ㊱井陉——山口名，在今河北井陉北。 成安君——陈餘的封号。陈餘是赵歇的丞相，在井陉之战中被韩信所杀。 ㊲北魏——指魏豹。王先谦认为：北魏，豹在河北故也。亦谓之西魏，以大梁于安邑为东也。 ㊳蚩尤——周寿昌认为：黄帝蚩尤，皆古之主兵者，故高帝起兵祠黄帝、祭蚩尤于沛庭。 ㊴天之福——"福"上应加"所"字读。福：佑也。 ㊵伏轼——犹言"凭轼"，双手放在车厢前面的横木上，这是古代乘车者表示恭敬的一种姿势。这里指乘车。师古曰："凭轼者，言但安坐乘车而游说，不用兵众。"按：师古之所谓"乘车"，乃与"兵车"相对而言，指办理文事及礼节访问等所用的车辆。 ㊶平原——指平原津，黄河渡口名，亦秦时县名，在今山东平原县西南。 ㊷而公——犹言"你老子我"。 若——尔、你。 更言——改口，说别的话。倪思认为：此数言益见郦生疏落不检、有志愿成、轻死生、外身世之意，《汉书》去之，遂觉索然以终。查慎行认为：郦生于齐受烹时，犹有迂阔大言，足见狂生故态。被《汉书》删却，遂觉食其一生，至此索然气尽。 ㊸举——指分封。这是刘邦第六次分封功臣。据《高祖功臣侯者年表》，这次受封为侯的有二十余人。 ㊹更食武遂——改以武遂作为他的食邑。亦即改封武遂侯。武遂：古邑名，在今山西临汾西南。 ㊺元狩——汉武帝的年号(前122—前117)。 ㊻衡山王——刘赐的封号，刘赐是淮南厉王刘长之子。

陆贾者，楚人也。以客从高祖定天下，名为有口辩士[①]，居左右，常使诸侯。

及高祖时，中国初定，尉他[②]平南越，因王之。高祖使陆贾赐尉他印为南越王。陆生至，尉他魋结箕倨[③]见陆生。陆生因进说他曰："足下中国人，亲戚昆弟坟墓在真定[④]。今足下反天性，弃冠带，欲以区区之越与天子抗衡为敌国，祸且及身矣。且夫秦失其政，诸侯豪桀并起，唯汉王先入关，据咸阳。项羽倍约，自立为西楚霸王，诸侯皆属，可谓至强。然汉王起巴、蜀，鞭笞天下，劫略[⑤]诸侯，遂诛项羽灭之。五年之间，海内平定，此非人力，天之所建也。天子闻君王王南越，不助天下诛暴逆，将相欲移兵而诛王，天子怜百姓新劳苦，故且休之，遣臣授君王印，剖符[⑥]通使。君王宜郊迎，北面称臣，乃欲以新造未集[⑦]之越，屈强[⑧]于此。汉诚闻之，掘烧王先人冢，夷灭宗族，使一偏将将十万众临越，则越杀王降汉，如反覆手耳。"

于是尉他乃蹶然起坐[⑨]，谢陆生曰："居蛮夷中久，殊失礼义。"因问陆生曰："我孰与萧何、曹参、韩信贤？"陆生曰："王似贤。"复曰："我孰与皇帝贤？"陆生曰："皇帝起丰、沛[⑩]，讨暴秦，诛强楚，为天下兴利除害，继五帝三王之业，统理中国。中国之人以亿计，地方万里，居天下之膏腴，人众车轝[⑪]，万物殷富，政由一家，自天地剖泮未始有也。今王众不过数十万，皆蛮夷，崎岖山海间，譬若汉一郡，王何乃比于汉！"尉他大笑曰："吾不起中国，故王此。使我居中国，何渠不若汉[⑫]？"乃大悦陆生，留与饮数月。曰："越中无足与语，至生来，令我日闻所不闻。"赐陆生橐中装直千金，[⑬]他送[⑭]亦千金。陆生卒拜尉他为南越王，令称臣奉汉约。归报，高祖大悦，拜贾为太中大夫[⑮]。

陆生时时前说称《诗》《书》。高帝骂之曰："乃公居马上而得之，安事《诗》《书》！"陆生曰："居马上得之，宁可以马上治之乎？且汤、武逆取而以顺守之，[⑯]文武并用，长久之术也。昔者吴王夫差、智伯极武而亡；秦任刑法不变，卒灭赵氏[⑰]。乡使秦已并天下,行仁义,法先圣,陛下安得而有之?”高帝不怿[18]而有惭色,乃谓陆生曰:“试为我著秦所以失天下,吾所以得之者何,乃古成败之国。”陆生乃粗述存亡之征,凡著十二篇。每奏一篇,高帝未尝不称善,左右呼万岁,号其书曰《新语》。

孝惠帝[19]时,吕太后用事,欲王诸吕,畏大臣有口者,陆生自度不能争之,乃病免家居。以好畤[20]田地善,可以家焉。有五男,乃出所使越得橐中装,卖千金,分其子,子二百金,令为生产。陆生常安车驷马,从歌舞鼓琴瑟侍者十人,宝剑直百金,谓其子曰:“与汝约:过汝,汝给吾人马酒食,极欲[21],十日而更。所死家,得宝剑车骑侍从者[22]。一岁中往来过他客,率不过再三过[23],数见不鲜[24],无久慁公为也[25]。”

吕太后时,王诸吕,诸吕擅权,欲劫少主,危刘氏[26]。右丞相陈平患之,力不能争,恐祸及己,常燕居深念。[27]陆生往请[28],直入坐,而陈丞相方深念,不时见[29]陆生。陆生曰:“何念之深也?”陈平曰:“生揣我何念?”陆生曰:“足下位为上相[30],食三万户侯[31],可谓极富贵无欲矣。然有忧念,不过患诸吕、少主耳。”陈平曰:“然。为之奈何?”陆生曰:“天下安,注意相;天下危,注意将。将相和调,则士务附[32];士务附,天下虽有变,即权不分。为社稷计,在两君掌握耳。臣常欲谓太尉绛侯[33],绛侯与我戏,易[34]吾言。君何不交欢太尉,深相结?”为陈平画吕氏数事[35]。陈平用其计,乃以五百金为绛侯寿,厚具乐饮,太尉亦报如之[36]。此两人深相结,则吕氏谋益衰。陈平乃以奴婢百人,车马五十乘,钱五百万,遗陆生为饮食费。陆生以此游汉廷公卿间,名声藉甚。

乃诛诸吕,立孝文帝,陆生颇有力焉。孝文帝即位,欲使人之南越。陈丞相等乃言陆生为太中大夫,往使尉他,令尉他去黄屋称制[37],令比诸侯[38],皆如意旨。语在《南越》语中。陆生竟以寿终。

(以上为第二段,写陆贾的生平事历,突出了陆贾的政治才干,见其非一般书生可比。)

①名为有口辩士——《汉书》作"名有口辩"。 ②尉他——本姓赵,尉是官名。亦称赵佗、赵他。赵他在秦朝时为南海郡(郡治番禺,在今广州)的龙川(今广东龙川西南)县令,至秦二世时,陈涉吴广事起,中原扰乱,南海郡尉任嚣召赵他,嘱以后事。任嚣死,赵他遂继任南海尉。后又发兵击桂林、象郡,并有三郡之地,建立南越国。 ③魋结箕据——指蛮夷打扮,傲慢而不讲礼节的样子。魋结:挽发于顶,其状如椎。魋:通"椎"。箕据:伸其两脚而坐,其状如箕。盖古人无交椅,席地跪坐,以伸其足为不敬也。" ④真定——汉县名,县治在今河北正定南。 ⑤劫略——控制,挟持。略:侵夺,强取。 ⑥剖符——指定封。古代天子分封王、侯,都要给被封者符信,用金属制成,中分为二,天子与受封者各执其一,故曰剖符。 ⑦新造未集——刚刚建立,尚未稳定。集:安定、稳定。 ⑧屈强——同"倔强"。 ⑨蹶然起坐——师古曰:"蹶然,惊起之貌。"顾炎武曰:"坐者,跪也。" ⑩丰、沛——刘邦是沛县丰邑人,汉代建国后,丰邑亦上升为县,故此以"丰、沛"连称。 ⑪人众车轝(yú)——按:四字语气不完整,意思是人口与车马都很多。轝:同"舆"。 ⑫何渠不若汉——董份认为:"渠"字即如《汉书》作"遽"字,"遽"与"遂"通,言"何遂不如汉"耳!陈沂认为:尉他意折,而语犹倔强。 ⑬橐(tuó)中装——口袋里所装的礼品。指金宝珠玉之类。 直——通"值"。 ⑭他送——其他的赠品。《集解》引苏林曰:"非橐中物,故曰'他送'也。" ⑮太中大夫——郎中令的属官,秩比千石,在皇帝左右,掌议论。 ⑯逆取——指动用武力,以下伐上取得天下。以下伐上是不合"圣人"之道的,所以叫作"逆取"。 顺守——指以仁义之道治理国家。 ⑰赵氏——《索隐》引韦昭曰:"秦,伯翳后,与赵同出蜚廉。造父有功周缪王,封之赵,由此一姓赵氏。" ⑱不怿(yì)——不悦。 ⑲孝惠帝——名盈,高祖子,公元前194—前188年在位。 ⑳好畤(zhì)——汉县名,县治在今陕西乾县东。 ㉑极欲——尽量让我感到满意。 ㉒侍从者——陈直认为:侍从指奴婢,为汉代人家訾之一种。《居延汉简释文》有礼宗估计家訾简文云:"大婢一人,直二万;小奴二人,直三万",可证。 ㉓"一岁中往来过他

客”二句——师古曰:“非徒至诸子所,又往来经过他处为宾客……一岁之中,每子不过再过至也。”再三过:犹言“来两三次”。 ㉔数见不鲜——即今之所谓“屡见不鲜”。中井积德曰:“常相见,则意不新鲜,故不数数相过也。” ㉕无久慁(hùn)公为——犹言“不更多地麻烦你们”。慁:忧,受累。公:称其子。按:君称臣曰公,父称子曰公,长官称属下亦曰公,此汉时所常见。 ㉖劫少主,危刘氏——少主:即少帝刘义。当时诸大臣所谓“非真孝惠子”者。在吕后操纵下,充当小傀儡,最后与诸吕一起被杀。 ㉗燕居——安居,闲居。即韬晦、不任事的意思。 深念——师古曰:“国家不安,故静居独虑思其方策。” ㉘请——问候。《集解》引《汉书音义》曰:“请,若问起居。” ㉙不时见——没有及时看见。 ㉚上相——当时设左、右二丞相,左丞相为审食其,右丞相为陈平。右丞相居左丞相之上,故云。 ㉛食三万户侯——李笠认为:“侯”字疑衍,《汉》传亦同。 ㉜务附——按:此语略生。《汉书》作“豫附”。豫附:即乐于归附。 ㉝绛侯——周勃,汉朝的开国功臣,后又平诸吕之乱。 ㉞易——不重视。 ㉟画吕氏数事——策划了对付吕氏的几个问题。 ㊱亦报如之——也以同等的礼数回敬。 ㊲令尉他去黄屋称制——意谓让其取消天子的称号。据《南越列传》,高后时,曾有令不准卖与南越铁器,尉他怒,遂自称南越武帝,乃“乃乘黄屋左纛,称制,与中国侔”。陆贾之二次出使南越,即因此事。黄屋:黄色车盖,天子之仪。称制:指以天子的身份发号施令。因自秦始,称天子的命令曰“制”,故云。 ㊳比诸侯——与国内的各诸侯王地位相同。比:并列。

平原君[1]朱建者,楚人也。故尝为淮南王黥布相,有罪去,后复事黥布。布欲反时,问平原君,平原君止之,布不听而听梁父侯[2],遂反。汉已诛布,闻平原君谏不与谋,得不诛。语在《黥布》语中[3]。

平原君为人辩有口,刻廉刚直,家于长安。行不苟合,义不取容。辟阳侯[4]行不正,得幸吕太后。时辟阳侯欲知[5]平原君,平原君不肯见。及平原君母死，陆生素与平原君善，过之。平原君家贫，未有以发丧，方假贷服具[⑥]，陆生令平原君发丧。陆生往见辟阳侯，贺曰："平原君母死。"辟阳侯曰："平原君母死，何乃贺我乎?"陆贾曰："前日君侯欲知平原君，平原君义不知君，以其母故。今其母死，君诚厚送丧，则彼为君死矣。"辟阳侯乃奉百金往税[⑦]。列侯贵人以辟阳侯故，往税凡五百金。

辟阳侯幸吕太后，人或毁辟阳侯于孝惠帝，孝惠帝大怒，下吏，欲诛之。吕太后惭，不可以言。大臣多害[⑧]辟阳侯行，欲遂诛之。辟阳侯急，因使人欲见平原君。平原君辞曰："狱急，不敢见君。"乃求见孝惠幸臣闳籍孺[⑨]，说之曰："君所以得幸帝，天下莫不闻。今辟阳侯幸太后而下吏，道路皆言君谗，欲杀之。今日辟阳侯诛，旦日太后含怒，亦诛君。何不肉袒[⑩]为辟阳侯言于帝?帝听君出辟阳侯，太后大欢。两主共幸君，君贵富益倍矣。"于是闳籍孺大恐，从其计，言帝，果出辟阳侯。辟阳侯之囚，欲见平原君，平原君不见辟阳侯，辟阳侯以为倍己，大怒。及其成功出之，乃大惊。

吕太后崩，大臣诛诸吕，辟阳侯于诸吕至深，而卒不诛，计画所以全者，皆陆生、平原君之力也[⑪]。

孝文帝时，淮南厉王杀辟阳侯[⑫]，以诸吕故[⑬]。文帝闻其客平原君为计策，使吏捕欲治。闻吏至门，平原君欲自杀。诸子及吏皆曰："事未可知，何早自杀为?"平原君曰："我死祸绝，不及而身矣。"遂自刭。孝文帝闻而惜之，曰："吾无意杀之。"乃召其子，拜为中大夫。使匈奴，单于无礼，乃骂单于，遂死匈奴中。

（以上为第三段，写平原君朱建援救辟阳侯审食其之事。）

①平原君——朱建的封号，刘邦所封。所谓"君"者，其地位在列侯之下。　②梁父侯——其人事迹不详。　③语在《黥布》语中——梁玉绳曰："布传无朱建语，盖后人删之。"　④辟阳侯——审食其，为吕后所宠，曾官至左丞相。　⑤知——与之相知。即交友。　⑥服

具——指办丧事所用的各种服饰、仪仗、供具等。 ⑦税——赠送给死者的衣被。这里用作动词,即给丧家送礼。王鏊认为:朱建何不引初谊却辟阳侯之税金?岂其为母死无以葬遂屈耶? ⑧害——妒恨、气愤。 ⑨闳籍孺——《索隐》曰:"《佞幸传》云:'高祖时有籍孺,孝惠时有闳孺',今总言'闳籍孺',误也。"王维桢认为:平原君佯不救辟阳侯,乃阴见孝惠幸臣求便宜,安在其史称为"刚直"也?无乃以母丧受税之德哉! ⑩肉袒——师古曰:"谓脱其衣袖而见肉,肉袒者自挫辱之甚,冀见哀怜。"按:秦汉时,人之请罪者多作此态。 ⑪皆陆生、平原君之力也——中井积德曰:"朱建之事,原无足传也,史迁乃津津言之,若深赏之,何也?盖迁之被罪几死,无人赴救,故感愤特详之耳。其实非公论也。" ⑫淮南厉王杀辟阳侯——淮南厉王刘长之母原为赵王张敖的美人,后来归于高祖。美人怀孕时,因贯高欲刺刘邦事,赵王被系,美人亦牵连被系。美人弟求辟阳侯,请吕后向高祖说情,吕后不允,辟阳侯亦不强争。美人生厉王后,遂愤恚自杀。文帝三年(前177),淮南厉王入朝,造辟阳侯第,手自椎杀之。 ⑬以诸吕故——按:有本"诸"上有"党"字,《汉书》同。此"党"字似不可无。

初,沛公引兵过陈留,郦生踵[①]军门上谒曰:"高阳贱民郦食其,窃闻沛公暴露[②],将兵助楚讨不义,敬劳从者[③],愿得望见,口画天下便事。"使者入通,沛公方洗,问使者曰:"何如人也?"使者对曰:"状貌类大儒,衣儒衣,冠侧注[④]。"沛公曰:"为我谢之,言我方以天下为事,未暇见儒人也。"使者出谢曰:"沛公敬谢先生,方以天下为事,未暇见儒人也。"郦生瞋目案剑叱使者曰:"走!复入言沛公,吾高阳酒徒也,非儒人也。"使者惧而失谒[⑤],跪拾谒,还走,复入报曰:"客,天下壮士也,叱臣,臣恐,至失谒。曰'走!复入言,而公高阳酒徒也'。"沛公遽雪足杖矛曰[⑥]:"延客入!"

郦生入,揖沛公曰:"足下甚苦,暴衣露冠,将兵助楚讨不义,足下何不自喜[⑦]也?臣愿以事见,而曰'吾方以天下为事,未暇见儒人也’。夫足下欲兴天下之大事而成天下之大功，而以目皮相[8]，恐失天下之能士。且吾度足下之智不如吾，勇又不如吾。若欲就天下而不相见，窃为足下失之[9]。”沛公谢曰：“乡者[10]闻先生之容，今见先生之意矣。”乃延而坐之，问所以取天下者。郦生曰：“夫足下欲成大功，不如止陈留。陈留者，天下之据冲[11]也，兵之会地也，积粟数千万石，城守甚坚。臣素善其令，愿为足下说之。不听臣，臣请为足下杀之，而下陈留。足下将陈留之众，据陈留之城，而食其积粟，招天下之从兵[12]；从兵已成，足下横行天下，莫能有害足下者矣。”沛公曰：“敬闻命矣。”

于是郦生乃夜见陈留令，说之曰：“夫秦为无道而天下畔之，今足下与天下从则可以成大功。今独为亡秦婴城[13]而坚守，臣窃为足下危之。”陈留令曰：“秦法至重也，不可以妄言，妄言者无类[14]，吾不可以应。先生所以教臣者，非臣之意也，愿勿复道。”郦生留宿卧，夜半时斩陈留令首，逾城而下报沛公。沛公引兵攻城，县[15]令首于长竿以示城上人，曰：“趣下[16]，而令头已断矣！今后下者必先斩之！”于是陈留人见令已死，遂相率而下沛公。沛公舍陈留南城门上，因其库兵，食积粟，留出入三月，从兵以万数，遂入破秦。

（以上为第四段，是有关郦食其事迹的异文，疑为后人添加。）

①踵——至，达。 ②暴露——言行军辛苦。暴：“曝”的古字，日晒。露：露宿，在野外过夜。 ③敬劳从者——向您（沛公）的左右表示慰问。称“从者”指“您”。 ④侧注——儒冠。《集解》引徐广曰：“侧注冠，一名高山冠。”师古曰：“侧注者，言形侧立而下注也。” ⑤失谒——手中的名片惊落在地。 ⑥雪足——擦脚。 杖矛——谓拄着矛柄站起身来。 ⑦不自喜——不知自爱。这里指说话、办事欠考虑。 ⑧以目皮相——按：四字连用略生。意思是看人只看衣冠表面。 ⑨窃为足下失之——意谓我认为您这样做是不对的。 ⑩乡者——方才。 ⑪据冲——犹言“要冲”，要害之地。 ⑫从兵——可以联络、联合的人马。从：“纵”的古字，联合。 ⑬婴城——环城。指环城固

守。婴:绕。 ⑭无类——无遗类。指灭族、灭种。 ⑮县——同“悬”。 ⑯趣(cù)下——迅速投降。

太史公曰:世之传郦生书[①],多曰汉王已拔三秦,东击项籍而引军于巩、雒之间,郦生被儒衣往说汉王,乃非也。自沛公未入关,与项羽别而至高阳,得郦生兄弟。余读陆生《新语书》十二篇[②],固当世之辩士。至平原君子与余善[③],是以得具论之。

(以上为第五段,是作者的论赞,说明了自己有关郦生、陆贾材料的来源,辨正了当时流行的有关郦生事迹说法的伪讹。)

①世之传郦生书——按:这些书今皆不存。 ②《新语书》十二篇——按:史公所见之《新语书》,今亦不存。今本之《新语》,题曰“汉中大夫陆贾撰”,分上下两卷,亦十二篇。《四库全书总目提要》已辨正其为后人所作。 ③平原君子与余善——按:平原君子不知其名,亦不知其骂匈奴单于死在何年,倘文帝六年(前174)出使匈奴之“中大夫意”即平原君子,且即死事于此行,则此所谓“与余善”之“余”者,定非司马迁,而且也很难说是司马谈。

[**简评**] 郦生、陆贾都是以口辩闻名,是汉初著名的外事活动家,他们对汉帝国的创建和巩固都做出过重要的贡献。而郦生的临死不屈,与陆贾后来的调和将相为诛灭诸吕准备条件,尤为司马迁所倾服。作品文笔生动,人物的思想风貌千载之下犹飘然如在目前。至于平原君朱建,乃因其友于陆贾,其子又与作者相友善,故连及之。其实是狗尾续貂,无所取裁。

[**集评**] 《太史公自序》:“结言通使,约怀诸侯;诸侯咸亲,归汉为藩辅,作《郦生陆贾列传》第三十七。”

黄震曰:“郦生为高帝下陈留,高帝赖其兵食,遂以入关,所系大矣。然以善其令而夜半贼杀之,与之善者,不亦难乎?此战国倾危之余习,宜其卒穷于辨也。陆贾两使尉他,使汉、越无兵争，天下阴受其赐多矣。时时称说《诗》《书》，一新高帝马上之习，社稷灵长终必赖之矣。其后知太后将王诸吕不可争，乃病免家居。及诸吕将危刘氏，则出为陈平画策诛之，动静合时措之宜，而功烈泯无形之表。汉初儒生，未有贾比也。而太史公屈与郦生同传，岂以其辩说欤！朱建以母死无以为丧，而受辟阳侯金，所谓'行不苟合'者安在？"（《黄氏日钞》）

罗大经曰："吕太后用事时，欲王诸吕，贾自度不能争，病免家居。及其后，卒使陈丞相、周太尉，彼此相结，以诛诸吕，乃知其始之'病免'者，非委之不可为已也。为天下大计，深谋远虑，相时而动，庶有成功。不然，徒骋口辩，以躁妄苟且为之，其必败天下之事矣，曷取哉？"（《鹤林玉露》）

查慎行曰："陆贾，汉初儒生之有体有用者。观其绌尉佗以礼义，说高帝以《诗》《书》，当吕后朝不汲汲于功名，既能全身远患，又能以事外之人隐然为社稷计安全，有曲逆智谋所不逮者。子房已从赤松游，汉之不夺于诸吕，亦赖有此人也。因其与朱建善，《史记》概以'口辩士'目之，浅之乎论陆生矣。"（《得树楼杂钞》）

李晚芳曰："郦、陆二公，卓识雄才，不在三杰下，而当时无盛名者，一以'狂生'掩，一以'说士'自晦耳。……太史合而传之，见二公皆有大功于汉，而未尽其用，郦以被陷而不能尽，陆以自晦而不肯尽，均有惜之之意焉。使郦尽其用，则三杰而四矣；陆尽其用，则三杰皆后矣。陆公盖深得圣人《诗》《书》之教，而善用黄老之术者欤！《诗》《书》之教深，故颀颀导主；黄老之术善，故步步让人。郦公同时尚多并驾者，陆公则汉廷一人而已。其保国保身之智，张良或可几及，而道学则远不逮矣。余尝拟其伦商之传说，岂阿乎！"（《读史管见》）

吴见思曰："郦生、陆贾是当代一流人物，即平原朱建亦不平常，故史公极力模写，凡情事、声色、衣冠、言动，俱从字句中现出。不必优孟抵掌而孙叔敖如生。古人云：‘文如生龙活虎，捉搦不得，吾以为此文足以当之。’吾以为此文，足以当之，写郦生处，处处写其狂生，另有一种超然迈远、高视一切之度。而陆生一传，则精详秀雅，又是一种丰裁。至与尉他对语一段，各用权术，各相驾驭，至今生气勃勃。”(《史记论文》)

李景星曰：“《郦陆传》以辨士合。……传中写郦生事倔强一流说士，写陆贾是倜傥一流说士，于其性情意态，真能一一传出。传后赞前附载‘沛公引兵过陈留’一段，与本传所载多异同之处。说者谓此是他书别载传闻异辞者，弃之则可惜，列入传内又无处安插，故史公附记于此，以备参考也。”(《四史评议》)

傅靳蒯成列传第三十八

阳陵侯傅宽，以魏五大夫骑将从，为舍人，起横阳。[①]从攻安阳、杠里，击赵贲军于开封，及击杨熊曲遇、阳武，斩首十二级，赐爵卿。从至霸上。沛公立为汉王，汉王赐宽封号共德君。从入汉中，迁为右骑将。从定三秦，赐食邑雕阴。从击项籍，待怀[②]，赐爵通德侯。从击项冠、周兰、龙且，所将卒斩骑将一人敖下[③]，益食邑。

属淮阴[④]，击破齐历下军，击田解。属相国参，残博[⑤]，益食邑。因定齐地，剖符世世勿绝，封为阳陵侯，二千六百户，除前所食。为齐右丞相，备齐，五岁为齐相国。[⑥]

四月，击陈豨，属太尉勃，以相国代丞相哙击豨[⑦]。一月，徙为代相国，将屯。[⑧]二岁，为代丞相[⑨]，将屯。

孝惠五年卒，谥为景侯。子顷侯精立，二十四年卒。子共侯则立，十二年卒。子侯偃立，三十一年，坐与淮南王谋反，死，国除。

(以上为第一段，写傅宽的生平事迹。)

①阳陵侯傅宽——傅宽的封地阳陵，在今陕西咸阳东北。阳陵原是景帝的陵墓，因葬于该县境，遂以名县。　魏五大夫——五大夫：秦

爵二十级中的第九级。 从,为舍人——谓由魏咎部下转而跟从刘邦为舍人。舍人:官僚贵族门下的宾客亲信。 横阳——乡邑名,在今河南商丘。 ②待怀——指刘邦东攻彭城,傅宽留驻于怀县。怀县县治在今河南武陟西南,当时也是河内郡的郡治所在地。 ③敖下——敖仓附近。敖:地名,在今河南荥阳东北的敖山上,其地有秦时修筑的大粮仓,故称敖仓,其地久已被黄河冲掉。 ④属淮阴——指跟从韩信。 ⑤属相国参——跟从曹参。 残博——对博县多所屠戮。博:也称博阳,秦县名,县治在今山东泰安东南。 ⑥为齐右丞相——为齐王刘肥的右丞相。刘肥是刘邦的庶子。 备齐——在齐地屯兵防卫。 五岁为齐相国——为齐国右丞相五年后,改称齐相国。按:汉代建国初,中央与诸侯国的建制相同,设“丞相”,一般为左右二人;设“相国”,则只一人。 ⑦以相国代丞相哙击豨——“以相国”上似应有“勃”字,“击豨”似当作“击卢绾”。周勃代替樊哙为将以讨卢绾事,在高祖十二年(前195)十二月。而樊哙的所谓“丞相”,也是加官,并非实任丞相事。 ⑧一月——谓一个月之后。 徙为代相国——改任傅宽为“代相国”以理代事。 将屯——将兵驻守。 ⑨二岁,为代丞相——意谓“代相国”二年以后,又改称为“代丞相”。

信武侯靳歙,以中涓从,起宛朐[①]。攻济阳,破李由军。[②]击秦军亳南、开封东北,斩骑千人将[③]一人,首五十七级,捕虏七十三人,赐爵封号临平君。又战蓝田北,斩车司马二人,骑长一人,[④]首二十八级,捕虏五十七人。至霸上。沛公立为汉王,赐歙爵建武侯,迁为骑都尉[⑤]。

从定三秦。别西击章平军于陇西,破之,定陇西六县,所将卒斩车司马、候各四人[⑥],骑长十二人。从东击楚,至彭城。汉军败还,保雍丘,去,击反者王武等。略梁地,别将击邢说军菑南,破之,身得[⑦]说都尉二人,司马、候十二人,降吏卒四千六百八十人。破楚军荥阳东。三年,赐食邑四千二百户。

别之河内,击赵将贲郝军朝歌,破之,所将卒得骑将二人,车马[8]二百五十匹。从攻安阳以东，至棘蒲，下七县。别攻破赵军，得其将司马二人，候四人，降吏卒二千四百人。从攻下邯郸。别下平阳，身斩守相，所将卒斩兵守、郡守各一人，降邺。从攻朝歌、邯郸，及别击破赵军，降邯郸郡六县。还军敖仓，破项籍军成皋南，击绝楚饷道，起荥阳至襄邑。破项冠军鲁下。略地东至缯、郯、下邳，南至蕲、竹邑。击项悍济阳下。还击项籍陈下，破之。别定江陵，降江陵柱国、大司马以下八人，身得江陵王，生致之雒阳，因定南郡。从至陈，取楚王信，剖符世世勿绝，定食四千六百户，号信武侯。

以骑都尉从击代，攻韩信平城下，[9]还军东垣[10]。有功，迁为车骑将军，并将梁、赵、齐、燕、楚车骑，别击陈豨丞相敞，破之，因降曲逆[11]。从击黥布有功，益封，定食五千三百户。凡斩首九十级，虏百三十二人；别破军十四，降城五十九，定郡、国各一，县二十三；得王、柱国各一人，二千石以下至五百石三十九人。

高后五年，歙卒，谥为肃侯。子亭代侯。二十一年，坐事国人过律[12]，孝文后三年，夺侯，国除。

（以上为第二段，写靳歙的生平事迹。）

①以中涓从，起宛朐——中涓：帝王的宫内近侍，负责清洁与收发传达事务。宛朐：秦县名，在今山东曹县西北。　②济阳——秦县名，在今河南兰考东北。　破李由军——刘邦等破李由军于雍丘在秦二世二年（前208）八月。李由：秦相李斯的儿子，当时为三川郡的郡守。③骑千人将——骑兵的"千夫长"。　④车司马——主管战车的军官。骑长——统领骑兵的下级军官。　⑤骑都尉——统领骑兵的中级军官，略当于当时的校尉。　⑥斩车司马、候各四人——候：军官名。当时一个将军统领若干"部"，"部"的长官称"校尉"；一个校尉统领若干"曲"，"曲"的长官称"候"。　⑦身得——亲自俘获。　⑧车马——拉车的马，以别于骑兵所骑的马而言。　⑨韩信——此指韩王信，刘邦的开国功臣，被封为韩王，最初都阳翟（今河南禹州），后被改迁于马邑（今山西朔州）。汉六年（前201）九月，韩王信勾结匈奴反汉，故刘邦率

军往讨。 平城——汉县名，在今山西大同东北。 ⑩还军东垣——指汉八年（前199）冬，刘邦等率军追击韩王信余寇到东垣（今河北石家庄东）事。 ⑪曲逆——汉县名，在今河北顺平东南。 ⑫事国人过律——对其领地上的百姓役使过度，超出规定。事：役使。

蒯成侯緤[①]者，沛人也，姓周氏。常为高祖参乘[②]，以舍人从起沛。至霸上，西入蜀、汉，还定三秦，食邑池阳。东绝甬道，从出度平阴，遇淮阴侯兵襄国，军乍利乍不利，终无离上心。以緤为信武侯，食邑三千三百户。高祖十二年，以緤为蒯成侯，除前所食邑。

上欲自击陈豨，蒯成侯泣曰："始秦攻破天下，未尝自行。今上常自行，是为无人可使者乎？"上以为"爱我"，赐入殿门不趋[③]，杀人不死。

至孝文五年，緤以寿终，谥为贞侯。子昌代侯，有罪，国除。至孝景中二年，封緤子居代侯。至元鼎三年，居为太常，有罪，国除。

（以上为第三段，写周緤的生平事迹。）

①蒯成侯緤（xiè）——蒯成是封地名，方位不详。有说在城父（今安徽亳州东南）。 ②参乘——陪帝王乘车，在车上充警卫之职。 ③入殿门不趋——谓进入宫殿大门时可以不用小步快走。是对功臣的特殊礼遇。趋：小步疾行。古时臣子在君父面前行走的一种特定姿势。

太史公曰：阳陵侯傅宽、信武侯靳歙皆高爵，从高祖起山东[①]，攻项籍，诛杀名将，破军降城以十数，未尝困辱，此亦天授[②]也。蒯成侯周緤操心坚正，身不见疑，上欲有所之，未尝不垂涕，此有伤心[③]者然，可谓笃厚君子矣。

（以上为第三段，是作者的论赞，作者赞叹了三人受刘邦宠爱，泽及子孙。）

①皆高爵，从高祖起山东——按："高爵"二字衍文，"皆"字应连下

句读。②天授——谓二人的功成名立乃天所授。③伤心——指内心慈善，好关心人。

［**简评**］ 傅宽、靳歙是战功仅次于樊、郦、滕、灌的刘邦的部将，尤其是作为骑将的靳歙，一直与灌婴紧密合作，在打败项羽的过程中起了相当重要的作用。周緤战功不多，又没有其他事迹可传，视其与刘邦的关系，颇像是刘邦的男宠。史公为何不将其写入《佞幸传》，而乃与傅宽、靳歙合传，颇不可解，姑留之以待知者。

［**集评**］ 《太史公自序》："欲详知秦楚之事，维周緤常从高祖，平定诸侯，作《傅靳蒯成列传》第三十八。"

杨燕起、阎崇东曰："此篇属'十篇有录无书'之一。此篇记述战功的手法与《曹相国世家》及《樊郦滕灌列传》完全相同。……可以看出《汉书》改正了《史记》失误之处，不应该是《史记》采《汉书》补入时反而增加了错误。若本篇原为'有录无书'，当是西汉末、东汉初《汉书》成书前就已经增补了，增补时系依《樊郦滕灌列传》仿制，故此《汉书》能全文照录。"（《〈史记〉精华导读》）

吴见思曰："初读《曹相国世家》，铺序处，觉文法一新，耳目顿异。及至《樊郦滕灌列传》，亦有作法。此传平直无奇，不觉积习生厌矣。……柯氏以为后人采《汉书》补之，或其然乎！……以终无离上心为总，而略序其留行一事，此三传之大略也。"（《史记论文》）

徐孚远曰："蒯成侯战功无可纪者，殆以恩幸侯，与卢绾之王相类也。"（《史记测义》）

曾国藩曰："子长于当世艳称之功臣封爵者，皆不甚满意，常以不可知者，归之天命，如于萧何，则曰'碌碌未有奇节，依日月之末光’;于曹参则曰‘以与淮阴侯俱’;于樊、郦、滕、灌,则曰‘岂自知附骥之尾,垂名汉廷’;于傅宽、靳歙,则曰‘此亦天授于卫青,亦曰天幸’,皆以成功委之于命,虽要归有良然者。”(《求阙斋读书录》)

李景星曰:“傅宽、靳歙、蒯成侯周緤,亦以近幸合传,与《樊郦滕灌传》略同。樊、郦、滕、灌俱是开张一路人,故写来亦极开张;傅、靳、蒯成俱是平正一路人,故写来亦极平正。通篇按部就班,不矜奇,不立异,而叙述简明,安顿妥帖,绝似一首公牍文字,《史记》中又一体也。《傅传》曰‘以魏五大夫骑将从,为舍人’,《靳传》曰‘以中涓从’,《蒯成传》曰‘常为高祖骖乘,以舍人从此其合传之由。而《蒯成传》又特写其‘操心坚正’,曰‘军乍利乍不利,终无离上心’,曰‘蒯成泣曰’云云,活画出一种谨厚可靠情状。赞语曰‘身不见疑’,曰‘此有伤心者’,又隐隐为韩信、彭越、黥布等作一反射,见汉高固是寡恩,彼韩信等亦不如傅、靳等之善处也。呜呼,此太史公之微意也!”(《四史评议》)

刘敬叔孙通列传第三十九

刘敬者，齐人也。汉五年，戍陇西，过雒阳，高帝在焉。娄敬脱挽辂[①]，衣其羊裘，见齐人虞将军曰："臣愿见上言便事。"虞将军欲与之鲜衣，娄敬曰："臣衣帛，衣帛见；衣褐[②]，衣褐见，终不敢易衣。"于是虞将军入言上。上召入见，赐食。

已而问娄敬，娄敬说曰："陛下都雒阳，岂欲与周室比隆哉？"上曰："然。"娄敬曰："陛下取天下与周室异。周之先自后稷，尧封之邰[③]，积德累善十有余世。公刘避桀居豳[④]。太王以狄伐故，去豳，杖马棰居岐[⑤]，国人争随之。及文王为西伯[⑥]，断虞、芮之讼[⑦]，始受命，吕望、伯夷自海滨来归之。武王伐纣，不期而会孟津[⑧]之上八百诸侯，皆曰'纣可伐矣'，遂灭殷。成王即位，周公之属傅相[⑨]焉，乃营成周雒邑[⑩]，以此为天下之中也，诸侯四方纳贡职，道里均矣，有德则易以王，无德则易以亡。凡居此者，欲令周务以德致人，不欲依阻险，令后世骄奢以虐民也。及周之盛时，天下和洽，四夷乡风，慕义怀德，附离[⑪]而并事天子，不屯一卒，不战一士，八夷[⑫]大国之民莫不宾服，效其贡职。及周之衰也，分而为两[⑬]，天下莫朝，周不能制也。非其德薄也，而形势弱也。今陛下起丰沛，收卒三千人，以之径往而卷蜀、汉，定三秦，与项羽战荥阳，争成皋之口，大战七十，小战四十，使天下之民肝脑涂地，父子暴骨中野，不可胜数，哭泣之声未绝，伤痍者未起，而欲比隆于成康[14]之时，臣窃以为不侔也。且夫秦地被山带河，四塞以为固，卒然有急，百万之众可具也。因秦之故，资甚美膏腴之地，此所谓天府者也。陛下入关而都之，山东虽乱，秦之故地可全而有也。夫与人斗，不扼其亢、拊其背[15]，未能全其胜也。今陛下入关而都，案秦之故地，此亦扼天下之亢而拊其背也。"

高帝问群臣，群臣皆山东人，争言周王数百年，秦二世即亡，不如都周[16]。上疑未能决。及留侯明言入关便，即日车驾西都关中。

于是上曰："本言都秦地者娄敬，'娄'者乃'刘'也。"赐姓刘氏，拜为郎中，号为奉春君。

汉七年，韩王信反，高帝自往击之。至晋阳[17]，闻信与匈奴欲共击汉，上大怒，使人使匈奴。匈奴匿其壮士、肥牛马，但见老弱及羸畜。使者十辈来，皆言匈奴可击。上使刘敬复往使匈奴，还报曰："两国相击，此宜夸矜见[18]所长。今臣往，徒见羸瘠老弱，此必欲见短，伏奇兵以争利。愚以为匈奴不可击也。"是时汉兵已逾句注[19]，二十余万兵已业[20]行。上怒，骂刘敬曰："齐虏！以口舌得官，今乃妄言沮吾军。"械系敬广武[21]。遂往，至平城[22]，匈奴果出奇兵围高帝白登[23]，七日然后得解。高帝至广武，赦敬，曰："吾不用公言，以困平城。吾皆以斩前使十辈言可击者矣。"乃封敬二千户，为关内侯，号为建信侯。

高帝罢平城归，韩王信亡入胡。当是时，冒顿为单于，兵强，控弦三十万，数苦北边。上患之，问刘敬。刘敬曰："天下初定，士卒罢于兵，未可以武服也。冒顿杀父代立，妻群母，以力为威，未可以仁义说也。独可以计久远子孙为臣[24]耳，然恐陛下不能为。"上曰："诚可，何为不能！顾为奈何？"刘敬对曰："陛下诚能以適[25]长公主妻之，厚奉遗之，彼知汉適女，送厚，蛮夷必慕，以为阏氏[26],生子必为太子,代单于。何者?贪汉重币。陛下以岁时汉所余彼所鲜数问遗,因使辩士风谕以礼节。冒顿在,固为子婿;死,则外孙为单于,岂尝闻外孙敢与大父[27]抗礼者哉?兵可无战以渐臣也。若陛下不能遣长公主,而令宗室及后宫诈称公主,彼亦知,不肯贵近,无益也。”高帝曰:“善。”欲遣长公主。吕后日夜泣,曰:“妾唯太子、一女,奈何弃之匈奴!”上竟不能遣长公主,而取家人子名为长公主,妻单于。使刘敬往结和亲约。

刘敬从匈奴来,因言“匈奴河南白羊、楼烦[28]王,去长安近者七百里,轻骑一日一夜可以至秦中。秦中新破[29],少民,地肥饶,可益实。夫诸侯初起时,非齐诸田,楚昭、屈、景莫能兴。[30]今陛下虽都关中,实少人。北近胡寇,东有六国之族,宗强,一日有变,陛下亦未得高枕而卧也。臣愿陛下徙齐诸田,楚昭、屈、景,燕、赵、韩、魏后,及豪桀名家居关中。无事,可以备胡;诸侯有变,亦足率以东伐。此强本弱末之术也。”上曰:“善。”乃使刘敬徙所言关中十余万口。

(以上为第一段,写刘敬因机缘凑巧,片语得官,并被侥幸封侯的过程。)

①脱挽辂——犹言放下拉车的绳套。《索隐》:“挽者,牵也;辂者,鹿车前横木。” ②褐——粗毛短袄。古时贫者所服。 ③邰(tái)——古地名,在今陕西武功西南,相传周的祖先后稷因发展农业有功被封在这里。 ④豳——古地名,在今陕西旬邑西,相传周的祖先公刘率部迁居于此。 ⑤岐——山名,在今陕西岐山县东北。相传周的祖先古公亶(dǎn)父为了躲避其他民族的侵扰,率众由豳迁居于此。古公亶父后来被周武王追尊为“太王”。 ⑥西伯——西方的诸侯之长。 ⑦断虞、芮(ruì)之讼——虞、芮是当时西方的两个小国,虞在今山西平陆北;芮在今陕西大荔朝邑镇南。两国发生纠纷,想找周文王调解。 ⑧孟津——古黄河渡口名,在今河南洛阳孟津区东,孟州西南。武王伐纣,与各方诸侯会于孟津。 ⑨傅相——为之做太傅、做宰相,即辅佐其为政。周公是武王的弟弟,成王的叔叔。 ⑩成周雒邑——

周公当时在今洛阳洛河北岸建筑了两座城，在瀍（chán）水以西的叫王城，在瀍水以东的叫成周，后来都用以代指洛（雒）阳。 ⑪附离——贴近，围拢。离：通“丽”，贴近，依附。 ⑫八夷——八方的少数民族。 ⑬分而为两——东周王朝传至周赧（nǎn）王（前314—前256年在位）时，所辖疆域已经很狭小，而国家政权又被两个大贵族所把持，周赧王完全成了傀儡。两个大贵族一家控制王城，称西周君；一家控制今河南巩义一带，称东周君。 ⑭成康——西周的成王、康王。他们的统治时期是古代传说中的“圣世”。 ⑮扼其亢、拊其背——一手掐脖子，一手击其背。亢：喉咙。 ⑯周——指成周。即雒阳。 ⑰晋阳——今山西太原西南。 ⑱见——同“现”，显露。 ⑲句注——山名，在今山西代县西北。 ⑳已业——业已，已经。 ㉑广武——县名，在今山西代县西南。 ㉒平城——县名，在今山西大同东北。 ㉓白登——山名，在今山西大同东北。 ㉔计久远子孙为臣——意谓想办法让他的后代儿孙向我们称臣。 ㉕適——通“嫡”。 ㉖阏氏（yān zhī）——匈奴单于、诸王之妻的统称或尊称。 ㉗大父——祖父。此指外祖父。 ㉘河南白羊、楼烦——居住在河南（今内蒙古河套以南地区）一带的白羊、楼烦部落。 ㉙新破——指刚刚脱离战争之苦。 ㉚齐诸田——指田儋、田荣、田横等。 楚昭、屈、景——泛指楚国王室的后代，如楚怀王熊心及《陈涉世家》中的景驹等。

叔孙通者，薛[①]人也。秦时以文学征，待诏博士。数岁，陈胜起山东，使者以闻，二世召博士诸儒生问曰：“楚戍卒攻蕲入陈，于公如何？”博士诸生三十余人前曰：“人臣无将[②]，将即反，罪死无赦。愿陛下急发兵击之。”二世怒，作色。叔孙通前曰：“诸生言皆非也。夫天下合为一家，毁郡县城，铄其兵，示天下不复用。且明主在其上，法令具于下，使人人奉职，四方辐辏，安敢有反者？此特群盗鼠窃狗盗耳，何足置之齿牙间！郡守尉今捕论[③]，何足忧！”二世喜曰：“善。”尽问诸生，诸生或言反，或言盗。于是二世令御史案诸生言反者下吏，非所宜言。诸言盗者皆罢之。

乃赐叔孙通帛二十匹，衣一袭，拜为博士。叔孙通已出宫，反舍，诸生曰："先生何言之谀也？"通曰："公不知也，我几不脱于虎口！"乃亡去，之薛，薛已降楚矣。及项梁之薛，叔孙通从之。败于定陶[④]，从怀王。怀王为义帝，徙长沙，叔孙通留事项王。汉二年，汉王从五诸侯入彭城，叔孙通降汉王。汉王败而西，因竟从汉。

叔孙通儒服，汉王憎之。乃变其服，服短衣，楚制，汉王喜。

叔孙通之降汉，从儒生弟子百余人，然通无所言进，专言诸故群盗壮士进之。弟子皆窃骂曰："事先生数岁，幸得从降汉，今不能进臣等，专言大猾，何也？"叔孙通闻之，乃谓曰："汉王方蒙矢石争天下，诸生宁能斗乎？故先言斩将搴旗之士。诸生且待我，我不忘矣。"汉王拜叔孙通为博士，号稷嗣君[⑤]。

汉五年，已并天下，诸侯共尊汉王为皇帝于定陶，叔孙通就其仪号。高帝悉去秦苛仪法，为简易。群臣饮酒争功，醉或妄呼，拔剑击柱，高帝患之。叔孙通知上益厌之也，说上曰："夫儒者难与进取，可与守成。臣愿征鲁诸生，与臣弟子共起朝仪。"高帝曰："得无难乎？"叔孙通曰："五帝异乐，三王不同礼。礼者，因时世人情为之节文者也。故夏、殷、周之礼所因损益可知者[⑥]，谓不相复也。臣愿颇采古礼与秦仪杂就之。"上曰："可试为之，令易知，度吾所能行为之。"

于是叔孙通使征鲁诸生三十余人。鲁有两生不肯行，曰："公所事者且十主，皆面谀以得亲贵。今天下初定，死者未葬，伤者未起，又欲起礼乐。礼乐所由起，积德百年而后可兴也。吾不忍为公所为。公所为不合古，吾不行。公往矣，无污我！"叔孙通笑曰："若真鄙儒也，不知时变。"

遂与所征三十人西，及上左右为学者与其弟子百余人为绵蕞野外[⑦]。习之月余，叔孙通曰："上可试观。"上既观，使行礼，曰："吾能为此。"乃令群臣习肄，会十月。

汉七年，长乐宫成，诸侯群臣皆朝十月。仪：先平明，谒者[8]治礼，引以次入殿门，廷中陈车骑步卒卫宫，设兵张旗志。传言“趋”[9]。殿下郎中侠陛[10]，陛数百人。功臣列侯诸将军军吏以次陈西方，东乡；文官丞相以下陈东方，西乡。大行设九宾，胪传[11]。于是皇帝辇出房，百官执职传警，[12]引诸侯王以下至吏六百石以次奉贺。自诸侯王以下莫不振恐肃敬。至礼毕，复置法酒[13]。诸侍坐殿上皆伏抑首，以尊卑次起上寿。觞九行，谒者言“罢酒”。御史执法举不如仪者辄引去。竟朝置酒，无敢讙哗失礼者。于是高帝曰：“吾乃今日知为皇帝之贵也。”乃拜叔孙通为太常，赐金五百斤。

叔孙通因进曰：“诸弟子儒生随臣久矣，与臣共为仪，愿陛下官之。”高帝悉以为郎。叔孙通出，皆以五百斤金赐诸生。诸生乃皆喜曰：“叔孙生诚圣人也[14]，知当世之要务。”

汉九年，高帝徙叔孙通为太子太傅。汉十二年，高祖欲以赵王如意易太子，叔孙通谏上曰：“昔者晋献公以骊姬之故废太子，立奚齐，晋国乱者数十年，为天下笑。秦以不早定扶苏，令赵高得以诈立胡亥，自使灭祀，此陛下所亲见。今太子仁孝，天下皆闻之；吕后与陛下攻苦食啖[15]，其可背哉！陛下必欲废適而立少，臣愿先伏诛，以颈血污地[16]。”高帝曰：“公罢矣，吾直戏耳。”叔孙通曰：“太子天下本，本一摇，天下振动，奈何以天下为戏？”高帝曰：“吾听公言。”及上置酒，见留侯所招客[17]从太子入见，上乃遂无易太子志矣。

高帝崩，孝惠即位，乃谓叔孙生曰：“先帝园陵寝庙，群臣莫习。”徙为太常，定宗庙仪法。及稍定汉诸仪法，皆叔孙生为太常所论著也。

孝惠帝为东朝长乐宫[18]，及间往来，数跸[19]烦人，乃作复道[20]。方筑武库南。叔孙生奏事，因请间曰：“陛下何自筑复道高寝？衣冠月出游高庙[21]，高庙，汉太祖，奈何令后世子孙乘宗庙道上行哉?”孝惠帝大惧,曰:“急坏之。”叔孙生曰:“人主无过举㉒。今已作,百姓皆知之,今坏此,则示有过举。愿陛下为原庙㉓渭北,衣冠月出游之,益广多宗庙,大孝之本也。”上乃诏有司立原庙。原庙起,以复道故。

孝惠帝曾春出游离宫,叔孙生曰:“古者有春尝果,方今樱桃孰㉔,可献,愿陛下出,因取樱桃献宗庙。”上乃许之。诸果献由此兴。

(以上为第二段,写叔孙通阿谀圆滑的事迹。)

①薛——县名,在今山东滕州南。 ②人臣无将——意谓做臣子的不允许拥兵自重。将:指强大,拥兵自重。 ③今捕论——意谓很快地就会把他们逮捕治罪。凌稚隆认为:二世虽暴虐,通已臣事之矣。鼠窃之对与指鹿何异?太史公首次此,而通之希世取容可概见矣。 ④定陶——县名,在今山东菏泽定陶区西北。 ⑤号稷嗣君——徐广曰:“盖言其德业足以继踪齐稷下之风流也。” ⑥夏、殷、周之礼所因损益可知者——《论语·为政》:“殷因于夏礼,所损益,可知也;周因于殷礼,所损益,可知也;其或继周者,虽百世,可知也。” ⑦为绵蕞野外——谓于野外僻静处,拉绳索以圈地界,束茅草以为人形,演习朝仪。蕞:同“蕝”(jué)。古代演习朝会礼仪时束茅以表位之称。 ⑧谒者——官名,为国君掌传达,举行典礼时任司仪。 ⑨趋——小步急行,古时臣子在君父面前走路的一种姿势。 ⑩侠(xiá)陛——侍立在台阶两侧。侠:通“挟”。 ⑪大行设九宾,胪传——大行:大行人。韦昭曰:“大行掌宾客之礼,今谓之鸿胪也。九宾则周礼九仪也,谓公、侯、伯、子、男、孤、卿、大夫、士也。汉依此以为胪传,以次传令上也。”苏林曰:“上传语告下为胪。”九宾:即“九傧”,主传呼导从。 ⑫执职——各就各位,各司其职。 传警——犹言“行筹”,传报圣驾将到。 ⑬法酒——师古曰:“犹言礼酌,谓不饮之至醉。”中井积德曰:“此酒所以行礼,非食味也,故曰‘法酒’。” ⑭叔孙生诚圣人也——前则“窃骂”,今则谀为“圣人”,弟子之面目如此。不知其人观其友,史公以此为叔孙通画像。 ⑮攻苦食啖——啖:通“淡”。中井积德曰:“攻,治

也。谓食淡味而操苦业。” ⑯“陛下必欲废適而立少”三句——茅坤认为：叔孙虽希世取容，然览谏易太子数语，凛凛然有正气。黄震认为：叔孙通所事且十主，皆面谀取亲贵，既起朝仪得高帝心，然后出直言谏易太子。然向使高帝未老，吕后不强，度如意可攘太子位，又安知其不反其说以阿意耶？随时上下，委曲取容，名虽为儒，非娄敬比矣。⑰所招客——即商山四皓。事见《留侯世家》。 ⑱东朝长乐宫——惠帝后皇帝在未央宫朝会，太后住在长乐宫。 ⑲跸——戒严，禁止行人通行。 ⑳复道——空中通道。 ㉑衣冠月出游高庙——《集解》引应劭曰：“月出高帝衣冠，备法驾，名曰游衣冠。”又引如淳曰：“《三辅黄图》：高寝在高庙西，高祖衣冠藏在高寝，月出游于高庙。其道值所作复道，故言乘宗庙道上行。”寝：陵园里的庙寝，前曰庙，为祭祀之处；后曰寝，像生人之居，贮放衣冠。 ㉒人主无过举——董份认为：叔孙通所谓逢君之过，使人主恶闻惮改，通实启之。 ㉓原庙——师古曰：“原，重也，先以有庙，今更立之，故云重也。”王先谦曰：“《黄图》：高祖长陵在渭水北，去长安三十五里，原庙既成，则陵寝衣冠但月游原庙，不至城中高帝庙，故复道无妨也。” ㉔孰——“熟”的古字。

太史公曰：语曰：“千金之裘，非一狐之腋也；台榭之榱，非一木之枝也；三代之际，非一士之智也。”信哉！夫高祖起微细，定海内，谋计用兵，可谓尽之矣。然而刘敬脱輓辂一说，建万世之安，智岂可专邪！叔孙通希世度务①，制礼进退，与时变化，卒为汉家儒宗。“大直若诎，道固委蛇②”，盖谓是乎？

（以上为第三段，是司马迁的论赞，于肯定二人作用的同时，也曲折地抒发了许多感慨，其中对叔孙通的嘲弄尤为明显。）

①希世度务——犹言“见风使舵”。茅坤认为：小论中“希世”二字，一篇精神所注处。 ②大直若诎，道固委蛇——诎：弯曲，卷曲。委蛇：即“逶迤”，曲曲弯弯的样子。

［简评］ 作品写了刘敬、叔孙通在刘邦建国后，为刘邦提议

建都关中,以及在制订礼乐制度方面所做的一些事情。当一个国家刚刚建立时,这些工作无疑都是必要的,刘敬与叔孙通在这些方面所做的工作有的也应该受到肯定,但作者所不满的是他们的人品。刘敬是怎样由一个戍卒被赐姓刘,被封为郎中,以至又被封侯的呢?司马迁在别处说过:“读书不如力田,力田不如逢年。”是他碰上了机会。至于叔孙通,完全是一个反复无常的人物。他的做人准则就是见风使舵,投统治者所好。司马迁说他“希世度务,制礼进退,与时变化”,这是很有意味的。作品用了客观描写,也用了对比衬托,笔法滑稽幽默,形象相当生动。

[**集评**] 《太史公自序》:“徙强族,都关中,和约匈奴;明朝廷礼,次宗庙仪法,作《刘敬叔孙通列传》第三十九。”

吴见思曰:“刘敬、叔孙通,盖以高祖定天下,无事不出其度内,止有建都、兴礼两节则开于此两人,此两人合传之故也,观赞语可知。……故为汉代铺张,大文章,大笔力,只用平直质序,绝无花乃,而正正堂堂,局段自不可摇动,两传俱直起直收,无头无尾,是《史记》另一种体格。”(《史记论文》)

黄震曰:“娄敬脱挽辂,羊裘见天子,曰‘衣帛,衣帛见;衣褐,衣褐见’,此其质直不徇流俗,已可觇其胸中之所挟持者矣。劝都长安,逆觇虏情,皆磊落出人意表。惟结和亲约,虽能宽一时之急,未免遗万世之弊耳。叔孙通所事且十主,皆面谀取亲贵。既起朝仪得高帝心,然后出直言谏易太子。然向使高帝未老,吕后不强,度如意可攘太子位,又安知其不反其说以阿意耶?随时上下,委曲取容,名虽为儒,非娄敬比矣!”(《黄氏日钞》)

钟惺曰:“刘敬脱挽辂,披羊裘,言天下事,不愿易衣,曰‘臣衣帛,衣帛见;衣褐,衣褐见’,非惟自处甚高,其一片简脱真率,无诸儒握齱苛礼习气,对慢易大度之主亦当如此。”(《史怀》)

王夫之曰:“娄敬之小智足以动人主,而其祸天下也烈矣。

迁六国后及豪杰名家居关中，以为强本而弱末，似也。遣女嫁匈奴，生子必为太子，谕以礼节，无敢抗礼，而渐以称臣，以为用夏而变夷，似也。眩于一时之利害者，无不动也。乃姑弗与言违生民之性，姑弗与言裂人道之防，就其说以折之，敬之说恶足以逞哉？”

又曰：“叔孙通之谏易太子也，曰：‘臣愿伏诛，以颈血污地。’烈矣哉！夫抑有以使之然者，高帝之明，可以理喻也；吕后之权足恃也；留侯、四皓之属为羽翼，而诡随者惮高帝而不敢竞也。通知必不死，即死而犹有功，何惮而不争？呜呼！以面谀事十余主之通，而犯颜骨鲠也可使如此。上有明君，下有贤士大夫，佞者可忠，柔者可强，天下岂患无人材哉！匪上知与下愚，未有不待奖而成者也。”（《读通鉴论》）

姚苎田曰：“古者君臣之礼，相去不甚悬绝，立见群臣，郊劳宴享，伯父、伯舅之称，敬慎有加。至于拜上者骄，下堂者替，而积重之势，不得不矫枉而过正焉。至于汉初，颇阔略简易，一革亡秦苛习，正可参酌古礼而求其中。乃叔孙通徒以高帝之难之，而遂痛绳其下，而不复拘其主，是朝仪法酒皆为臣设，而君不与焉。君为臣纲，君无礼而何以责其臣？于此叔孙通希世之罪万世莫能逃也。”（《史记菁华录》）

李景星曰：“汉初最大事只是两条：曰定都，曰制礼。刘敬劝都长安，是定都事；叔孙通起朝仪，是制礼事，皆于当时有绝大关系，故以之合传。《刘敬传》以都关中起，以实关中止。自始至终，只完得个‘定都’二字。其余都是带叙，而文笔以纵横胜。叔孙通是儒家大猾，起朝仪一事，在当时为功，在古来为罪。然当礼节坠坏之后，体统荡然，得此而规模略定，其维持之力，亦不为小，故太史公以全力写之，口吻气象，千载如生。至其前后俱用活笔，以谐语成趣，以细事点染。即谏易太子数语，似乎正当矣，而在通之心，亦是宦成。以后借巧立名，且其口中句句为太子，而眼光中却有一狰狞可畏之吕后在也。故曰:‘吕后与陛下攻苦食啖,其可背哉!’赞语一曰‘希世度务’,再曰‘与时变化’,则史公不为其愚可知。合观通篇,于推重两人之中,又有不满两人之意,隐见如此大事,乃竟草草成于两人之手,是可惜也。婉而成章,尽而不污,孔氏既往,非史公孰能为之。”(《四史评议》)

张大可曰:“刘敬建策,敢直言秉正:叔孙通阿世取容,两人品质迥然不同。但他们都具有高人一着的智慧,能洞察时势的变化,在巩固西汉的政权建设中,作出了各自的贡献,故两人合传。”(《史记新注》)

陈桐生曰:“刘敬为汉家的长治久安殚精竭虑,他的全部言行表明,他决不是那种为一己私利奔走钻营的利禄之徒。衣服的好坏他全然不顾,个人的安危,他置之度外,他的目光完全投射在汉家帝业之上,正是在这些地方,体现出他作为一代名臣的风度。刘敬从一位戍卒而成为汉家的著名战略家,这是继承了秦汉之际风云变幻英雄辈出的余风遗绪。他以一位戍卒的身份而畅论天下大事,这与陈涉等人的垄上英雄豪气在本质上是彼此一致的。刘敬这个历史人物可以被看作是秦末汉初这个特定英雄时代的一位殿军,后来曹参当政,黄老无为思想占据统治地位,……刘敬一类的奇策之士也就因为失去特定的社会背景而暂时不会再出现了。……司马迁这里说明汉家的政权大厦是由许多奇策异智支撑起来的,而这其中就包含了刘敬的智慧。……《刘敬列传》主要通过人物语言来展现人物的性格与神采。刘敬出身于戍卒,因而他的说辞既不同于纵横策士的铺张扬厉,也不同于儒生说客的引经据典,而是以质朴务实见长。”(《〈史记〉名篇论述稿》)

季布栾布列传第四十

季布者，楚人也。为气[①]任侠，有名于楚。项籍使将兵，数窘汉王。及项羽灭，高祖购求布千金，敢有舍匿，罪及三族。季布匿濮阳周氏。周氏曰："汉购将军急，迹且至臣家[②]，将军能听臣，臣敢献计；即不能，愿先自刭。[③]"季布许之。乃髡钳季布，衣褐衣，置广柳车中，[④]并与其家僮数十人，之鲁朱家所卖之[⑤]。朱家心知是季布，乃买而置之田[⑥]。诫其子曰："田事听此奴，必与同食[⑦]。"朱家乃乘轺车[⑧]之雒阳，见汝阴侯滕公。滕公留朱家饮数日。因谓滕公曰："季布何大罪，而上求之急也？"滕公曰："布数为项羽窘上，上怨之，故必欲得之。"朱家曰："君视季布何如人也？"曰："贤者也。"朱家曰："臣各为其主用，季布为项籍用，职耳。项氏臣可尽诛邪？今上始得天下，独以己之私怨求一人，何示天下之不广也！[⑨]且以季布之贤而汉求之急如此，此不北走胡即南走越耳。夫忌壮士以资敌国，此伍子胥所以鞭荆平王之墓也。[⑩]君何不从容为上言邪？"汝阴侯滕公心知朱家大侠，意季布匿其所，乃许曰："诺。"待间，果言如朱家指。[⑪]上乃赦季布。当是时，诸公皆多季布能摧刚为柔，朱家亦以此名闻当世。季布召见，谢，上拜为郎中。[⑫]

孝惠时,为中郎将[13]。单于尝为书嫚吕后[14],不逊。吕后大怒,召诸将议之。上将军樊哙曰:"臣愿得十万众,横行匈奴中。"诸将皆阿[15]吕后意,曰"然"。季布曰:"樊哙可斩也!夫高帝将兵四十余万众,困于平城,今哙奈何以十万众横行匈奴中,面欺!且秦以事于胡,陈胜等起。[16]于今创痍未瘳,哙又面谀,欲摇动天下。[17]"是时殿上皆恐,太后罢朝,遂不复议击匈奴事。

季布为河东守,孝文时,人有言其贤者,孝文召,欲以为御史大夫。复有言其勇,使酒难近。[18]至,留邸一月,见罢。季布因进曰:"臣无功窃宠,待罪河东[19]。陛下无故召臣,此人必有以臣欺陛下者[20];今臣至,无所受事,罢去,此人必有以毁臣者。夫陛下以一人之誉而召臣,一人之毁而去臣,臣恐天下有识闻之有以窥陛下也[21]。"上默然惭,良久曰:"河东吾股肱郡,故特召君耳。"布辞之官[22]。

楚人曹丘生,辩士,数招权顾金钱。[23]事贵人赵同等,与窦长君善。[24]季布闻之,寄书谏窦长君曰:"吾闻曹丘生非长者,勿与通。"及曹丘生归,欲得书请季布。[25]窦长君曰:"季将军不说足下[26],足下无往。"固请书,遂行。使人先发书,季布果大怒,待曹丘。曹丘至,即揖季布曰:"楚人谚曰'得黄金百,不如得季布一诺'。足下何以得此声于梁楚间哉?且仆楚人,足下亦楚人也。仆游扬足下之名于天下,顾不重邪?[27]何足下距仆之深也!"季布乃大说,引入,留数月,为上客,厚送之。季布名所以益闻者,曹丘扬之也。

(以上为第一段,写季布能摧刚为柔,终成汉代名臣事。)

①为气——讲义气,讲气节。 ②迹且至臣家——迹:此处用作动词,即寻其踪迹。臣:犹言"仆"。谦指自己。 ③即不能——即:若。自刭——自刎。意即不忍见季布为汉所捕。 ④髡(kūn)钳——剔去头发,戴上锁链,打扮成奴隶的样子。髡:原指给犯人剔去头发。钳:箍住脖子的刑具。 广柳车——拉东西的粗笨大车。 ⑤之鲁朱家所

卖之——之:往。鲁:汉代诸侯国名,国都在今山东曲阜。朱家:当时有名的侠客。事迹见《游侠列传》。所:处。 ⑥置之田——“田”下似应有“舍”字。 ⑦田事听此奴——意谓有关农活,干不干听其自便。听:任,由。 必与同食——你要与他一同吃饭,意谓所食之物相同。 ⑧轺(yáo)车——单马拉的轻便小车。 ⑨以己之私怨求一人——为了个人的私仇而悬赏捉拿人。 何示天下之不广也——这将在天下人面前显得你的心胸多么狭窄! ⑩忌壮士以资敌国——为了恨一个人,而将他逼到敌国,帮着敌国增加实力。忌:痛恨。资:帮助。 伍子胥所以鞭荆平王之墓——伍子胥:原为楚人,父兄被楚平王所杀,逃到吴国,后来率吴兵攻破郢都,掘楚平王之墓以鞭其尸。荆平王:即楚平王。楚国也称荆国。 ⑪待间——等到有了合适的机会。间:间隙,机会。 如朱家指——按着朱家的意思。指:通“恉”,意向。 ⑫谢——谓季布向刘邦表示歉意。 郎中——帝王的侍从人员,守卫宫殿门户,出充车骑扈从,上属郎中令。按:郎中的级别虽然不高,但相当受荣宠,汉代有以“列侯”的爵位而跻身于郎中之列者。 ⑬中郎将——帝王的护卫长官,上属郎中令。 ⑭为书嫚吕后——据《汉书·匈奴传》,冒顿(mò dú)遗吕后书曰:“陛下独立,孤偾独居,两主不乐,无以自虞,愿以所有,易其所无。”嫚:污辱。 ⑮阿(ē)——顺从讨好。 ⑯以事于胡——以讨伐匈奴为事。秦始皇统一六国后,派蒙恬出兵伐匈奴事,详见《蒙恬列传》。陈胜等起——由于秦朝的伐匈奴、筑长城、修阿房、修陵墓,劳民伤财,于秦二世元年(前209)引发陈胜起义事。详见《陈涉世家》。 ⑰面谀——当面顺情讨好。 摇动天下——指挑起战争,使国家陷于危难。 ⑱使酒——因酒纵性。 难近——难以接近。 ⑲无功窃宠,待罪河东——意即享受了过分的优待,被任为河东郡(郡治安邑,在今山西夏县西北)守。待罪:在某个职位上等待处罚。实际指任某职。 ⑳以臣欺陛下——在陛下面前把我吹捧得过好。欺:蒙骗,把我说得过好。这里是客气话。 ㉑有以窥陛下——即让人看到了您的轻率多变。 ㉒之官——前往任所。即返回河东郡。 ㉓曹丘生——曹丘先生。汉时称“生”或称“先”,都是“先生”的意思。 招权顾金钱——即今所谓“招权纳贿”。 ㉔赵同——

即赵谈,汉文帝宠幸的宦者。“谈”之所以写作“同”,乃史公为其父避讳。 窦长君——汉文帝窦皇后的长兄。事迹见《外戚世家》。㉕归——谓离长安而归故乡楚地。按:此处史公行文有漏洞,前面说季布为太守于河东,并未说其罢官归楚,今直说曹生归楚见季布,稍欠呼应。 欲得书请季布——想得到一封介绍信,以便回去求见季布。㉖不说足下——不喜欢先生您。说:“悦”的古字。足下:敬称对方。㉗游扬——周游天下以传扬之。 顾不重邪——难道不好吗?顾:反而。这里即“难道”。重:重要,美好。

季布弟季心,气盖关中①,遇人恭谨,为任侠,方数千里,士皆争为之死。尝杀人,亡之吴,从袁丝匿。②长事袁丝,弟畜灌夫、籍福之属。③尝为中司马,中尉郅都不敢不加礼。④少年多时时窃借其名以行⑤。当是时,季心以勇,布以诺,著闻关中。

季布母弟丁公⑥,为楚将。丁公为项羽逐窘⑦高祖彭城西,短兵接,高祖急,顾丁公曰:“两贤岂相厄哉!”于是丁公引兵而还,汉王遂解去。及项王灭,丁公谒见高祖。高祖以丁公徇⑧军中,曰:“丁公为项王臣不忠,使项王失天下者,乃丁公也。”遂斩丁公,曰:“使后世为人臣者无效丁公!”

(以上为第二段,写季布之弟季心与其舅丁公的事迹。)

①气盖关中——季心居于长安,故谓其侠义称雄关中。 ②亡之吴——逃到吴王刘濞的封国(国都广陵,在今江苏扬州西北蜀冈上)。 从袁丝匿——投到袁丝处躲藏。袁丝:即袁盎,字丝,本为游侠,当时为吴王相。 ③长事袁丝——事袁丝如兄。 弟畜灌夫、籍福——对待灌夫、籍福如弟。畜:养,这里即“看待”的意思。灌夫是当时著名豪强,籍福类似食客,都经常出入魏其侯窦婴门下。袁盎也是窦婴的朋友,故季心可以同时与他们数人相交。 ④中司马——中尉属下的司马。中尉是掌管京城治安的长官,中尉司马在中尉属下主管司法。中尉郅都——姓“郅”名“都”,当时以执法严格著称,详见《酷吏列传》。 ⑤窃借其名以行——私下打着他的旗号行侠。 ⑥季布母弟丁

公——母弟：母亲的弟弟。丁公：薛人，名固。 ⑦逐窘——指追得跑不了了。 ⑧徇——押着游行示众。

栾布者，梁[①]人也。始梁王彭越为家人时，尝与布游。穷困，赁佣于齐，为酒人保。[②]数岁，彭越去之巨野[③]中为盗，而布为人所略卖，为奴于燕。为其家主报仇，燕将臧荼举以为都尉。[④]臧荼后为燕王，以布为将。及臧荼反，汉击燕，虏布。梁王彭越闻之，乃言上，请赎布以为梁大夫。

使于齐，未还，汉召彭越，责以谋反，夷三族。已而枭彭越头于雒阳[⑤]，下诏曰："有敢收视[⑥]者，辄捕之。"布从齐还，奏事彭越头下，祠而哭之。吏捕布以闻。上召布，骂曰："若与彭越反邪？吾禁人勿收，若独祠而哭之，与越反明矣。趣亨之[⑦]。"方提趣汤，布顾曰[⑧]："愿一言而死。"上曰："何言？"布曰："方上之困于彭城，败荥阳、成皋间，项王所以不能遂西，徒以彭王居梁地，与汉合从苦楚也。[⑨]当是之时，彭王一顾，与楚则汉破，与汉而楚破。且垓下之会，微彭王，项氏不亡[⑩]。天下已定，彭王剖符受封，亦欲传之万世。今陛下一征兵于梁，彭王病不行，而陛下疑以为反，反形未见，以苛小案诛灭之，[⑪]臣恐功臣人人自危也。今彭王已死，臣生不如死，请就亨。"于是上乃释布罪，拜为都尉。

孝文时，为燕相，至将军。[⑫]布乃称曰："穷困不能辱身下志，非人也[⑬]；富贵不能快意，非贤也。"于是尝有德者厚报之，有怨者必以法灭之。吴楚反时，以军功封俞侯[⑭]，复为燕相。燕齐之间皆为栾布立社[⑮]，号曰栾公社。景帝中五年薨。子贲嗣，为太常，牺牲不如令，国除[⑯]。

（以上为第三段，写栾布的生平事迹。）

①梁——战国至汉初的诸侯国名。战国时的梁（魏）国都于大梁（今河南开封）；楚汉之际刘邦封彭越为梁王，都定陶（今山东菏泽定陶区西北）；彭越被杀后，刘邦又封其子为梁王。辖地大体为今河南东北

部和与之邻近的山东西南部地区。 ②赁(lìn)佣——出卖劳力换钱,即为人打工。 酒人保——古称酒馆的服务员为“酒保”。 ③巨野——大泽名,在今山东巨野北,当时水域甚广。 ④为其家主报仇——家主:指花钱买了栾布的那家主人。栾布身为奴仆能为其主子报仇,可见其平时之重感情、讲义气。 臧荼(tú)——原是燕王韩广的部将,巨鹿之战后,随项羽入关。汉元年(前206)被项羽封为燕王。都尉——中级武官名,其级别略当于校尉。栾布之为都尉在臧荼随项羽入关前。 ⑤枭彭越头于雒阳——枭:悬人头于高竿以示众。据《黥布列传》,彭越不仅被诛灭三族,而且刘邦将彭越剁成肉酱,分送给诸将吃。 ⑥收视——指收殓、埋葬。 ⑦趣(cù)亨之——赶紧烹了他。趣:急,速。亨:“烹”的本字,用油炸,但当时一般是用水煮。⑧方提趣(qū)汤——正举着栾布走向开水锅。趣:疾行。 顾——回头。 ⑨徒以彭王居梁地——就是因为有彭越当时在梁地打游击。徒:只,就是。 与汉合从苦楚——与汉王您联合,让项羽吃苦头。合从:即“合纵”。这里指联合。彭越当时在项羽后方开展游击战、运动战,掐断其前后方联络,使项羽疲于奔命,是造成项羽失败的重要因素之一。 ⑩微彭王,项氏不亡——如果没有彭越,项羽是不会失败的。微:没有。 ⑪反形未见——造反的征兆并未出现。 以苛小案诛灭之——句子繁复不顺。意即凭着一些鸡毛蒜皮的事情就把大功臣杀掉了。苛小:琐细。案:查办。 ⑫为燕相——为燕王刘嘉之相。 至将军——转至朝廷任将军。 ⑬穷困不能辱身下志,非人也——按:《史记》之称道“穷困能辱身下志”者,如越王句践、伍子胥、孙膑、苏秦、范睢、韩信、张耳等皆是。辱身下志:忍受屈辱,克制自己。非人也:犹今所谓“称不上是好汉”。 ⑭俞侯——俞:也作“鄃”,在今山东平原县西南。 ⑮皆为栾布立社——社:为活人建立的祠庙。 ⑯牺牲不如令,国除——牺牲:祭祀用的牲口,如牛羊猪等。不如令:不合礼法规定。

太史公曰:以项羽之气,而季布以勇显于楚,①身履典军搴旗者数矣,②可谓壮士。然至被刑戮③,为人奴而不死,何其下也!

彼必自负其材，故受辱而不羞，欲有所用其未足也[4]，故终为汉名将。贤者诚重其死[5]。夫婢妾贱人感慨而自杀者，非能勇也，其计画无复之耳。[6]栾布哭彭越，趣汤如归[7]者，彼诚知所处，不自重其死。[8]虽往古烈士[9]，何以加哉！

（以上为第四段，是作者的论赞，作者借议论季布、栾布相反相成的生死抉择，表现了自己豪迈的人生观、生死观。）

①以项羽之气——在项羽那样的勇猛、气势跟前。 而季布以勇显于楚——而季布居然也能凭着勇敢在楚军中显露声名。 ②屦典军搴（qiān）旗——五字龃龉难通，有曰“屦”字应作“屡”，即多次统领军队，拔掉敌人的军旗。也有曰“屦”字即“履”，践踏；“典”字衍文，意即践踏敌人的军队，拔掉敌人的军旗。还有曰“屦典”二字乃一“覆”字之讹。即覆灭敌人的军队，拔掉敌人的军旗。 数矣——已经有多次啦。数：屡屡。 ③被刑戮——指忍受髡钳、衣褐，简直就跟受刑一样。 ④欲有所用其未足也——让自己尚未发挥的能量全部发挥出来。 ⑤贤者诚重其死——意谓有才干的人是从不轻生的。重：重视，看重。 ⑥感慨——指遇事动起气来。 其计画无复之耳——即今所谓“再也想不出别的办法来”。 ⑦趣汤如归——把下汤锅看得像回家一样愉快。 ⑧诚知所处——真是明白了现时的处境。即此时豁出去的价值。处：对待，指根据情况采取对策。 不自重其死——意即所以才豁得出去。 ⑨烈士——壮怀激烈的有志之士。

［简评］ 季布、栾布都曾是刘邦对手的部将，当刘邦的对手被灭，季布、栾布在几经磨难后又做了刘邦的臣子，为汉王朝服务。其实这两个人本没有多少事迹可言，关键是司马迁借这两个人的经历表现了自己的人生观、生死观。栾布哭祭彭越是表现他的“任气”、不怕死，这是豪迈壮烈的；季布忍辱为奴，这是表现他的不轻死，志欲有所作为，这都是司马迁所赞成的，对此可以参看《伍子胥列传》《廉颇蔺相如列传》《报任安书》等。

［**集评**］《太史公自序》:“能摧刚作柔,卒为列臣。栾公不劫于势而倍死,作《季布栾布列传》第四十。”

牛运震曰:“二布奇人,太史公亦极出色摹写,《季布传》尤淋漓。‘为气任侠,有名于楚’。二语一篇立柱处。”(《史记评注》)

黄震曰:“季布庭斥樊哙横行之说,使高后不复事兵,然则孝惠、高后之世,海内无事,衣食滋殖,季布力也。布故勇将,不为技痒,而有老成安静之言,斯可尚矣。栾布挺身就烹,以雪彭王之冤,所以警悟高帝,何如哉?呜呼,非烈丈夫其孰能与于此!”(《黄氏日钞》)

吴见思曰:“季布栾布,只是一重其死,一不重其死,观赞语可见。而任侠同,为奴同,其气节亦同,所以为两人合传。季布一传,正写处只折樊哙、对文帝数语,余则借周氏、借朱家、借滕公、借曹丘生四面衬贴,而季布节概无不出现,此绿叶扶花之法也。……栾布亦只辩彭王一事,前后俱虚写。夫逐段铺排,逐事堆砌,非考功籍即屠家帐耳,何足与言文哉?”(《史记论文》)

李景星曰:“二布任侠同,为奴同,气节同,皆古烈士一流也,故合传。通篇多从虚处着笔,文势十分灵活。《季布传》叙周氏,叙朱家,叙曹丘生,皆是叙季布。其正叙处不过折樊哙、对文帝两节耳。《栾布传》叙彭越,叙臧荼,叙燕、齐立社,皆是叙栾布,其正叙处不过奏事彭越头下及自称数语耳。《季布传》后附叙季心、丁公,亦以反正相生,映带成趣。而赞语以曲折之笔写叹美之意,又复句句生动。合观通篇,无一事堆垛,无一笔板滞,奇事奇文,可称双绝。”(《四史评议》)

姚苎田曰:“《季布传》史公赞中,独反覆叹息于始之为奴朱家,自重其死处,故起一段亦极意描写,比《游侠传》尤觉有精神。而特以‘能摧刚为柔’先下一句断语,然既将其柔处写得奄奄欲尽,势必再将刚处特一振刷之,方显得始之贬损大有深意。故接手便将廷折樊哙语写得毛发欲竖,此相救之法也。不然吕太后朝，平、勃辈皆无恙，岂不容参一议耶？此等处俱要于书缝中识得。”

又曰：“《季布传》始末不详，特深感其为奴不死一节，深服其摧刚为柔一念，便将自己一腔蓬勃，俱要发泄出来。只是赞中‘欲有所用其未足也’一句，为一篇《报任安书》骨子，既有用所未足之言，不得不于其归汉之后出力渲染，以见其未足之实。然细玩赦布之后，高祖朝既无可见，吕后朝只是折樊哙用兵匈奴一语，文帝朝只是‘恐以毁誉窥上’一语，至曹邱面谀，变怒为悦，益复出丑，总之无一实事可书……《栾布传》彻始彻终，无事不载，然如吴楚之军功，燕相之惠泽，俱引而不发，此以实为虚之妙也。此皆古人精意所在，故摘出之。”（《史记菁华录》）

袁盎晁错列传第四十一

袁盎者，楚人也，①字丝。父故为群盗，徙处安陵②。高后时，盎尝为吕禄③舍人。及孝文帝即位，盎兄哙任盎为中郎④。

绛侯为丞相，朝罢趋出，意得甚。上礼之恭，常自送之⑤。袁盎进曰："陛下以丞相何如人？"上曰："社稷臣。"盎曰："绛侯所谓'功臣'，非'社稷臣'。'社稷臣'主在与在，主亡与亡。方吕后时，诸吕用事，擅相王⑥，刘氏不绝如带⑦。是时绛侯为太尉，主兵柄，弗能正。吕后崩，大臣相与共畔诸吕，太尉主兵，适会其成功⑧。所谓'功臣'，非'社稷臣'。丞相如有骄主色，陛下谦让，臣主失礼，窃为陛下不取也⑨。"后朝，上益庄，丞相益畏。⑩已而绛侯望袁盎曰⑪："吾与而兄善，今儿廷毁我！⑫"盎遂不谢⑬。

及绛侯免相之国，国人上书告以为反，征系清室，⑭宗室诸公莫敢为言，唯袁盎明绛侯无罪。绛侯得释，盎颇有力。绛侯乃大与盎结交。

淮南厉王朝，杀辟阳侯，居处骄甚。⑮袁盎谏曰："诸侯大骄必生患，可适削地。⑯"上弗用。淮南王益横。及棘蒲侯柴武太子谋反事觉⑰，治，连淮南王，淮南王征。⑱上因迁之蜀，槛车传送⑲。袁盎时为中郎将⑳，乃谏曰："陛下素骄淮南王，弗稍禁，以至此，今又暴摧折之。淮南王为人刚,如有遇雾露行道死,陛下竟为以天下之大弗能容,有杀弟之名,奈何!”上弗听,遂行之。

淮南王至雍,病死[21],闻,上辍食,哭甚哀。盎入,顿首请罪。上曰:“以不用公言至此。”盎曰:“上自宽,此往事,岂可悔哉!且陛下有高世之行者三,此不足以毁名。”上曰:“吾高世行三者何事?”盎曰:“陛下居代时,太后尝病三年,陛下不交睫,[22]不解衣,汤药非陛下口所尝弗进。夫曾参以布衣犹难之,今陛下亲以王者修之[23],过曾参孝远矣。夫诸吕用事,大臣专制,然陛下从代乘六乘传驰不测之渊,[24]虽贲、育[25]之勇不及陛下。陛下至代邸,西向让天子位者再,南面让天子位者三。夫许由[26]一让,而陛下五以天下让,过许由四矣。且陛下迁淮南王,欲以苦其志,使改过,有司卫不谨[27],故病死。”于是上乃解,曰:“将奈何?”盎曰:“淮南王有三子,唯在陛下耳。”于是文帝立其三子皆为王。盎由此名重朝廷。

袁盎常引大体忼慨。[28]宦者赵同以数幸,常害袁盎,[29]袁盎患之。盎兄子种为常侍骑,持节夹乘,[30]说盎曰:“君与斗,廷辱之,使其毁不用。[31]”孝文帝出,赵同参乘[32]。袁盎伏车前曰:“臣闻天子所与共六尺舆者,皆天下豪英。今汉虽乏人,陛下独奈何与刀锯余人载[33]!”于是上笑,下赵同。赵同泣下车。

文帝从霸陵上,欲西驰下峻阪。袁盎骑,並车擥辔[34]。上曰:“将军怯邪?”盎曰:“臣闻:‘千金之子坐不垂堂[35],百金之子不骑衡[36]。’圣主不乘危而徼幸[37]。今陛下骋六騑[38],驰下峻山,如有马惊车败,陛下纵自轻,奈高庙、太后何![39]”上乃止。

上幸上林,皇后、慎夫人从。[40]其在禁中,常同席坐。及坐,郎署长布席,[41]袁盎引却慎夫人坐[42]。慎夫人怒,不肯坐。上亦怒,起,入禁中。盎因前说曰:“臣闻尊卑有序则上下和。今陛下既已立后,慎夫人乃妾,妾主岂可与同坐哉!适所以失尊卑矣。且陛下幸之,即厚赐之。陛下所以为慎夫人,适所以祸之。陛下独不见‘人彘[43]’乎?”于是上乃说,召语慎夫人。慎夫人赐盎金五十斤。

然袁盎亦以数直谏,不得久居中,调为陇西都尉。[44]仁爱士卒,士卒皆争为死。迁为齐相。徙为吴相,辞行,种谓盎曰:“吴王骄日久,国多奸。[45]今苟欲劾治,彼不上书告君,[46]即利剑刺君矣。南方卑湿,君能日饮,毋何[47],时说王曰毋反而已。如此幸得脱[48]。”盎用种之计,吴王厚遇盎。

盎告归,道逢丞相申屠嘉,下车拜谒,丞相从车上谢袁盎。袁盎还,愧其吏,乃之丞相舍上谒[49],求见丞相。丞相良久而见之。盎因跪曰:“愿请间[50]。”丞相曰:“使君所言公事,之曹与长史掾议,吾且奏之;[51]即私邪,吾不受私语。”袁盎即跪说曰:“君为丞相,自度孰与陈平、绛侯?”丞相曰:“吾不如。”袁盎曰:“善,君即自谓不如[52]。夫陈平、绛侯辅翼高帝,定天下,为将相,而诛诸吕,存刘氏;君乃为材官蹶张,迁为队率,[53]积功至淮阳守,非有奇计攻城野战之功。且陛下从代来,每朝,郎官上书疏,未尝不止辇受其言。[54]言不可用,置之;言可受,采之,未尝不称善。何也?则欲以致天下贤士大夫[55]。上日闻所不闻,明所不知,日益圣智[56];君今自闭钳天下之口[57]而日益愚。夫以圣主责愚相[58],君受祸不久矣。”丞相乃再拜曰:“嘉鄙野人,乃不知[59],将军幸教。”引入与坐,为上客。

(以上为第一段,写袁盎在文帝时期的生平事历。)

①袁盎(àng)——《汉书》作“爰盎”。　楚——汉初诸侯国名,国都彭城(今江苏徐州)。袁盎时代的楚王是楚元王刘交的儿子刘郢与孙子刘戊。　②徙处安陵——被强制搬迁到安陵。安陵:为刘邦的儿子汉惠帝的陵墓所设的陵邑,级别相同于县,在今陕西咸阳东北。汉代帝王的惯例是自其即位开始便给自己修造坟墓,而且强制一些富户或有罪行的人向这个地区搬迁,以便形成县邑。袁盎之父的搬迁即属于有劣行。　③吕禄——吕后之侄,被封为赵王,统率北军,是吕氏一党的骨干人物,后被周勃等所杀。　④盎兄哙任盎为中郎——任:保任。

汉代官僚有保任其子、弟为官的制度。这是最高统治者对其官僚集团的一种特殊待遇,也是汉代官僚的一种补充来源。中郎:皇帝的侍从人员。也就是通常所说的"郎官"中的一种,秩六百石。其他还有侍郎、郎中等名称,都上属郎中令。 ⑤自送之——似应作"目送之"。⑥擅相王——指吕后随其意封吕产为梁王、吕禄为赵王等。 ⑦不绝如带——犹言"不绝如缕"。极言刘氏政权的岌岌可危。 ⑧适会其成功——周勃、陈平等人的功勋,只不过是赶巧了机会而已。 ⑨窃为陛下不取也——我觉得这样是不合适的。 ⑩后朝,上益庄——后来再上朝时,文帝就渐渐严肃起来,不再像以往那么客气、敬重周勃了。益:更加。 丞相益畏——周勃对文帝也越来越畏惧。 ⑪绛侯望袁盎曰——望:埋怨,责备。 ⑫吾与而兄善——我和你的哥哥(指袁哙)关系不错。而:通"尔"。你。亦用指"你的"。 今儿廷毁我——你小子居然当众说我的坏话。廷毁:在朝廷上当众说我的坏话。⑬盎遂不谢——遂:一直,到底。不谢:不表示歉意。 ⑭国人——周勃的封地。即绛县的人。 征系清室——调进京城,关进了监狱。清室:也作"请室",汉代囚禁官吏有罪者的牢狱。 ⑮淮南厉王——即刘长,刘邦之子,高祖十年(前197)刘邦讨灭了淮南王黥布,十一年(前196)立刘长为淮南王,国都寿春(今安徽寿县)。"厉"字是刘长死后的谥号。 朝——进京朝见皇帝。 杀辟阳侯——辟阳侯即审食其,为吕后所宠幸。当年刘长之母赵美人因被牵连到谋刺刘邦的案件中,想通过审食其向吕后求情,审食其不为之尽力。当时正在怀孕的赵美人生下刘长后,遂愤怒自杀,因此刘长恨审食其。文帝前元三年(前177)刘长进京朝见文帝时,将审食其杀死。 居处骄甚——行为举止都很骄纵。居处:指日常生活中的待人处事。 ⑯诸侯大骄必生患——按:"大"字应读如"太"。 可適削地——应予以谴责并削减其封地。適:通"谪",意即责罚。 ⑰棘蒲侯柴武——刘邦的开国功臣,也作"陈武"。柴(陈)武的太子名奇,与淮南王串通谋反事,在文帝前元六年(前174)。西汉初期各有土封君的嗣子都称作"太子",后来始用以专称皇太子。 ⑱治——审判,查究。 淮南王征——刘长被调到京城。

⑲槛车传送——槛车:亦作"轞车",囚车。因其车箱四面皆有木板

封闭,故云。传送:由沿途的地方官分段接替向蜀地押送。 ⑳中郎将——皇帝的侍从武官,秩比二千石,统领诸郎,上属郎中令。 ㉑淮南王至雍,病死——雍:汉县名,县治在今陕西宝鸡凤翔区南。病死:据《淮南衡山列传》,乃刘长发愤,绝食而死。 ㉒陛下居代——指文帝当年为代王时。 不交睫——犹言"不眨眼"。指不睡觉。 ㉓亲以王者修之——以一个王者的身份亲自做到了。修:行,做。 ㉔诸吕用事,大臣专制——其先是诸吕掌权,其后是大臣(周勃、陈平等)专政,二句皆言其形势之凶险复杂不可测度。 乘六乘传——乘坐并带着总共六辆传车。古称一车四马曰"乘"。也有说"六乘传"是指六匹马拉的传车,以表示乘车者的身份之高。 ㉕贲、育——孟贲、夏育,都是古代有名的勇士。 ㉖许由——传说中的隐士。据说尧以天下让许由,许由不受,见《庄子·让王》。 ㉗有司卫不谨——有关人员保护得不周到。 ㉘大体——大局。原则问题,多指礼法制度而言。 忼慨——同"慷慨",愤激多气。 ㉙赵同——即赵谈。史公为避其父讳而改称"同"。 以数幸——数:数术。指星历之类。 常害袁盎——害:嫉恨。以其存在为己之患。 ㉚常侍骑——官名,皇帝的骑从侍卫。盖即通常所谓"武骑常侍"。 持节夹乘——按:四字割裂上下文,乃补叙"常侍骑"之职务,疑旁注之混入正文者。 ㉛廷辱之——在朝廷大众面前侮辱他。 使其毁不用——毁:说人坏话。《汉书》于此作:"君众辱之,后虽恶君,上不复信。" ㉜参乘——陪侍皇帝同乘一辆车,既示优宠,亦做警卫之用。 ㉝刀锯余人——指赵同是受过阉割的宦官而言。 ㉞並(bàng)车擥(lǎn)辔(pèi)——傍着文帝的车子,紧紧拉住文帝诸马的缰绳。並:通"傍",靠着。辔:勒马的嚼子与缰绳。 ㉟坐不垂堂——不坐在屋檐下。张揖曰:"恐檐瓦坠,中人。"师古曰:"谓坐堂外边,恐坠堕也。" ㊱不骑衡——不倚楼上的栏杆。如淳曰:"骑,倚也。衡,楼殿边栏楯也。" ㊲乘危而徼(jiǎo)幸——冒险而企图侥幸成功。乘:登。 ㊳六騑——六匹马拉着的车子。皇帝的车子用六马。騑:也叫"骖",即边马。这里泛指马。 ㊴自轻——指不爱护身体、生命。 奈高庙、太后何——意谓倘若有个好歹,怎么向死去的父亲和堂上的老母交代呢?高庙:刘邦的寝庙。这里指刘邦。

太后:指文帝的母亲薄太后。 ⑩上林——即上林苑。秦汉时代的皇家猎场,旧址在今陕西西安市西及周至县、鄠邑区界。 皇后——窦皇后,景帝的生母,其传奇经历见《外戚世家》。 慎夫人——文帝的宠妃。 ㊶及坐,郎署长布席——郎署长:官名,负责照顾皇帝的生活起居。布席:铺设坐席。 ㊷引却慎夫人坐——将慎夫人的座位向后拉了一点,使其与皇后分出等级。 ㊸人彘——指刘邦的宠妃戚夫人,因受宠,几乎夺嫡。刘邦死后,被吕后断去四肢,抛入厕所,称为“人彘”。 ㊹居中——在朝廷内任职。 陇西都尉——陇西郡的武官。陇西郡的郡治狄道,即今甘肃临洮。 ㊺吴王骄日久——刘濞早在惠帝、吕后时就富强骄奢;至文帝时,因其子被太子所杀,刘濞开始对朝廷不满,文帝则对刘濞一再迁就。 国多奸——吴国的官吏多土匪习性,而且招引了许多其他地区的不逞之徒聚于吴国。 ㊻苟欲劾治——如果你要用法律整治他们。劾治:犹今之所谓查办。 上书告君——上书皇帝对你进行诬告。 ㊼君能日饮,毋何——你就每天只管喝酒,其他什么都不要管。 ㊽如此幸得脱——这样闹好了你就有可能苟全性命。 ㊾上谒——让守门人送入名片。谒:犹今之所谓名片。 ㊿请间——请求给个空隙。意即让他人走开。 51使君所言公事——使:假如。 之曹——到下属主管部门。 长史掾(yuàn)——长史与各曹的主管官员。长史:丞相手下的诸掾属之长,秩千石。 吾且奏之——我将如实地替你向皇帝上奏。 52君即自谓不如——语句不顺。或者可以理解为“即”字作“既”,“不如”下有省略。全文应作“君既自谓不如,则不应待人如此倨傲”。 53材官蹶张——军旅中一种特种兵的名号。材官:魁梧多力者。蹶张:能踏开强弩者。 迁为队率——升成了一个小队长。队率:管五十个人的小队长。 54上书疏——指转呈上臣民们给皇帝的上书。 止辇(niǎn)受其言——停下车来接过郎官所呈的书疏。辇:人推挽的车,秦汉后特指帝、后所乘的车。 55则欲以致天下贤士大夫——则:意思犹“乃”。致:招纳。 56日益圣智——一天比一天更聪明。 57闭钳天下之口——让人们不敢在你面前说话。换言之也就是学不到新东西。 58以圣主责愚相——让一位越来越圣明的君主来要求一个越来越愚蠢的宰相。责:责备,要求。 59乃不知——竟然不懂这些道理。

盎素不好晁错，晁错所居坐，盎去；盎坐，错亦去：两人未尝同堂语。及孝文帝崩，孝景帝即位，晁错为御史大夫，使吏案袁盎受吴王财物，抵罪。诏赦以为庶人。

吴楚反闻，晁错谓丞史曰：[①]“夫袁盎多受吴王金钱，专为蔽匿，言不反，今果反。”欲请治盎，宜知计谋。[②]丞史曰：“事未发，治之有绝。[③]今兵西乡，治之何益！[④]且袁盎不宜有谋。”晁错犹与未决。人有告袁盎者，袁盎恐，夜见窦婴[⑤]，为言吴所以反者，愿至上前口对状。窦婴入言上，上乃召袁盎入见。晁错在前，及盎请辟人赐间[⑥]，错去，固恨甚。袁盎具言“吴所以反状，以错故[⑦]，独急斩错以谢吴，吴兵乃可罢”。其语具在吴事中[⑧]。使袁盎为太常，窦婴为大将军。[⑨]两人素相与善。逮吴反，诸陵长者、长安中贤大夫争附两人，[⑩]车随者日数百乘。

及晁错已诛，袁盎以太常使吴。吴王欲使将[⑪]，不肯。欲杀之，使一都尉以五百人围守盎军中。袁盎自其为吴相时，有从史尝盗爱盎侍儿[⑫]。盎知之，弗泄，遇之如故。人有告从史，言“君知尔与侍者通”，乃亡归。袁盎驱自追之，遂以侍者赐之，复为从史。及袁盎使吴见守，从史适为守盎校尉司马[⑬]。乃悉以其装赍置二石醇醪。[⑭]会天寒，士卒饥渴，饮酒醉，西南陬[⑮]卒皆卧。司马夜引袁盎起，曰：“君可以去矣，吴王期旦日斩君。[⑯]”盎弗信，曰：“公何为者？”司马曰：“臣故为从史盗君侍儿者。”盎乃惊谢曰：“公幸有亲，吾不足以累公。[⑰]”司马曰：“君弟去，臣亦且亡，辟吾亲，君何患！[⑱]”乃以刀决张，道从醉卒隧直出。[⑲]司马与分背，袁盎解节毛怀之，杖步行七八里，[⑳]明，见梁骑，骑驰去，[㉑]遂归报。

吴楚已破，上更以元王子平陆侯礼为楚王，袁盎为楚相。尝上书有所言，不用。袁盎病免居家，与闾里浮沉[㉒]，相随行，斗鸡走狗。雒阳剧孟尝过袁盎，[㉓]盎善待之。安陵富人有谓盎曰：“吾闻剧孟博徒,将军何自通之?[24]”盎曰:“剧孟虽博徒,然母死,客送葬车千余乘,此亦有过人者。且缓急人所有,夫一旦有急叩门,不以亲为解,不以存亡为辞,[25]天下所望者,独季心[26]、剧孟耳。今公常从数骑[27],一旦有缓急,宁足恃乎!”骂富人,弗与通。诸公闻之,皆多袁盎[28]。

袁盎虽家居,景帝时时使人问筹策。梁王欲求为嗣[29],袁盎进说,其后语塞。[30]梁王以此怨盎,曾使人刺盎。刺者至关中,问袁盎,诸君誉之皆不容口。乃见袁盎曰:“臣受梁王金来刺君,君长者,不忍刺君。然后刺君者十余曹[31],备之!”袁盎心不乐,家又多怪,乃之棓生所问占[32]。还,梁刺客后曹辈果遮刺杀盎安陵郭门外。[33]

(以上为第二段,写袁盎与晁错相互倾轧,袁盎谗杀晁错,自己后来也被梁孝王派人刺杀的情景。)

①吴楚反闻——吴楚叛乱的消息传到朝廷。吴王刘濞、楚王刘戊等勾结胶东、胶西、济南、菑川、赵七国造反事,在景帝前元三年(前154)。详情见《吴王濞列传》。　丞史——丞和御史,都是晁错手下的属官。御史大夫有两丞及御史员十五人。　②欲请治盎,宜知计谋——按:二句似应颠倒读之。宜知计谋:谓袁盎大概知道吴王造反的阴谋。治:查办。　③事未发,治之有绝——王叔岷曰:“‘有’犹‘可’也。此谓事未发时治之,可绝吴反心也。”　④西乡——向西方杀来。乡:通“向”。　治之何益——言无益于解决吴楚之反。　⑤窦婴——窦太后之侄,景帝的表兄弟。此先也曾任吴王之相,后为詹事,在家赋闲。　⑥请辟人赐间——请求皇帝让他人走开,使自己得以单独和皇帝说话。辟:通“避”。间:空隙。　⑦以错故——就是因为晁错,因为是晁错怂恿朝廷削减诸侯之封地。　⑧其语具在吴事中——袁盎有关的大段说话,都写在《吴王濞列传》中。　⑨太常——官名,“九卿”之一,掌管朝廷与宗庙的礼仪。　大将军——此时尚非固定官名,只是任以为将军,而其地位在诸将之中比较崇高而已。　⑩诸陵长者——住在长陵(刘邦墓)、安陵(惠帝墓)、霸陵(文帝墓)等地区的头面人物。

当时的诸陵地区多为富有者与各地迁来的豪强之所居。 长安中贤大夫——指朝廷诸官。 ⑪吴王欲使将——吴王不仅不收兵,而且逼着袁盎归顺吴国,为吴国统兵。 ⑫有从史尝盗爱盎侍儿——从史:官名,大官僚身边的随从人员。盗爱:偷偷喜欢、谓与之私通。 ⑬为守盎校尉司马——按:前云使一"都尉"以五百人守盎,现又云"守盎校尉",史文前后歧义。或者"尉"字是衍文。 ⑭装赍(jī)——指随身箱包中所有值钱的东西。 置二石醇醪(chún láo)——置:买。醇醪:味道浓厚的美酒。 ⑮西南陬(zōu)——西南角。陬:隅,角落。 ⑯期——希望。 旦日——明天。 ⑰公幸有亲——意即你的家中还有父母,我不能连累他们。幸:称人之父母健在为幸。 不足以累公——不值得为了我而拖累你。 ⑱君弟去——您就尽管走。弟:通"第"。但,尽管。 辟吾亲——辟:通"避",藏匿,转移。 ⑲决张——割破帐篷。张:通"帐",帐篷。 道从醉卒隧直出——从喝醉了酒的那几个守兵所在的窟窿处钻了出去。道:从;由。 ⑳分背——分别各自而去。 节毛——旌节上的悬挂物,以旄牛尾为之。 怀之——揣在怀里,既不使丢失,亦不想人发现。 杖步行七八里——杖:以旌节的挑杆做手杖。 ㉑梁骑——梁国的侦察骑兵,当时梁孝王站在中央一方,是抗击吴楚叛军的重要力量之一。 骑驰去——从梁军获马,骑着马奔驰而去,因得以脱离险境。 ㉒与闾里浮沉——和市井之人混在一起。 ㉓剧孟——当时著名的游侠。事迹详见《游侠列传》。 尝过袁盎——曾到袁盎家造访。 ㉔博徒——博戏之徒。博:古代的一种棋戏。 何自通之——缘何与他来往。 ㉕一旦有急叩门——忽然某一天有人来叩门求救。 不以亲为解——不以家有年高的父母为理由而拒绝外出救人。 不以存亡为辞——意即不顾个人的生死安危。 ㉖季心——季布之弟。以侠义闻名。 ㉗今公常从数骑——如今你经常带着几个人跟随在我。 ㉘皆多袁盎——多:肯定,称赞。 ㉙梁王欲求为嗣——梁孝王刘武想要做其兄汉景帝的接班人,弟承兄位。 ㉚袁盎进说——指袁盎劝景帝与窦太后不要破坏刘邦定下来的传子的规矩。详情见《梁孝王世家》。 其后语塞——从此汉景帝与窦太后就不再提让梁孝王为接班人这个话头了。 ㉛后刺君者十余曹——后面还有跟着来的十多批。 ㉜之棓生所问占——到棓生那里占卜。秦时贤士，善方术。 ㉝后曹辈——后面来的刺客。遮刺杀盎安陵郭门外——事在景帝前元七年(前150)四月。遮刺：拦截行刺。安陵郭门：安陵邑外城的城门。

晁错者，颍川[①]人也。学申商刑名于轵张恢先所，[②]与雒阳宋孟及刘礼同师。[③]以文学为太常掌故。[④]

错为人陗直刻深[⑤]。孝文帝时，天下无治《尚书》者，独闻济南伏生故秦博士，治《尚书》，年九十余，老不可征，乃诏太常使人往受之。[⑥]太常遣错受《尚书》伏生所。还，因上便宜事，以《书》称说。[⑦]诏以为太子舍人、门大夫、家令。[⑧]以其辩得幸太子，太子家号曰“智囊”。数上书孝文时，言削诸侯事，及法令可更定者。书数十上，孝文不听，然奇其材，迁为中大夫[⑨]。当是时，太子善错计策，袁盎诸大功臣多不好错。

景帝即位，以错为内史[⑩]。错常数请间言事，辄听，宠幸倾九卿，法令多所更定。丞相申屠嘉心弗便，力未有以伤。内史府居太上庙堧中[⑪]，门东出，不便，错乃穿两门南出，凿庙壖垣。丞相嘉闻，大怒，欲因此过为奏请诛错。错闻之，即夜请间，具为上言之。丞相奏事，因言错擅凿庙垣为门，请下廷尉诛。上曰：“此非庙垣，乃壖中垣，不致于法[⑫]。”丞相谢。罢朝，怒谓长史[⑬]曰：“吾当先斩以闻，乃先请，为儿所卖，固误。”丞相遂发病死。错以此愈贵。

迁为御史大夫，请诸侯之罪过，削其地，收其枝郡[⑭]。奏上，上令公卿列侯宗室集议，莫敢难。独窦婴争之，由此与错有郤。错所更令三十章，诸侯皆喧哗疾晁错[⑮]。错父闻之，从颍川来，谓错曰：“上初即位，公为政用事，侵削诸侯，别疏人骨肉，[⑯]人口议多怨公者，何也？”晁错曰：“固也。不如此，天子不尊，宗庙不安。”错父曰：“刘氏安矣，而晁氏危矣，吾去公归矣[⑰]！”遂饮药死，曰："吾不忍见祸及吾身。"死十余日，吴楚七国果反，以诛错为名。及窦婴、袁盎进说，上令晁错衣朝衣斩东市。

晁错已死，谒者仆射邓公为校尉，击吴楚军为将，[18]还，上书言军事，谒见上。上问曰："道军所来，闻晁错死，吴楚罢不？[19]"邓公曰："吴王为反数十年矣，发怒削地，以诛错为名，其意非在错也。且臣恐天下之士噤口，不敢复言也！"上曰："何哉？"邓公曰："夫晁错患诸侯强大不可制，故请削地以尊京师，万世之利也。计画始行，卒受大戮，内杜忠臣之口，外为诸侯报仇，臣窃为陛下不取也。"于是景帝默然良久，曰："公言善，吾亦恨之[20]。"乃拜邓公为城阳中尉[21]。

邓公，成固[22]人也，多奇计。建元中，上招贤良，公卿言邓公，时邓公免，起家为九卿[23]。一年，复谢病免归。其子章以修黄老言[24]显于诸公间。

（以上为第三段，写晁错为削弱诸侯割据，引发七国之乱，被景帝出卖杀害事。）

①颍川——汉郡名，郡治阳翟，即今河南禹州。 ②申商——申不害、商鞅，都是战国时代的著名法家人物，申不害在韩国实行改革、商鞅在秦国实行变法事。详见《老子韩非列传》与《商君列传》。 刑名——指法家学说。因为法家讲究名分，提倡以刑法治国。 轵(zhǐ)张恢先——轵县的张恢先生。轵：汉县名，县治在今河南济源东南。 ③雒阳宋孟——雒阳城的宋孟，其人不详。 刘礼——即上文所说的楚元王之子，后来被封为楚王者。 ④文学——文章博学。这里指他所学的申商刑名之学。 太常掌故——太常属下的小官名，"百石吏，主故事"。 ⑤陗直刻深——严峻苛刻。指心胸与待人态度而言。 ⑥不可征——不能再召到京城。征：召，调。 诏太常使人往受之——让太常派一个人到济南郡去跟着伏生学。 ⑦便宜事——便国宜民之事。 以《书》称说——依据《尚书》中的观点辞令，来指说当前的政事。 ⑧诏以为太子舍人、门大夫、家令——指相继让晁错在太子身边当过太子舍人、太子门大夫、太子家令等官。太子舍人：职如皇帝的郎

中，日夜轮流做侍卫工作，秩二百石。门大夫：太子家的守门官，秩六百石。太子家令：太子的大管家，主管其钱粮收入以及各种开销等，秩八百石。　⑨中大夫——朝官名，上属郎中令，在帝王身边掌议论。⑩内史——首都及其郊区的行政长官。后来改称京兆尹。　⑪居太上庙堧(ruán)中——太上庙：高祖父太上皇庙。因刘太公曾被封为太上皇，故称其庙曰太上庙。壖中：正式围墙以外，外围小墙以内的空闲地。⑫不致于法——不应算是犯法。　⑬长史——丞相手下的高级佐吏，为诸史之长。　⑭收其枝郡——汉初之大诸侯国，往往地连数郡。所谓枝郡，指诸侯王国之边郡。　⑮皆喧哗疾晁错——疾：怨恨。⑯公为政用事——公：原是用以尊称对方。这里父亲对儿子称“公”，是故意挖苦的口吻。　别疏人骨肉——因为当时的诸侯，清一色都是刘姓的子孙，晁错要打击他们，所以错父说他“别疏人骨肉”。别疏：破坏关系，使之疏远。　⑰吾去公归矣——泷川曰：“连用三‘矣’字，其辞激。”按：三语流露出太史公的无限感慨。　⑱谒者仆射(yè)邓公为校尉——邓公以谒者仆射的身份出任校尉。邓公：史失其名。谒者仆射：皇帝的侍从官名，主管宾赞受事，秩比千石，统领诸谒者，上属郎中令。校尉：中级军官名。盖随周亚夫出征者。　击吴楚军为将——因击吴楚有功而为将军。　⑲道军所来——犹言从前线回来。道：从；由。所：处。　吴楚罢不——吴国能因为朝廷杀了晁错而罢兵吗？不：同“否”。　⑳吾亦恨之——我也很后悔。恨：憾，后悔。　㉑城阳中尉——城阳国的中尉。城阳国的国都在今山东莒县，当时的城阳王是刘章的儿子刘喜。中尉：朝廷派往诸侯国的武官，主管其国都的治安。㉒成固——汉县名，秦置成固县，南朝宋改城固县，即今陕西城固。㉓起家为九卿——由在家闲居的一个普通人一下子进入了九卿的行列。　㉔黄老言——以黄帝、老子相标榜的一种学说，是道家学派的一个分支，其思想在西汉初期曾一度占统治地位。

太史公曰：袁盎虽不好学，亦善傅会[①]，仁心为质，引义忼慨。[②]遭孝文初立，资适逢世[③]。时以变易，及吴楚一说，[④]说虽行哉，然复不遂。[⑤]好声矜贤[⑥]，竟以名败。晁错为家令时，数言事不用;后擅权,多所变更。诸侯发难,不急匡救⑦,欲报私仇⑧,反以亡躯。语曰“变古乱常,不死则亡⑨”,岂错等谓邪!

(以上为第四段,是作者对袁盎、晁错为人行事的评论。)

①善傅会——善于凑泊出种种说法。傅会:同“附会”。 ②仁心为质——有一种仁慈的本质。 引义忼慨——称引大义,慷慨陈词。忼慨:同“慷慨”。 ③资适逢世——正赶上了可以发挥才能的时机。 ④时以变易——待至时局已经起了变化。指景帝即位,实行削藩。以:通“已”。 吴楚一说——指劝说景帝杀晁错以谢诸侯。 ⑤说虽行哉——指进说奏效,晁错被杀。 然复不遂——最后还是没有成功。指吴楚并不听其花言巧语而罢兵。 ⑥好声矜贤——追求名声,耍小聪明。矜贤:以才能自矜。 ⑦不急匡救——《汉书》本传云:“吴楚七国俱反,以诛错为名。上与错议出军事,错欲令上自将兵,而身居守。”史公所谓“不急匡救”指此。 ⑧欲报私仇——想乘机将袁盎打成吴王党羽。 ⑨变古乱常,不死则亡——按:史公批评晁错“不急匡救”“欲报私仇”是正确的;至于说晁错的削藩是“变古乱常”,则显属荒谬。

[**简评**] 本篇记述了袁盎、晁错各自不同的政绩,和他们相互倾轧,最后双双送命的经过。其中写了袁盎的某些“直谏”,和晁错维护中央集权,打击割据势力的重要事实。晁错作为一个杰出的政治家,除反对诸侯割据外,还提出过重本抑末、纳粟拜爵、募民徙边、防备匈奴等许多主张,具有一个大臣的风范,这是应该肯定的。作者对袁盎、晁错两人之间的相互倾轧、假公济私都予以批评,这也是很对的;但作者说晁错“变古乱常,不死则亡”,此议论严重失平,并且与《商君列传》《吴起列传》所表现的情况相同,这表达了司马迁因其自身经历而讨厌法家人物的一贯态度。

[**集评**] 《太史公自序》:“敢犯颜色,以达主义;不顾其身,为国家树长画,作《袁盎晁错列传》第四十一。”

黄震曰："绛侯，元勋也。淮南王，帝亲弟也。盎晚出为郎，皆斥其骄。既而明绛侯无罪，谏止淮南王迁蜀者，亦盎也，盎以故名重朝廷。下赵同之参乘，却夫人之同坐，申屠相稍不为礼则折胁之，盎殆以'强直'自矜者欤？沮梁王之谋，虽以忠见贼，迹其平昔，亦非自全之道矣。"(《黄氏日钞》)

洪迈曰："爰盎真小人，每事借公言而报私怨，初非尽忠一意为君上者也。尝为吕禄舍人，故怨周勃。文帝礼下勃，何豫盎事，乃有'非社稷臣'之语，谓勃不能争吕氏之事，适会成功耳，致文帝有轻勃心，既免使就国，遂有廷尉之难，尝谒丞相申屠嘉，嘉弗为礼，则之丞相舍折困之。为赵谈所害，故阻止其参乘。素不好晁错，故因吴反事诛之。盖盎本安陵群盗，宜其忮心忍戾如此。死于刺客，非不幸也。"(《容斋续笔十》)

又曰："汉景帝为人甚有可议，晁错为内史，门东出不便，更穿一门南出。南出者，太上皇庙堧垣也。丞相申屠嘉闻穿宗庙垣，为奏请诛错。错恐，夜入宫上谒，自归上。至朝，嘉请诛错，上曰：'错所穿非真庙垣，乃外堧垣。且又我使为之，错无罪。'临江王荣以皇太子废为王，坐侵太宗庙壖地为宫，诣中尉府对簿责讯，王遂自杀。两者均为侵宗庙，荣以废黜失宠，至于杀之；错方贵幸，故略不问罪。其不公不慈如此！及用爰盎一言，错即夷诛，其寡恩忍杀复如此！"(《容斋续笔九》)

刘辰翁曰："削地，非始错议也，自贾生痛哭，袁盎谏淮南。意者，汉廷诸臣无不知当削，便直长祸及己，偷安旦夕尔。错自文帝家令时数言，……忠臣之用心，舍是无大者。虽其父犹众人之见也，以错之智岂不知说人骨肉，口语籍籍，贻身后与家族之忧哉，……错父虽愚，亦知安刘不得不尔，则其子忠也，非误刘氏也。"(《班马异同评》)

李贽曰："晁错区区欲图爰盎，自速反噬，无足怪也；然而汉景之愚，亦太甚矣。若错但可谓之不善谋身，不可谓之不善谋国也。晁、贾同时人，皆以贾生通达国体，今观贾生之策，其迂远不通者，犹十而一二，岂如晁之凿凿可行者哉！故宜魏相诸贤多从晁、贾以致中兴也。”

又曰：“斩韩信，则生入信罪；斩晁错，则生入错罪，刑官假借以诳一时，史臣又假以诳万世。诬哉冤乎！孰肯尽心于所事也？”（《藏书》）

钟惺曰：“袁盎有智数人，每于强谏犯颜中，微寓献媚之意，自结于人主，作用甚妙，弥缝甚工。人知其直，而不知其谲，太史公以‘善傅会’三字尽之，得其情矣。”

又曰：“淮南厉王朝，杀辟阳侯，袁盎谏曰：‘诸侯太骄必生患，可适削地。’上弗用。由此观之，削地之说发于盎，而盎乃以此杀晁错，汉何以服错哉？且盎言‘独急斩错以谢吴，吴兵乃可罢’，及杀错后，汉遣盎说吴不下，则杀错之效可见矣。且为使亡归，盎何以谢汉谢错也？汉无法矣。”（《史怀》）

吴见思曰：“此传兀立两扇，因时事相合，遂牵冤家作一传写。细看来，刻削阴鸷，盎、错原是一种人，史公亦用一样笔法，至今读之，犹畏恶其人。”（《史记论文》）

林伯桐曰：“袁盎惜张释之之去，可谓知人。考其生平，唯请诛晁错一事，实为刻薄。袁盎尝请削淮南，乃以削诸侯地为错罪，岂能服其心乎？若其他举动，则多磊落可观。季心长事之，关中诸君誉之不容口，至于汲长孺亦慕其为人，非偶然也。”（《史记蠡测》）

李景星曰：“《袁盎传》云：‘盎素不好晁错，晁错所居坐，盎去；盎坐，错亦去，两人未尝同堂语。’此数句即二人合传本旨。妙在以一时之事，分作两样写，《盎传》极详，而《错传》极略，《盎传》写错之倾盎处虚，《错传》写盎之倾错处实。《盎传》写其死处曲折，《错传》写其死处直截。至晁错《论贵粟》《言兵事》诸疏，综核精确，俱有关当世之务，太史公皆削去不载，只以‘数上书言事'一语括之。以既与袁盎合传,注重载写其性情心计及互相倾轧之处,此等正议反用不著,故不得不从割爱也。《错传》末幅详载其父语,所以见错死之宜也。附传邓公,又以著错死之冤,而汉之诛错非计也。略者详之,详者略之;实者虚之,虚者实之。即此一传,便可知史公为文非后人所能及矣。赞语先分后合,整齐中见错落,论二人以害人而自害处,亦能得其隐微。"(《四史评议》)

张释之冯唐列传第四十二

张廷尉[①]释之者，堵阳[②]人也，字季。有兄仲同居。以訾为骑郎[③]，事孝文帝，十岁不得调[④]，无所知名。释之曰："久宦减仲之产[⑤]，不遂[⑥]。"欲自免归。中郎将袁盎知其贤，惜其去，乃请徙释之补谒者[⑦]。释之既朝毕，因前言便宜事。文帝曰："卑之[⑧]，毋甚高论，令今可施行也。"于是释之言秦汉之间事，秦所以失而汉所以兴者久之。文帝称善，乃拜释之为谒者仆射。

释之从行，登虎圈[⑨]。上问上林尉[⑩]诸禽兽簿，十余问，尉左右视，尽不能对。虎圈啬夫[⑪]从旁代尉对上所问禽兽簿甚悉，欲以观其能，口对响应无穷者。[⑫]文帝曰："吏不当若是邪？尉无赖[⑬]！"乃诏释之拜啬夫为上林令。释之久之前曰："陛下以绛侯周勃何如人也？"上曰："长者也。"又复问："东阳侯张相如何如人也？"上复曰："长者。"释之曰："夫绛侯、东阳侯称为长者，此两人言事曾不能出口[⑭]，岂学此啬夫谍谍利口捷给[⑮]哉！且秦以任刀笔之吏，吏争以亟疾苛察相高，然其敝徒文具[⑯]耳，无恻隐之实[⑰]。以故不闻其过。陵迟[⑱]而至于二世，天下土崩。今陛下以啬夫口辩而超迁之，臣恐天下随风靡靡，争为口辩而无其实。且下之化上疾于景响[⑲]，举错[⑳]不可不审也。"文帝曰："善。"乃止不拜啬夫[21]。

上就车，召释之参乘，徐行，问释之秦之敝，具以质言[22]。至宫，上拜释之为公车令[23]。

顷之，太子与梁王共车入朝，[24]不下司马门[25]，于是释之追止太子、梁王无得入殿门。遂劾不下公门[26]不敬，奏之。薄太后闻之，文帝免冠谢曰："教儿子不谨。"薄太后乃使使承诏赦太子、梁王，然后得入。文帝由是奇释之，拜为中大夫[27]。

顷之，至中郎将。从行至霸陵[28]，居北临厕[29]。是时慎夫人[30]从，上指示慎夫人新丰道，曰："此走邯郸道也。"使慎夫人鼓瑟，上自倚瑟而歌，意惨凄悲怀，顾谓群臣曰："嗟乎！以北山石为椁，用纻絮斮陈，蕠漆其间，岂可动哉[31]！"左右皆曰："善。"释之前进曰："使其中有可欲者，虽锢南山犹有郄[32]；使其中无可欲者，虽无石椁，又何戚[33]焉！"文帝称善。其后拜释之为廷尉。

顷之，上行出中渭桥[34]，有一人从桥下走出，乘舆马惊。于是使骑捕，属之廷尉。释之治问，曰："县人[35]来，闻跸[36]，匿桥下。久之，以为行已过，即出，见乘舆车骑，即走耳。"廷尉奏当[37]：一人犯跸，当罚金。文帝怒曰："此人亲惊吾马，吾马赖柔和，令他马，固不败伤我乎？而廷尉乃当之罚金！"释之曰："法者天子所与天下公共也。今法如此而更重之，是法不信于民也。且方其时，上使立诛之则已；今既下廷尉，廷尉，天下之平也，一倾而天下用法皆为轻重，民安所措其手足？唯陛下察之。"良久，上曰："廷尉当是也。"

其后有人盗高庙坐前玉环，捕得，文帝怒，下廷尉治。释之案律盗宗庙服御物者为奏，奏当弃市。上大怒曰："人之无道，乃盗先帝庙器。吾属廷尉者，欲致之族，而君以法奏之，非吾所以共承宗庙[38]意也。"释之免冠顿首谢曰："法如是足也。且罪等，然以逆顺为差。今盗宗庙器而族之，有如万分之一，假令愚民取长陵一抔土[39]，陛下何以加其法乎？"久之，文帝与太后言之，乃许廷尉当。是时,中尉条侯周亚夫与梁相山都侯王恬开见释之持议平,乃结为亲友。张廷尉由此天下称之。

后文帝崩,景帝立,释之恐㊵,称病。欲免去,惧大诛至;欲见谢,则未知何如。用王生计,卒见谢㊶,景帝不过也。

王生者,善为黄老言㊷,处士也。尝召居廷中,三公九卿尽会立㊸,王生老人,曰“吾袜解㊹”,顾谓张廷尉:“为我结袜!”释之跪而结之。既已,人或谓王生曰:“独奈何廷辱张廷尉,使跪结袜?”王生曰:“吾老且贱,自度终无益于张廷尉。张廷尉方今天下名臣,吾故聊辱廷尉,使跪结袜,欲以重之。”诸公闻之,贤王生而重张廷尉。

张廷尉事景帝岁余,为淮南王相,犹尚以前过也㊺。久之,释之卒。其子曰张挚,字长公,官至大夫,免。以不能取容当世,故终身不仕。

(以上为第一段,写张释之的生平事历,突出了他的直言敢谏,执法无私。)

①廷尉——汉时九卿之一,掌刑狱。 ②堵阳——汉县名,县治在今河南方城东。 ③以訾为骑郎——师古云:“以家赀多,得拜为郎,非取其訾,而予以郎也。”訾:通“赀”,家财。骑郎:皇帝的侍卫人员,出充车骑,入掌门户。上属郎中令。 ④调——师古曰:“调,选也。”谓升迁。 ⑤久宦减仲之产——按:当时为郎者,须自备衣裘鞍马之饰,故有此减耗家产之语。 ⑥不遂——不顺心,不发达。 ⑦谒者——皇帝的侍从人员,职掌接收文奏,通报传达。上属郎中令。 ⑧卑之——谓依附时事令可施行者也。 ⑨虎圈——上林苑养虎的场所。 ⑩上林尉——上林令的僚属。上林令是上林苑的长官,主管苑中的禽兽和住在该区域内的居民。其下属有丞、尉各一人。 ⑪啬(sè)夫——小吏名,职掌各项杂役。 ⑫观其能——显示其才能。 口对响应无穷——对答之快如同响之应声,不带一点迟疑、留难。 ⑬无赖——不可靠,不足任使。 ⑭言事曾不能出口——周勃被人称为“木僵敦厚”,又有文帝问其决狱钱谷而不能对事,故云。 ⑮利口捷

给(jǐ)——口才好,应对敏捷。 ⑯徒文具——只有表面的官样文书。 ⑰无恻隐之实——没有出自内心的实情。恻隐,这里指真诚、诚恳。 ⑱陵迟——斜平;坡度渐缓。引申为衰颓。 ⑲疾于景响——比影之随形、响之应声还要快。景:"影"的本字。 ⑳举错——即"举措",采取的行为和措施。错:通"措"。 ㉑乃止不拜啬夫——按:《陈丞相世家》中陈平对文帝语亦大体如此,几乎是为不忠职守者作辩护,可见当时黄老哲学"无为而治"之一端。 ㉒以质言——以实情相告。质:实也。 ㉓公车令——也称公车司马令,属卫尉。掌管殿门、司马门,夜则巡逻宫中。天下上书及四方贡献品物,一概由公车令接收上达。 ㉔太子——即后日之汉景帝刘启。 梁王——即梁孝王刘武,汉景帝的胞弟,同为窦太后所生。 ㉕司马门——皇宫的外门。《三辅黄图》:"凡言司马者,宫垣之内,兵卫所在,司马主武事,故谓宫之外门为司马门。" ㉖公门——犹言"君门"。《论语·乡党》:"入公门,鞠躬如也,如不容。" ㉗中大夫——郎中令的属官,掌议论。 ㉘霸陵——汉文帝的陵墓。在今陕西西安东北。过去的皇帝都在生前即为自己修建陵墓,文帝此行即视察自己的陵墓工地。 ㉙居北临厕——坐在霸陵上面的北边上(向北眺望)。厕:通"侧",边缘悬绝处。 ㉚慎夫人——汉文帝的宠姬,邯郸人。 ㉛"以北山石为椁(guǒ)"四句——椁:外棺。纻絮斫(zhuó)陈:把丝纻棉絮之类切碎,填塞其缝隙。斫,引申为砍、斩。蘩(rú)漆其间:用漆把塞了纻絮的棺椁缝隙灌住。蘩:旧絮。或曰"蘩"字疑衍。文帝登临自己的坟墓工地,死亡的悲哀萦绕心间,及睹邯郸道,又勾起昔日代、赵旧事,抚今思昔,不胜年光人寿之悲,因而勾出以石为椁之语。 ㉜虽锢南山犹有郄——即使是把整座终南山灌铸起来(当棺椁),那它也还是会有缝隙的,(还会被人打开。)锢:熔化金属以灌缝隙。 ㉝戚——忧虑。 ㉞中渭桥——《索隐》曰:"渭桥有三所:一所在城西北咸阳路,曰西渭桥;一所在东北高陵道,曰东渭桥;其中渭桥,在古城之北也。" ㉟县人——与京都长安相对而言,犹言"乡下人"。 ㊱跸——清道戒严。 ㊲奏当(dāng)——奏上判处结果。当:判处。 ㊳共承宗庙——恭恭敬敬地对待先人。其意乃望释之予以格外严惩。共:通"恭"。 ㊴取长陵一抔(póu)

土——隐言如果有人偷掘了刘邦的坟墓。长陵:高祖陵墓。一抔土:一捧土。 ㊵释之恐——《索隐》曰:"谓帝为太子时,与梁王入朝,不下司马门,释之曾劾,故恐也。" ㊶见谢——谓朝见景帝自己去请罪。 ㊷黄老言——黄帝老子之术。大旨讲清静无为。汉初时颇为统治者所重视提倡。 ㊸会立——相聚而立。 ㊹袜解——当时群臣上殿必须去履,单穿着袜子行走。因此王生才有所谓袜解之语。 ㊺犹尚以前过也——按:于此见景帝之忌刻。景帝杀晁错、周亚夫,反复无常,忘恩负义,史公甚恶之。

冯唐者,其大父[①]赵人。父徙代。汉兴徙安陵[②]。唐以孝著,为中郎署长[③],事文帝。文帝辇[④]过,问唐曰:"父老何自为郎?[⑤]家安在?"唐具以实对。文帝曰:"吾居代[⑥]时,吾尚食监高祛数为我言赵将李齐之贤,[⑦]战于巨鹿下。今吾每饭,意未尝不在巨鹿也[⑧]。父知之乎?"唐对曰:"尚不如廉颇、李牧之为将也。"上曰:"何以?"唐曰:"臣大父在赵时,为官率将[⑨],善李牧。臣父故为代相,善赵将李齐,知其为人也。"上既闻廉颇、李牧为人,良说,而搏髀[⑩]曰:"嗟乎!吾独不得廉颇、李牧时为吾将,吾岂忧匈奴哉[⑪]!"唐曰:"主臣[⑫]!陛下虽得廉颇、李牧,弗能用也。"上怒,起入禁中。良久,召唐让曰:"公奈何众辱我,独无间处[⑬]乎?"唐谢曰:"鄙人不知忌讳。"

当是之时,匈奴新大入朝那[⑭],杀北地都尉卬[⑮]。上以胡寇为意,乃卒复问唐曰:"公何以知吾不能用廉颇、李牧也?"唐对曰:"臣闻上古王者之遣将也,跪而推毂[⑯],曰:'阃以内者,寡人制之;阃以外者,将军制之[⑰]。'军功爵赏皆决于外,归而奏之。此非虚言也。臣大父言,李牧为赵将居边,军市之租皆自用飨士[⑱],赏赐决于外,不从中扰也。委任而责成功,故李牧乃得尽其智能,遣选车[⑲]千三百乘,彀骑[⑳]万三千,百金之士[㉑]十万,是以北逐单于,破东胡,灭澹林[㉒],西抑强秦,南支韩、魏。当是之时,赵几霸。其后会赵王迁立,其母倡也。王迁立,乃用郭开谗,卒诛李牧,令颜聚代之。是以兵破士北,为秦所禽灭[23]。今臣窃闻魏尚为云中守[24],其军市租尽以飨士卒,出私养钱[25],五日一椎牛[26],飨宾客军吏舍人,是以匈奴远避,不近云中之塞。虏曾一入,尚率车骑击之,所杀甚众。夫士卒尽家人[27]子,起田中从军,安知尺籍伍符[28]。终日力战,斩首捕虏,上功莫府,一言不相应[29],文吏[30]以法绳之。其赏不行而吏奉法必用[31]。臣愚,以为陛下法太明,赏太轻,罚太重。且云中守魏尚坐上功首虏差六级,陛下下之吏,削其爵,罚作之[32]。由此言之,陛下虽得廉颇、李牧,弗能用也。臣诚愚,触忌讳,死罪死罪!"文帝说,是日令冯唐持节赦魏尚,复以为云中守,而拜唐为车骑都尉[33],主中尉及郡国车士[34]。

七年[35],景帝立,以唐为楚相,免。武帝立,求贤良,举冯唐。唐时年九十余,不能复为官,乃以唐子冯遂为郎。遂字王孙,亦奇士,与余善。

(以上为第二段,写冯唐直言下情,大胆为魏尚伸冤的事迹。)

①大父——祖父。 ②安陵——汉县名,县治在今陕西咸阳东北。 ③"唐以孝著"二句——汉代统治者提倡"孝",冯唐以孝著名,故选以为中郎署长。中郎署长:郎中令的属官,主管中郎署事。 ④辇(niǎn)——人力挽行的车。后专指帝王乘坐的车。 ⑤父——称年长者。 何自——《索隐》曰:"案崔浩云:'自,从也。帝询唐,何从为郎。'" ⑥居代——文帝即位前为代王。周勃、陈平灭诸吕后,始迎立为帝。 ⑦尚食监——为皇帝主管膳食的官吏,亦称太官,属少府。 李齐——其事史书不见。有人说"战于巨鹿之下"指章邯、王离围赵歇、张耳事。 ⑧"今吾每饭"二句——吴见思认为:因尚食监之言,故见饭而念监,因监而念巨鹿也。遇事生心,真有如此。 ⑨官率将——百夫长。百人为队,官率即队大夫。 ⑩搏髀(bì)——拍大腿。 ⑪"吾独不得廉颇、李牧时为吾将"二句——王念孙曰:"'时'读为'而'……'而''时'声相近,故字相通。"按:时,读为"使"。《汉书》但作"吾独不得廉颇李牧为将"。又:此句中应重出"使廉颇、李牧得为吾将",或增加"不者"二字,其意始顺。 ⑫主臣——畏惧之语。或欲称

主，或又称臣，以见其惶恐嗫嚅之状。《陈丞相世家》"上曰：'苟各有主者，而君所主何事也？'平谢曰：'主臣，陛下不知其驽下，使待罪宰相'"云云，用法与此相同。 ⑬间处——无人之处，合适的间隙。间：私下。与上句"众辱"之"众"（当众）相对成文。 ⑭朝那——汉县名，县治在今宁夏固原东南。 ⑮北地都尉卬——北地：汉郡名，西汉移治马岭（今甘肃庆城西北），东汉移治富平（今宁夏吴忠西南）。辖今宁夏贺兰山、青铜峡、苦水河以东及甘肃环江、马莲河流域。都尉：郡太守的副职，主武事。卬（áng）：北地郡都尉，姓孙名卬。 ⑯跪而推毂——命将出师，王者亲自为大将推车轴，以示尊信。 ⑰"阃（kǔn）以内者"四句——阃：门槛，这里指城门。四句是说，出兵以后，军中一切都交由大将做主，王者不从后面干预。 ⑱军市之租皆自用飨士——军市：边军内的交易市场（大约也包括该军所驻区域内的百姓交易市场）。《廉颇蔺相如列传》："（牧）以便宜置吏，市租皆输入莫府，为士卒费。"可以互见。 ⑲选车——经过挑选的兵车。此词又见于《廉蔺列传》。⑳彀（gòu）骑——骑射之士。彀：张弓。 ㉑百金之士——《索隐》引刘氏云："其功可赏百金者。"盖谓临战勇武，曾获百金之赏的猛士。㉒澹（dàn）林——也作襜褴，当时活动于代郡以北一带的少数民族。

㉓"王迁立"六句——张照曰："上文云'赵王迁立'，然则此句'立'字衍文。"按：王迁用郭开谗言杀害李牧，以及身俘国灭事，见《廉颇蔺相如列传》。 ㉔云中守——云中郡的太守。辖境相当今内蒙古土默特右旗以东，大青山以南，卓资以西，黄河南岸及长城以北。西汉辖境缩小，东汉未废。郡治云中（今内蒙古托克托东北）。 ㉕私养钱——中井积德曰："郡守自应得家口私费之钱，如后世月俸钱。" ㉖椎（chuí）牛——杀牛。椎：击杀。 ㉗家人——平民百姓。 ㉘尺籍伍符——泛指军中的规章条令。《索隐》曰："尺籍者，谓书其斩首之功于一尺之板。伍符者，命军人伍伍相保，不容奸诈。" ㉙不相应——指所报的数目与实际斩获的数目不合。 ㉚文吏——死守条文的法吏。亦即所谓深文巧诋，舞文弄法的刀笔吏。 ㉛其赏不行而吏奉法必用——谓将士的斩获之功不蒙奖赏，而小吏舞文弄法反受信用。按：先言将士之委屈，为魏尚做地步。 ㉜罚作之——罚做劳役。胡三省曰：

"一岁刑为罚作。" ㉝车骑都尉——胡三省曰:"《百官表》无车骑都尉官。"按:《李广列传》有骁骑都尉、骑都尉诸名目,车骑都尉的官级应与之相近。骑都尉秩比二千石。 ㉞主中尉及郡国车士——中尉主巡徼京城、卫戍首都;郡国指地方之各州郡、各诸侯国。冯唐主中尉及郡国车士,则全国的车战之士皆归其统辖。 ㉟七年——汉文帝后元七年,即公元前157年。

太史公曰:张季之言长者[①],守法不阿意[②];冯公之论将率,有味哉!有味哉!语曰:"不知其人,视其友。"二君之所称诵,可著廊庙[③]。《书》曰:"不偏不党,王道荡荡;不党不偏,王道便便。[④]"张季、冯公近之矣。

(以上为第二段,是作者的论赞,表现了作者对张释之冯唐二人正直无私的热情称颂。)

①言长者——叙说长者的故事。指前面所说绛侯周勃、东阳侯张相如之"口不能道言"事。 ②不阿(ē)意——不曲从在上者的心意。 ③可著廊庙——廊庙:指朝廷。言论可书于朝廷,极言其重要。 ④《书》——指《尚书》。 "不偏不党"四句——《尚书·洪范》文。今本《尚书》"不"作"无","便便"作"平平"。党:阿附。荡荡、便便:皆平阔貌。四句是说,若能办事不偏心、不阿私,圣王之道就能畅然通行了。

[**简评**] 本篇的主旨在于表彰张释之、冯唐的犯颜直谏与文帝勇于纳谏的精神。张释之传的最精彩之处在于论石椁一节,文章慷慨淋漓,道理亦千载不朽,其渊源盖取效于晏子。至于论啬夫与县人事,则殊多悖谬。冯唐之论将帅,至理名言;其论魏尚,出于公义。在司马迁看来,此亦颇与李陵事相近,皆所谓"赏太轻,罚太重"者。然冯唐论事受赏,己则论事被刑;而被刑之后,又无一冯唐其人能激于公义发一言以相援救,真可谓悲慨无限了。文帝是司马迁的理想人物,于其本纪中曾详著了他的谦让、俭朴、宽仁,于此处则又突出了他的勇于纳谏,可谓推崇

之至。王鏊称“文帝君臣如家人父子”,史公于此诚企慕之。

[**集评**]　太史公曰:“守法不失大理,言古贤人,增主之明,作《张释之冯唐列传》第四十二。”

黄震曰:“张释之论长者,及其守法不阿。冯唐之论将,皆质直有古大臣之风焉。释之之结袜。与张良之纳履类也。以素昧则张良难,以贵则释之难。”(《黄氏日钞》)

茅坤曰:“张释之学问作用,大约从黄老中来。……冯唐无他卓显处,特以其论将帅一段为绝古今,遂为立传。”(《史记钞》)

汤谐曰:“一边写二君质直不阿,一边写孝文从谏若流,君明臣良意象,洋溢楮上。盖《张冯传》之兼写孝文,犹《酷吏》诸传之兼写孝武也。叙张语凡数节,皆简直;冯语止一节,颇详。然皆苍劲不作态,所谓言各如人。且二君独有古名臣风度,故史公文格亦进周秦而上之耳。虽对面旁面间出风神以动荡其文境,然终以质劲胜矣。”(史记半解》)

洪迈曰:“‘张释之为廷尉,天下无冤民’,于定国为廷尉,人自以不冤。此《汉史》所称也。两人在职皆十年余年。周勃就国,人上书告勃欲反,下廷尉逮捕,吏稍侵辱之,勃以千金与狱吏,吏使以公主为证,太后亦以为无反事,乃得赦出。释之正为廷尉,不能救,但申理犯跸、盗环一二细事耳。”(《容斋续笔》)

姚苎田曰:“汉初文法虽严,而上下之情易达,往往有触禁抵网之余,局外数言,转圜立见。故萧何入狱,王卫尉得以陈言;雍齿见仇,张留侯为之阴释。下至壶关三老,得明太子之冤;鲁国朱家,亦解逋臣之厄。诚以当局者难为说,而纳牖者易为功也。方史迁为李陵进说之时,与冯唐称魏尚何异?乃一言未察,刑祸随之。而迁可为陵明心迹,谁复为迁颂隐情?此无他,顾忌既多,偏颇顿极,市道之交,转相惩戒而莫之非也。故于赞中特撮出释之,称‘长者’,冯唐之论将率,叹其称诵朋友,为王道公平,可谓极慨想之深情,尽揄扬之能事者矣。”

又曰:“《冯唐传》只论将一事,卓绝千古,遂为立传。而当其白首郎署以前,无可表见,特将大父与父两次迁徙写出,一种蔼然忠孝家风,便令人咀玩不已。文章之神妙,良非宋子京一流漫然删润自谓‘简赅’者,所能梦见也。”(《史记菁华录》)

吴见思曰:“张廷尉长者,看来冯公亦长者,是一时之人、一时之言,俱以文帝纳谏相合,故史公写作合传,非无谓也。……《张廷尉传》,气势郁勃,不露锋芒。厚重之人,亦还他一篇厚重文字。至《冯唐传》,止是论魏尚一事,转折顿挫,明快可喜,便有锋芒矣!”(《史记论文》)

李景星曰:“张释之、冯唐俱以犯颜谏诤著名汉代,故以之合传。因二人生平以谏争胜,故篇中载其言论独详,而叙次处却又极有变化。《张释之传》以历官叙行实:补谒者,叙其论秦汉事;为谒者仆射,叙其论啬夫事;为公车令,叙其劾太子梁王事;为中郎将,叙其论石椁事;为廷尉,叙其论犯跸盗环事。节次明晰,章法一片。《冯唐传》只叙其论将一事,其余不一及。然记事虽少,层折却多,用笔纯以顿宕见长,一路点次处,与《释之传》遥遥相应。……张、冯皆一代名臣,文帝又千载明主,读此一传,令人不复作后世之想。固是时会好,亦因摹绘入妙耳。”赞语重言嗟叹,有流连不尽之致。”(《四史评议》)

万石张叔列传第四十三

万石君名奋，其父赵人也，姓石氏。赵亡，徙居温[①]。高祖东击项籍，过河内[②]，时奋年十五，为小吏，侍高祖。高祖与语，爱其恭敬，问曰："若何有[③]？"对曰："奋独有母，不幸失明。家贫。有姊，能鼓琴。"高祖曰："若能从我乎？"曰："愿尽力。"于是高祖召其姊为美人，以奋为中涓，受书谒。[④]徙其家长安中戚里[⑤]，以姊为美人故也。其官至孝文时，积功劳至大中大夫[⑥]。无文学[⑦]，恭谨无与比。

文帝时，东阳侯张相如为太子太傅，免。选可为傅者，皆推奋，奋为太子太傅。及孝景即位，以为九卿迫近，惮之[⑧]，徙奋为诸侯相。奋长子建，次子甲，次子乙[⑨]，次子庆，皆以驯行孝谨，官皆至二千石。于是景帝曰："石君及四子皆二千石，人臣尊宠乃集其门。"号奋为万石君。

孝景帝季年，万石君以上大夫禄归老于家，以岁时为朝臣[⑩]。过宫门阙，万石君必下车趋，见路马必式焉。[⑪]子孙为小吏，来归谒，万石君必朝服见之，不名[⑫]。子孙有过失，不谯让，为便坐，对案不食。[⑬]然后诸子相责，因长老[⑭]肉袒固谢罪，改之，乃许。子孙胜冠者在侧，虽燕居必冠，申申如也。[⑮]僮仆，䜣䜣如也[⑯]，唯谨。

上时赐食[17]于家，必稽首俯伏而食之，如在上前。其执丧，哀戚甚悼。子孙遵教，亦如之。万石君家以孝谨闻乎郡国，虽齐鲁诸儒质行，[18]皆自以为不及也。

建元二年，郎中令王臧以文学获罪[19]。皇太后以为儒者文多质少，[20]今万石君家不言而躬行，乃以长子建为郎中令，少子庆为内史。[21]

建老白首，万石君尚无恙。建为郎中令，每五日洗沐归谒亲，入子舍，窃问侍者；[22]取亲中裙厕牏，身自浣涤，[23]复与侍者，不敢令万石君知，以为常。建为郎中令，事有可言，屏人恣言，[24]极切；至廷见，如不能言者，是以上乃亲尊礼之。

万石君徙居陵里[25]。内史庆醉归，入外门不下车。万石君闻之，不食。庆恐，肉袒请罪，不许。举宗[26]及兄建肉袒，万石君让[27]曰："内史贵人，入闾里，里中长老皆走匿，而内史坐车中自如，固当！"乃谢罢庆[28]。庆及诸子弟入里门，趋至家[29]。

万石君以元朔五年中卒。长子郎中令建哭泣哀思，扶杖乃能行。岁余，建亦死。诸子孙咸孝，然建最甚，甚于万石君。

建为郎中令，书奏事，事下，[30]建读之，曰："误书！'马'者与尾当五，今乃四，不足一。[31]上谴死矣[32]！"甚惶恐。其为谨慎，虽他皆如是[33]。

万石君少子庆为太仆，御出，[34]上问车中几马，庆以策数马毕，举手曰[35]："六马。"庆于诸子中最为简易[36]矣，然犹如此。为齐相，举齐国皆慕其家行，不言而齐国大治，为立"石相祠"。

元狩元年，上立太子，选群臣可为傅者。庆自沛守为太子太傅，七岁迁为御史大夫。

元鼎五年秋，丞相有罪，罢。制诏御史："万石君先帝尊之，子孙孝，其以御史大夫庆为丞相，封为牧丘侯。"是时汉方南诛两越，东击朝鲜，北逐匈奴，西伐大宛，中国多事。天子巡狩海内，修上古神祠，封禅，兴礼乐。公家用少，桑弘羊等致利，[37]王温舒之属峻法，兒宽等推文学至九卿，[38]更进用事，事不关决于丞相，丞相醇谨而已。[39]在位九岁，无能有所匡言。尝欲请治上近臣所忠、九卿咸宣罪，[40]不能服，反受其过，赎罪[41]。

元封四年中，关东流民二百万口，无名数者四十万[42]，公卿议欲请徙流民于边以適之[43]。上以为丞相老谨，不能与其议，乃赐丞相告归，而案御史大夫以下议为请者。[44]丞相惭不任职，乃上书曰："庆幸得待罪丞相，罢驽[45]无以辅治，城郭仓库空虚，民多流亡，罪当伏斧质，上不忍致法。愿归丞相侯印，乞骸骨归，避贤者路。"天子曰："仓廪既空，民贫流亡，而君欲请徙之[46]；摇荡不安，动危之，而辞位，君欲安归难乎！[47]"以书让庆[48]，庆甚惭，遂复视事。

庆文深审谨，然无他大略，为百姓言。[49]后三岁余，太初二年中，丞相庆卒，谥为恬侯。庆中子德，庆爱用之，上以德为嗣，代侯。后为太常，坐法当死，赎免为庶人。庆方为丞相，诸子孙为吏更至二千石者十三人。及庆死后，稍以罪去，孝谨益衰矣。

（以上为第一段，写石奋、石建、石庆等为官"恭谨"的情形。）

①温——秦县名，县治在今河南温县西南，当时属河内郡。　②河内——秦郡名，郡治怀县，在今河南武陟西南，原属于项羽所封的殷王司马卬（都朝歌，今河南淇县）。在这年二月，司马卬的殷国被刘邦所灭，刘邦遂在故殷地设立河内郡。　③若何有——你家里都有什么人。若：你。　④美人——秦汉时期帝王姬妾的一种称号。皇帝的正妻称"皇后"，姬妾都称"夫人"，在这些姬妾中"又有美人、良人、八子、七子、长使、少使"等称号。　中涓——帝王室内的侍奉人员，主管清洁及传达收发等事。　受书谒——意即为帝王接纳臣民的上书。谒：求见，进见。也指请求接见时递上的名帖。　⑤戚里——长安城中外戚居住的地方。　⑥大中大夫——帝王的侍从官，上属郎中令，在帝王身边掌议论。　⑦无文学——没有多少文化修养。文学：汉代通常用以指学术。这里指书本知识，文化修养。　⑧以为九卿迫近，惮（dàn）之——惮：敬畏，因其过于守礼而使人感到难受。但石奋任太子太傅，并非"九

卿”，只是享受“九卿待遇”而已。中华本断作“以为九卿，迫近，惮之”，则其意似谓石奋后来又任“九卿”，石奋任“九卿”时使景帝感到难受，于是将其调为外任，与实际情况不合。 ⑨次子甲，次子乙——师古曰：“史失其名，故云‘甲’‘乙’耳，非其名也。” ⑩以岁时为朝臣——只有在过年和四季更换的时候进宫朝见皇帝。 ⑪宫门阙——皇宫正门两侧的楼台。因其两台外出，宫门内凹，故称为“阙”。 趋——小步疾行。这是古时臣子在君父面前走路的一种礼节姿势。 路马——亦作“辂马”，辂，大也。为君主驾车的马，此指天子的车驾。 式——通“轼”。古人乘车时对某人某物表示礼敬的一种姿势。 ⑫不名——不直呼儿子的名字，以其在皇帝驾前称臣，石奋要尊敬皇帝。 ⑬谯(qiào)让——申斥，责备。 便坐——谓为之不处正室，别坐他处。 案——饭桌。 ⑭因长老——请来上年纪的人，让老人代为说情。 ⑮胜冠——已经加冠的成年男子。古人年二十而行加冠礼。 虽燕居必冠——即使是闲居的时候，自己也要一本正经地戴着帽子，以表示严肃。 申申如也——申申：整饬。 ⑯僮仆，䜣(yín)䜣如也——意谓石奋在僮仆面前的样子是“䜣䜣如也”。䜣䜣：恭敬和悦的样子。 ⑰上时赐食——皇帝有时赐来饭食。 ⑱齐鲁诸儒——那些受儒家影响大的地区的儒生。 质行——笃行；操作纯善。 ⑲以文学获罪——即第一次武帝尊儒失败，王臧等被窦太后所杀。事情详见《魏其武安侯列传》。 ⑳皇太后——按：“皇”上应增“太”字读，此处乃指太皇太后窦氏，而不是武帝的母亲皇太后王氏，王氏乃与窦婴等共同鼓吹尊儒者。 文多质少——光会耍嘴，而没有什么实际的本事。质：质朴。与“文”相对。 ㉑躬行——身体力行。 内史——秦始置，掌治京畿地方，相当于后世的京兆尹。西汉沿置。 ㉒洗沐——即休假，公休。 子舍——小房，下人所居，与正堂相对而言。 窃问侍者——悄悄地向侍者打听父亲的起居健康状况。 ㉓取亲中裙厕腧(yú)——亲：父母。中裙：内裤。厕腧：便器。 身自浣涤——亲自动手洗。 ㉔事有可言——估计能够说动皇上的事。 屏人恣言——屏人：支开别人。屏，亦作“摒”。恣言：无所顾忌地劝说。 ㉕陵里——《索隐》引小颜云：“陵里，里名，在茂陵。非长安之戚里也。” ㉖举宗——合族,整个家族的人。 ㉗让——推辞不敢当。这里是反语以示“讽刺”。 ㉘乃谢罢庆——(说完上述讽刺话后)这才向众人致意,答应石庆违礼的事算是过去了。 ㉙入里门,趋至家——意即在里门外就下车,用虔敬的走路姿势步行到家。这不仅是对其父的尊敬,也是对整个里中邻居的虔敬。 ㉚书奏事——谓上书向皇帝奏事。 事下——他所上的奏章被皇帝批下来了。 ㉛误书——发现自己上的奏章上有个错字吓得惊呼起来。 “马”者与尾当五——篆体“马”字下曲者为尾,并四点为四足,共五笔。 今乃四,不足一——现在我只写了四笔,还缺一笔。 ㉜上谴死矣——意谓我将要受到皇上谴责,大概要死了。 ㉝虽他皆如是——上写仅其一例,其他各种事情都是如此。

㉞太仆——九卿之一,为皇帝管理车马,皇帝出门时为皇帝赶车。御出——为皇帝赶车而出。御:驾驶车马。 ㉟策——马鞭。 举手曰——极言其紧张、郑重之状。 ㊱简易——随便。指不太拘泥礼法。

㊲公家用少——国库里的经费不足。 桑弘羊等致利——指实行盐铁官营、平准均输等经济政策。桑弘羊:当时国家经济政策的主要制定者,官至御史大夫。 ㊳王温舒之属峻法——指武帝实行酷吏政治。王温舒:当时有名的酷吏之一,曾官至廷尉、中尉,与之同时的类似人物还有张汤、赵禹、杜周等,皆见于《酷吏列传》。 兒(ní)宽等推文学至九卿——指汉武帝尊崇儒术,一伙儒家分子飞黄腾达,事见《儒林列传》。推文学:即以儒术相标榜。按:兒宽以读儒书,参与订礼仪,官至御史大夫;更有公孙弘,以读儒书官至丞相,封平津侯,皆为“三公”,岂止至“九卿”而已。 ㊴更进用事——指桑弘羊、王温舒、兒宽等各种受宠人物,相继掌握实权。 事不关决于丞相——要做什么事情都不向丞相请示。关决:通过,取决。 丞相醇谨而已——意谓身为丞相的石庆,在当时什么都不过问,只当老好人。醇:淳厚。 ㊵请治——请求处治。 所忠——姓所,名忠,曾在武帝身边任谏大夫。 九卿咸宣——《酷吏列传》作“减宣”,当时的酷吏之一,曾任左内史、右扶风,未至“九卿”,而称之“九卿咸宣”,盖亦“列为九卿”,可与前注相发明。

㊶不能服,反受其过,赎罪——意谓不但没有治倒所忠与咸宣,自己反倒遭了罪,最后通过花钱才得以赎免。 ㊷无名数——没有户口的

人。名数:若今户籍。 ㊸公卿议欲请徙流民于边以適之——以石庆领头的三公九卿们请求把这些流民都发配到边疆上居住,并使之抵抗外敌入侵。適:通“谪”,责备。此指发配守边。 ㊹乃赐丞相告归——给石庆假期令其回家,因武帝不想惩治石庆,故而使其离开。案御史大夫以下议为请者——给提出上述建议的御史大夫以下的官僚以严厉惩治。案:查办惩治。 ㊺罢(pí)驽——犹言“笨拙无能”。罢:通“疲”。驽:劣马。此自谦,言愚钝无能。 ㊻君欲请徙之——你们居然还提出要查办他们。徙:迁移。 ㊼摇荡不安,动危之,而辞位——对于这些已经动荡不安的流民,你们又想用残暴的法令让他们处于危难之中,而你自己倒想辞官不干了。 君欲安归难乎——你想把你们制造的这些麻烦推给谁去承担! ㊽以书让庆——让:责备。按:《汉书》本传载武帝责石庆的诏书很详细、很严厉。 ㊾文深——此指表现上的礼节周备。 审谨——意即谨慎。 无他大略,为百姓言——没有任何的远大谋略,也从来不为百姓说话。

建陵侯卫绾者,代大陵人[①]也。绾以戏车[②]为郎,事文帝,功次迁为中郎将,醇谨无他。[③]孝景为太子时,召上左右饮,而绾称病不行。[④]文帝且崩时,属[⑤]孝景曰:“绾长者,善遇之。”及文帝崩,景帝立,岁余不噍呵绾,绾日以谨力。[⑥]

景帝幸上林,诏中郎将参乘,还而问曰:“君知所以得参乘乎?”绾曰:“臣从车士幸得以功次迁为中郎将,不自知也。”上问曰:“吾为太子时召君,君不肯来,何也?”对曰:“死罪,实病[⑦]!”上赐之剑。绾曰:“先帝赐臣剑凡六,剑不敢奉诏。[⑧]”上曰:“剑,人之所施易,独至今乎?[⑨]”绾曰:“具在。”上使取六剑,剑尚盛[⑩],未尝服也。郎官有谴,常蒙其罪;[⑪]不与他将[⑫]争,有功,常让他将。上以为廉,忠实无他肠,乃拜绾为河间王太傅。吴楚反,诏绾为将,[⑬]将河间兵击吴楚有功,拜为中尉[⑭]。三岁,以军功,孝景前六年中封绾为建陵侯。

其明年,上废太子,诛栗卿之属。[⑮]上以为绾长者,不忍,乃赐绾告归，而使郅都治捕栗氏。[16]既已，上立胶东王为太子，召绾，拜为太子太傅。久之，迁为御史大夫。五岁，代桃侯舍为丞相，朝奏事如职所奏[17]。然自初官以至丞相，终无可言。天子以为敦厚，可相少主，尊宠之，赏赐甚多。

为丞相三岁，景帝崩，武帝立。建元年中，丞相以“景帝疾时诸官囚多坐不辜者，而君不任职”，免之。[18]其后绾卒，子信代。坐酎金失侯[19]。

（以上为第二段，写卫绾以“醇谨无他”居官任职的情形。）

①代大陵人——代大陵：代国的大陵县，县治在今山西文水东北。②戏车——类似今杂技中的车技。③功次迁为中郎将——按着功劳逐级上升为中郎将。醇谨无他——即今所谓“一心一意”。④召上左右饮——即设宴招待皇帝身边的侍奉人员。绾称病不行——害怕文帝怀疑他早日结交太子。⑤属——通“嘱”，嘱咐。⑥岁余不谯呵绾，绾日以谨力——谯呵：呵斥，训斥。也有说意即“过问”“答理”，谓景帝即位一年多，将卫绾放在一边不搭理，而卫绾则每天照样尽力工作。⑦实病——根本原因仍不说破，彼此心照不宣，意味深长。⑧凡六——总共已有六把。剑不敢奉诏——意即不能再接受您赠送的这把剑了。⑨人之所施易——人们所喜欢的、可以交换的。施易：移易交换。独至今乎——意谓难道你竟能把先帝赐给你的剑一直保留到今天吗？⑩尚盛——还完全是新的。⑪郎官有谴——部下有人受到斥责。常蒙其罪——常为之遮掩。⑫他将——同僚的其他中郎将、郎中将。据《汉书·百官公卿表》，郎中令属下有五官中郎将、左中郎将、右中郎将、车郎中将、户郎中将、骑郎中将。⑬吴楚反——即以吴、楚为首的七国之乱，事情发生在景帝前元三年（前154）正月。诏绾为将——盖诏卫绾率河间之兵受他将节制以讨叛乱。⑭中尉——秦、汉为武职，掌京师治安，汉代兼主北军，位列九卿，秩中二千石。⑮上废太子——太子名荣，栗姬所生。栗姬性妒，诸妃嫔多恨之，长公主刘嫖与刘彻之母王夫人遂合谋将栗姬倾倒，使太子被废为临江王。栗卿——栗姬之兄弟，太子之舅。⑯不

忍——谓不忍加害栗姬与太子,制造此等大冤案。　乃赐绾告归——给假期让他回家,目的是让他暂时离开中尉的职务,因为中尉主管首都治安,主管大案的抓人、杀人,《酷吏列传》中的诸酷吏,大多当过中尉。　郅都——《酷吏列传》中的第一人,绰号"苍鹰",景帝此时将其由济南太守调为中尉,就是冲着他心狠手辣,结果太子被害,事见《酷吏列传》。　⑰如职所奏——《索隐》曰:"以言但守职分而已,不别有所奏议也。"　⑱建元年中——"建元"是武帝的第一个年号,公元前140—前135年。　丞相以"景帝疾时诸官囚多坐不辜者,而君不任职",免之——此句盖引自武帝谴责卫绾的诏书,曰"丞相",曰"君",皆武帝之称卫绾。所谓"君不任职",指卫绾身为丞相不为那些无辜者申冤。按:此乃武帝新上台时,不欲用景帝旧臣,故寻借口罢卫绾而任窦婴、田蚡。　⑲坐酎(zhòu)金失侯——事在武帝元鼎五年(前112)。酎金:汉律,诸侯于宗庙祭祀时献金助祭,叫"酎金"。武帝时为打击有土封君,常用"酎金"的分量不足或成色不好为借口,以取消他们的封爵与领地。

塞侯直不疑者,南阳人也。①为郎,事文帝。其同舍有告归,误持同舍郎金去。已而金主觉,妄意不疑,②不疑谢有之③,买金偿。而告归者来而归金,而前郎亡金者大惭,以此称为长者。文帝称举④,稍迁至太中大夫。朝廷见,人或毁曰:"不疑状貌甚美,然独无奈其善盗嫂⑤何也!"不疑闻,曰:"我乃无兄⑥。"然终不自明也。

吴楚反时,不疑以二千石将兵击之。景帝后元年,拜为御史大夫。天子修吴楚时功⑦,乃封不疑为塞侯。武帝建元年中,与丞相绾俱以过免⑧。

不疑学老子言⑨。其所临,为官如故⑩,唯恐人知其为吏迹也。不好立名称,称为长者。⑪不疑卒,子相如代。孙望,坐酎金失侯。

(以上为第三段,写直不疑以"老好人"居官任职的情形。)

①塞侯——封地在塞,今河南灵宝以西、陕西潼关以东地区。 直不疑——姓直,名不疑。 南阳——汉郡名,郡治宛县,即今河南南阳。 ②妄意不疑——怀疑是直不疑偷了。妄意:没有根据地猜疑。意,猜想或怀疑。 ③谢有之——道歉说确有其事。 ④称举——称赞,提拔。 ⑤盗嫂——指与其嫂私通。 ⑥我乃无兄——此归家后自语,非当场辩驳,故下文云"终不自明"。 ⑦修吴楚时功——再次表彰平定吴楚之乱的功劳。修:此作表彰。 ⑧与丞相绾俱以过免——建元元年(前140),武帝与田蚡等以尊崇儒术为名,打击黄老派人物,向窦太后夺权,卫绾与直不疑等都属旧派,故被武帝罢职。 ⑨老子言——此处实指"黄老"学说,是汉初以来统治集团治理国家的指导思想。 ⑩其所临,为官如故——临:指处理政事。如故:即一切都按照旧章程办事。 ⑪不好立名称——不愿说哪件事是自己做的。 称为长者——被人们称为老好人。

郎中令周文者,名仁,其先故任城①人也。以医见②。景帝为太子时,拜为舍人③,积功稍迁孝文帝时至太中大夫④。景帝初即位,拜仁为郎中令。

仁为人阴重不泄⑤,常衣敝补衣溺袴⑥,期为不洁清,以是得幸。⑦景帝入卧内,于后宫秘戏⑧,仁常在旁。至景帝崩,仁尚为郎中令,终无所言。上时问人⑨,仁曰:"上自察之。"然亦无所毁⑩。以此景帝再⑪自幸其家。家徙阳陵⑫,上所赐甚多,然常让,不敢受也。诸侯群臣赂遗,终无所受。

武帝立,以为先帝臣,重之。仁乃病免,以二千石禄归老,子孙咸至大官矣。

(以上为第四段,写周仁以"阴重不泄"居官任职的情形。)

①任城——汉县名,县治在今山东济宁东南。 ②以医见——以医术进见,被任为官。 ③舍人——全称为"太子舍人",官名,太子身边的下级侍从,上属太子太傅或太子少傅。 ④积功稍迁孝文帝时至太中大夫——按:"孝文帝时"四字衍文,《汉书》直作"积功迁至大中大

夫”。 ⑤阴重不泄——指沉默寡言，不泄露别人对他说的话。⑥常衣敝补衣溺袴——“溺”字衍文；“常衣敝补衣袴”云云，是一种经常出入妇女群体的自我保护之术。 ⑦期为不洁清——故意做出一种不讲卫生的样子。 以是得幸——由于皇帝觉得放心，故而得幸。⑧后宫秘戏——指帝王在内室与妃嫔们的男女嬉乐，不能令宫外得知者。后世之书有以“秘戏”隐指房事。 ⑨上时问人——问某个官僚的才德如何。 ⑩无所毁——不说别人的坏话。 ⑪再——两次。⑫家徙阳陵——周仁的家后来搬到了阳陵邑。阳陵：景帝为自己预建的陵墓名，其陵邑也称“阳陵”，相当于县的建制。阳陵在今咸阳东北。

御史大夫张叔者，名欧，安丘侯说之庶子也。[①]孝文时以治刑名言事太子。然欧虽治刑名家，其人长者。景帝时尊重[②]，常为九卿。至武帝元朔四年，韩安国免，[③]诏拜欧为御史大夫。自欧为吏，未尝言案人[④]，专以诚长者处官。官属以为长者，亦不敢大欺。上具狱事，有可却，却之；[⑤]不可者，不得已，为涕泣面对而封之[⑥]。其爱人如此。

老病笃，请免。于是天子亦策罢[⑦]，以上大夫禄归老于家。家于阳陵。子孙咸至大官矣。

（以上为第五段，写张叔“以长者”居官任职的情形。）

①张叔者，名欧——“叔”是其字。 安丘侯说（yuè）——张说，刘邦的开国功臣，封地在安丘县（今山东安丘）。 庶子——非嫡妻所生的儿子。 ②尊重——位尊权重。 ③武帝元朔四年——应作元光四年（前131）。 韩安国免——指免去御史大夫职，事在元光三年（前132）。 ④未尝言案人——案：查办，惩治。查慎行曰：“考《汉书·晁错传》，六国反时，丞相青翟、中尉嘉、廷尉欧，劾奏错大逆无道，当要斩，父母妻子同产皆弃市，请论如法……似不得云‘为吏未尝按人’也。”⑤上具狱事——将已经判定的刑事案卷，呈皇帝审批。 有可却，却之——凡有疑问、漏洞，应进一步查实的，一律退回让下级重新查对。 ⑥为涕泣面对而封之——沈钦韩认为：面囚封其上奏，使知当死。必

面封者,恐囚有冤也。　⑦策罢——下诏书令其辞职。

太史公曰:仲尼有言曰:"君子欲讷于言而敏于行①",其万石、建陵、张叔之谓邪?是以其教不肃而成,不严而治。塞侯微巧,而周文处谄,②君子讥之,为其近于佞也。然斯可谓笃行君子矣③!

(以上为第六段,是作者的论赞,作者对本篇所写的人物分成两类,但以今天观点看来,似乎相差无几。)

①君子欲讷于言而敏于行——意即少说空话,多做实事。讷:木讷,说话笨拙貌。语见《论语·里仁》。　②微巧——隐约地投机取巧。指受诬不辩,居官不改旧章等。微:晦,隐。"微巧"也可以说是稍微有些狡猾。即"微"为稍。　处谄——以逢迎谄媚为事。指其"敝衣不洁","常侍秘戏"诸端。　③斯可谓笃行君子矣——邵建章曰:"太史公传万石诸人俱以孝谨长者称,周仁是一卑污小人,附于万石君后,何其不类也。周文近佞,然可谓笃行君子,佞人可称'君子'乎?"

[简评]　所谓"万石君",是指石奋与其四个儿子石建、石庆等,五个人都官至二千石,故总其全家俸禄之和,称石奋为"万石君"。本篇除写了石氏父子外,还连带着写了卫绾、直不疑、周仁、张叔等。司马迁之所以要把他们汇入《万石君传》,是因为他们都有一个共同点,这就是为人恭谨。如果作为一个平民,则恭谨也未尝不是一种"美德";但作为立于朝廷的大臣,只有"恭谨"则显然是不够的。他们既不能推贤进能,又不能匡时补弊,庸庸碌碌,尸位素餐,不问社稷苍生,只图保官保命,这与司马迁所一贯推崇的人生观、生死观截然不同。这是一篇似褒而实讥的讽刺文章,是一篇不称为"佞幸"的"佞幸列传"。后来欧阳修在《新五代史》中所写的冯道,就是石奋等人衣钵的继承者。但是话又说回来,所谓"醇谨",只是他们为人表现的一个方面,是不是就能绝对不作孽、不害人了呢?那还不一定,晁错、窦婴、灌夫

这些大名鼎鼎的人物，都死非其罪，而陷他们于死地的，其中就有这些被称为“醇谨”的诸公！当然，这种人物的出现，与武帝时的专制主义、酷吏政治也大有关系，透过这些卑琐小人的麕集于朝廷，正可以让人们看到当时专制主义政治局面的可憎与可怜。

［**集评**］《太史公自序》：“敦厚慈孝，讷于言，敏于行，务在鞠躬，君子长者，作《万石张叔列传》第四十三。”

凌稚隆曰：“石奋、石建、石庆、卫绾、直不疑、周仁、张欧，行事虽不同，要不失为长者，故同传。”（《史记评林》）

吴见思曰：“此五人合传也，举其首末，故以‘万石君张叔’立名。……不但其人其事大同，而更以‘醇谨’字、‘无他’字、‘长者’字、‘无所言’字隐隐钓动，而五传遂为一串矣。古人云‘才如散钱，恨无索子’，其此之谓乎！《史记》每于英雄侠烈之事写得奇肆磊落，慷慨纵横而独于此传。”（《史记论文》）

黄震曰：“万石君家谨厚而已，而父子皆致二千石已过矣，庆备位丞相于孝武多事之世，何哉？卫绾车戏士，天资偶亦谨厚，而景帝相之，且谓其‘可辅幼主’。夫帝谓亚夫‘非少主臣’，宜绾之见取欤！张叔学刑名而能慈爱，君子盖取节焉。直不疑偿金，已非人情之正；况周文溺袴行诈，彼何为者，而皆致位通显！夫万石家以诚得之，而窃慕者亦侥幸，殆流弊欤！”（《黄氏日钞》）

吴国伦曰：“《史》称万石君家‘不言而躬行’，未尝不掩卷叹之。夫建且无论。庆，汉丞相也。丞相佐有天下，所当羽翼凡几？所当表正凡几？而时帝以神仙土木虚耗天下，庆胡不有所表正以称操行？……勤封禅、治明堂仪、以兴礼乐，庆胡不有所羽翼，折衷百家，阐发千古以称操行？故《史》颂其朝服见小吏，吾则谓其近于亵；《史》颂其居官为父浣涤，吾则谓其近于矫；《史》颂其误点画罪至死，吾则谓其近于琐；《史》颂其数马车前，号称简易，吾则谓其近于谀；《史》颂其家人醇谨，世称为名，吾则谓其拘挛龌龊，阉然乡愿之行而里整之光，其岂尺寸长超一世轶于古哉？余悲世人不察，猥以躬行如眇节，动称‘万石’，为之论著如此。”（《补标史记评林》引）

柯维骐曰：“苏东坡谓太史公微巧之论，后世莫晓，乃为衍其说曰‘夫以德报怨，行之美者，孔子不与以其不情也。直不疑买金偿亡，不辨盗嫂，亦士之高行矣，然非人情，其所以蒙垢受诬，非不求名也，求名之至者也。’”（《史记评林》引）

李景星曰：“凡传记叙奇事易，叙庸行难；犹之画家，画龙虎易，画狗马难。看此篇摹写五人醇谨处，言貌动止一一如生，非太史公孰能为之？”（《四史评议》）

田叔列传第四十四

田叔者，赵陉城人也。[①]其先，齐田氏苗裔[②]也。叔喜剑，学黄老术于乐巨公所。[③]叔为人刻廉自喜，喜游诸公。[④]赵人举之赵相赵午，午言之赵王张敖所，赵王以为郎中。数岁，切直廉平，赵王贤之，未及迁。

会陈豨反代，汉七年，高祖往诛之。过赵，赵王张敖自持案进食，礼恭甚，高祖箕踞骂之。是时赵相赵午等数十人皆怒，谓张王曰："王事上礼备矣，今遇王如是，臣等请为乱。"赵王啮指出血，曰："先人失国，微陛下，臣等当虫出。[⑤]公等奈何言若是！毋复出口矣！"于是贯高等曰："王长者，不倍德。"卒私相与谋弑上。会事发觉，汉下诏捕赵王及群臣反者。于是赵午等皆自杀，唯贯高就系。是时汉下诏书："赵有敢随王[⑥]者罪三族。"唯孟舒、田叔等十余人赭衣自髡钳，[⑦]称王家奴，随赵王敖至长安。贯高事明白[⑧]，赵王敖得出，废为宣平侯，乃进言田叔等十余人[⑨]。上尽召见，与语，汉廷臣毋能出其右[⑩]者。上说，尽拜为郡守、诸侯相。叔为汉中守十余年，会高后崩，诸吕作乱，大臣诛之，立孝文帝。

孝文帝既立，召田叔问之曰："公知天下长者乎？"对曰："臣何足以知之！"上曰："公，长者也，宜知之。"叔顿首曰："故云中守孟舒，长者也。”是时孟舒坐虏大入塞，盗劫云中尤甚，免。上曰：“先帝置孟舒云中十余年矣，虏曾一入，孟舒不能坚守，毋故士卒战死者数百人。长者固杀人[11]乎？公何以言孟舒为长者也？”叔叩头对曰：“是乃孟舒所以为长者也。夫贯高等谋反，上下明诏，赵有敢随张王，罪三族。然孟舒自髡钳，随张王敖之所在，欲以身死之，岂自知为云中守哉！汉与楚相距，士卒罢敝。匈奴冒顿新服北夷，来为边害，孟舒知士卒罢敝，不忍出言[12]。士争临城死敌，如子为父，弟为兄，以故死者数百人。孟舒岂故驱战之哉！是乃孟舒所以为长者也。”于是上曰：“贤哉孟舒！”复召孟舒以为云中守。

后数岁，叔坐法失官。梁孝王使人杀故吴相袁盎，景帝召田叔案梁，[13]具得其事，还报。景帝曰：“梁有之乎？”叔对曰：“死罪！有之[14]。”上曰：“其事安在[15]？”田叔曰：“上毋以梁事为[16]也。”上曰：“何也？”曰：“今梁王不伏诛，是汉法不行也；如其伏法，而太后食不甘味，卧不安席，此忧在陛下也。”景帝大贤之，以为鲁相。

鲁相初到，民自言相，讼王取其财物百余人。[17]田叔取其渠率二十人，各笞五十，余各搏二十，[18]怒之曰：“王非若主邪[19]？何自敢言若主！”鲁王闻之大惭，发中府钱[20]使相偿之。相曰：“王自夺之，使相偿之，是王为恶而相为善也。相毋与偿之。”于是王乃尽偿之。

鲁王好猎，相常从入苑中，王辄休相就馆舍[21]，相出，常暴坐[22]待王苑外。王数使人请相休，终不休，曰：“我王暴露苑中，我独何为就舍！”鲁王以故不大出游。

数年，叔以官卒，鲁以百金祠[23]，少子仁不受也，曰：“不以百金伤先人名。”

（以上为第一段，写田叔之侠义精神与其为官尽心任职之事。）

①田叔——名叔，字少卿。　赵陉（xíng）城——赵国之陉城。赵：

汉初诸侯国名,始封之君为刘邦的开国功臣张耳,国都即今河北邯郸。陉城:钱穆认为:在今河北蠡县南。 ②齐田氏苗裔——战国时齐国诸侯的后代。 ③乐巨公所——乐巨公处。乐巨公:也作"乐臣公",战国时燕国名将乐毅的族人。所:处。 ④刻廉自喜——以严谨廉洁为追求目标。 喜游诸公——喜欢交结当时的名人。 ⑤先人失国——指其父张耳被项羽封为常山王,至前往上任时被陈馀所驱逐事。 微——无,假如没有。 虫出——意即早就死了。 ⑥随王——指跟随张敖进京。 ⑦赭(zhě)衣——古代囚犯所穿的赤褐色的衣服,亦即以为罪人的代称。 髡(kūn)钳——古代将犯人剃去头发并用刑具束颈的刑罚。 ⑧贯高事明白——贯高等谋杀刘邦而与赵王无关的事情得以弄清。有关贯高自己承担责任,为张敖洗清干系的过程,详见《张耳陈馀列传》。 ⑨进言田叔等十余人——按:此"十余人"乃皆与谋杀刘邦事无关,而出于义气,装作家奴,以随赵王入京者;至于贯高,则在证明赵王绝与此事无关后,已不顾刘邦赦令自杀身死。 ⑩毋能出其右——没有人再比他们强。汉初以"右"为上。 ⑪杀人——此指使人无故被杀。 ⑫不忍出言——不忍心下令让他们出战。 ⑬召田叔——重新起用田叔。召:起用。 案梁——到梁国去查办此事。 ⑭死罪!有之——"死罪"是汉臣对皇帝说话时的谦卑语;"有之"方是回答梁国之事。陈直认为:与汉代公牍称"顿首死罪死罪"相同。 ⑮其事安在——有关的档案资料都在哪里? ⑯毋以梁事为——意即不要再追问梁国的问题,因为一旦追问清楚,则处理起来将左右为难。 ⑰言相——到鲁相那里告鲁恭王的状。按:吴、楚七国之乱被削平后,诸侯国的封地大大减少,诸侯王的权力也大被剥夺,诸侯国内的一切大事都由诸侯相做主。 讼王取其财物百余人——谓有上百人讼王,言王取其财物。讼:诉讼,告状。 ⑱渠率——亦作"渠帅"。首领。渠:通"巨"。大。 搏——用手打脸。 ⑲王非若主邪——鲁王难道不是你们的主子吗?若:你,你们的。 ⑳中府钱——内库里的钱。 ㉑辄休相就馆舍——总是让相到屋子里休息。休相:使相休息。 ㉒暴(pù)坐——暴露在日光下、风雨中。 ㉓鲁以百金祠——鲁王以百斤金给田叔家作为祭礼。

仁以壮健为卫将军[①]舍人，数从击匈奴。卫将军进言仁[②]，仁为郎中。数岁，为二千石丞相长史[③]，失官。其后使刺举三河。[④]上东巡，仁奏事有辞[⑤]，上说，拜为京辅都尉[⑥]。月余，上迁拜为司直[⑦]。数岁，坐太子事[⑧]。时左丞相自将兵，令司直田仁主闭守城门，[⑨]坐纵太子，下吏诛死[⑩]。仁发兵[⑪]，长陵令车千秋上变仁，[⑫]仁族死。陉城今在中山国[⑬]。

（以上为第二段，简叙田仁因纵太子而丧命事，这在当时属敏感话题，故无法细讲。）

①卫将军——卫青，武帝时名将，以破匈奴功封长平侯，官大将军。②进言仁——向武帝推荐田仁。③为二千石丞相长史——以二千石的级别任丞相长史。长史：丞相的属官，为诸史之长，秩千石。当时的丞相为公孙贺，卫青的姐夫。④刺举——调察举报。刺：侦察。三河——指河东（郡治安邑，今山西夏县西北）、河南（郡治雒阳，今河南洛阳东北）、河内（郡治怀县，今河南武陟西南）三郡。刺察各郡的任务当时由丞相临时派遣其长史充任，后来遂演变成专门的"刺史"官。⑤仁奏事有辞——有辞：辞令巧妙。⑥京辅都尉——首都及其郊区的军事长官。当时称京兆尹、左冯翊、右扶风为"三辅"。⑦司直——丞相的属官，掌佐丞相察举不法，秩比二千石。⑧坐太子事——按：四字应与下文之"下吏诛死"相连贯，谓"坐太子事下吏诛死"，其中间的"时左丞相自将兵，令司直田仁主闭守城门，坐纵太子"为夹注句。太子：名据，卫皇后所生。武帝晚年疑神疑鬼，奸人江充遂诬蔑太子，说太子以巫蛊害武帝，武帝派江充往抄太子家，太子怒斩江充。武帝派丞相刘屈氂（máo）率兵讨太子，太子起兵相抗，大战长安城中，死者数万人。⑨左丞相——刘屈氂，于征和二年（前91）继公孙贺为左丞相。时奉武帝命讨伐太子刘据。主闭守城门——令其不要放走太子。⑩坐纵太子，下吏诛死——由于田仁故意放走了太子，故而田仁被武帝下狱诛死。田仁纵太子之初衷见下文。⑪仁发兵——以下数语繁芜词费。李景星认为：此十五字，疑后人附著异说，

误入正文。 ⑫长陵令——“长陵”是刘邦陵墓的名称，在当时的咸阳城东北，今陕西咸阳东。“长陵令”是为刘邦陵墓所设园邑的行政长官，其级别与县令相同。 车千秋——此别一车千秋，非田千秋以乘车入殿而称“车千秋”者。 上变仁——上书告发田仁有兵变。变：举报谋反的信件。 ⑬陉城今在中山国——七字衍文，应削。

太史公曰：孔子称曰“居是国必闻其政[①]”，田叔之谓乎！义不忘贤，明主之美以救过。[②]仁与余善，余故并论之[③]。

（以上为第三段，是作者的论赞，作者明确称颂田叔，而对田仁的放走太子以致遭难，寄予深切同情。）

①居是国必闻其政——语见《论语·学而》，原文作“夫子至于是邦也，必闻其政”。作者引此语以赞扬田叔不论到什么地方，都努力解决那个地区所存在的问题。 ②义不忘贤——指其为孟舒仗义执言。 明主之美以救过——指让鲁恭王自己把抢来的钱发还给百姓。 ③仁与余善，余故并论之——此敏感话题，故不得不一带而过。

褚先生曰：臣为郎时[①]，闻之曰田仁故与任安[②]相善。任安，荥阳[③]人也。少孤贫困，为人将车[④]之长安，留，求事为小吏，未有因缘也。[⑤]因占著名数，家于武功。[⑥]武功，扶风西界小邑也，谷口蜀划道近山。[⑦]安以为武功小邑，无豪，易高也[⑧]。安留，代人为求盗、亭父，后为亭长。[⑨]邑中人民俱出猎，任安常为人分麋鹿雉兔，部署老小当壮剧易处。[⑩]众人皆喜，曰：“无伤也，任少卿分别平，有智略。”明日复合会，会者数百人。任少卿曰：“某子甲何为不来乎[⑪]？”诸人皆怪其见之疾[⑫]也。其后除为三老，举为亲民，[⑬]出为三百石长[⑭]，治民。坐上行出游共帐不办[⑮]，斥免。

乃为卫将军舍人，与田仁会[⑯]，俱为舍人，居门下，同心相爱。此二人家贫，无钱用以事将军家监，家监使养恶啮马。[⑰]两人同床卧，仁窃言曰：“不知人哉家监也！”任安曰：“将军尚不知人，何乃家监也！”卫将军从此两人过平阳主，[⑱]主家令两人与骑奴同席而食，此二子拔刀列断席别坐[19]。主家皆怪而恶之，莫敢呵。

其后有诏募择卫将军舍人以为郎，将军取舍人中富给者，令具鞍马绛衣玉具剑，[20]欲入奏之。会贤大夫少府赵禹来过卫将军，将军呼所举舍人以示赵禹。赵禹以次问之，十余人无一人习事有智略者。赵禹曰："吾闻之，将门之下必有将类。传曰'不知其君视其所使，不知其子视其所友'。今有诏举将军舍人者，欲以观将军而能得贤者文武之士也。今徒取富人子上之，又无智略，如木偶人衣之绮绣耳，将奈之何？"于是赵禹悉召卫将军舍人百余人，以次问之，得田仁、任安，曰："独此两人可耳，余无可用者。"卫将军见此两人贫，意不平。赵禹去，谓两人曰："各自具鞍马新绛衣。"两人对曰："家贫，无用具[21]也。"将军怒曰："今两君家自为贫，何为出此言？鞅鞅如有移德[22]于我者，何也？"将军不得已，上籍以闻[23]。有诏召见卫将军舍人，此二人前见，诏问能略，相推第也[24]。田仁对曰："提桴鼓立军门，使士大夫乐死战斗，[25]仁不及任安。"任安对曰："夫决嫌疑，定是非，辩治官，[26]使百姓无怨心，安不及仁也。"武帝大笑曰："善。"使任安护北军[27]，使田仁护边田谷于河上[28]。此两人立名天下。

其后用任安为益州刺史[29]，以田仁为丞相长史。

田仁上书言："天下郡太守多为奸利，三河尤甚，臣请先刺举三河。三河太守皆内倚中贵人，与三公有亲属，无所畏惮，宜先正三河以警天下奸吏。"是时河南、河内太守，皆御史大夫杜父兄子弟也；[30]河东太守，石丞相子孙也[31]。是时石氏九人为二千石，方盛贵。田仁数上书言之[32]。杜大夫及石氏使人谢，谓田少卿曰："吾非敢有语言也，愿少卿无相诬污也。"仁已刺三河[33]，三河太守皆下吏诛死。仁还奏事，武帝说，以仁为能不畏强御，拜仁为丞相司直，威振天下。

其后逢太子有兵事，丞相自将兵，使司直主城门。司直以为太子骨肉之亲，父子之间不甚欲近，去之诸陵过。[34]是时武帝在甘泉,使御史大夫暴君[35]下责丞相"何为纵太子",丞相对言"使司直部守城门而开太子"[36]。上书以闻,请捕系司直。司直下吏,诛死。

是时任安为北军使者护军,太子立车北军南门外,召任安,与节令发兵。安拜受节,入,闭门不出。武帝闻之,以为任安为详邪,不傅事,何也?[37]任安笞辱北军钱官小吏,小吏上书言之,以为受太子节,言"幸与我其鲜好者"。[38]书上闻,武帝曰:"是老吏[39]也,见兵事起,欲坐观成败,见胜者欲合从之,有两心。[40]安有当死之罪甚众,吾常活之,[41]今怀诈,有不忠之心。"下安吏,诛死。

夫月满则亏,物盛则衰,天地之常也。知进而不知退,久乘富贵,祸积为祟。[42]故范蠡之去越,辞不受官位,名传后世,万岁不忘,岂可及哉!后进者慎戒之。

(以上为第四段,是褚少孙补写的有关田仁与任安的事迹。)

①臣为郎时——指元帝、成帝年间。 ②任安——字少卿,司马迁的朋友。曾为北军使者护军,与田仁皆死于征和二年(前91)的"巫蛊之祸"。其事迹除见于本文外,还见于司马迁所写的《报任少卿书》。 ③荥(xíng)阳——汉县名,县治即今河南荥阳东北。 ④将车——即驾车,赶车。 ⑤求事为小吏——想寻找一个做小吏的差事。 未有因缘——没有机会,无人介绍。 ⑥占著名数——把自己的姓名、年龄落在某地的户籍上。 家于武功——武功:汉县名,县治在今陕西眉县东四十里渭水南岸,当时属于右扶风。按:今中华本无"家于武功"四字,文理欠明;黄本、凌稚隆本、泷川本皆有"家于武功"四字,今据增。 ⑦扶风——即"右扶风",为官名、政区名。职掌相当于郡太守,与京兆尹、左冯翊合称"三辅",因地属畿辅,故不称郡。治长安。西界小邑——靠近西部边界的小县。 谷口蜀刬道近山——意即离着谷口不远,向里走就是通往蜀地的栈道。谷口:此所谓"谷"即骆谷。刬:疑为"栈"字之误,栈道,山间以竹木搭成的空中通道。 ⑧无豪,易高也——没有更多的豪杰长者,自己容易出人头地。 ⑨求盗、亭父——都是亭长手下的小吏名。 亭长——"亭"是"乡"下的一级居民管理

单位,大体是十里一亭,设有亭长。 ⑩为人分麋鹿雉兔——集体打猎后,给人们分发捕获物。 部署老小当壮剧易——当壮:丁壮,壮年人。剧:繁难,不好干的事情。易:好干的事情。 ⑪某子甲——犹言“某某人”,“甲”指其人之姓名。 ⑫见之疾——眼力好、记性好。⑬除——任命,任用。 三老——乡官。十亭一乡,乡有三老,掌教化。举为“亲民”——被称道为亲近百姓的好官吏。 ⑭三百石长——小县的县长。当时万户以上为大县,其官称“县令”,禄秩六百石至一千石;不足万户称“县长”,禄秩三百石至五百石。 ⑮共帐不办——共:通“供”。供帐:指备办酒筵,供应吃喝。不办:没有筹措好。⑯与田仁会——与田仁一道。会:遇,碰在一起。 ⑰钱用——钱财物品。 以事将军家监——给卫青的管家送礼。将军家监:卫青家的管家。 恶啮马——不老实,爱咬人、踢人的马。 ⑱从此两人——让他们两个人跟着。 过平阳主——到平阳公主家做客。过:过访。平阳主:武帝的姐姐,原称阳信公主,因嫁与平阳侯曹寿为妻,故也称平阳公主。此人后来嫁给了卫青。 ⑲列断席——将一张坐席割成两块。列:通“裂”。 ⑳富给——富裕,经济条件好。 令具鞍马绛衣玉具剑——让他们自己准备好鞍马、服装、佩剑,准备入宫服务。具:准备。绛衣:深红衣,皇帝郎官的服色。玉具剑:有美玉做为装饰的佩剑。按:皇帝身边的郎官,有一些是凭着父兄的保荐,有一些是凭着自己家的钱多,这些人到皇帝身边效力时,都要自备鞍马、服饰、佩剑,每年都要陪进许多钱。 ㉑无用具——无以具,无法准备。用:以。 ㉒鞅鞅——恼怒的样子。移德——移恨,迁怒。 ㉓上籍以闻——将其名字上报皇帝知道。上籍:列名上奏。 ㉔诏问能略,相推第也——当皇帝问起他们二人各自有何本事的时候,两个人彼此相互推崇。能略:犹前所谓“智略”。推第:推别人居己之前。 ㉕提桴(fú)鼓——指击鼓以发号令。桴鼓:亦作“枹鼓”。 使士大夫乐死战斗——以言任安之善于用兵,能得士众之心。 ㉖决嫌疑——判断不易判断的事情。嫌疑:似是而非,似非而是,难以辨别。 辩治官——治理官吏。辩治:治理。㉗护北军——即任北军使者护军,以皇帝特派员的身份监督北军。“北军”“南军”是驻扎于京城的两支近卫军。护:监督,监护。 ㉘护边田谷于河上——监护北部边防一带的屯田与谷物。 ㉙益州刺史——西汉前期，朝廷直接统辖各郡与各诸侯国；至武帝元封五年（前106），汉王朝将全国划分为十三个“刺史部”，益州为其一，职掌监察，秩六百石。 ㉚御史大夫杜——即杜周，是司马迁所深恶痛绝的人物之一，事迹详见《酷吏列传》。 父兄子弟——其实这里指“子弟”，当时杜周的两个儿子，一个任河南太守，一个任河内太守。 ㉛河东——汉郡名，郡治安邑，今山西夏县西北。 石丞相——名庆，万石君石奋之子，武帝元鼎五年（前112）继赵周为相，是司马迁笔下的平庸宰相之一。 ㉜上书言之——指向皇帝反映他们的问题。 ㉝已刺三河——刺举三河事毕。 ㉞不甚欲近——意即不想逼得太紧。 去之诸陵过——放他从前代皇帝陵墓的方向逃走了。西汉前几代皇帝的陵墓在当时长安城的东北方。 ㉟御史大夫暴（bào）君——名胜之，字公子，自武帝太始三年（前94）为御史大夫。 ㊱部守——率兵把守。 开——让路，放走。 ㊲详邪——假装从逆，指接受太子的符节。详：通“佯”。假装。 不傅事，何也——意即任安没有附和、帮助太子，为什么呢？不傅事：不做事。即不发兵以助太子。傅：傅会，迎合。 ㊳受太子节——指任安在接受太子节的时候。 幸与我其鲜好者——意谓日后请多关照一些美差。鲜好者：指官场利益而言。 ㊴老吏——老奸巨猾之吏。 ㊵见胜者欲合从之——意谓他现在之所以按兵观望，是想等看出胜负的苗头时，再与胜者联合。合从：即“合纵”，这里指“联合”。 两心——两头都吃着，谁胜了投靠谁。 ㊶甚众——不是一次。 吾常活之——我曾经饶过他的命。常：通“尝”，曾经。 ㊷久乘富贵——长久地处在富贵地位。久乘：犹言“久居”。 祸积为祟——就要渐渐地积累成灾难。祟：积聚增长，这里指灾难。

［**简评**］ 作品描写了田叔这样一个略具“黄老”色彩，但却是一个公而忘私，有才干、有操守的“名臣”兼“长者”的形象。在跟从张敖入京一节上，显示了他的为人忠义，不怕牺牲；在论孟舒一节上，表现了他的正直敢言，明于事理。这两项都不属于

“黄老”性质。在规劝鲁恭王的几件事情中,柔中有刚,更像是儒者风度。唯有处理梁国刺杀袁盎事,劝景帝不了了之,此举近于“黄老”。然而褚先生在《梁孝王世家》后面所补叙的相应事情中,说田叔与吕季主按察梁事回来时,“至霸昌厩,取火悉烧梁之反辞”,而对景帝说:“梁王不知也。造为之者,独其幸臣羊胜、公孙诡之属为之耳。”于是“景帝喜说”,“太后闻之,立起坐餐,气平复”。褚先生于此对田叔盛赞说:“不通经术知古今之礼,不可以为三公及左右近臣,少见之人,如从管中窥天也。”看起来,说田叔学“黄老”的是司马迁,而在褚少孙的心目中,田叔则完全是一个“通经术,知大体”的儒者,从中浸透着汉代尊儒的一股酸气,与司马迁本文中的欣赏倾向完全不同。

田仁是司马迁的朋友,死于戾太子事件,由于这是刚刚发生的一件令人目瞪口呆的大事,而且又不在司马迁写史预定的时间范围,所以司马迁无法多写,只是点到为止。褚先生接着补写了一大段文字,具体描写了田仁与任安。由于这两个人开始一起受穷,一起坎坷不遇;后来在一个偶然机会下一起发迹,都为国家做了一些事情;最后又一起在戾太子问题上送了命,所以褚先生把这两个人放在一起写,就显得非常自然得体。而且这段文字叙事生动,人物性格鲜明,一言一语往往都包含深深的人生感慨,其艺术成就丝毫不在司马迁的笔墨之下。只是最后褚补的论赞,滥调陈词,无关文意,又一次地表现了褚少孙的“史才与史识迥不相侔”(钱锺书《管锥编》语)。

［**集评**］《太史公自序》:“守节切直,义足以言廉,行足以厉贤,任重权不可以非理挠,作《田叔列传》第四十四。”

黄震曰:“(田)叔以死事赵王敖,既仕汉,荐孟舒;案梁王,烧其籍,使景帝母子相安。相鲁,能格其君之非。叔盖坚忍有用之才,非如万石辈徒曰‘长者’而已。”(《黄氏日钞》)

吴见思曰:“田叔一传亦是平序无他奇,奇处在序孟舒一段,一转一折,一反一覆,……呼应错落,固是佳作。……此传史公未曾着意,故有褚先生出色一番写得臻臻楚楚,文秀俊雅,是另一种笔墨。”(《史记论文》)

凌约言曰:“按孟舒为云中守,士临城死敌,此诚长者,而田叔乃以随张王首称之,抑亦自贤耳,恐非长者之言也。”(《史记评林》引)

李景星曰:“太史公为田叔立传处,不过以案梁狱及为鲁相两事耳。案梁狱,可谓善处人骨肉之间;为鲁相,可谓善事骄主,凡此,皆可为后世法。而点染最出色处,却又在与文帝论孟舒一段,转折反复,呼应错落,极变化之能事。有此一段,觉通体皆灵,不第附传孟舒已也。赞语平写中见波折……‘褚先生曰’以下,文亦俊雅,但终有作态,不似史公之用笔疏落。”(《四史评议》)

扁鹊仓公列传第四十五

扁鹊者，勃海郡郑人也，①姓秦氏，名越人。少时为人舍长②。舍客长桑君③过，扁鹊独奇之，常谨遇④之。长桑君亦知扁鹊非常人也。出入十余年，乃呼扁鹊私坐，间与语⑤曰："我有禁方⑥，年老，欲传与公，公毋泄。"扁鹊曰："敬诺。"乃出其怀中药予扁鹊："饮是以上池之水，三十日当知物⑦矣。"乃悉取其禁方书尽与扁鹊。忽然不见，殆非人也。扁鹊以其言饮药三十日，视见垣一方人⑧。以此视病⑨，尽见五藏症结，特以诊脉为名⑩耳。为医或在齐，或在赵。在赵者名扁鹊。

（以上为第一段，写扁鹊学医的经过。）

①扁鹊——传说上古黄帝时名医，春秋战国时往往以"扁鹊"誉称当代名医。此指战国时名医秦越人。　勃海郡——汉郡名，郡治浮阳，在今河北沧县东南。　郑——似当为"鄚"(mào)，即今河北任丘北鄚州镇。　②少时为人舍长——"人"字衍。舍长：客馆主事。　③长桑君——长桑：复姓。君：对人之尊称。　④谨遇——恭敬地接待。⑤间与语——避开人私下交谈。　⑥禁方——秘方。古代中医讲究父子师徒口耳相传，故多秘方。　⑦知物——物：秦汉时期用以称具有特异功能的精灵。此所谓"知物"，指下文所说的隔墙见人、隔着肚皮能见内脏等等。　⑧视见垣一方人——（可以隔墙）看见墙那边的人。

一方:另一方。 ⑨以此视病——凭这种隔墙见人的本领给人看病。 ⑩特以诊脉为名——表面上还是为病人诊脉,其实根本用不着。特:只,只不过。

当晋昭公[1]时,诸大夫强而公族[2]弱,赵简子为大夫,专国事。简子疾,五日不知人,大夫皆惧,于是召扁鹊。扁鹊入视病,出,董安于[3]问扁鹊,扁鹊曰:“血脉治[4]也,而何怪[5]!昔秦穆公尝如此,七日而寤。寤之日,告公孙支[6]与子舆曰:‘我之帝所甚乐。吾所以久者,适有所学也。帝告我:晋国且大乱,五世不安。其后将霸,未老而死[7]。霸者之子且令而国男女无别。[8]’”公孙支书而藏之,秦策[9]于是出。夫献公之乱,文公之霸,而襄公败秦师于崤而归纵淫,[10]此子之所闻。今主君之病与之同,不出三日必间[11],间必有言也。”

居二日半,简子寤,语诸大夫曰:“我之帝所甚乐,与百神游于钧天[12],广乐九奏万舞,[13]不类三代之乐,其声动心。有一熊[14]欲援我,帝命我射之,中熊,熊死。有罴来,我又射之,中罴,罴死。帝甚喜,赐我二笥[15],皆有副[16]。吾见儿在帝侧,帝属我一翟犬,[17]曰:‘及而子之壮也以赐之[18]。’帝告我:‘晋国且世衰,七世而亡。嬴姓将大败周人于范魁之西,[19]而亦不能有也。’”董安于受言,书而藏之。以扁鹊言告简子,简子赐扁鹊田四万亩。

其后扁鹊过虢。虢太子[20]死,扁鹊至虢宫门下,问中庶子喜方者曰[21]:“太子何病,国中治穰[22]过于众事?”中庶子曰:“太子病血气不时[23],交错而不得泄,暴发于外,则为中害。精神不能止邪气,邪气畜积而不得泄,是以阳缓而阴急,[24]故暴蹷[25]而死。”扁鹊曰:“其死何如时?”曰:“鸡鸣至今。”曰:“收[26]乎?”曰:“未也,其死未能半日也。”“言臣齐勃海秦越人也,家在于郑,未尝得望精光侍谒于前也。[27]闻太子不幸而死,臣能生之。”中庶子曰:“先生得无诞[28]之乎?何以言太子可生也!臣闻上古之时,医有俞跗[29],

治病不以汤液醴洒，[30]镵石挢引，案扤毒熨，[31]一拨见病之应，[32]因五藏之输[33]，乃割皮解肌，诀脉结筋，[34]搦[35]髓脑，揲荒爪幕[36]，湔浣肠胃，漱涤五藏，[37]练精易形[38]。先生之方能若是，则太子可生也；不能若是而欲生之，曾不可以告咳婴之儿[39]。”终日[40]，扁鹊仰天叹曰：“夫子之为方[41]也，若以管窥天，以郄视文[42]。越人之为方也，不待切脉望色听声写形，[43]言病之所在。闻病之阳，论得其阴；闻病之阴，论得其阳[44]。病应见于大表[45]，不出千里，决者至众[46]，不可曲止[47]也。子以吾言为不诚，试入诊太子，当闻其耳鸣而鼻张，循其两股以至于阴，当尚温也。”

中庶子闻扁鹊言，目眩然而不瞚，舌挢然而不下，[48]乃以扁鹊言入报虢君。虢君闻之大惊，出见扁鹊于中阙[49]，曰：“窃闻高义之日久矣，然未尝得拜谒于前也。先生过小国，幸而举之[50]，偏国寡臣幸甚。有先生则活，无先生则弃捐填沟壑，长终而不得反。”言未卒，因嘘唏服臆[51]，魂精泄横[52]，流涕长潸，忽忽承睫，[53]悲不能自止，容貌变更。扁鹊曰：“若太子病，所谓‘尸蹷[54]’者也。夫以阳入阴中[55]，动胃繵缘[56]，中经维络[57]，别下于三焦、膀胱[58]，是以阳脉下遂，阴脉上争[59]，会气闭而不通[60]，阴上而阳内行[61]，下内鼓而不起[62]，上外绝而不为使[63]，上有绝阳之络，下有破阴之纽，[64]破阴绝阳，色废脉乱[65]，故形静如死状。太子未死也。夫以阳入阴支兰藏者生[66]，以阴入阳[67]支兰藏者死。凡此数事，皆五藏蹷中之时暴作也。良工取之，拙者疑殆。[68]”

扁鹊乃使弟子子阳厉针砥石，[69]以取外三阳五会[70]。有间，太子苏。乃使子豹为五分之熨，以八减之齐和煮之[71]，以更[72]熨两胁下。太子起坐。更适阴阳[73]，但服汤二旬而复故。[74]故天下尽以扁鹊为能生死人[75]。扁鹊曰：“越人非能生死人也，此自当生者，越人能使之起耳。”

扁鹊过齐，齐桓侯[76]客之。入朝见，曰：“君有疾在腠理[77]，不治将深。”桓侯曰：“寡人无疾。”扁鹊出，桓侯谓左右曰：“医之好利也，欲以不疾者为功[78]。”后五日[79]，扁鹊复见，曰：“君有疾在血脉，不治恐深。”桓侯曰：“寡人无疾。”扁鹊出，桓侯不悦。后五日，扁鹊复见，曰；“君有疾在肠胃间，不治将深。”桓侯不应。扁鹊出，桓侯不悦。后五日，扁鹊复见，望见桓侯而退走。桓侯使人问其故。扁鹊曰：“疾之居腠理也，汤熨之所及也；在血脉，针石之所及也；其在肠胃，酒醪[80]之所及也；其在骨髓，虽司命无奈之何。今在骨髓，臣是以无请也。”后五日，桓侯体病[81]，使人召扁鹊，扁鹊已逃去。桓侯遂死。

（以上为第二段，写扁鹊为赵简子、虢太子、齐桓侯治病的经历，表现了其精湛的医术与崇高的医德。）

①晋昭公——春秋后期晋国国君。按：赵简子为“定公”时人，且其病案多及神话，少涉医理，乃民间故事。　②公族——又称“公姓”，即国君之同族。　③董安于——赵简子家臣。　④血脉治——血脉正常。　⑤而何怪——你们何必大惊小怪。　⑥公孙支——字子桑，原晋臣，因晋国政变而逃到秦国。　⑦未老而死——“老”字疑应作“久”。晋文公在外十九年，六十一岁归国，在位九年而死。　⑧霸者之子——指晋襄公，文公之子。　男女无别——指晋襄公于崤之战大破秦军后“纵酒淫宣”事，历史对此无记载。　⑨秦策——记载秦穆公离奇梦幻的史策。　⑩献公之乱——指献公宠骊姬，杀太子申生，引起晋国一连串动乱事。　文公之霸——献公之乱，重耳出逃，十九年后，在秦国支持下回国夺得政权，终成霸主。　败秦师于崤——指公元前627年晋于崤山全歼秦军，俘秦三将事。　⑪间——病愈。　⑫钧天——天之中央。　⑬广乐——多种乐器演奏的音乐。　九奏——演奏多遍。　万舞——各种舞蹈。　⑭有一熊——数句为简子所说的神秘预言。赵简子遵天命杀死的“熊”“罴”，即其政敌中行氏（荀寅）与范氏（范吉射）。　⑮笥（sì）——盛物的方形竹器。　⑯皆有副——副：古代装饰物。　⑰属（zhǔ）——交付。　翟犬——隐指代国。当时传说“翟犬”是代国国君的祖先。翟：通“狄”。　⑱及而子之壮也以赐之——指赵襄子即位后之灭代国事。而子：你的儿子，指襄子。　⑲嬴

姓将大败周人——《正义》曰:“嬴,赵本姓也;周人,谓卫也。晋亡之后,赵成侯三年卫取都鄙七十三是也。” 范魁——地名,今河南范县境内。 ⑳虢太子——虢:西周与春秋时代存在过的古国名,同名者有几个,至战国时皆已被大国所灭,此所写者只是依托。 ㉑中庶子——太子的属官。 方——医方。 ㉒治穰(ráng)——举行祈祷活动。穰:通“禳”,祭祷消灾。 ㉓不时——不按正常规律(运行)。 ㉔交错而不得泄——血气不应时为交错,血气交错,遂使壅郁不得宣泄。 中——中脏。古人谓内脏为中脏。 阳缓而阴急——阳脉迟缓,阴脉拘急。表明正气衰,邪气盛,病危。 ㉕暴蹷——突然昏厥不省人事。 ㉖收——殓,装棺。 ㉗精光——犹“神采”。 侍谒——侍奉、拜见。 ㉘诞——荒诞。引申为哄骗。 ㉙俞跗(fū)——古代名医。 ㉚汤液——汤剂。 醴酒——酒剂。 ㉛镵(chán)石——石针。 挢(jiǎo)引——即导引。伸引手足。谓按摩。 案扤(wù)——按摩。案:通“按”。扤:摇动。 毒熨——以药物熨敷患处的疗法。毒:有毒的药物。古代以毒药为诸药之统称。 ㉜拨——解衣诊察。 病之应——病者外表的反应,即症候。 ㉝因五藏之输——顺着五脏的原穴。藏:同“脏”。输:又作“腧”,人身上的穴位。 ㉞割皮——解肌,剖割开肌肉。 诀脉——疏导血脉。诀:通“决”。 ㉟搦(nuò)——按治。 ㊱揲(shé)荒爪幕——触动膏肓,疏理隔膜。揲:取。荒:通“肓”,心脏与膈膜之间谓肓。 ㊲湔(jiān)——浣洗。 漱——洗刷。 ㊳练精易形——培炼精气,变更形体。 ㊴曾不可以告咳婴之儿——简直不能拿这种话去骗刚会笑的婴儿。咳:小儿笑。 ㊵终日——一整天。此处为“很久”之意。 ㊶为方——方:此指医疗技术。 ㊷以郄视文——透过缝隙看花纹。郄:通“隙”。 ㊸切脉——诊脉。 望色——观察脸上的气色。 听声——听病人发出的声音。 写形——审察病人的形态。写:犹审。 ㊹“闻病之阳”四句——由阳知阴,由阴知阳。按:阴阳为中医理论之核心,善医者能由阴及阳,由阳及阴,推求病理,确定治疗原则。闻:了解。论得:推论得知。 ㊺病应见于大表——体内有病反应在体表。 ㊻“不出千里”二句——言身不出千里之外,闻其患状而能判断其病症如何。 ㊼不可曲止——

意谓治效甚多,不能一一具言其中原委。 ㊽瞚(shùn)——同“瞬”,眨眼。 挢——(舌头)抬起。二句言其吃惊之状。 ㊾中阙——王宫正门前的双阙之间。 ㊿幸而举之——幸运地救助我。举:抬举。引申为帮助。 51服(bì)臆——因悲伤而气满郁塞。 52魂精泄横——精神恍惚,情态散乱。泄:流露。横:纷乱。 53长潸(shān)——泪水长垂。 忽忽——泪珠滚动貌。 承睫(jié)——犹今谓“珠泪不断”。睫:眼睫毛。 54尸蹷——厥证之一种,卒冒闷而如死尸。 55阳入阴中——阳气下陷于阴。 56动胃缠缘——(脉络)缠绕胃部,使胃受伤。缠:同“缠”。 57中经维络——伤害经脉,络脉受阻。中:伤害。维:结,雍塞。 58别下于三焦、膀胱——(阳气下陷)分别下陷于下焦。三焦:中医理论所谓的六腑之一,上、中、下三焦之统称。此处特指下焦。 59阳脉下遂,阴脉上争——下遂:犹下坠。中医谓脉气下沉。 60会气闭而不通——阴气阳气交会的地方闭塞不通。会:命会。 61阴上而阳内行——按中医理论,人身之下、内为阴,上、外为阳。今气会不通,故出现阴反上逆,阳却内行的逆乱症状。 62下内鼓而不起——(阳气在身体)下部和内部鼓动,而不能(按正常)上升与外运。 63上外绝而不为使——居上居外的阳气被隔绝而不能引导阴气。意即阴阳失调而不平衡。 64上有绝阳之络,下有破阴之纽——言阴气为阳所迫,不能统摄。 65色废脉乱——容颜失常,血脉紊乱。 66以阳入阴支兰藏者生——因阳气侵入阴分而阻隔了脏气的病人是可以救活的。支兰:支者顺节,兰者横节。指人体的脉络。 67以阴入阳——由阴气侵入阳分而阻隔脏气的是死症。 68良工取之——良工:高明精良的医生。取:指向。这里指救治。 疑殆——犹言疑惑不解,疑而不能治。此殆字非危殆之殆,殆亦疑也。 69子阳——与下文“子豹”均为扁鹊弟子。 厉针砥石——厉、砥:都是磨的意思。 70取外三阳五会——取:对着某个地方下手。“外”字当为衍文。三阳五会:即“百会穴”,位于头顶,因其为手足三阳及督脉之会,故名。针刺百会,有回阳救急、开窍醒脑等疗效。临床多用于治疗尸蹷、中风等病。 71五分之熨,以八减之齐(jì)和煮之——历代说法不一。五分之熨,或谓为五分热度的熨法;或谓使温热之气入体表五分;或谓只熨体肤五分大的面积;或谓五分剂量的熨药。齐:通“剂”,即汤剂。八减之齐:一般认为指八减方的汤剂。按:据病情,此处均为减轻药分剂量之意。五分:减一半。八减:原方的十分之八,可能太子尚幼,不能按成人量。 ⑫更——交替、更换。 ⑬更适阴阳——再进一步调适阴阳。 ⑭但——只,仅仅。 复故——恢复如往日。 ⑮生死人——使死人复生。 ⑯齐桓侯——春秋战国时,齐无“桓侯”,而有两个“桓公”,一为春秋时之姜小白,一为战国时之田午,其实都未必可信,借着古人讲医理而已。 ⑰腠(còu)理——指皮肤的纹理与皮下肌肉之间的空隙。 ⑱欲以不疾者为功——想拿没有病的人来显示自己的本领。 ⑲后五日——《韩非子》《新序》皆作“后十日”。“在血脉”,皆作“在肌肤”。 ⑳酒醪(láo)——醇酒或浊酒。此处指药酒。 ㉑体病——患了重病。

使圣人预知微[1],能使良医得蚤从事[2],则疾可已,身可活也。人之所病,病疾多;而医之所病,病道少。[3]故病有六不治:骄恣不论于理[4],一不治也;轻身重财,二不治也;衣食不能适[5],三不治也;阴阳并,藏气不定[6],四不治也;形羸不能服药,五不治也;信巫不信医,六不治也。有此一者,则重难治也。

扁鹊名闻天下。过邯郸,闻贵妇人,即为带下医;[7]过雒阳,闻周人爱老人,即为耳目痹医[8];来入咸阳,闻秦人爱小儿,即为小儿医:随俗为变。秦太医令李醯自知伎不如扁鹊也,[9]使人刺杀之。至今天下言脉者,由扁鹊也。

(以上为第三段,写扁鹊随俗为医,最后被李醯杀害的悲惨结局。)

①微——细微。此指没有显露出外部症状的疾病。 ②从事——治疗。 ③人之所病,病疾多——病:难办,发愁。疾多:疾病的种类繁多。 医之所病,病道少——道少:治病的办法不多。 ④骄恣不论于理——骄横放纵不讲道理。 ⑤适——安适,调节适当。 ⑥阴阳并,藏气不定——阴阳错乱,五脏功能紊乱。 ⑦贵——尊重,重视。带下医——指妇科医生。带下:古代用以指妇科疾病,中医学认为带脉环绕

人体腰部一周，犹如腰带。凡带脉以下，名曰“带下”。 ⑧耳目痹病——治老年人耳聋、眼花、四肢痹病的医生。 ⑨李醯（xī）——秦武王时的太医令。 伎——同“技”，此处指医术水平。

太仓公者，齐太仓长，临菑人也，[①]姓淳于氏，名意。少而喜医方术。高后八年，更受师同郡元里公乘阳庆。[②]庆年七十余，无子[③]，使意尽去其故方，更悉以禁方予之，传黄帝、扁鹊之脉书，五色诊病[④]，知人死生，决嫌疑，定可治[⑤]，及药论[⑥]，甚精。受之三年，为人治病，决死生多验。然左右行游诸侯，不以家为家，[⑦]或不为人治病[⑧]，病家多怨之者。

文帝四年中，人上书言意[⑨]，以刑罪当传西之长安。[⑩]意有五女，随而泣。意怒，骂曰：“生子不生男[⑪]，缓急无可使者！”于是少女[⑫]缇萦伤父之言，乃随父西。上书曰：“妾父为吏，齐中称其廉平，今坐法当刑。妾切痛[⑬]死者不可复生。而刑者不可复续[⑭]，虽欲改过自新，其道莫由[⑮]，终不可得。妾愿入身为官婢，以赎父刑罪，使得改行自新也。”书闻，上悲其意，此岁中亦除肉刑[⑯]法。

（以上为第四段，写淳于意学医以及犯罪获释的经过。）

①齐太仓长——齐国国家粮库的管理长官。 临菑（zī）——齐国都城，旧址在今山东淄博东北齐都镇。 ②更受师——两次拜师学习。淳于意先从师公孙光，现又从师公乘阳庆。 元里——临菑城的一条里巷名。 公乘阳庆——公乘：爵位名，是秦爵二十级的第八级；阳庆：人名。西汉医学家。汉代称人时常把官名、爵名置于名字之前，以表尊敬。 ③庆年七十余，无子——“无子”二字衍文，后文云“慎毋令我子孙知若学我方也”；又云“会庆子男来献马”，则阳庆非无子。 ④五色诊病——依据病人的面色诊断疾病。 ⑤定可治——确定可以治愈（的法则）。一说为“确定是否可以治疗”，二说均通。 ⑥药论——论述药理的书。 ⑦左右行游诸侯——到四周的各个诸侯国游历、行医。 不以家为家——意即长年在外，很少居家。 ⑧或不为人治病——有时故意不给人治病。此处之“人”特指当时的某些统治者。 ⑨上

书言意——上书朝廷,举报淳于意。言:此处为议论、控告之意。⑩以刑罪——以:按照根据。 传(zhuàn)西之长安——被官府用驿车解往长安。传:驿车。之:往。 ⑪生子不生男——子:孩子,泛称子女。 ⑫少女——最小的女儿。 ⑬妾切痛——"切"字疑当作"窃",暗自痛惜。 ⑭刑者不可复续——被斩断的肢体不能再接上。 ⑮其道莫由——无路可走,无法可想。 ⑯除肉刑——指除黥、劓、刖等损伤身体之刑。

意家居,诏召问所为治病死生验者几何人也,主名为谁[①]。

"诏问故太仓长臣意:'方伎[②]所长,及所能治病者[③]?有其书无有?皆安受学[④]?受学几何岁?尝有所验,何县里人也?何病?医药已,其病之状皆何如?具悉而对。'臣意对曰:

"自意少时,喜医药,医药方试之多不验者。至高后八年,得见师临菑元里公乘阳庆。庆年七十余,意得见事之。谓意曰:'尽去而方书,非是也[⑤]。庆有古先道[⑥]遗传黄帝、扁鹊之脉书,五色诊病,知人生死,决嫌疑,定可治,及药论书,甚精。我家给富[⑦],心爱公,欲尽以我禁方书悉教公。'臣意即曰:'幸甚,非意之所敢望也。'臣意即避席再拜谒,受其脉书上下经、五色诊、奇咳术、揆度阴阳外变、药论、石神、接阴阳禁书,[⑧]受读解验[⑨]之,可一年所。明岁即验之[⑩],有验,然尚未精也。要事之三年所[⑪],即尝已为人治,诊病决死生,有验,精良。今庆已死十年所,臣意年尽三年,年三十九岁也[⑫]。

"齐侍御史成自言病头痛,[⑬]臣意诊其脉,告曰:'君之病,恶不可言也。[⑭]'即出,独告成弟昌曰:'此病疽[⑮]也,内发于肠胃之间,后五日当痈肿[⑯],后八日呕脓死。'成之病得之饮酒且内[⑰],成即如期死。所以知成之病者,臣意切其脉,得肝气[⑱]。肝气浊而静[⑲],此内关[⑳]之病也。脉法曰:'脉长而弦,不得代四时者[㉑],其病主在于肝。和即经主病也,代则络脉有过。[㉒]'经主病和者[㉓],其病得之筋髓里。其代绝而脉贲[24]者,病得之酒且内。所以知其后五日而痈肿,八日呕脓死者,切其脉时,少阳初代[25]。代者经病,病去过人,人则去。络脉主病[26],当其时,少阳初关一分,故中热而脓未发也,及五分,则至少阳之界[27],及八日,则呕脓死,故上[28]二分而脓发,至界而痈肿,尽泄而死。热上则熏阳明,烂流络[29],流络动则脉结发[30],脉结发则烂解[31],故络交[32]。热气已上行,至头而动,故头痛。

"齐王中子[33]诸婴儿小子病,召臣意诊切其脉,告曰:'气鬲病[34]。病使人烦懑,食不下,时呕沫。病得之心忧[35],数忔食饮[36]。'臣意即为之作下气汤以饮之,一日气下,二日能食,三日即病愈。所以知小子之病者,诊其脉,心气也[37],浊躁而经[38]也,此络阳病也[39]。脉法曰'脉来数疾去难而不一者[40],病主在心'。周身热,脉盛者,为重阳[41]。重阳者,逿心主[42]。故烦懑食不下则络脉有过[43],络脉有过则血上出[44],血上出者死。此悲心[45]所生也,病得之忧也。

"齐郎中令[46]循病,众医皆以为蹷入中[47],而刺之。臣意诊之,曰:'涌疝[48]也,令人不得前后溲[49]。'循曰:'不得前后溲三日矣。'臣意饮以火齐汤[50],一饮得前后溲,再饮大溲[51],三饮而疾愈。病得之内。所以知循病者,切其脉时,右口气急[52],脉无五藏气[53],右口脉大而数[54]。数者中下热而涌[55],左为下,右为上[56],皆无五藏应[57],故曰涌疝。中热,故溺赤也。[58]

"齐中御府长[59]信病,臣意入诊其脉,告曰:'热病气[60]也。然暑汗,脉少衰,不死。'曰:'此病得之当浴流水而寒甚[61],已则热。'信曰:'唯,然!往冬时[62],为王使于楚,至莒县阳周水,而莒桥梁颇坏,信则擥车辕未欲渡也,马惊,即堕,信身入水中,几死,吏即来救信,出之水中,衣尽濡[63],有间[64]而身寒,已热如火,至今不可以见寒。'臣意即为之液汤火齐逐热,一饮汗尽,再饮热去,三饮病已。即使服药,出入二十日,身无病者。所以知信之病者，切其脉时，并阴[65]。脉法曰'热病阴阳交者[66]死'。切之不交，并阴。并阴者，脉顺清[67]而愈，其热虽未尽，犹活也。肾气有时间浊[68]，在太阴脉口[69]而希，是水气也[70]。肾固主水[71]，故以此知之。失治一时，即转为寒热。

"齐王太后病，召臣意入诊脉，曰：'风瘅客脬[72]，难于大小溲，溺赤。'臣意饮以火齐汤，一饮即前后溲，再饮病已，溺如故。病得之流汗出漏[73]。漏者，去衣而汗晞[74]也。所以知齐王太后病者，臣意诊其脉，切其太阴之口[75]，湿然风气也。脉法曰'沉之而大坚，浮之而大紧者，病主在肾[76]'。肾切之而相反也[77]，脉大而躁。大者，膀胱气也[78]；躁者，中有热而溺赤。

"齐章武里曹山跗病，[79]臣意诊其脉，曰：'肺消瘅[80]也，加以寒热。'即告其人曰：'死，不治。适其共养[81]，此不当医治。'法曰'后三日而当狂，妄[82]起行，欲走；后五日死'。即如期死。山跗病得之盛怒而以接内[83]。所以知山跗之病者，臣意切其脉，肺气热[84]也。脉法曰'不平不鼓，形弊'[85]。此五藏高之远数以经病也[86]，故切之时不平而代。不平者，血不居其处[87]；代者，时参击并至，乍躁乍大也[88]。此两络脉绝[89]，故死不治。所以加寒热者，言其人尸夺。尸夺者，形弊[90]；形弊者，不当关灸镵石及饮毒药也[91]。臣意未往诊时，齐太医先诊山跗病，灸其足少阳脉口[92]，而饮之半夏丸[93]，病者即泄注，腹中虚；又灸其少阴脉[94]，是坏肝刚绝深[95]，如是重损病者气，以故加寒热。所以后三日而当狂者，肝一络连属结绝乳下阳明[96]，故络绝，开阳明脉[97]，阳明脉伤，即当狂走[98]。后五日死者，肝与心相去五分，故曰五日尽，尽即死矣。[99]

"齐中尉潘满如病少腹痛，[100]臣意诊其脉，曰：'遗积瘕[101]也。'臣意即谓齐太仆臣饶、内史臣繇曰[102]：'中尉不复自止于内[103]，则三十日死。'后二十余日，溲血死。病得之酒且内。所以知潘满如病者，臣意切其脉深小弱[104]，其卒然合合也[105]，是脾气也。右脉口气至紧小[106]，见瘕气也。以次相乘[107]，故三十日死。三阴俱抟者，如法[108]；不俱抟者，决在急期[109]；一抟一代者，近也[110]。故其三阴抟，溲血如前止[111]。

“阳虚侯相[112]赵章病，召臣意。众医皆以为寒中[113]，臣意诊其脉曰：‘迥风[114]。’迥风者，饮食下嗌[115]而辄出不留。法曰‘五日死’，而后十日乃死。病得之酒。所以知赵章之病者，臣意切其脉，脉来滑[116]，是内风气[117]也。饮食下嗌而辄出不留者，法五日死，皆为前分界法[118]。后十日乃死，所以过期者，其人嗜粥，故中藏实[119]，中藏实故过期。师言曰‘安谷者过期，不安谷者不及期’。[120]

“济北王[121]病，召臣意诊其脉，曰：‘风蹶[122]胸满。’即为药酒，尽三石[123]，病已。得之汗出伏地[124]。所以知济北王病者，臣意切其脉时，风气也，心脉浊。[125]病法‘过入其阳，[126]阳气尽而阴气入’[127]。阴气入张[128]，则寒气上而热气下[129]，故胸满。汗出伏地者，切其脉，气阴[130]。阴气者，病必入中，出及瀺水也。[131]

“齐北宫司空命妇出於病[132]，众医皆以为风入中，病主在肺[133]，刺其足少阳脉。臣意诊其脉，曰：‘病气疝，客于膀胱，[134]难[135]于前后溲，而溺赤。病见寒气则遗溺[136]，使人腹肿。’出于病得之欲溺不得，因以接内。[137]所以知出于病者，切其脉大而实，其来难，是蹶阴之动也。[138]脉来难者[139]，疝气之客于膀胱也。腹之所以肿者，言蹶阴之络结小腹[140]也。蹶阴有过则脉结动，[141]动则腹肿。臣意即灸其足蹶阴之脉，左右各一所[142]，即不遗溺而溲清，小腹痛止。即更为火齐汤以饮之，三日而疝气散，即愈。

“故济北王阿母自言足热而懑，[143]臣意告曰：‘热蹶[144]也。’则刺其足心各三所，案之[145]无出血，病旋已[146]。病得之饮酒大醉。

“济北王[147]召臣意诊脉诸女子侍者，至女子竖[148]，竖无病。臣意告永巷长[149]曰：‘竖伤脾，不可劳，法当春呕血死。’臣意言王曰：‘才人女子竖何能？’王曰：‘是好为方[150]，多伎能，为所是案法新[151]，往年市之民所，四百七十万，曹偶四人[152]。’王曰：‘得毋有病乎？’臣意对曰：‘竖病重，在死法中。’王召视之，其颜色不变，以为不然，不卖诸侯所。至春，竖奉剑从王之厕，王去，竖后，王令人召之，即仆于厕，呕血死。病得之流汗[153]。流汗者，法病内重[154]，毛发而色泽[155]，脉不衰，此亦内关之病也。

“齐中大夫病龋齿，[156]臣意灸其左大阳明脉[157]，即为苦参汤[158]，日嗽三升，出入五六日，病已。得之风[159]，及卧开口，食而不嗽。

“菑川王美人怀子而不乳，[160]来召臣意。臣意往，饮以莨菪药一撮，[161]以酒饮之，旋乳[162]。臣意复诊其脉，而脉躁。躁者有余病，即饮以消石一齐，[163]出血，血如豆比五六枚[164]。

“齐丞相舍人奴从朝入宫，臣意见之食闺门外，望其色有病气。臣意即告宦者平。平好为脉[165]，学臣意所[166]，臣意即示之舍人奴病[167]，告之曰：‘此伤脾气也，当至春鬲塞不通，不能食饮，法至夏泄血死。[168]’宦者平即往告相曰：‘君之舍人奴有病，病重，死期有日。’相君曰：‘卿何以知之？’曰：‘君朝时入宫，君之舍人奴尽食闺门外，平与仓公立，即示平曰，病如是者死。’相即召舍人而谓之曰：‘公奴有病不？’舍人曰：‘奴无病，身无痛者。’至春果病，至四月，泄血死。所以知奴病者，脾气周乘[169]五藏，伤部而交[170]，故伤脾之色也，望之杀然黄，察之如死青之兹[171]。众医不知，以为大虫[172]，不知伤脾。所以至春死病者，胃气黄，黄者土气[173]也，土不胜木[174]，故至春死。所以至夏死者，脉法曰‘病重而脉顺清[175]者曰内关’，内关之病，人不知其所痛，心急然无苦。若加以一病，死中春[176]；一愈顺，及一时[177]。其所以四月死者，诊其人时愈顺。愈顺者，人尚肥也。奴之病得之流汗数出，炙于火而以出见大风也。[178]

“菑川王病，召臣意诊脉，曰：‘蹶上为重[179]，头痛身热，使人烦懑。’臣意即以寒水拊[180]其头，刺足阳明脉[181]，左右各三所，病旋已。病得之沐发未干而卧。诊如前，所以蹶，头热至肩。

“齐王黄姬兄黄长卿家有酒召客，召臣意。诸客坐，未上食。臣意望见王后弟宋建，告曰：‘君有病，往[182]四五日，君要[183]胁痛不可俯仰，又不得小溲。不亟治，病即入濡肾[184]。及其未舍五藏[185]，急治之。病方今客肾濡[186],此所谓肾痹[187]也。'宋建曰:'然,建故有要脊痛。往四五日,天雨,黄氏诸倩见建家京下方石,[188]即弄之,建亦欲效之,效之不能起,即复置之。暮,要脊痛,不得溺,至今不愈。'建病得之好持重。所以知建病者,臣意见其色,太阳色干[189],肾部上及界要以下者枯四分所[190],故以往四五日知其发也。臣意即为柔汤[191]使服之,十八日所而病愈。

"济北王侍者韩女病要背痛,寒热,众医皆以为寒热也[192]。臣意诊脉,曰:'内寒,月事[193]不下也。'即窜[194]以药,旋下,病已。病得之欲男子而不可得[195]也。所以知韩女之病者,诊其脉时,切之,肾脉也,啬而不属[196]。啬而不属者,其来难,坚[197],故曰'月不下[198]'。肝脉弦,出左口[199],故曰'欲男子不可得也'。

"临菑氾里女子薄吾病甚,[200]众医皆以为寒热笃,当死,不治。臣意诊其脉,曰:'蛲瘕[201]。'蛲瘕为病,腹大,上肤黄粗[202],循[203]之戚戚然。臣意饮以芫华[204]一撮,即出蛲可数升,病已,三十日如故。病蛲得之于寒湿,寒湿气宛笃不发[205],化为虫。臣意所以知薄吾病者,切其脉,循其尺,其尺索刺粗[206],而毛美奉发[207],是虫气也。其色泽者,中藏无邪气及重病。

"齐淳于司马[208]病,臣意切其脉,告曰:'当病迥风[209]。迥风之状,饮食下嗌辄后之[210]。病得之饱食而疾走。'淳于司马曰:'我之王家食马肝,食饱甚,见酒来,即走去,驱疾至舍,即泄数十出[211]。'臣意告曰:'为火齐米汁[212]饮之,七八日而当愈。'时医秦信在旁,臣意去,信谓左右阁都尉[213]曰:'意以淳于司马病为何?'曰:'以为迥风,可治。'信即笑曰:'是不知也。淳于司马病,法当后九日死。'即后九日不死,其家复召臣意。臣意往问之,尽如意诊。臣即为一火齐米汁,使服之,七八日病已。所以知之者,诊其脉时,切之,尽如法[214]。其病顺[215],故不死。

"齐中郎破石[216]病,臣意诊其脉,告曰:'肺伤[217],不治,当后十日丁亥溲血死[218]。'即后十一日,溲血而死。破石之病,得之堕马僵石上[219]。所以知破石之病者,切其脉,得肺阴气[220],其来散,数道至而不一也[221]。色又乘之[222]。所以知其堕马者,切之得番阴脉[223]。番阴脉入虚里[224],乘肺脉。肺脉散者,固色变也乘之[225]。所以不中期死者,师言曰:'病者安谷[226]即过期,不安谷则不及期。'其人嗜黍,黍主肺[227],故过期。所以溲血者,诊脉法曰'病养喜阴处者顺死,养喜阳处者逆死[228]'。其人喜自静,不躁,又久安坐,伏几而寐,故血下泄。

齐王侍医遂病,[229]自练五石[230]服之。臣意往过之[231],遂谓意曰:'不肖有病,幸诊遂也。'臣意即诊之,告曰:'公病中热。论曰:中热不溲者,不可服五石。石之为药精悍[232],公服之不得数溲[233],亟勿服。色将发臃[234]。'遂曰:'扁鹊曰:阴石以治阴病,阳石以治阳病[235]。夫药石者有阴阳水火之齐[236],故中热,即为阴石柔齐[237]治之;中寒,即为阳石刚齐[238]治之。'臣意曰:'公所论远[239]矣。扁鹊虽言若是,然必审诊[240],起度量,立规矩,称权衡[241],合色脉表里有余不足顺逆之法[242],参其人动静与息相应[243],乃可以论[244]。论曰:阳疾处内,阴形应外者[245],不加悍药[246]及镵石。夫悍药入中,则邪气辟[247]矣,而宛气[248]愈深。诊法曰:二阴应外[249],一阳接内者,不可以刚药。刚药入则动阳[250],阴病益衰,阳病益著[251],邪气流行,为重困于俞[252],忿发[253]为疽。'意告之后百余日,果为疽发乳上,入缺盆[254],死。此谓论之大体也,必有经纪[255]。拙工有一不习,文理阴阳失矣。[256]

"齐王故为阳虚侯时,病甚,众医皆以为蹶。臣意诊脉,以为痹[257],根在右胁下,大如覆杯,令人喘,逆气不能食。臣意即以火齐粥且饮[258],六日气下;即令更服丸药,出入六日,病已。病得之内。诊之时不能识其经解[259],大识其病所在[260]。

"臣意尝诊安阳武都里成开方,[261]开方自言以为不病,臣意谓之病苦沓风[262],三岁四支不能自用[263],使人瘖[264],瘖即死。今闻其四支不能用,瘖而未死也。病得之数饮酒以见大风气[265]。所以知成开方病者,诊之,其脉法奇咳言曰‘藏气相反者死’。[266]切之,得肾反肺[267],法曰‘三岁死’也。

“安陵阪里公乘项处病,[268]臣意诊脉,曰:‘牡疝[269]。’牡疝在鬲下,上连肺。病得之内。臣意谓之:‘慎毋为劳力事[270],为劳力事则必呕血死。’处后蹴踘[271],要蹷寒[272],汗出多,即呕血。臣意复诊之,曰:‘当旦日日夕[273]死。’即死。病得之内。所以知项处病者,切其脉得番阳[274]。番阳入虚里[275],处旦日死。一番一络[276]者,牡疝也。

“臣意曰:他所诊期决死生及所治已病众多,[277]久颇忘之,不能尽识[278],不敢以对。”

(以上为第五段,写淳于意回答汉文帝自己为人看病的事历。)

①诏召问所为治病死生验者几何人也,主名为谁——皇帝下令问淳于意,问其经手诊治,确有起死回生之疗效的有多少人,他们姓什么,叫什么。 ②方伎——治病方法。伎:同“技”。 ③及所能治病者——应为“及所能治何病者”。 ④皆安受学——都是从哪里学来的。 ⑤尽去而方书,非是也——把你过去学的那些通通抛掉,那些都是错误的。而:你,你的。方书:有关诊病、处方的书。 ⑥古先道——古代先辈医家。 ⑦给(jǐ)富——富裕,丰足。 ⑧上下经——两部古代医书,俱佚。 五色诊——关于中医望诊的医书。 奇咳术——有人认为是属于中医听诊方面的著作,“咳”是病人发出的声音。 揆度阴阳外变——均为古代医书。 药论——关于药理的书。 石神——关于针灸方面的书。 接阴阳禁书——关于房中术一类的书。 ⑨受读解验——接受、诵读、理解、试验。 ⑩明岁即验之——跟公乘阳庆学医的第二年试着验证一下。验:检验,即临床实践。 ⑪要事之三年所——总共跟着公乘阳庆学了三年左右。要:总共。 ⑫臣意年尽三年,年三十九岁也——词语不顺。“年尽三年”似当作“尽十三年所”,大意谓,在文帝十三年(前167)废肉刑的那个时候,我三十九岁。 ⑬侍御史——官名,为御史大夫属官。 成——人名。 ⑭恶——严重。 不可言——不宜直说。指病危。 ⑮疽(jū)——毒

疮。 ⑯痈(yōng)肿——犹溃烂。 ⑰饮酒且内——内:行房事,性生活。 ⑱得肝气——(切脉)得肝脏有病的脉象。气:脉气,脉象。 ⑲肝气浊而静——肝部脉跳动重浊而迟缓。这是邪气盛,人体正气被抑遏不得舒展的脉象。 ⑳内关——中医诊脉,左右手各取“寸、关、尺”以候脏腑。桡骨茎凸处为关,关前为寸,关后为尺。关居其中,故称内关。 ㉑脉长而弦,不得代四时者——长、弦:脉象名。长脉脉象是“首尾端直,过于本位”。弦脉是“长而直,状如弓弦”。代:更代,替换。中医理论认为,人之脉象应四时而有平脉,即“春弦夏洪,秋毛冬石”。如果脉象不随四季推移而发生上述改变,则有病。 ㉒和——均匀调和。 代——脉象名。其特征是脉搏跳动缓慢而有规则地歇止。代,主脏气衰微,多为死症。然此处是指脉象杂乱,时缓时急,时大时小。 ㉓“经主病”句——肝的经脉有病,脉和,这是筋髓受伤所致。 ㉔代绝而脉贲——代:代脉。绝:间歇。因代脉脉象是几动一止,故曰绝。贲:此指脉象的贲涌有力。 ㉕少阳初代——(诊脉时)少阳经部位出现代脉。少阳,中医经络名。人体手足各有三阴三阳,计十二经。此处少阳当指足少阳,因成之疾在肝,足少阳胆经,肝与胆相表里。 ㉖代者经病,病去过人,人则去。络脉主病——此四句文意不清,其大意或是“出现代脉,是因为经脉受病已传入络脉,病势扩展全身,病人就生命危险了”。 ㉗“当其时”五句——界:限。此处应指程度。一分为轻微的代脉脉象,五分则为严重的代脉脉象,故呕脓血死。 ㉘上——进。引申为到,代脉到了二分时便脓发。 ㉙热上则熏阳明,烂流络——热邪往上去则熏灼阳明胃经脉,既而灼伤细小的络脉。 ㉚流络动则脉结发——动:变动,变化。结:结系之处。发:发病,发肿。 ㉛烂解——糜烂,离解。 ㉜络交——络脉交互(阻塞、发肿)。 ㉝齐王中子——中子:次子。 ㉞气鬲病——气机阻隔在胸膈之间所导致的病。鬲:通“膈”,胸膈;又通“隔”,阻隔,二说均通。 ㉟心忧——此“忧”字当解为“闭塞不泄”,因心脉壅闭,故而饮食不下。 ㊱数忔(yì)食饮——数:屡次。忔:厌恶。 ㊲心气也——心有病的脉气。 ㊳浊躁而经——(脉象)重浊洪数而浮。躁:狂躁。引申为洪数脉象。按:“经”似应作“轻”。心病脉多轻浮,这种脉象切合心有热邪、迫气上逆的病机。 ㊴此络阳病也——“络”，疑为“结”之误。结阳即阳气郁结于胸膈之间所导致的疾病，又称“鬲气”。 ㊵脉来数疾去难而不一者——(切脉时)其脉搏达于指下时数疾，离开指下时滞涩而呈现前后不统一的情况。数(shuò)：脉象名。疾：快，有力。难：此指艰涩。 ㊶重阳——阳热有余。重(chóng)：重叠。引申为“盛”。阳热太盛，故全身发热，六脉旺盛。 ㊷逿(tàng)心主——犹犯心神。逿：通“荡”，摇荡，冲击。中医认为，心者君主之官，神明出焉，故谓之“心主”。 ㊸络脉有过——过：失度。引申为受邪，受病。 ㊹血上出——血流上行。此指衄血。这几句意谓在“重阳”的情况下，如不及时治疗，则热伤血络，络脉受伤，导致血热妄行，衄血而亡。 ㊺悲心——心中悲戚。 ㊻郎中令——守卫宫殿门户、统领宫廷侍卫的官员。 ㊼蹷入中——上逆之气进入胸腹之中。 ㊽涌疝(shàn)——症状为腹痛胀满，气逆冲上，大小便闭塞。 ㊾溲(sōu)——便溺。 ㊿火齐汤——古方，今佚，其方应具有清热降气、通利二便的作用。 51大溲——大便通畅。 52右口气急——右寸脉气急迫。口：寸口，又称气口。中医切脉部位名。 53脉无五藏气——脉搏反映不出五脏有病气。 54大而数——大、数均为脉象名，其特点是脉幅粗大，倍于常脉。大脉主疝，按上文言循“病得之于内”。当知乃房劳日久，血虚不能敛气，气机上逆，发为涌疝。 55数者中下热而涌——出现数脉的原因是病人中下焦热邪涌动。 56左为下，右为上——左手(寸口脉大而数)是表示热邪往下行走。(上下冲逆，故气闭腹疼而使二便闭塞) 57皆无五藏应——与“脉无五脏气”之意同。 58中热——中焦积热。 溺赤——小便黄赤。 59中御府长——官名，汉时齐国置，掌王后钱财衣物等出纳及库藏。 60热病气——热病的脉象。热病，因感受风寒而引起发热性的疾病。 61“此病”句——这病是因为曾经在冰冷的流水中洗浴过。 62往冬时——去年冬天。 63濡——湿。 64有间——过了一会儿。 65并阴——六部脉都是阴脉。 66阴阳交者——阴脉阳脉杂乱出现。 67清——静。 68肾气有时间浊——肾脉有时微微重浊。间：时而。意谓肾脏已受邪害，时而出现病脉。 69太阴脉口——太阴：指手太阴肺。右口脉曰太阴。口：寸口。右手寸口为肺部脉。希：同“稀”，犹“弱”。病者因风寒起，首犯肺，肺受损，则脉象较弱。 ⑦⓪是水气也——这些脉象表明病人有水气。 ⑦①肾固主水——肾脏原本是主管水液运行的。 ⑦②风瘅（dān）客脬（pāo）——风热袭入膀胱。瘅：热。客：病邪，由外而入。脬：膀胱。 ⑦③湎（xún）——水貌。此指去衣而汗干。 ⑦④晞（xī）——干。意谓齐太后之病因在流汗时小便，除掉衣服时汗被风吹干，故风寒入体。 ⑦⑤“切其”句——按右寸肺部之脉，显现出湿热风气的脉象。 ⑦⑥“脉法”句——沉、浮、坚、紧均为脉象名。意即出现这些脉象时，病在肾脏。 ⑦⑦“肾切”句——按肾部脉却没有出现这些脉象。 ⑦⑧大者，膀胱气也——脉象大而躁，是表示病气在膀胱。 ⑦⑨章武里——里巷名。曹山跗（fū）——人名。 ⑧⓪肺消瘅——即肺消，消渴症之一。临床多见口渴、尿黄等内热症状。 ⑧①适其共养——董份曰：“言当适病者之意，供养以俟其死，此不当复医也。”共：通“供”。 ⑧②妄——胡乱。引申为神志不清。 ⑧③盛怒而以接内——暴怒之后接着行房事。 ⑧④肺气热——肺部脉显示肺脏有热。 ⑧⑤不平不鼓——脉搏起伏不定，鼓动无力。 形弊——身形瘦弱。 ⑧⑥此五藏高之远数以经病——这是五脏从上到下已经有几脏得了病。高：高脏，心、肺位于五脏之上，故称“高脏”。此处特指肺。远脏：肝、肾离心较远，故称“远脏”。以：通“已”。 ⑧⑦血不居其处——血液不留居在肝脏。 ⑧⑧“代者”三句——代脉的脉象是时而缓长，时而急促，时而躁动，时而洪大。参：长貌。引申缓长。击：搏。引申为有力。并至：一齐出现。 ⑧⑨两络脉绝——肝与肺的络脉已失去生机。 ⑨⓪尸夺者，形弊——神形耗散，如同死尸。 ⑨①不当关灸镵（chán）石及饮毒药也——不能用艾灸、针刺及服食汤药来治疗。关：用。灸：艾灸。镵石：用石头磨制的针刺治。 ⑨②足少阳脉口——足少阳经的穴位。 ⑨③半夏丸——古方，已佚。既云半夏丸，则半夏当为主药。半夏主痰及腹胀，辛温能散，亦可润下，故病人服后大小便通。 ⑨④少阴脉——此处指足小阴脉。该经主治泌尿生殖，肠部疾患，然病者非肾虚引起的腹泻，故灸之无效。 ⑨⑤是坏肝刚绝深——这样治疗是严重地损害了肝阳，像这样更加损伤病人元气。 ⑨⑥“肝一络”句——肝经有一条络脉横过乳下与阳明经（足阳明胃经)连接。结:连接。绝:横过。 ⑰故络绝,开阳明脉——因此,肝络受到损害,病邪侵入足阳明脉。开:打开,即侵入。 ⑱狂走——按中医脏象理论,癫躁阳狂之类的精神病候,是足阳明胃经的主要病症。 ⑲肝与心相去五分——肝脉与心脉相隔五分,左关候肝,右寸候心,二脏脉之间距为五分。 尽——(肝脏之气)耗尽。 ⑩中尉——官名,汉代诸侯国军事长官。 潘满如——人名。 少腹——应作"小腹"。 ⑩遗积瘕(jiǎ)——患的是积聚症瘕一类的病。遗:遗留。引申为患。积瘕:腹腔内有肿瘤一类的疾病。 ⑩太仆——官名,九卿之一,为君王管理车马。 内史——官名,在诸侯国管理民政的官员。 ⑩自止于内——自我控制,停止房事。 ⑩脉深小弱——脉象沉,小而弱。小脉即细脉。细主诸虚,气小血衰之症。弱脉,主气血亏损,元气虚耗等虚症。中尉脉沉而小弱,乃元气衰竭之象。 ⑩"其卒然合"句——言脉来猝然聚合,乃脾脏有疾。 ⑩右脉口气至紧小——右手寸口脉象来时紧而有力。紧:脉象名,其主病为寒,为痛。右寸为肺,肺主气,其脉紧而有力,故会发现瘕气疼痛的病症。 ⑩以次相乘——按照五脏的相乘次序规律,中医五行学说认为五脏分属五行,互相存在相生相克的关系,相互克制太过,则为相乘。五日乘一脏,肝乘脾后又五日,所以是三十日死。 ⑩三阴俱抟者,如法——三阴:指少阴、厥阴、太阴。抟(tuán):聚拢一起。引申为同时出现。如法:像上述规则所说(三十日死)。 ⑩不俱抟者,决在急期——三种阴脉不一起出现的,短期内也能决断生死。决:决断。急期:近期,短期。 ⑩一抟一代者,近也——三种阴脉一齐出现的同时还出现代脉,死期就近了。 ⑪溲血如前止——止:助词,无义。 ⑫阳虚侯相——阳虚侯(即日后之齐王)刘将闾的丞相。 ⑬寒中——病名。乃寒气入侵于里所致。 ⑭迵(dòng)风——古病名。迵:通过;通达。其主要症状是饮食入胃后不能消化吸收,迅速吐出和泻出。 ⑮嗌(yì)——咽喉。 ⑯滑——脉象名。特征是往来流利,如盘走珠。主食热,痰实,食滞,蓄血诸症。 ⑰内风气——内风病的脉象。内风:由于体内脏腑功能失调所引起的疾病。这类病多发病突然,变化迅速,故喻之曰"风"。 ⑱前分界法——即前面"齐御史成"病案中所说的分界法。 ⑲中藏实——藏：同“脏”。实：充实。意即生理机能较旺盛。 ⑫⓪师——老师。指阳庆。 安谷——接纳食物。 ⑫①济北王——刘志，齐悼惠王之子，景帝前元三年（前154），徙为菑川王。 ⑫②风蹶——由于外界风寒侵入体内，逆引于上所发的疾病，主要症状为胸闷不适。 ⑫③三石——汉代一石重一百二十斤。 ⑫④汗出伏地——出汗时睡在地上。伏：卧。 ⑫⑤风气——呈现出风症的脉象。 心脉浊——浊：重浊。 ⑫⑥病法——疾病发展的规律。 过入其阳——病邪逆入人体肌表。过：过失。喻指病邪。阳：指肌表。肌表在外为阳，脏腑在内为阴。 ⑫⑦阳气——行于体表的卫气，具有保卫肌表，抵御外邪之用。 阴气——指寒气。 ⑫⑧张——嚣张，肆虐。 ⑫⑨寒气上而热气下——阴寒之气上逆，阳热之气下流。 ⑬⓪气阴——脉象（表明）有阴寒之邪。 ⑬①入中——进入身体内部。 出及瀺（chán）水——服药后病邪随着汗液而外出。及：随着。瀺：汗液。 ⑬②齐北宫司空命妇出於病——北宫：王后的住处。命妇：有封号的妇女。出於：命妇名。 ⑬③风入中，病主在肺——风邪侵入人体，疾病属于肺部。 ⑬④气疝——疝病的一种。主要症状为腹中疼痛，时缓时急。 客——侵犯。 ⑬⑤难——困难。 ⑬⑥遗溺——小便不禁。淳于意分析病情，认为不是众医所言之风中，如属风寒，则小便不禁。今前后溲难，故非。 ⑬⑦欲溺不得——该小便而不小便。 因以接内——忍着小便行房事。 ⑬⑧大而实——大：脉象名，其特征是“指满大，倍于平常”。大而有力为邪盛。实：脉象名，其特征是“举按皆得，长大有力”。主病为火热有余。 蹶阴之动——蹶阴经发的病。蹶阴：指足厥阴肝经。动：发动，发病。 ⑬⑨脉来难者——脉搏来时艰难，即呈现“紧”脉之象。 ⑭⓪络结小腹——足厥阴肝经的络脉连接小腹。 ⑭①过——病，疾患。 动——变动。引申为发病。 ⑭②一所——指一处穴位。 ⑭③故济北王阿母——已故济北王刘兴居的奶妈。刘兴居是齐悼惠王之子，因谋反被诛。阿母：奶妈。 懑（mèn）——胸中愤懑。 ⑭④热蹶——病名，足心发热为其主症。 ⑭⑤案之——按住针孔。案：通“按”。针灸之法有“补”“泄”之分，急拔不按为“泄”，徐拔急按为“补”。 ⑭⑥旋已——马上痊愈。 ⑭⑦济北王——此应指刘志，齐悼惠王之子，公元前164年封济北王，公元前154年徙菑川。 ⑱女子竖——侍女名竖。 ⑲永巷长——管理永巷的人。永巷:宫中的幽闭妃嫔宫女之处。 ⑳是好为方——她擅长医术。 ⑪为所是案法新——被竖所采用治病的古法,多能自出新意。 ⑫四百七十万,曹偶四人——曹偶:犹等辈。本句意谓当时一共买了四个像竖一样有技能的侍女,共花铜钱四百七十万。 ⑬得之流汗——指辛苦过度。 ⑭法病内重——指病理是脏腑太甚。 ⑮毛发而色泽——病人的毛发脸色都很有光泽。 ⑯中大夫——郎中令的属官,掌议论。 龋(qǔ)齿——虫牙。 ⑰左大阳明脉——指手阳明大肠经。按:"大"当为衍文,抑或为"手"之误。 ⑱苦参汤——古方,已佚。其主药苦参性味苦寒,功能清热去温,祛风杀虫。 ⑲风——风邪。中医认为龋齿起于风邪入侵。 ⑳菑川王——刘贤,齐悼惠王之子,景帝前元三年(前154)谋反,被诛。 美人——汉代妃嫔的称号之一。 不乳——到期而不分娩。 ⑯莨菪(làng dàng)——中草药名。

一撮——旧时计量药的方法,以三指撮起为一撮。 ⑯旋乳——不一会儿就生了下来。 ⑯消石——即硝石,又称朴硝,性味苦寒有破瘀通滞之功。 一齐——齐:通"剂"。 ⑯血如豆比五六枚——阴道排出的血块像豆粒大小有五六枚。 ⑯好为脉——喜好看病。 ⑯学臣意所——到我家来学习看病。 ⑯示之舍人奴病——拿舍人奴的病做例子来教他。舍人奴:淳于意之舍人的奴仆。 ⑯鬲——通"膈",胸膈阻塞不通。 法——(按)病理。 ⑯周乘——遍乘,乘袭。中医脏象理论认为:脾为后天之本,脾脏有疾,水谷不化,不能营养百骸,布施五脏,故脾病常影响其他各脏。 ⑰伤部而交——脾脏损伤的颜色交错出现在面上各个色部。部:色部。据中医诊断理论,面部口、鼻、眼、耳等各个部位,分主五脏,某脏有疾,相应部位会出现其病变的颜色。交:交错。 ⑰望之杀然黄,察之如死青之兹——看她的脸色是黄的,仔细察看是死草般黯淡的青灰色。死青:暗淡的青灰色。兹:草席。犹言死草。按:此属中医四诊之一的"望诊"。脾脏五行属土,其色黄,如脾气绝,则呈枯黄之色。脾衰则肝旺,肝属木,青色,故又呈青灰之色。

⑰大虫——蛔虫。泛指肠寄生虫。 ⑰土气——根据中医五行学说,脾属土,色黄;肺属金,色白;胃属水,色黑;心属火,色赤;肝属木,色

青。 ⑰④土不胜木——五行之中,木克土,春属木,故死于春天木旺之季。 ⑰⑤脉顺清——脉象正常。顺:脉象与时合相顺应。清:犹静。即不躁。 ⑰⑥中春——仲春,阴历二月。 ⑰⑦一愈顺,及一时——如果精神愉快,顺应天道,则可延长一段时间的生命。愈:通“愉”。顺:顺应自然规律。及:延及,延长。一时:一季。 ⑰⑧炙于火——被火烘烤。见大风——感受了风寒。 ⑰⑨蹶上为重——蹶:郁热之气上逆。上为重:上部的症状严重。即头痛厉害。 ⑱⓪拊(fǔ)——拍击。 ⑱①足阳明脉——该脉由鼻过头侧、面部、颈部,故针灸该脉穴位可治头痛。

⑱②往——以往,过去。 ⑱③要——古“腰”字。 ⑱④濡肾——侵入肾脏。濡:渍,引申为浸入。 ⑱⑤及其未舍五藏——赶在病邪还没有浸入五脏之前。舍:进入,停留。 ⑱⑥肾濡——肾脏。张文虎曰:“濡当作输,五脏之输。” ⑱⑦肾痹——病名,主要症状是腰疼,多因风寒湿痹阻于肾所致。 ⑱⑧倩——女婿。《方言》云:“东齐之间,婿谓之倩。”京——粮仓。 方石——筑房用的基石。 ⑱⑨太阳色干——太阳部位的色泽枯干。太阳:即颞颥(niè rú),其位在眼眶外后方。 ⑲⓪“肾部”句——意谓肾部上至交界处与腰肾以下部位的颜色枯干四分左右。肾部:肾脏在面上的色部。 ⑲①柔汤——古方,已佚。有人认为柔汤与刚剂相对,为温补之药。 ⑲②“寒热”二句——前一“寒热”,指恶寒发热的症状。后一“寒热”,疾病名。众医见韩女有恶寒发热的症状,便认为是寒热病。 ⑲③月事——月经。 ⑲④窜——用药的方法。《索隐》认为是熏洗之法。也有认为是将药物制成栓剂纳入阴道,使月经通下。

⑲⑤欲男子而不可得——想接近男子(即性生活)而不能达到。⑲⑥肾脉也,啬而不属——肾部脉涩而不连属。涩脉特征是“往来滞涩,如雨带沙”。主血瘀,主妇人痛经、经闭等疾。属:连属。即滞涩不流畅。 ⑲⑦其来难,坚——脉象来得艰难,坚实有力。 ⑲⑧月不下——月事不下,“月”下应有“事”字。 ⑲⑨出左口——溢出寸口。 ⑳⓪氾(fán)里——里巷名。 薄吾——名。 ⑳①蛲瘕(náo jiǎ)——蛲虫积聚而形成瘕块。 ⑳②上肤黄粗——肚子上皮肤黄而粗糙。 ⑳③循——触按。 ⑳④芫(yuán)华——芫花,中药名,辛温有毒,有消聚破积,消瘕杀虫之功。 ⑳⑤宛笃不发——寒温郁积太多,未能发散。 ⑳⑥尺索

刺粗——尺部脉紧而粗壮有力。尺:尺部,诊脉时左右手桡骨茎突处为"关",关前为"寸",关后为"尺"。 ⑳毛美奉发——毛发光泽。⑳司马——军官名,主管军中司法。 ⑳迥风——即洞泄,参见前注。⑳后之——将吃的东西拉出。 ⑳出——次。 ⑳火齐米汁——大概是火齐汤与米汤和服之。因火齐汤多为清热之药,而米汤又能和胃润气。 ⑳阁都尉——官名,汉朝齐置,掌宫阁屯卫兵。 ⑳尽如法——脉象都符合他这种病情。 ⑳其病顺——他的病与脉象相顺应。 ⑳中郎破石——中郎名破石。 ⑳肺伤——意即气伤。据下文知病起于摔伤,因肺主气,故名"肺伤",并非摔伤肺脏。 ⑳丁亥溲血死——乃以天干配五行来推算五脏死期的方法。《素问·平人气象论》:"肝见庚辛死,心见壬癸死,脾见甲乙死,肺见丙丁死,肾见戊已死,是谓真脏见皆死。"肺属金,丙丁属火,火能克金,故此病死于丁亥日。 ⑳堕马僵石上——从马上摔下来倒于石上。僵:仆倒。 ⑳肺阴气——肺脏的真脏脉。据《素问》,凡五脏的真脏脉外露都是死症。㉑其来散,数道至而不一——脉来散乱,(一呼一吸之间)几次脉搏的跳动却不一致。 ㉒色又乘之——面上呈现心乘肺气色。乘:中医中的五行关系之一。 ㉓番阴脉——脉病名称,即友阳脉。 ㉔虚里——又称"胃之大络",布于左乳下心尖搏动处,贯膈终肺。心肺二经的脉气集中于此。 ㉕固色变也乘之——面色按心乘肺的规律也发生了变化。 ㉖安谷——能吃食物。 ㉗黍(shǔ)主肺——黍能补肺气。 ㉘"病养喜阴处"二句——病人性喜安静的,则气血下行而死;病人性喜活动的,则气血上逆而亡。养:调养。此指平时生活。阴处:安静状态。阳处:活动状态。 ㉙侍医——宫廷医生。 遂——人名。㉚练五石——把五种矿石药放在一起炼制。其配方不尽相同。㉛过之——拜访他。 ㉜精悍——意谓药性燥烈。 ㉝不得数溲——好几次小便闭塞。 ㉞色将发臃——据你的气色看,将会发生毒痈。臃,同"痈",毒疮。 ㉟"阴石"二句——性寒的石类药物,可以用来治阴虚有热之病;性热的石类药物,可以用来治阳虚有寒之症。 ㊱阴阳水火之齐——有阴阳寒热的不同方剂。水火:犹寒热。齐:通"剂"。㊲柔齐——柔剂。指药性柔和,有养阴清热作用的一类方剂。

㉓⑧刚齐——刚剂。指药性刚燥，有温阳驱寒作用的一类方剂。 ㉓⑨远——差，错。 ㉔⑩审诊——审慎地诊视。 ㉔①“起度量”三句——均为制定和掌握诊断、用药的标准之意。权：秤锤。衡：秤杆。 ㉔②“合色脉”句——参合五色及脉象。 ㉔③“参其人”句——参照病人性情、举止呼吸相互协调的情况。 ㉔④论——议，决定。即诊断确定之意。 ㉔⑤“阳疾”二句——热邪潜伏于体内，寒症显露在体外，即表寒里热之症。 ㉔⑥悍药——猛烈的药。 ㉔⑦辟——彰明、此指恣肆，因病为中热，复服热药，邪气壅聚，病更加甚。 ㉔⑧宛气——积蕴于体内的热气。 ㉔⑨“二阴应外”句——少阴寒热表现于体外，少阴郁火蓄积于体内，即外寒多于内热。 ㉕⑩动阳——鼓动阳气。 ㉕①“阴病”二句——不足的阴液因阳气鼓动而更加衰减；有余的阳气则更加显著。 ㉕②重困于俞——邪气层层盘聚腧穴周围。 ㉕③忿发——怒发，迅速发作。 ㉕④入缺盆——达到锁骨上窝。 ㉕⑤经纪——犹纲纪。即原则。 ㉕⑥文理——条理。 失——错乱。 ㉕⑦痹——此处所指不详，大抵为邪气闭阻脏腑所引起的内脏疾病。 ㉕⑧且饮——暂且服饮。因淳于意亦未确诊，故以火齐汤之类药物暂且试服。 ㉕⑨不能识其经解——不知道如何用经脉理论来解释这种病。 ㉖⑩“大识”句——只是大概了解疾病所在。 ㉖①安阳——地名，今河南信阳东北。 武都里——里巷名。 成开方——姓成，名开方。 ㉖②苦沓风——为沓风病所苦。沓风：中风之一种。 ㉖③不能自用——不管用。 ㉖④瘖（yīn）——失音，不能言语。 ㉖⑤见大风气——吹了大风。 ㉖⑥奇咳——即《奇咳术》。 藏气相反——按中医五行相反理论，金生水，水生木，木生火，火生土，土生金。生者为子，生成者为母，子病累及母病，或母病累及子病，则为脏气相反。 ㉖⑦肾反肺——肾属水，肺属金，金能生水。则肺为肾之母，肾为肺之子。肾病累及肺脏，叫子盗母气，是为肾反肺。 ㉖⑧安陵——汉惠帝的陵墓所在邑，今陕西咸阳东北。 阪里——里巷名。 项处——姓项名处。 ㉖⑨牡疝——阳疝。 ㉗⑩为劳力事——做辛劳用力的事情。 ㉗①蹴踘（cù jū）——古代一种足球运动。 ㉗②要蹷寒——腰部受寒。 ㉗③旦日日夕——明天黄昏。 ㉗④番阳——反阳脉。 ㉗⑤虚里——胃大络。 ㉗⑥一番一络——既呈现反脉，又呈现结脉。特

征是迟缓中有止。疝瘕气症多是结脉。 ㉗期决——预期决断。 治已——治愈。 ㉘识(zhì)——通“志”。记住。

问臣意:“所诊治病,病名多同而诊异,或死或不死,何也?”对曰:“病名多相类,不可知,故古圣人为之脉法,以起度量,立规矩,县权衡[①],案绳墨[②],调阴阳,别人之脉各名之,与天地相应,参合于人,故乃别百病以异之,有数者能异之[③],无数者同[④]之。然脉法不可胜验[⑤],诊疾人以度异之,乃可别同名,命病主在所居[⑥]。今臣意所诊者,皆有诊籍[⑦]。所以别之者,臣意所受师方适成[⑧],师死,以故表[⑨]籍所诊,期决死生,观所失所得者合脉法,以故至今知之[⑩]。”

问臣意曰:“所期病决死生,或不应期,何故?”对曰:“此皆饮食喜怒不节,或不当饮药,或不当针灸,以故不中期死也。”

问臣意:“意方能知病死生,论[⑪]药用所宜,诸侯王大臣有尝问意者不?及文王病时,不求意诊治,何故?”对曰:“赵王、胶西王、济南王、吴王皆使人来召臣意,臣意不敢往。文王病时,臣意家贫,欲为人治病,诚恐吏以除拘臣意也[⑫],故移名数左右[⑬],不修家生[⑭],出行游国中,问善为方数[⑮]者事之久矣,见事数师,悉受其要事[⑯],尽其方书意,及解论之[⑰]。身居阳虚侯国,因事侯[⑱]。侯入朝,臣意从之长安,以故得诊安陵项处等病也。”

问臣意:“知文王所以得病不起之状?”臣意对曰:“不见文王病,然窃闻文王病喘,头痛,目不明。臣意心论之,以为非病也。以为肥而蓄精[⑲],身体不得摇,骨肉不相任[⑳],故喘,不当医治[㉑]。脉法曰:‘年二十脉气当趋[㉒],年三十当疾步,年四十当安坐,年五十当安卧,年六十已上气当大董。’文王年未满二十,方脉气之趋[㉓]也,而徐之[㉔],不应天道四时[㉕]。后闻医灸之即笃,此论病之过也。臣意论之,以为神气争[㉖]而邪气入,非年少所能复之[㉗]也,以故死。所谓气[㉘]者,当调饮食,择晏日[㉙],车步广志[㉚],以适[㉛]筋骨肉血脉，以泻气[32]。故年二十，是谓'易贸'[33]。法不当砭灸，砭灸至气逐[34]。"

问臣意："师庆安受之[35]？闻于齐诸侯不？"对曰："不知庆所师受。庆家富，善为医，不肯为人治病，当以此故不闻。庆又告臣意曰：'慎毋令我子孙知若学我方也[36]。'"

问臣意："师庆何见于意[37]而爱意，欲悉教意方？"对曰："臣意不闻师庆为方善也。意所以知庆者，意少时好诸方事，臣意试其方，皆多验，精良。臣意闻菑川唐里公孙光善为古传方，[38]臣意即往谒之。得见事之，受方化阴阳及传语法[39]，臣意悉受书之。臣意欲尽受他精方，公孙光曰：'吾方尽矣，不为爱公所[40]。吾身已衰，无所复事之[41]。是吾年少所受妙方也，悉与公，毋以教人。'臣意曰：'得见事侍公前[42]，悉得禁方，幸甚。意死不敢妄传人。'居有间，公孙光闲处，臣意深论方，见言百世为之精也[43]。师光喜曰：'公必为国工[44]。吾有所善者皆疏，同产[45]处临菑，善为方，吾不若，其方甚奇，非世之所闻也。吾年中[46]时，尝欲受其方，杨中倩[47]不肯，曰：若非其人[48]也。胥[49]与公往见之，当知公喜方也。其人亦老矣，其家给富。'时者未往，会庆子男殷来献马，因师光奏马王所[50]，意以故得与殷善。光又属意于殷曰：'意好数[51]，公必谨遇之，其人圣儒。'即为书以意属阳庆，以故知庆。臣意事庆谨，以故爱意也。"

问臣意曰："吏民尝有事学意方，及毕尽得意方[52]不？何县里人？"对曰："临菑人宋邑[53]。邑学，臣意教以五诊[54]，岁余。济北王遣太医高期、王禹[55]学，臣意教以经脉高下及奇络结，[56]当论俞所居[57]，及气当上下出入邪正逆顺[58]，以宜镵石，定砭灸处[59]，岁余。菑川王时遣太仓马长[60]冯信正方，臣意教以案法逆顺[61]，论药法，定五味及和齐汤法。[62]高永侯家丞杜信，喜脉，来学，臣意教以上下经脉五诊，二岁余。临菑召里[63]唐安来学，臣意教以五诊上下经脉，奇咳，四时应阴阳重[64]，未成，除为齐王侍医。"

问臣意："诊病决死生，能全无失乎？"臣意对曰："意治病人，必先切其脉，乃治之。败逆者不可治，其顺者乃治之。心不精脉[65]，所期死生视可治[66]，时时失之[67]，臣意不能全[68]也。"

（以上为第六段，写淳于意回答汉文帝自己从师学医的情形。）

①县权衡——意同"立规则"。县（xuán）：同"悬"。权衡：标准。②案绳墨——按诊断规则。案：通"按"。绳墨：量曲直的工具。这里指脉诊要领。③有数者能异之——医术精良的人针对名称相同的病区别其不同之处。数：技术。此处指医术。④同——混同。⑤胜验——完全准确。⑥"诊疾人"三句——诊察病人要按法度来辨别病情，才能区分不同的病名，并能指出病根所在部位。⑦诊籍——记录诊疗的簿籍。即今之医案、病历。⑧适成——刚刚学成。⑨表——记载。⑩"观所失"二句——用来观察或诊断治病的成功失败是否合乎脉法，所以我才能这样清楚地记着这些病案。⑪论——分析，掌握。⑫"诚恐"句——实在是害怕官吏任命我为侍医而强行留下我。拘：拘禁，意谓强行留下。⑬故移名数左右——所以户口经常迁移不定。移：迁移。名数：名籍，即户口册籍。左右：指亲戚或邻里。⑭不修家生——不治理家务，不置办家产。⑮方数——方术。此处指医技、医术。⑯要事——要点，主要内容。⑰尽其方书意，及解论之——全部领会了他们授予的医书中的内容，以及他们对方书的分析和评议。解：分析解释。论：议论，评议。⑱因事侯——因而遂侍奉阳虚侯，即为其作侍医。⑲蓄精——蓄积精气。⑳骨肉不相任——肌肉太多而骨骼支撑不起。㉑不当医治——不适宜药治。按：淳于意认为文王之疾，非病，乃由于太胖，迫使气喘，当加强运动以减肥。㉒脉气当趋——泷川资言引滕惟寅曰："《灵枢》云：'人生十岁，五藏始定，血气已通，其气在下，故好走，二十岁血气始盛，肌肉方长，故好趋。'"㉓之趋——经常走动。㉔徐之——懒于走动。㉕不应天道四时——不符合四季春生、夏长、秋收、冬藏的自然规律。㉖神气争——人体的正气衰减。神气：人体正气。争：引。引申为去。㉗复之——犹谓"抵抗不住"。㉘气——精神。此处指调养身体，即文王疗疾之法。㉙晏日——晴朗的日子。晏：无风无

云曰晏。 ㉚车步广志——或驾车,或步行,开阔胸襟。 ㉛适——调适。 ㉜泻气——排泄郁积之气,犹谓减肥。 ㉝易贸——应作“易质”。意谓二十岁正是容易改变形体之时(即发胖),故应注意饮食,加强运动。 ㉞气逐——病气奔逐。 ㉟师庆安受之——你的老师公桑阳庆是跟谁学的医术? ㊱“慎毋”句——千万不要让我的子孙知道你从我这儿学的医术。 ㊲何见于意——看中了你的哪一点。 ㊳唐里——菑川的里巷名。 善为古传方——善于按古代传下来的药方看病。 ㊴受方化阴阳及传语法——接受他阴阳调和变化理论以及古代医家口头流传下来的治病方法。 ㊵不为爱公所——对你没有保留的地方。爱:吝啬,吝惜。 ㊶无所复事之——不能再干这一行。 ㊷得见事侍公前——能够侍候在你面前。 ㊸“见言”句——看见我说的医理都是历代精辟的见解。百世:犹历代。精:精辟,深刻。 ㊹国工——国中技艺高超者。意谓良医。 ㊺同产——同胞兄弟。这里指阳庆。公孙光与阳庆同母异父,故姓氏不同。 ㊻年中——中年。 ㊼杨中倩——阳庆。杨:庆字中倩。 ㊽若非其人——你不是能学好医术的人。 ㊾胥(xū)——通“须”。等待。 ㊿“因师光”句——随着老师公孙光送马到齐王处。奏:进,送。 51数(shù)——术数。此处指医术。 52毕尽得意方——全部掌握你的医术。 53宋邑——古代良医。《古今医统》言其“性至爱人,酷尚医术,就齐太仓公淳于意学五诊脉论之术,为当世良医”。 54五诊——泛指诊脏腑之脉。 55高期、王禹——《古今医史》:“高期为济北王太医令,王以期术未精,令就淳于意学诸经脉及奇络结俞穴所在,定砭石刺、炙之法。岁余尽通,以此知名。王禹为济北太医,王亦以禹未尽善,令就学淳于意。数岁悉通,名当代。” 56经脉高下——经脉上下分布的部位,或谓经脉上下走向。 奇络——奇经络脉交接之处。 57当论俞所居——正确认识月俞穴所在部位。论:认识。 58“及气”句——以及经络之气上下出入的情况和区别邪正、顺逆的方法。 59定砭灸处——定:确定。

60太仓马长——太仓署中管理马政的长官。 61案法逆顺——正反两种按摩的方法。 62定五味——鉴定药性五味。按:药有酸、苦、甘、辛、咸五味,分入五脏。 和齐汤——调和方剂汤药。 63召里——里卷名。 ⑭四时应阴阳重——四季随阴阳的交替而变动。应:对应,适应。 ⑮心不精脉——心神不能分辨脉象的时候。精:精到。引申为辨别。 ⑯所期死生视可治——把本来无法治好的病也看作能治好的病。视:认为,看作。 ⑰时时失之——经常失误。 ⑱全——十全十美。

太史公曰:女无美恶,居宫见妒;士无贤不肖,入朝见疑。故扁鹊以其伎见殃①,仓公乃匿迹自隐而当刑。②缇萦通尺牍③,父得以后宁。故老子曰"美好者不祥之器④",岂谓扁鹊等邪?若仓公者,可谓近之矣。

(以上为第七段,是作者的论赞,表现了作者对扁鹊、仓公因医技高超而惨遭不幸的极大同情,对当时险恶的人际关系表现了极大的愤慨。)

①以其伎见殃——因为他有高超的医疗技术而被杀害。 ②匿迹自隐——自愿隐匿行迹。 当刑——判刑。当:判罪。 ③通尺牍——指缇萦上书事。通:上达。尺牍:书信。此指奏书。 ④美好者不祥之器——按:今本《老子》无此语。《老子》第三十一章有所谓"夫佳兵者不祥之器"。

［简评］ 这是我国第一篇医学传记,后世的医家传记均本于此。作品分别记述了战国时名医扁鹊和汉代名医仓公的医疗事迹。《扁鹊传》以战国时的秦越人为原型,选取典型事迹,通过三个病案,深刻反映了扁鹊精通脉学、长于辨症的精湛医术,为后世所景仰。《仓公传》以奏对的形式如实地记录了二十五例病案,详细记载了病者的姓名、籍贯、职业、病状、诊断、病理分析与治疗结果等,为我国最早的病案记录,充分表明了仓公技艺之精良与其实事求是的科学态度。二传之内容可以说是两汉之前临床医学的总结,为我们保留了珍贵的医学史料,具有很高的研究价值。同时通过两位医生的不幸遭遇,揭示出在封建社会造福于民的高明医术竟也成为招来杀身之祸的缘由,实在令人扼腕,

发人深省。

［**集评**］《太史公自序》："扁鹊言医，为方者宗，守数精明；后世修序，弗能易也，而仓公可谓近之矣，作《扁鹊仓公列传》第四十五。"

范文澜曰："扁鹊是一个民间医生，他发明脉理，能望色、听声、写（观）形，知病轻重。……《史记》为良医立传，扁鹊居首，是有理由的。扁鹊明确反对巫术，说病有六种不可治，'信巫不信医'，就是不可治的一种。扁鹊著《难经》，用人体解剖来阐明脉理和病理，完全脱离了鬼神迷信的影响。巫医分业以后，扁鹊是总结医学经验的第一人，又是切脉治病的创始人。"（《中国通史简编》）

李景星曰："扁鹊、仓公以医合传。同是伎术，而不与《日者》《龟策》相次，此是太史公特识。以医之一道兼三才，备四时，根本五行，与人类有生死关系，非他伎术可比，故别著之，不与他伎术相等。非如王劭所云为'后人之误'，亦非如《正义》所载'以淳于意孝文帝医，又为齐太仓令'云云也。以古今人合传，与《鲁仲连邹阳》《屈原贾生传》例同，而此篇叙次尤佳。其发挥医理与《内经》相表里；其文辞古奥，纯似先秦文字；其文势之壮，又如黄河之水，一泻万里；其中惝恍奇怪，不可一一指数。文至此，叹观止矣。《扁鹊传》末曰：'秦太医令李醯自知伎不如扁鹊也，使人刺杀之。'《仓公传》又曰：'病家多怨之者。'赞语更将此意申言之，术数之精，乃得奇祸，千古同辙，可胜慨哉！"（《四史评议》）

崔適曰："此传以扁鹊之医术为主义，相遇之人，杂取传记，多系寓言。此无关于信史，非子产、叔敖之比，不可以世次求也。如以视赵简子疾为扁鹊时代之本位，则先简子立百有三十九年而虢亡，晋昭公亦先是九年卒，后简子死七十二年而田齐桓公午立。魏惠王时有中庶子官，见《商君传》，秦、汉因之。《文王世子》汉儒所作，其言庶子，因汉制也。《说苑·辨物篇》作'赵王太子死'，此似汉之赵王，故有庶子。然援以解此传，仍去赵简子时代太晚，且是时岂有称王之赵国耶？齐桓侯，《韩非子·喻老篇》作'蔡桓侯'。《年表》《世家》：蔡桓侯与鲁隐、桓同时，又视赵简子时代太早，皆非事实明甚。《索隐》《正义》以世次言之，未得太史公本意也。"（《史记探源》）

姚苎田曰："扁鹊纵能洞见五脏症结，然安能知简子梦中事，颇涉荒怪。妙在援秦穆公往事作一榜样而聊以'间必有言也'一语微示其端，则镜花水月，实处皆空。又妙在两番梦呓有应有不应，离离奇奇，可赏可愕，但觉兴会淋漓，而不暇致诘其所以然之故，真千年绝调也。扁鹊治虢太子一事，当是实录。故叙其问答之详，病症之源流，疗治之方，略以至前有中庶子之辨析，后有生死人之传闻，无不如掌上螺纹，细细突出。……越人论病，只宗主阴阳二字，便是超绝一世之解。"

又曰："淳于意当时自有其诏问奏对之书，太史因取而删润之，以为列传，此亦古文家一体也。然此等文字，全在自出手眼，删润得妙，便有点铁成金之誉。若宋子京辈徒知减字换字，则大非作手也。仓公即名医，然以天子而鳃鳃诏问，极其琐屑，殊觉无谓。意者当时史公既立天官卜筮等传，欲为医方立传，而不得其详，故请诏存问，俾其更端陈奏以为立传之据。既见其奏书古雅，因即裁翦（剪）成文，而复取春秋时之扁鹊以附益其前耶？……奏对中能如此宛转古雅，奇绝千古。"（《史记菁华录》）

段逸山曰："本文系属合传。后来医家传记的写作方法，大都脱胎于此。在《扁鹊传》中，作者以战国时的秦越人为原型，选取典型事例，通过几个病案，塑造了扁鹊这位名医的形象；说明他精通脉学与望诊，技术全面，能随俗为变，以适应社会的需要。其中有关长桑君授药传方等细节，事近怪诞，乃是带有神话色彩的民间传说。在《仓公传》中，既记述淳于意生平，又详细收录二十五则诊籍，……为后世医案、病史之先河。有成功的经验总结，也不掩饰误诊误治的差错，说明仓公具有实事求是的科学态度。最后在司马迁的评述中，对扁鹊、仓公的不幸遭遇深表同情，对当时的封建统治者则愤慨不满，寄寓了作者的愤世疾（嫉）俗之言。”（《医古文》）

吴王濞列传第四十六

吴王濞者，高帝兄刘仲之子也。[①]高帝已定天下七年，立刘仲为代王[②]。而匈奴攻代，刘仲不能坚守，弃国亡，间行走雒阳，自归天子。[③]天子为骨肉故，不忍致法，废以为郃阳侯。高帝十一年秋，淮南王英布反，东并荆地，劫其国兵[④]，西度淮，击楚，高帝自将往诛之。刘仲子沛侯濞年二十，有气力，以骑将从破布军蕲西会甀，布走。[⑤]荆王刘贾为布所杀，无后[⑥]。上患吴、会稽轻悍，无壮王以填之，诸子少，[⑦]乃立濞于沛为吴王，王三郡五十三城。[⑧]已拜受印，高帝召濞相之，谓曰："若状有反相。"[⑨]心独悔，业已拜，因拊其背，告曰："汉后五十年东南有乱者，岂若邪？然天下同姓为一家也，慎无反！"濞顿首曰："不敢。"

会孝惠、高后时，天下初定，郡国诸侯各务自拊循其民。吴有豫章郡[⑩]铜山，濞则招致天下亡命者盗铸钱，煮海水为盐，以故无赋，国用富饶。[⑪]

孝文时，吴太子入见，得侍皇太子饮博。吴太子师傅皆楚人，轻悍，又素骄，[⑫]博，争道，不恭，[⑬]皇太子引博局提吴太子，杀之。[⑭]于是遣其丧归葬。至吴，吴王愠[⑮]曰："天下同宗，死长安即葬长安，何必来葬为！"复遣丧之长安葬。吴王由此稍失藩臣之礼，称病不朝。京师知其以子故称病不朝，验问实不病，诸吴使来，辄系责治之[16]。吴王恐，为谋滋甚。[17]及后使人为秋请[18]，上复责问吴使者，使者对曰："王实不病，汉系治使者数辈，以故遂称病。且夫'察见渊中鱼，不祥[19]'。今王始诈病，及觉，见责急，愈益闭[20]；恐上诛之，计乃无聊[21]。唯上弃之而与更始。[22]"于是天子乃赦吴使者归之，而赐吴王几杖，老，不朝。[23]吴得释其罪，谋亦益解[24]。然其居国以铜盐故，百姓无赋。卒践更，辄与平贾[25]。岁时存问茂材，赏赐闾里。[26]佗郡国吏欲来捕亡人者，讼共禁弗予。[27]如此者四十余年，以故能使其众[28]。

（以上为第一段，写吴王濞与汉景帝的旧有仇恨。）

①吴王濞(pì)——刘濞。　刘仲——名喜。"仲"是排行，犹今之所呼"老二"。　②立刘仲为代王——刘仲被立为代王在高祖六年(前201)正月，代国的都城在今河北蔚县东北。　③弃国亡——丢掉代国而独自逃回。亡：逃。　间行——抄小路而行。　走雒阳——逃归雒阳。当时的雒阳为刘邦建国初期的国都。　自归天子——逃回到皇帝处请接受惩罚。古代弃城而逃者罪至死。　④东并荆地，劫其国兵——黥布举兵反汉后，首先移兵东进，吞并了与他相邻的荆国，夺取了荆国的军队，荆王刘贾被杀。　⑤沛侯濞——刘濞，刘仲之子，高祖十一年(前196)十二月封之为"沛侯"。　蕲(qí)西会甀(zhuì)——蕲县城西的会甀邑。当时蕲县的县治在今安徽宿州。　布走——黥布被刘邦打败于会甀后，逃到江南，被他的亲戚长沙王吴臣骗到番阳(在今江西鄱阳县)杀害。　⑥无后——没人有资格再继立为荆王。⑦吴、会稽轻悍——吴与会稽一带的居民剽悍好动。以今苏州为中心的一片地区是当年吴国的地盘；以今绍兴为中心的一片地区是当年越国的地盘。　无壮王以填之——没有一个成年而又英武的国王来镇守这块地方。填：通"镇"，镇守。　诸子少——刘邦自己的儿子们都还年幼。　⑧立濞于沛为吴王——在沛县封立刘濞为吴王，都广陵，即今江苏扬州。　三郡——指东阳郡、鄣郡、吴郡。　⑨已拜受印——封王之礼已经行过，印信已经授予了他。受：付与。后作"授"。　相

之——端详刘濞的面相。相：审视。　若状有反相——若：你。　⑩豫章郡——应作“鄣郡”，郡治在今浙江安吉西北。　⑪无赋——不必向吴国的百姓征收赋税。　国用富饶——整个吴国因此富饶。用：因，由。　⑫师傅皆楚人，轻悍——师傅：谓太师、太傅，皆太子的辅导官。此句意谓由于吴太子的师傅皆楚人，生性轻悍，故也影响吴王太子性情轻悍。　又素骄——主语为吴太子。　⑬争道——为置子于何方而引起争执。　不恭——吴太子对皇太子不礼貌。　⑭引——拉，扯起。　博局——棋盘。　提（dǐ）——投击，抡打。　⑮愠（yùn）——恼怒。　⑯系责治之——关押，拷问。　⑰为谋——指图谋造反。　滋甚——益甚，越来越厉害。　⑱使人为秋请——派人代表自己进京行朝见之礼。古代诸侯之朝见天子，春曰朝，秋曰请。　⑲察见渊中鱼，不祥——古代俗语，《韩非子·说林上》有所谓“知渊中之鱼者不祥”。意即不要把下面的什么事情都查得一清二楚，有些可以留着让他自己去觉悟、改正。　⑳及觉，见责急，愈益闭——等到被上面发觉，受到严厉谴责时，就越想躲藏起来。　㉑恐上诛之，计乃无聊——因为怕被皇上所杀，也就只好想那种靠不住的办法了。隐指造反。无聊：无赖，不能依靠。此处指无可奈何。　㉒唯——请求。　弃之——弃其前愆（qiān），放过他以前的那些错误。　与更始——和他重新开始一种新的关系。　㉓几杖——都是对老者的特定恩赐。几：坐时可凭之以休息。杖：行时可拄。　老，不朝——体谅他年高，可以不必像其他诸侯一样按时进京朝见皇帝。　㉔谋亦益解——造反的念头也就渐渐打消了。　㉕卒践更，辄与平贾——汉朝的兵役叫做“更”，凡亲自前去服役的叫“践更”；有些自己不愿去的可以花钱找人代替；于是家里穷，愿意出去服役的就可以获得一份钱。现在吴王规定，谁要是前去服役，这笔钱由吴王出，这就使想去的人可以得到钱，不想去的人也不用花钱，于是大大地收买了人心。平贾：按照当时市场雇工的价钱。　㉖岁时——一年的四时节令。　存问——慰问。　茂材——师古曰：“茂，美也。茂材者，有美材之人也。”　赏赐闾里——意即连普通的平民百姓也能得到吴王的赏赐。闾里：犹言里巷。这里指平民。　㉗亡人——在逃犯。这里指其他郡国的犯罪者逃亡到吴国。　讼（róng）

共禁弗予——收容罪犯不交给他们。讼：通“容”。相容。 ㉘四十余年——梁玉绳曰：“当依《汉书》‘三十余年’为是，下文濞亦自言‘三十余年’也。”

晁错为太子家令，得幸太子，数从容言吴过可削。[①]数上书说孝文帝，文帝宽，不忍罚，以此吴日益横。及孝景帝即位，错为御史大夫，说上曰：“昔高帝初定天下，昆弟少，诸子弱，大封同姓，故王孽子悼惠王王齐七十余城，[②]庶弟元王[③]王楚四十余城，兄子濞王吴五十余城。封三庶孽，分天下半。[④]今吴王前有太子之郄[⑤]，诈称病不朝，于古法当诛，文帝弗忍，因赐几杖。德至厚，当改过自新。乃益骄溢，即山铸钱[⑥]，煮海水为盐，诱天下亡人，谋作乱。今削之亦反，不削之亦反。削之，其反亟，祸小；不削，反迟，祸大。”三年冬，楚王朝，[⑦]晁错因言楚王戊往年为薄太后服，私奸服舍，[⑧]请诛之。诏赦，罚削东海郡。因削吴之豫章郡、会稽郡[⑨]。及前二年赵王有罪，削其河间郡。[⑩]胶西王卬以卖爵有奸，[⑪]削其六县。

汉廷臣方议削吴。吴王濞恐削地无已，因以此发谋，欲举事。念诸侯无足与计谋者，闻胶西王勇，好气，喜兵，诸齐皆惮畏，[⑫]于是乃使中大夫应高誂胶西王。[⑬]无文书，口报曰：“吴王不肖，有宿夕之忧，[⑭]不敢自外，使喻其驩心。[⑮]”王曰：“何以教之？”高曰：“今者主上兴于奸，饰于邪臣，[⑯]好小善，听谗贼，擅变更律令，侵夺诸侯之地，征求滋多，诛罚良善，日以益甚。里语有之：‘舐糠及米。’[⑰]吴与胶西，知名诸侯也，一时见察，恐不得安肆矣。[⑱]吴王身有内病，不能朝请二十余年，尝患见疑，无以自白。[⑲]今胁肩累足[⑳]，犹惧不见释。窃闻大王以爵事有適[㉑]，所闻诸侯削地，罪不至此，此恐不得削地而已。[㉒]”王曰：“然，有之。子将奈何？”高曰：“同恶相助，同好相留，同情相成，同欲相趋，同利相死。今吴王自以为与大王同忧，愿因时循理，弃躯以除患害于天下,亿亦可乎?[23]"王瞿然骇曰:"寡人何敢如是?今主上虽急,固有死耳,安得不戴?[24]"高曰:"御史大夫晁错,荧惑天子[25],侵夺诸侯,蔽忠塞贤,朝廷疾怨,诸侯皆有倍畔之意,人事极矣[26]。彗星出,蝗虫数起,此万世一时,而愁劳,圣人之所以起也。[27]故吴王欲内以晁错为讨,外随大王后车,彷徉天下,[28]所乡者降,所指者下,[29]天下莫敢不服。大王诚幸而许之一言,则吴王率楚王略函谷关,守荥阳敖仓之粟,距汉兵。治次舍,须大王。[30]大王有幸而临之,则天下可并,两主分割[31],不亦可乎?"王曰:"善。"高归报吴王,吴王犹恐其不与,乃身自为使,使于胶西,面结之[32]。

胶西群臣或闻王谋,谏曰:"承一帝,至乐也。[33]今大王与吴西乡,弟令事成,两主分争,患乃始结。[34]诸侯之地不足为汉郡什二,而为畔逆以忧太后,[35]非长策也。"王弗听。遂发使约齐、菑川、胶东、济南、济北[36],皆许诺。而曰:"城阳景王有义,攻诸吕,勿与,事定分之耳。[37]"

诸侯既新削罚,振恐,多怨晁错。及削吴会稽、豫章郡书至,则吴王先起兵,胶西正月丙午诛汉吏二千石以下,[38]胶东、菑川、济南、楚、赵亦然,遂发兵西[39]。齐王后悔,饮药自杀,畔约[40]。济北王城坏未完,其郎中令劫守其王,不得发兵。[41]胶西为渠率,胶东、菑川、济南共攻围临菑[42]。赵王遂亦反,阴使匈奴与连兵。

七国之发也,吴王悉其士卒[43],下令国中曰:"寡人年六十二,身自将。少子年十四,亦为士卒先。诸年上与寡人比,下与少子等者,皆发。"发二十余万人。南使闽越、东越,[44]东越亦发兵从。

孝景帝三年正月甲子,初起兵于广陵。西涉淮,因并楚兵。[45]发使遗诸侯书曰:"吴王刘濞敬问胶西王、胶东王、菑川王、济南王、赵王、楚王、淮南王、衡山王、庐江王、故长沙王子:幸教寡人以'汉有贼臣,[46]无功天下,侵夺诸侯地,使吏劾系讯治,以僇辱之为故[47],不以诸侯人君礼遇刘氏骨肉,绝先帝功臣,进任奸宄,诖乱天下,[48]欲危社稷。陛下多病志失,不能省察,[49]欲举兵诛之[50]。'谨闻教[51]。敝国虽狭，地方三千里；人虽少，精兵可具五十万。寡人素事南越三十余年，其王君皆不辞，[52]分其卒以随寡人，又可得三十余万。寡人虽不肖，愿以身从诸王。越直长沙者，因王子定长沙以北，西走蜀、汉中。[53]告越、楚王、淮南三王，与寡人西面[54]；齐诸王与赵王定河间、河内，[55]或入临晋关，或与寡人会雒阳；[56]燕王、赵王固与胡王有约，[57]燕王北定代、云中，抟胡众入萧关，[58]走长安，匡正天子，以安高庙。[59]愿王勉之。楚元王子、淮南三王或不沐洗十余年，怨入骨髓，欲一有所出之久矣，[60]寡人未得诸王之意，未敢听[61]。今诸王苟能存亡继绝，振弱伐暴，以安刘氏，社稷之所愿也[62]。敝国虽贫，寡人节衣食之用，积金钱，修兵革，聚谷食，夜以继日，三十余年矣。凡为此，愿诸王勉用之。[63]能斩捕大将者，赐金五千斤，封万户；列将[64]，三千斤，封五千户；裨将[65]，二千斤，封二千户；二千石[66]，千斤，封千户；千石[67]，五百斤，封五百户：皆为列侯[68]。其以军若城邑降者，卒万人，邑万户，如得大将；[69]人户五千[70]，如得列将；人户三千，如得裨将；人户千，如得二千石；其小吏皆以差次受爵金[71]。佗封赐皆倍常法[72]。其有故爵邑者，更益勿因[73]。愿诸王明以令士大夫，弗敢欺也。寡人金钱在天下者往往而有，非必取于吴，[74]诸王日夜用之弗能尽。有当赐者告寡人，寡人且往遗之[75]。敬以闻[76]。"

（以上为第二段，写吴王濞因被削地而串联其他六国共同造反。）

①晁错——文帝、景帝时期的大臣。事迹详见《袁盎晁错列传》。　太子家令——詹事的属官，为太子家掌管仓库饮食。　数从容言——多次用一种自然的口气说。　吴过可削——吴王有罪，可削减其领地。　②王孽子悼惠王——"孽"上"王"字衍文，应削。孽子：非嫡妻所生的儿子。悼惠王：刘邦的私生子刘肥，被封为齐王，都临淄。　王齐七十余城——刘肥封国是当时诸侯国之最大者，辖地共有七个郡。　③庶弟元王——刘交，刘邦的同父异母弟，韩信被袭捕废去楚王后，刘邦封其弟刘交为楚王，都彭城（即今江苏徐州）。　④三庶孽——指刘肥、刘交、刘濞，因为他们都不是皇帝的嫡子或同胞兄弟。

分天下半——言齐、楚、吴三个诸侯的领土就占去了整个汉帝国领土的一半。此夸张言之,当时所有诸侯国的领土之和,略超过整个汉帝国领土的一半。 ⑤太子之郄(xì)——即前文所写的杀子之仇。郄:同“郤”,亦指嫌隙、仇怨。 ⑥即山铸钱——就着铜山,自行铸钱。即:就。 ⑦三年冬——意即景帝前元三年(前154)的年初,当时以十月为岁首。 楚王朝——楚王刘戊进京朝见皇帝。刘戊是楚元王刘交之孙,于文帝六年(前174)继其父位为楚王。 ⑧往年——去年。 为薄太后服,私奸服舍——景帝前元二年(前155)四月,文帝的母亲薄太后死,各地诸侯进京参加丧事,刘戊在守丧的庐棚(服舍)里奸淫了宫廷里的女子。服舍:古时守丧者所住的在院子里搭成的小棚子。 ⑨因削吴之豫章郡、会稽郡——梁玉绳曰:“案《汉传》无此句。盖下文言‘汉廷臣方议削吴’;又言‘削吴书至,则吴起兵’,可知斯时固未削矣。”按:梁说是。 ⑩前二年赵王有罪——具体罪过史无明载。赵王即刘遂,刘邦的儿子刘友之子。 削其河间郡——应作“削其常山郡”。常山郡的郡治元氏,在今河北元氏。 ⑪胶西王卬——刘卬,刘邦庶子刘肥之子,文帝于其前元十六年(前164)用贾谊“众建诸侯而少其力”之议,分割齐国诸郡以立刘肥之诸子为王,刘卬被立为胶西王,国都高密(在今山东高密)。 卖爵有奸——在卖爵的问题上有非法行为,具体情节不详。汉代的爵位可以买卖,见晁错《论贵粟疏》。 ⑫好气——好任性使气。 诸齐——齐地的各国诸侯,如济北、济南、胶东、菑川、城阳,以及齐国等。 ⑬中大夫——帝王身边的侍从官员,上属郎中令。 誂(tiǎo)——逗引、诱惑。 ⑭不肖——不类其父。指不成才,没出息。这里是谦辞。 宿夕之忧——谦言自己身边有些小问题,故不能亲自前来。宿夕:旦夕。谓在很短的时间内。 ⑮不敢自外——不敢把自己当成外人,向对方套近乎。 使喻其驩心——让我来表达他对您的好感。 ⑯兴于奸——从其内心生出一种奸诈。 饰于邪臣——在外面又被邪臣所蒙蔽。饰:掩饰;伪装。此处指蒙蔽。

⑰里语——同“俚语”,俗话。 舐(shì)糠及米——意思是舔米外的糠,一直舔到里面的米,比喻占据的地方再夺取政权。舐:以舌舔物或取食。 ⑱一时见察——一旦被朝廷所查办。 安肆——安然,随

意。 ⑲尝患见疑——先前就已经被怀疑过一回。或释“尝”为“常”，亦可，《汉书》作“常”。 无以自白——无法表明自己的心迹。 ⑳胁肩累足——缩紧双肩，收拢两足。极言其小心谨慎之状。 ㉑以爵事有適——因卖爵事受到惩罚。適：通“谪”，罚。 ㉒所闻诸侯削地，罪不至此——听说其他遭到削地的诸侯，都没有像你被削得这么多。此恐不得削地而已——你的罪过恐怕还不是光被削这些地就能过去的。 ㉓同忧——忧虑同一个问题。 因时循理——趁着有利时机，顺着天理。 亿亦可乎——想来该是可以的吧。亿：通“臆”，推度之词。犹言看来、大概。 ㉔虽急——即使逼得我无路可走。 安得不戴——怎么能不拥戴他呢？戴：拥戴，侍奉。 ㉕荧惑——迷惑。㉖人事极矣——人心向背的表现已经到了极点。 ㉗彗星出，蝗虫数起——这些都被阴阳五行家们说成是“灾异”，是上帝讨厌这个世道、讨厌现时在位的这个统治者的表现。 愁劳，圣人之所以起——黎民有苦难，正是圣人起事夺天下的大好时机。 ㉘内以鼂错为讨——以讨伐鼂错为对朝廷用兵的借口。 随大王后车——跟在大王您的车后。谦辞，意即和你一起行动。 彷徉(páng yáng)天下——横行天下。彷徉：游荡无定；周游纵横。即今之所谓横行。 ㉙所乡者降——乡：通“向”，大军所向。 所指者下——下：降，归附。 ㉚治次舍——给您安排好住处。次：停留。此处又指停留之处。 须大王——等待大王您的西来。须：等待。 ㉛两主分割——谓刘濞与刘卬两人分割天下。 ㉜面结之——当面约定好。 ㉝承一帝——拥戴一个皇帝。承：侍奉，拥戴。 至乐也——是最好的事情。 ㉞弟令事成——即使能推翻当今皇帝。弟令：犹今之所谓“即使”。弟，通“第”，但，即使。 患乃始结——乱子也就从此形成了。 ㉟不足为汉郡什二——到不了汉王朝直属郡县的十分之二。按：为了劝胶西王勿反，这里又把当时诸侯国的地盘说得过小了。 以忧太后——意即让母亲为自己的行为担心，当时胶西王的母亲尚在，与其子同住在胶西都城。㊱约齐、菑川、胶东、济南、济北——即约齐孝王刘将闾、菑川王刘贤、胶东王刘雄渠、济南王刘辟光、济北王刘志。按：上述齐与济北因后来情况有变，故通常所说的“吴楚七国之乱”中不包括这两个诸侯国。

㊲城阳景王——即刘章，刘肥之子，刘襄之弟，因消灭诸吕有大功，被封为城阳王，国都即今山东莒县，死后谥曰“景”。七国之乱时在城阳继位为王的是刘章之子刘喜，史称城阳共王。 勿与——意即不要拉他参加。 事定分之——事成之后也将利益分给他一份。 ㊳胶西正月丙午——梁玉绳曰：“《汉》传删去‘正月丙午’四字，而移‘胶西’于‘胶东’之上，当是也，不然则似胶西诛汉吏矣。” 诛汉吏二千石以下——谓吴王起兵后遂诛朝廷派到吴国任职的主要官吏，如丞相、太傅、内史、中尉等。 ㊴发兵西——发兵西下，朝着长安的方向。 ㊵齐王后悔，畔约——泷家本曰：“‘饮药自杀’四字衍。”按：齐王后悔叛约后，胶西、胶东、菑川三国发兵围攻之，齐王坚守不下。后朝廷派栾布率军救齐，齐围始解。后来朝廷得知齐王曾与诸国有过串联，齐王始畏惧自杀。《汉书》于此作“齐王后悔，背约城守”。 ㊶未完——尚未修好。 其郎中令劫守其王，不得发兵——郎中令是守护王宫门户兼统王者身边侍从的官员。劫守：劫持，看守。按：据此文，则刘志自始即参与叛乱，其所以未能行动，乃被其郎中令所制止了。而《齐悼惠王世家》则竟曰“吴楚反时，志坚守，不与诸侯合谋”，两处相差甚远。 ㊷胶西为渠率，胶东、菑川、济南共攻围临菑——此谓胶西王是齐地诸叛国的头领，是他率领胶东、菑川、济南共围齐国的临菑。 ㊸悉其士卒——将其国内可征调的兵员通通征调起来。 ㊹闽越——当时的少数民族的小国名，在今福建一带。 东越——当时的少数民族的小国名，因其都城叫东瓯（今浙江温州），故国名也称东瓯。 ㊺西涉淮——谓渡过长江，再向西渡过淮水。 并楚兵——将楚王刘戊的军队并归吴王统领。 ㊻幸教寡人——多谢你们以……教导我。杨树达曰：“‘幸教’以下无主辞，疑‘问’当作‘闻’，而以‘敬闻’直贯至‘幸教’云云为句也。”按：杨说有理。 汉有贼臣——指晁错。 ㊼以僇（lù）辱之为故——《正义》曰：“专以僇辱诸侯为事。”故：事。 ㊽奸宄（guǐ）——统指坏人。 诖（guà）乱——惑乱。诖：欺骗。 ㊾志失——神志失常。 不能省（xǐng）察——不能看清晁错之奸。省：视。 ㊿欲举兵诛之——主语是前面所列举的众诸侯。诛：讨伐。指讨伐晁错。以上是吴王濞转述众诸侯对他的请求、通报。刘濞的行文方式是反客为主，把自己说成

是被动者,从而更突出其起兵的“公正性”与“合理性”。 ㊶谨闻教——意谓我现在就是遵照你们的教导起兵了。 ㊷素事——长期以来侍奉。意即与之交好。南越——当时南方的少数民族小国,国都番禺(今广东广州)。这里统指东越、闽越、南越诸小国。 其王君皆不辞——都不拒绝向我提供援助。 ㊸越直长沙者——指北对长沙的南越。直:对着。 因王子定长沙以北——意思是南越的军队由故长沙王的子孙们领着攻占长沙以北的长江流域。 西走蜀、汉中——而后转头西下,溯长江取巴蜀,溯汉水取汉中。走:疾趋,奔向。 ㊹与寡人西面——意即随同吴王西下,直取长安。 ㊺齐诸王——指胶西、胶东、菑川、济南等齐地之王。 定河间、河内——谓赵国可先取景帝儿子刘德所占据的河间国,而齐地诸国可出兵西取黄河以北的“河内”地区。 ㊻或入临晋关——此指赵国军队,经由今山西,渡黄河入陕西。临晋关:在今陕西大荔东的黄河西岸。 或与寡人会雒阳——此指齐地的四国军队。盖占领河内后,南渡黄河即到洛阳。 ㊼燕王——刘嘉,刘邦的开国功臣刘泽的儿子,文帝前元三年(前177)继其父位为燕王。 固与胡王有约——胡王:指匈奴单于。按:燕王嘉根本未参与七国之乱,《荆燕世家》亦未言燕王嘉与匈奴有何关系。 ㊽代——汉郡名,郡治在今河北蔚县东北。这时的代郡属于代国,代王为文帝之孙、刘参之子刘登。 云中——汉郡名,郡治在今内蒙古托克托东北。 抟(zhuān)胡众——意即统领匈奴人马。抟:同“专”,专门统领。 萧关——在今宁夏固原东南,是关中地区西北部的要塞。 ㊾走长安——谓从萧关直奔长安。走:这里即奔袭。 匡正天子——或曰“天子”应作“天下”。匡正:扶之使正。 以安高庙——意即稳定朝廷秩序,不要使刘邦的在天之灵受到惊扰。 ㊿楚元王子——此指楚王刘戊,文帝六年(前174)继其父位为楚王。 或不沐洗十余年——有的人已经十来年不洗头、不洗澡了,以言其对朝廷的怨恨之深。 欲一有所出之——想找个机会将其发泄出来。 61未敢听——未敢同意楚与淮南的贸然兴兵。听:听任,任其采取行动。 62社稷之所愿也——这是对整个国家都有好处的。 63凡为此——我过去所做的一切,都是为了今天。凡:总共,一切。 愿诸王勉用之——请你们尽情使用。

勉:努力。 ⑭列将——指斩捕一般将领。 ⑮裨将——指斩捕小将、副将。 ⑯二千石——官秩等级。因所得俸禄以米谷为标准。汉代二千石为中央政府机构列卿及州郡牧守、诸侯王国相一级官员。 ⑰千石——地方官的大县县令、朝官中的丞相长史等皆为千石。 ⑱皆为列侯——指以上所述之许封“万户”“三千户”以至“五百户”者,其封爵皆为“列侯”。“列侯”有爵号、有封地,较之单有封号而无封地的“关内侯”高一级。 ⑲以军若城邑降者——率领军队或是带着城池投降过来的。若:或。 卒万人,邑万户,如得大将——凡是带过来一万名士兵,或是带过来一座万户的城邑,其赏格与俘获一名大将相同。 ⑳人户五千——凡是带过来五千士兵,或是带过来一座五千户的城邑。㉑其小吏皆以差次受爵金——捉到不够上述级别的小吏,也会得到不同等级的爵禄和赏金。差次:等级。 ㉒佗(tuō)封赐皆倍常法——在其他方面立功应该受到奖励的,也要比平时的奖励多一倍。佗:别的。 ㉓有故爵邑者,更益勿因——原本就有爵禄和领地的人,现在的奖赏仍旧该多少是多少,而不是在原有的基础上补齐。因:就着。㉔寡人金钱在天下者往往而有——往往:犹言到处。由此语看来,仿佛刘濞当时在各郡国都开有“钱庄”。 非必取于吴——意即在各地的“钱庄”都可以兑取。 ㉕寡人且往遗(wèi)之——我将亲自前去为他们颁发。且:将。 ㉖敬以闻——恭敬地告诉你们知道。

七国反书闻天子,天子乃遣太尉条侯周亚夫将三十六将军,往击吴楚;遣曲周侯郦寄击赵;将军栾布击齐;大将军窦婴屯荥阳,监齐赵兵[①]。

吴楚反书闻,兵未发,窦婴未行,言故吴相袁盎[②]。盎时家居[③],诏召入见。上方与晁错调兵笇军食[④],上问袁盎曰:“君尝为吴相,知吴臣田禄伯[⑤]为人乎?今吴楚反,于公何如[⑥]?”对曰:“不足忧也,今破矣。”上曰:“吴王即山铸钱,煮海水为盐,诱天下豪桀,白头举事[⑦]。若此其计不百全,岂发乎?何以言其无能为也?”袁盎对曰:“吴有铜盐利则有之,安得豪桀而诱之!诚令吴得豪桀，亦且辅王为义，不反矣。吴所诱皆无赖子弟，亡命铸钱奸人，故相率以反。”晁错曰：“袁盎策[8]之善。”上问曰：“计安出？”盎对曰：“愿屏左右。”上屏人，独错在。盎曰：“臣所言，人臣不得知也。”乃屏错。错趋避东厢，恨甚。上卒问盎，盎对曰：“吴楚相遗书曰[9]：‘高帝王子弟各有分地，今贼臣晁错擅適过诸侯，削夺之地。[10]’故以反为名，西共诛晁错，复故地而罢。方今计独斩晁错，发使赦吴楚七国，复其故削地，则兵可无血刃而俱罢。”于是上嘿然[11]良久，曰：“顾诚何如，吾不爱一人以谢天下。[12]”盎曰：“臣愚计无出此，愿上孰计之。[13]”乃拜盎为太常，吴王弟子德侯为宗正。[14]盎装治行[15]。后十余日，上使中尉召错，绐载行东市，[16]错衣朝衣斩东市。则遣袁盎奉宗庙，宗正辅亲戚，[17]使告吴如盎策。至吴，吴楚兵已攻梁壁[18]矣。宗正以亲故，先入见，谕吴王使拜受诏。吴王闻袁盎来，亦知其欲说己，笑而应曰：“我已为东帝，尚何谁拜？”不肯见盎而留之军中，欲劫使将[19]。盎不肯，使人围守，且杀之。盎得夜出，步亡去，走梁军，遂归报。

（以上为第三段，写景帝听袁盎谗言杀晁错。）

①监齐赵兵——意即监视栾布、郦寄两支讨伐齐、赵的军队。监：监视。　②言故吴相袁盎（àng）——向景帝推荐曾经给吴王刘濞任过丞相的袁盎。袁盎：一个圆滑且又险恶的官僚。事迹见《袁盎晁错列传》。　③家居——在家赋闲。袁盎曾因接受吴王的馈赠，被晁错查办，景帝赦以为庶人。　④筭（suàn）军食——筹措军用粮草。筭：同“算”。　⑤田禄伯——吴国大将。事见下文。　⑥于公何如——你看情况会怎么样。　⑦白头举事——老年造反。言其定是胸有成竹，老谋深算。　⑧策——分析，论断。　⑨相遗书曰——相互写信说。⑩擅適过诸侯——随随便便地惩罚诸侯们。適：通“谪”，即贬谪、惩罚。　削夺之地——侵削他们的领地。　⑪嘿然——同“默然”。⑫顾诚何如——关键是效果究竟会怎么样。　不爱一人——不吝惜杀掉一个人。爱：吝惜。　⑬计无出此——没有别的计策比这个更好了。孰计——认真思考。孰：“熟”的古字。　⑭太常——秦置奉常，西

汉景帝时改称"太常",九卿之一,掌管宗庙礼仪。 德侯——初受封者为刘濞之弟刘广,此时为侯者乃刘广之子刘通。 宗正——九卿之一,掌管皇帝宗族的事务,由本族年高有德者任之。现在为讨好刘濞,故迅即任刘通为宗正,并派其出使吴国。 ⑮盎装治行——装:此指收拾行装。治行:做出发的准备。 ⑯中尉——主管京城治安的长官,这时任中尉的是卫绾,一个唯唯诺诺的庸俗官僚。 绐(dài)载行东市——哄骗晁错上车,径直把他拉到了长安城的东市场。绐:欺骗。 ⑰袁盎奉宗庙——意即代表朝廷。 宗正辅亲戚——意即代表刘氏家族。 ⑱已攻梁壁——已经开始攻击梁国的防线。壁:壁垒,防御工事。梁国的都城睢阳,在今河南商丘南。 ⑲欲劫使将——欲劫持之,使其为吴楚统兵。

条侯将乘六乘传[①],会兵荥阳。至雒阳,见剧孟[②],喜曰:"七国反,吾乘传至此,不自意全[③]。又以为诸侯已得剧孟,剧孟今无动[④]。吾据荥阳,以东无足忧者。"至淮阳,问父绛侯故客邓都尉曰[⑤]:"策安出?"客曰:"吴兵锐甚,难与争锋。楚兵轻,不能久。[⑥]方今为将军计,莫若引兵东北壁昌邑,以梁委吴,[⑦]吴必尽锐攻之。将军深沟高垒,使轻兵绝淮泗口,塞吴饷道。[⑧]彼吴梁相敝而粮食竭,乃以全强制其罢极[⑨],破吴必矣。"条侯曰:"善。"从其策,遂坚壁昌邑南,轻兵绝吴饷道。

吴王之初发也,吴臣田禄伯为大将军。田禄伯曰:"兵屯聚而西,无佗奇道,难以就功。[⑩]臣愿得五万人,别循江淮而上,收淮南、长沙,入武关,与大王会,此亦一奇也。"吴王太子谏曰:"王以反为名,此兵难以借人,借人亦且反王,[⑪]奈何?且擅兵而别,多佗利害,[⑫]未可知也,徒自损耳。"吴王即不许田禄伯。

吴少将[⑬]桓将军说王曰:"吴多步兵,步兵利险[⑭];汉多车骑,车骑利平地。愿大王所过城邑不下,直弃去[⑮],疾西据雒阳武库,食敖仓粟,阻山河之险以令诸侯,虽毋入关,天下固已定矣。即大王徐行,留下城邑,[⑯]汉军车骑至,驰入梁楚之郊,事败矣。"吴王问诸老将，老将曰："此少年推锋之计可耳，安知大虑乎！[17]"于是王不用桓将军计。

吴王专并将其兵[18]，未度淮，诸宾客皆得为将、校尉、候、司马，独周丘不得用。[19]周丘者，下邳人，亡命吴，酤酒无行，[20]吴王濞薄之，弗任。周丘上谒，说王曰："臣以无能，不得待罪行间[21]。臣非敢求有所将，愿得王一汉节，[22]必有以报王。"王乃予之。周丘得节，夜驰入下邳。下邳时闻吴反，皆城守。至传舍，召令。[23]令入户，使从者以罪斩令。遂召昆弟所善豪吏告曰："吴反兵且至，至，屠下邳不过食顷。[24]今先下，家室必完，能者封侯矣。"出乃相告，下邳皆下。周丘一夜得三万人，使人报吴王，遂将其兵北略城邑。比至城阳，兵十余万，破城阳中尉军。[25]闻吴王败走，自度无与共成功[26]，即引兵归下邳。未至，疽发背死。[27]

二月中，吴王兵既破，败走，于是天子制诏将军[28]曰："盖闻为善者，天报之以福；为非者，天报之以殃。高皇帝亲表功德，建立诸侯，幽王、悼惠王绝无后，孝文皇帝哀怜加惠，王幽王子遂、悼惠王子卬等，令奉其先王宗庙，为汉藩国，德配天地，明并日月。吴王濞倍德反义，诱受天下亡命罪人，乱天下币，[29]称病不朝二十余年，有司数请濞罪，孝文皇帝宽之，欲其改行为善。今乃与楚王戊、赵王遂、胶西王卬、济南王辟光、菑川王贤、胶东王雄渠约从反，为逆无道，起兵以危宗庙，贼杀大臣及汉使者，迫劫万民，夭杀[30]无罪，烧残民家，掘其丘冢，甚为暴虐。今卬等又重逆无道，烧宗庙，卤御物，[31]朕甚痛之。朕素服避正殿，将军其劝士大夫击反虏。[32]击反虏者，深入多杀为功，斩首捕虏比三百石以上者皆杀之，无有所置。[33]敢有议诏及不如诏者，皆要斩。[34]"

初，吴王之度淮，与楚王遂西败棘壁，[35]乘胜前，锐甚。梁孝王恐，遣六将军击吴，又败梁两将，士卒皆还走梁。梁数使使报条侯求救，条侯不许。又使使恶条侯于上[36]，上使人告条侯救梁，复守便宜不行[37]。梁使韩安国及楚死事相弟张羽为将军，乃得颇败吴兵。[38]吴兵欲西，梁城守坚，不敢西，即走条侯军，会下邑。[39]欲战，条侯壁[40]，不肯战。吴粮绝，卒饥，数挑战，遂夜奔条侯壁，惊东南。条侯使备西北，果从西北入。吴大败，士卒多饥死，乃畔散[41]。于是吴王乃与其麾下壮士数千人夜亡去，度江走丹徒，保东越[42]。东越兵可万余人，乃使人收聚亡卒[43]。汉使人以利啖[44]东越，东越即绐吴王，吴王出劳军，即使人鏦杀吴王，[45]盛其头，驰传以闻[46]。吴王子子华、子驹亡走闽越。吴王之弃其军亡也，军遂溃，往往稍降[47]太尉、梁军。楚王戊军败，自杀。

三王之围齐临菑[48]也，三月不能下。汉兵至，胶西、胶东、菑川王各引兵归。胶西王乃袒跣，席稿，饮水，谢太后。[49]太子德曰："汉兵远，臣观之已罢，可袭，[50]愿收大王余兵击之，击之不胜，乃逃入海，未晚也。"王曰："吾士卒皆已坏，不可发用。"弗听。汉将弓高侯颓当[51]遗王书曰："奉诏诛不义，降者赦其罪，复故；不降者灭之。王何处，须以从事。[52]"王肉袒叩头汉军壁，谒曰："臣卬奉法不谨，惊骇百姓，乃苦将军远道至于穷国，敢请菹醢[53]之罪。"弓高侯执金鼓见之[54]，曰："王苦军事，愿闻王发兵状。[55]"王顿首膝行对曰："今者，晁错天子用事臣，变更高皇帝法令，侵夺诸侯地。卬等以为不义，恐其败乱天下，七国发兵，且以诛错。[56]今闻错已诛，卬等谨以罢兵归。"将军曰："王苟以错不善，何不以闻？乃未有诏虎符，擅发兵击义国[57]。以此观之，意非欲诛错也。"乃出诏书为王读之。读之讫，曰："王其自图。"王曰："如卬等死有余罪。"遂自杀。太后、太子皆死。胶东、菑川、济南王皆死，国除，纳于汉。郦将军围赵十月而下之，赵王自杀。济北王以劫故，得不诛，徙王菑川。[58]

初，吴王首反，并将楚兵，连齐赵[59]。正月起兵，三月皆破，独赵后下。复置元王少子平陆侯礼为楚王，续元王后。徙汝南王非王吴故地，为江都王。

（以上为第四段，写吴楚七国的叛乱被周亚夫等讨平。）

①乘(chéng)六乘传(shéng zhuàn)——乘坐着六匹马拉的传车。传:即驿车。另一说为连同随员在内一共只有六辆传车,以言其轻装。似应取前者。 ②剧孟——雒阳人,当时威望很高的大侠客。事迹见《游侠列传》。 ③不自意全——想不到竟能安然至此。 ④剧孟今无动——剧孟至今竟未被叛乱者所网罗、招致。 ⑤淮阳——汉郡名,郡治陈县(即今河南周口淮阳区)。亦古代兵家必争之地。 绛侯故客——周亚夫之父绛侯周勃当年的老宾客。 邓都尉——史失其名。都尉:中级武官名,与“校尉”大致相当。此时在淮阳郡任都尉,协助郡守管理武事。 ⑥轻——好动,不能持重。 不能久——不能坚持长久。 ⑦壁昌邑——在昌邑修筑工事坚守。壁:营垒。这里用作动词。昌邑:汉县名,县治在今山东巨野县南,在当时梁国都城睢阳的东北方。 以梁委吴——把梁扔给吴国,让吴国去打。按:“以梁委吴”原是景帝与周亚夫的预定方针,借着吴人的手以削弱梁国。 ⑧绝淮泗口——在淮水与泗水的汇流处,斩断吴国前方与后方的联络。淮泗口:淮河、泗水的交汇处。 塞吴饷道——断绝吴国的粮食供应线。塞:堵塞,断绝。 ⑨乃以全强制其罢极——那时再用你强大完好的兵团来收拾它们那支疲惫到极点的军队。罢:通“疲”。 ⑩屯聚而西——汇聚一起,向西推进。 无佗奇道——没有别的出人意料的谋略。 就功——成功。 ⑪此兵难以借人——意即不能交给别人统领。 借人亦且反王——你如把兵权交给别人,则别人也将用此兵来反你。 ⑫擅兵而别,多佗利害——握有兵权的大将一旦分兵而出,其危险甚多。擅兵:专兵,掌握兵权。别:谓分兵,派将率兵别出。多佗利害:意即害处很多。 ⑬吴少将——吴国的一员少将。按:《樊郦滕灌列传》中又有“小将”,大约“少将”略高于“小将”;“小将”又高于“裨将”。 ⑭利险——有利于在崎岖险要之地作战。 ⑮直弃去——指放弃不管,径直率兵西进。 ⑯即——如果。 留下城邑——停下来攻打城池。 ⑰少年推锋之计——犹今之所谓“敢打敢冲”“勇往直前”。 大虑——深远的谋略。 ⑱吴王专并将其兵——语言不顺,意即所有将士全归吴王一人直接统领,与前田禄伯的建议完全相反。 ⑲将、校尉、候、司马——皆古代军官名。当时一个将军麾下设五个部,各部的

长官曰校尉;校尉属下又分若干曲,曲的长官曰军候。各部又有司马,主管军中司法。　周丘——姓周,名丘。　⑳下邳(pī)——汉县名,县治在今江苏睢宁北,当时属于东海郡。　酤(gū)酒——卖酒。　无行——没有好名声。　㉑不得待罪行间——意即没有被你任以军职。待罪:任职的客气说法。　㉒非敢求有所将——不敢说让你拨给我多少人马。　愿得王一汉节——只求把朝廷当年发给您的节信给我一个。汉节:朝廷发给使者外出办事的凭证,使者凭此可以对有关部门下令,甚至可以调兵。　㉓传(zhuàn)舍——古时供来往行人居住的旅舍;客舍。　召令——传下邳县令来见。　㉔昆弟所善豪吏——其在家弟兄所友好的县中的大吏。昆弟:亦作"晜弟",兄弟。　屠下邳不过食顷——杀光下邳人用不了吃一顿饭的工夫。　㉕比至城阳——等曹丘到达城阳。比:及,当。城阳:刘章之子刘喜的封国,国都即今山东莒县。城阳国在下邳东北,距下邳不远。　城阳中尉——主管该国军事。　㉖无与共成功——没有人可以呼应合作,共成大事。　㉗未至——还没有到达下邳。　疽(jū)发背死——疽:也称"痈",一种恶疮,生于颈部、背部者有生命危险。　㉘制诏将军——即给以周亚夫为首的诸将下令。"制""诏"都是称皇帝的命令,这里用作动词。　㉙倍德——倍:通"背"。　乱天下币——以私钱淆乱天下钱。　㉚夭杀——意即杀害。夭:早折。这里用作动词。　㉛重逆——加倍地为逆。　卤御物——卤:通"掳",抄掠。御物:供宗庙之服器。　㉜素服避正殿——身着白衣避开正殿。帝王以此表示其忧心国事,并与出征将士同甘苦。　其劝士大夫——请勉励全体将士。其:表示祈请、希望。劝:勉励。　㉝比三百石——官阶名,不到三百石,而近于三百石。较"三百石"低一级。小县的县长秩三百石。　无有所置——一个也不要放过。　㉞议诏——对诏书有异议、有议论。　不如诏——不按诏书办事。　皆要斩——要:古"腰"字。　㉟度淮——谓渡淮水而西来。　西败棘壁——"败"字当作"破"。棘壁:城邑名,在今河南柘城西北,当时梁国都城睢阳的东南方。　㊱恶(wù)条侯于上——向景帝告状,说条侯见死不救。恶:此指说人坏话。　㊲守便宜不行——将在外君命有所不受。即可以按有利情况办事之义。　㊳韩安国——字长孺，原梁人，后入朝为官。事迹详见《韩长孺列传》。　楚死事相——即张尚。据《楚元王世家》："戊与吴王合谋反，其相张尚、太傅赵夷吾谏，不听，戊则杀尚、夷吾。"　颇败吴兵——意即稍稍打了一些胜仗。颇：略有，表示不多。　㊴即走条侯军——转头北攻周亚夫的军队，主语是"吴兵"。　下邑——汉县名，县治即今安徽砀山，在睢阳城东，昌邑之东南，当时属梁。　㊵条侯壁——周亚夫坚守壁垒，不出战。　㊶畔散——叛变，逃散。畔：通"叛"。　㊷保东越——保：往依，投靠。　㊸乃使人收聚亡卒——此句的主语为吴王濞。　㊹以利啖（dàn）——以利益引诱。啖：吃。这里是使动用法。　㊺绐（dài）——欺骗。　鏦（cōng）杀——以矛刺死。鏦：短矛。　㊻驰传（zhuàn）以闻——乘传车飞快地上报皇帝。　㊼稍降——逐渐投降。稍：渐。　㊽三王之围齐临菑——因齐孝王中途改变主意不参加造反，故胶西、胶东、菑川三国围而攻之。　㊾袒跣（xiǎn），席稿，饮水——都是古人认罪、请罪的一种情态。袒跣：光着膀子光着脚。席稿：卧在草席上。稿：稻、麦等庄稼的秆子。这里指用秸秆编的席。　谢太后——向其母请罪。　㊿汉兵远——"远"下应有"来"字。　已罢——已经疲惫。罢：通"疲"。　可袭——可乘其不备而击之。　(51)弓高侯颓当——刘邦功臣韩王信之子，韩王信叛汉投匈奴后，颓当生于匈奴。文帝时，颓当率部归汉，被封为弓高侯。　(52)王何处——你究竟打算怎么办。何处：何以自处。　须以从事——我要等着你的回答来确定我的行动。须：待，等候。　(53)菹醢（zū hǎi）——把人剁成肉酱。　(54)执金鼓见之——对战败求和者作出的姿态。意即不允许讨价还价，随时可擂鼓进兵。　(55)王苦军事——你这一阵子忙于军事，辛苦了！讽刺语。　愿闻王发兵状——想听听你的造反过程。　(56)不义——不宜，办事不当。　且以诛错——就是为了讨伐晁错。　(57)义国——王先谦曰："谓齐国，言守义不从反也。"　(58)以劫故——指被其郎中令所劫持，没有反成。　徙王菑川——改封为菑川王，都城剧县，在今山东寿光市南。　(59)连齐赵——此"齐"指齐地的胶西、胶东、济南、菑川四叛国，非指齐国。

太史公曰：吴王之王，由父省[①]也。能薄赋敛，使其众，以擅山海利[②]。逆乱之萌，自其子兴[③]。争技发难，卒亡其本；[④]亲越谋宗，竟以夷陨。[⑤]晁错为国远虑，祸反近身。[⑥]袁盎权说，初宠后辱。[⑦]故古者诸侯地不过百里，山海不以封。[⑧]"毋亲夷狄，以疏其属"，盖谓吴邪？[⑨]"毋为权首，反受其咎[⑩]"，岂盎、错邪？

（以上为第五段，是作者的论赞，作者对吴国的兴灭与袁盎、晁错的结局发表了不尽合适的议论。）

①由父省（shěng）——省：削减。大意为由于其父刘仲丢失了代国，刘濞不能续封为代王；后来刘濞又在破黥布中有功，所以才封在了吴国。　②以擅山海利——就因为他占有着铸钱与煮盐的收入。擅：专，独占。　③自其子兴——起于儿子的被杀。　④争技发难——由于博弈上的小事而导致造反。　卒亡其本——最后丧失了国家。⑤亲越谋宗——勾结少数民族，图谋颠覆自己的宗主。　夷陨（yǔn）——即诛灭，灭亡。　⑥晁错为国远虑，祸反近身——按：史公在这里终于肯定了晁错的削藩是"为国远虑"，较之《袁盎晁错列传》片面地说晁错"变古乱常，不死则亡"，要准确、全面得多了。　⑦权说——狡诈、诡辩的辞令。　初宠后辱——指开始受景帝宠信，后来遭吴国囚禁，差点被杀。事实证明其说辞是荒谬、卑鄙的。　⑧地不过百里，山海不以封——《礼记·王制》云："公侯田方百里，伯七十里，子男五十里。"又云："名山大泽不以封。"不以封：即不把名山大泽封给诸侯。　⑨毋亲夷狄，以疏其属——不要交结其他民族，而疏远自己的亲属。夷狄：泛指周边部族。　盖谓吴邪——说的就是吴国这种情况吧！⑩毋为权首，反受其咎——语出《逸周书》，意思是不要当挑头的变革者，谁挑头谁倒霉。权首：权谋的首领。咎：罪，灾难。

［**简评**］　本篇名为"吴王濞列传"，实际上是写了以吴王濞为首的吴楚七国之乱由产生、发展到最后被消灭的全过程。汉初消灭异姓王后，对刘氏同姓诸侯过于纵容，致使他们在政治、经济方面所掌握的权力都过多过大，以致形成尾大不掉，这是贾

谊早在好多年前就对文帝“痛哭”过的问题。司马迁对朝廷平定这种叛乱是赞成的,对周亚夫等所采取的正确方略,也非常欣赏。但同时司马迁对朝廷方面也有许多隐微的讽刺,如写汉景帝当年为太子时的骄奢,可以随意打死吴王太子而不带任何歉意;如写晁错、袁盎身为朝廷大臣,在这国家危亡的时刻不是通力合作,而是勾心斗角,借刀杀人,双方都令人讨厌;又如作为平叛一方,汉景帝与梁孝王本应该是唇齿相依的,但由于他们兄弟之间也存在着尖锐矛盾,所以汉景帝与周亚夫密谋好在镇压七国之乱的过程中要极力削弱梁国,以达到一石击二鸟的目的。两个人分明是在演双簧,而看起来又很像是出之客观形势的需要,真是天衣无缝。在对叛乱者的剿杀上,汉景帝的方针是“以深入多杀为功”,这又突出地表现了统治集团内部矛盾的尖锐性。几百年后的南朝宋孝武帝刘骏又对广陵发动了一次性质完全相同的血腥屠戮,鲍照的《芜城赋》对此感慨极深。吴王濞作为一个悲剧气质很强的反面人物,也表现得有声有色,豪迈绝伦。本文应与《袁盎晁错列传》《梁孝王世家》《绛侯周勃世家》等参照阅读。

[**集评**] 《太史公自序》:“维仲之省,厥濞王吴,遭汉初定,以填抚江、淮之间,作《吴王濞列传》第四十六。”

王夫之曰:“赐以几杖而启衅无端,更十年濞即不死,亦以衰矣。赵、楚、四齐,庸劣无大志,濞不先举,弗能自动。故文帝筹之已熟,而持之已定,文帝幸不即崩,坐待七国之瓦解,而折棰以收之。是谊与错之忧,文帝已忧之。而文帝之所持,非谊与错所能测也。”(《读通鉴论》)

曾国藩曰:“先叙太子争博、晁错削地,详致反之由;次叙吴诛胶西,胶西约五国,详约从之状。次叙下令国中、遗书诸侯,详声势之大。次叙晁错给诛、袁盎出使,详息兵之策;次叙条侯出师、邓都尉献谋，详破吴之计；次叙田禄伯奇道、桓将军疾西，详专智之失。六者皆详矣，独于吴军之败不详叙，但于周丘战胜之时闻吴王败走而已，此亦可悟为文详略之法。”（《求阙斋读书录》）

吴见思曰：“一篇文字，必有全副精神，故左右前后，驱遣如意。此文写吴王谋反，先写其谋反之相、谋反之谶，以铜盐为谋反之资，提杀太子为谋反之因；然后出一吴使以解之，又出一晁错以促之，曲曲写来，情事如见。然后口报胶西，约六国，下反书，气势蓬勃，当直泄下，乃又出一袁盎，出一邓都尉；又出一田禄伯，出一桓将军，出一周丘，多少事聚杂而来，不妨一齐插入，实只为谋反一事四面点凑，无隔碍迂塞之病，岂非至文！周丘序后，间隔已多。当入吴事，乃反倒提吴王败后之诏，先放于此，出空地步，然后倒提吴王初起兵攻梁之事，一气说下，直至于败，并无留滞。而后弓高侯为胶西读诏，应还前诏。如此安顿之法，深宜究心。”（《史记论文》）

李景星曰：“《吴王传》只叙七国反一事，其间千头万绪最为复杂。然细绎之，不过前后两大段而已，中间‘敬以闻’三字是前后关键。自‘敬以闻’上是反前事，叙其反之相、反之谶、反之资、反之衅，以递到晁错议削地为反之借口，遂紧接与胶西反约，下国中反令，遗诸侯反书，一路迤逦而来，用顺笔处较多。自‘敬以闻’以下是反后事，叙条侯等之分路击反，袁盎劝杀晁错以止反，邓都尉之筹画平反，田禄伯、桓将军、周丘之为策助反，遂递及汉廷罪反者之诏，及诸反者之次第消灭，一路交互说去，用补笔处较多。通传几五千言，而前后左右驱遣如意，又与晁错、袁盎、周亚夫各传遥相照顾，是何等精神，何等力量，令人不能不一读一击节也。”（《四史评议》）

魏其武安侯列传第四十七

魏其[1]侯窦婴者，孝文后从兄[2]子也。父世观津人。[3]喜宾客。孝文时，婴为吴相[4]，病免。孝景初即位，为詹事[5]。

梁孝王者，孝景弟也，其母窦太后爱之。梁孝王朝，因昆弟燕饮。是时上未立太子，酒酣，从容言曰："千秋之后传梁王。"太后欢。窦婴引卮酒进上，曰："天下者，高祖天下，父子相传，此汉之约也，上何以得擅传梁王！"太后由此憎窦婴。窦婴亦薄其官，因病免。太后除窦婴门籍[6]，不得入朝请。

孝景三年，吴楚反，上察宗室诸窦[7]毋如窦婴贤，乃召婴。婴入见，固辞谢病不足任。太后亦惭。于是上曰："天下方有急，王孙[8]宁可以让邪?"乃拜婴为大将军，赐金千斤。婴乃言袁盎、栾布诸名将贤士在家者进之。所赐金，陈之廊庑下，军吏过，辄令财取为用[9]，金无入家者。窦婴守荥阳，监齐赵兵。七国兵已尽破，封婴为魏其侯。诸游士宾客争归魏其侯。孝景时每朝议大事，条侯、魏其侯，诸列侯莫敢与亢礼[10]。

孝景四年，立栗太子[11]，使魏其侯为太子傅。孝景七年，栗太子废，魏其数争不能得。魏其谢病，屏居蓝田南山之下数月，诸宾客辩士说之，莫能来。梁人高遂乃说魏其曰："能富贵将军者，上也;能亲将军者,太后也。今将军傅太子,太子废而不能争;争不能得,又弗能死。自引谢病,拥赵女,屏闲处而不朝。相提而论⑫,是自明扬主上之过。有如两宫螫将军,⑬则妻子毋类⑭矣。"魏其侯然之。乃遂起,朝请如故。

桃侯⑮免相,窦太后数言魏其侯。孝景帝曰:"太后岂以为臣有爱⑯,不相魏其?魏其者,沾沾自喜⑰耳,多易⑱。难以为相,持重。"遂不用,用建陵侯卫绾为丞相。

(以上为第一段,写窦婴在景帝时期的经历。)

①魏其——汉县名,县治在今山东临沂东南。 ②从兄——即堂兄。 ③世——世世代代。 观津——汉县名,县治在今河北武邑东。 ④为吴相——为吴王刘濞之相。 ⑤詹事——官名,主管太后、王后、太子宫中的事务。 ⑥门籍——胡三省曰:"出入宫殿门之籍也。"即今之所谓"通行证"。 ⑦宗室诸窦——宗室:指刘姓皇族的人。诸窦:指窦姓外戚家的人。 ⑧王孙——窦婴的字。 ⑨财取为用——需用多少取多少。财:通"裁",裁度。 ⑩莫敢与亢礼——师古曰:"言特此二人也。"亢礼:行对等之礼。亢:通"抗",对等。凌稚隆曰:"此突然插入条侯,借客形主之法。" ⑪栗太子——名荣,栗姬所生,因母姓以为称。 ⑫相提而论——相比而言。指"太子废而不能争,争不能得又不能死",与"自引谢病,拥赵女,屏闲处而不朝"二事言。 ⑬两宫——指皇帝与太后。 螫(shì)——蜂蝎以针钩刺人。此处指忌恨、加害。 ⑭毋类——绝种,一个不留。 ⑮桃侯——即刘舍。据《孝景本纪》记载,刘舍是因为日蚀免相的。汉人讲天人感应,认为日蚀是上天示灾变以警人君,故人君常用免大臣以解之。 ⑯爱——吝啬。 ⑰沾沾自喜——王先谦曰:"犹言诩诩自得也。"郭嵩焘曰:"大抵言其器局之小而已。" ⑱多易——轻率。易:轻。王先谦曰:"婴为争太子事谢病数月,复起,出处轻率,帝故知其多易,难以持重。"

武安①侯田蚡者,孝景后同母弟②也,生长陵③。魏其已为大将军后，方盛，蚡为诸郎[4]，未贵，往来侍酒魏其，跪起如子姓[5]。及孝景晚节，蚡益贵幸，为太中大夫[6]。蚡辩有口，学《槃盂》[7]诸书，王太后[8]贤之。孝景崩，即日太子立[9]，称制[10]，所镇抚多有田蚡宾客计策[11]。蚡弟田胜，皆以太后弟，孝景后三年封蚡为武安侯，胜为周阳侯。

武安侯新欲用事为相[12]，卑下宾客，进名士家居者贵之，欲以倾魏其诸将相。建元[13]元年，丞相绾病免，上议置丞相、太尉。籍福[14]说武安侯曰："魏其贵久矣。天下士素归之。今将军初兴，未如魏其，即上以将军为丞相，必让魏其。魏其为丞相，将军必为太尉。太尉、丞相尊等耳，又有让贤名。"武安侯乃微言太后风上[15]，于是乃以魏其侯为丞相，武安侯为太尉。籍福贺魏其侯，因吊[16]曰："君侯资性喜善疾恶，方今善人誉君侯，故至丞相；然君侯且疾恶，恶人众，亦且毁君侯。君侯能兼容，则幸久；不能，今以毁去矣。"魏其不听。

魏其、武安俱好儒术，推毂[17]赵绾为御史大夫，王臧为郎中令。迎鲁申公[18]，欲设明堂[19]，令列侯就国[20]，除关[21]，以礼为服制[22]，以兴太平，举適[23]诸窦宗室毋节行者，除其属籍[24]。时诸外家为列侯，列侯多尚公主[25]，皆不欲就国，以故毁日至窦太后。太后好黄老之言，而魏其、武安、赵绾、王臧等务隆推儒术，贬道家言，是以窦太后滋不说魏其等。及建元二年，御史大夫赵绾请无奏事东宫[26]。窦太后大怒，乃罢逐赵绾、王臧等[27]，而免丞相、太尉，以柏至侯许昌为丞相，武强侯庄青翟为御史大夫。魏其、武安由此以侯家居。

武安侯虽不任职，以王太后故，亲幸，数言事多效，天下吏士趋势利者，皆去魏其归武安。武安日益横。建元六年，窦太后崩，丞相昌、御史大夫青翟坐丧事不办，免。以武安侯蚡为丞相，以大司农韩安国为御史大夫，天下士郡诸侯愈益附武安。

武安者，貌侵[28]，生贵甚[29]。又以为诸侯王多长，上初即位，富于春秋[30]，蚡以肺腑为京师相，[31]非痛折节以礼诎之，天下不肃[32]。当是时，丞相入奏事，坐语移日，[33]所言皆听。荐人或起家至二千石[34]，权移主上[35]。上乃曰："君除吏[36]已尽未？吾亦欲除吏。"尝请考工地益宅，[37]上怒曰："君何不遂取武库[38]！"是后乃退[39]。尝召客饮，坐其兄盖侯南向[40]，自坐东向，以为汉相尊，不可以兄故私桡[41]。武安由此滋骄，治宅甲诸第，田园极膏腴，而市买郡县器物相属于道。前堂罗钟鼓，立曲旃[42]，后房妇女以百数。诸侯奉金玉狗马玩好，不可胜数。

魏其失窦太后，益疏不用，无势，诸客稍稍自引而怠傲，唯灌将军独不失故[43]。魏其日默默不得志，而独厚遇灌将军。

（以上为第二段，写田蚡因裙带关系飞黄腾达，而窦婴失势冷落的情况。）

①武安——汉县名，即今河北武安。　②孝景后同母弟——孝景王皇后之母臧儿先嫁王仲，生王信、王皇后、王兒姁。后来改嫁田氏，又生田蚡、田胜。　③长陵——汉县名，县治在今陕西咸阳东北。因刘邦的坟墓（长陵）在此而得名。　④诸郎——普通郎官，如中郎、议郎之类，属郎中令，为皇帝的侍从人员。　⑤子姓——犹言"子弟""子孙"。⑥太中大夫——郎中令的属官，秩比千石。职掌议论。　⑦《槃盂》——收录盘盂铭文的书籍。据《汉书·艺文志》说是黄帝的史官孔甲所作，共二十六篇。据《史记集解》引应劭说，这部书中的文辞都是写在器皿上，随时为人们提供鉴戒的。　⑧王太后——即其异母姊。梁玉绳曰："此在景帝世，只当称皇后，《汉书》作王皇后，是。"　⑨太子立——即孝武帝刘彻。　⑩称制——这里指王太后代行皇帝的职权，因武帝刘彻当时只有十六岁。制：皇帝的命令。后世遂以不是皇帝而代行皇帝职权叫"称制"。　⑪所镇抚多有田蚡宾客计策——徐孚远曰："太后初称制，恐其不安，欲收人心，故有所镇抚也。"按：此言田蚡权势始大。　⑫新欲用事为相——中井积德曰："'欲'字宜在'为'字上。"李笠曰："武安时已用事，所欲者为相耳。"　⑬建元——汉武帝的第一个年号（前140—前135）。　⑭籍福——奔走游食于权贵之门的

食客。 ⑮微言太后风上——含蓄地告诉太后，让太后暗示皇帝。微言：含蓄地说。风：暗示。 ⑯吊——警告，告诫。 ⑰推毂(gǔ)——推车。这里借指推荐人才。毂：车轴。 ⑱迎鲁申公——指招纳儒生，兴举尊儒事业。申公：名培，鲁人，以治《诗经》见称。赵绾、王臧皆其弟子。 ⑲设明堂——建立明堂，儒生鼓吹的礼制之一。而究竟什么是明堂，儒生们的说法不一。有说是明政教之堂，以朝诸侯；有说是天子的宗庙，以重祭祀；有说是太学的辟雍，以隆教化。故屡议不决。 ⑳令列侯就国——下令列侯都到自己的封地上去。当时列侯多娶公主，皆欲留住京师而不肯就国，故有此议。 ㉑除关——废除东方诸侯国的人到京师长安来时所过关塞的稽查制度，徐孚远曰："汉立关以稽诸侯出入，至此罢之，示天下一家之义也。" ㉒以礼为服制——按照古礼来规定吉、凶、军、宾、嘉的各种服制。 ㉓举適——检举处罚。適：通"谪"。责备。 ㉔属籍——族谱。所谓"除其属籍"，实即取消其作为贵族的权利。 ㉕尚公主——取公主为妻。尚：上配，此指高攀。 ㉖请无奏事东宫——请求武帝不要再拿政事去让窦太后裁断。东宫：窦太后和王太后居住的地方。按：武帝即位初期，名义上是王太后称制，实际上窦太后（武帝祖母）的权势最大。 ㉗"罢逐赵绾王臧等"二句——窦婴、田蚡、赵绾为国家"三公"，连同王臧（九卿之一）一朝被罢，汉武帝时期的第一次尊儒活动（实为向窦太后发动的夺权斗争）遂告失败，这是当时政治生活中的大事件，不可轻忽。 ㉘貌侵——短小丑陋，其貌不扬。侵：同"寝"。丑陋。 ㉙生贵甚——自幼生于权贵之家。（因而养成一种傲慢骄横的习性） ㉚富于春秋——犹言"年轻"。 ㉛肺腑——犹言"手足""骨肉"。极喻其亲属关系之近。 京师相——国家的丞相。所以要标明"京师"，因为当时各诸侯国也都有相。 ㉜"非痛折节以礼诎之"二句——折节：犹言"打掉架子"。这里指打击、压抑。 ㉝坐语——坐着谈论。言其地位之优宠。 移日——日影移位。言其论事时间之长。此言其权势之专固。 ㉞起家至二千石——由家居无职一下子提拔为二千石的官吏。起家：由家居提拔起。二千石：相当于郡太守和诸侯国相一级。 ㉟权移主上——把皇帝的权力都倾夺过来了。 ㊱除吏——任命官吏。师古曰:"凡言除者,除去故官,就新官。" ㊲考工地——考工署的地盘。考工:官名,属少府,主管为国家制造器械。 益宅——扩建私宅。㊳武库——国家储藏兵器的仓库。此段言武安凭借王太后,势力日益骄横,以致与皇帝的矛盾都尖锐起来。 ㊴退——收敛。王先谦曰:"谓后稍敛退也。" ㊵坐其兄盖侯南向——让其兄盖侯王信南向坐。当时以东向为尊,南向次之。而升堂坐殿,仍以南向为贵。 ㊶私桡(náo)——私自降低身份。桡:弯曲,屈尊。 ㊷曲旃(zhān)——以整匹素帛制成的曲柄长幡。帝王用以招徕贤能。此言田蚡之越礼僭上。 ㊸不失故——不改变老样子。

灌将军夫者,颍阴[①]人也。夫父张孟,尝为颍阴侯婴舍人,[②]得幸,因进之至二千石,故蒙[③]灌氏姓为灌孟。吴楚反时,颍阴侯灌何为将军[④],属太尉[⑤],请灌孟为校尉。夫以千人[⑥]与父俱。灌孟年老,颍阴侯强请之,郁郁不得意,故战常陷坚[⑦],遂死吴军中。军法,父子俱从军,有死事,得与丧归。灌夫不肯随丧归,奋曰:"愿取吴王若[⑧]将军头,以报父之仇!"于是灌夫被甲持戟,募军中壮士所善愿从者数十人。及出壁门,莫敢前。独二人及从奴十数骑驰入吴军,至吴将麾下,所杀伤数十人。不得前,复驰还。走入汉壁,皆亡其奴,独与一骑归。夫身中大创十余,适有万金良药,故得无死。夫创少瘳[⑨],又复请将军曰:"吾益知吴壁中曲折,请复往。"将军壮义之,恐亡夫,乃言太尉。太尉乃固止之。吴已破,灌夫以此名闻天下。

颍阴侯言之上[⑩],上以夫为中郎将[⑪]。数月,坐法去。后家居长安,长安中诸公莫弗称之。孝景时,至代相。孝景崩,今上初即位,以为淮阳天下交,劲兵处[⑫],故徙夫为淮阳太守。建元元年,入为太仆[⑬]。二年,夫与长乐卫尉窦甫饮,轻重不得,[⑭]夫醉,搏甫。甫,窦太后昆弟也。上恐太后诛夫,徙为燕相。数岁,坐法去官,家居长安。

灌夫为人刚直使酒,不好面谀。贵戚诸有势在己之右,不欲加礼，必陵[15]之；诸士在己之左，愈贫贱，尤益敬，与钧[16]。稠人广众，荐宠下辈[17]。士亦以此多[18]之。夫不喜文学，好任侠，已然诺[19]。诸所与交通，无非豪桀大猾。家累数千万，食客日数十百人。陂池田园，宗族宾客为权利[20]，横于颍川。颍川儿乃歌之曰："颍水清，灌氏宁；颍水浊，灌氏族。"

灌夫家居虽富，然失势，卿相侍中宾客[21]益衰。及魏其侯失势，亦欲倚灌夫引绳批根生平慕之后弃之者。[22]灌夫亦倚魏其而通列侯宗室为名高。两人相为引重，其游如父子然。相得欢甚，无厌，恨相知晚也。

灌夫有服[23]，过丞相。丞相从容曰："吾欲与仲孺过魏其侯，[24]会仲孺有服。"灌夫曰："将军乃肯幸临况魏其侯，夫安敢以服为解！[25]请语魏其侯帐具[26]，将军旦日蚤临。"武安许诺。灌夫具语魏其侯如所谓武安侯。魏其与其夫人益市牛酒，夜洒扫，早帐具至旦。平明，令门下侯伺。至日中，丞相不来。魏其谓灌夫曰："丞相岂忘之哉？"灌夫不怿[27]，曰："夫以服请，宜往[28]。"乃驾，自往迎丞相。丞相特前戏许灌夫，殊无意往。及夫至门，丞相尚卧。于是夫入见，曰："将军昨日幸许过魏其，魏其夫妻治具，自旦至今，未敢尝食。"武安鄂谢曰："吾昨日醉，忽忘与仲孺言。"乃驾往，又徐行，灌夫愈益怒。及饮酒酣，夫起舞属[29]丞相，丞相不起，夫从坐上语侵之。魏其乃扶灌夫去，谢丞相。丞相卒饮至夜，极欢而去[30]。

丞相尝使籍福请魏其城南田。魏其大望曰："老仆虽弃，将军虽贵，宁可以势夺乎！"不许。灌夫闻，怒，骂籍福。籍福恶两人有隙[31]，乃谩[32]自好谢丞相曰："魏其老且死，易忍，且待之。"已而武安闻魏其、灌夫实怒不予田，亦怒曰："魏其子尝杀人，蚡活之。蚡事魏其无所不可，何爱数顷田？且灌夫何与也？吾不敢复求田！"武安由是大怨灌夫、魏其。

（以上为第三段，写灌夫的处世为人，和田蚡与窦婴、灌夫的开始结怨。)

①颍阴——汉县名,县治即今河南许昌。 ②颍阴侯婴——即灌婴,汉初名将,《史记》有传。 舍人——宾客食客之供事于权贵私家者,其地位较一般仆役为高。 ③蒙——冒用。 ④灌何——灌婴之子,袭其父之封爵为侯。 ⑤太尉——即周亚夫。 ⑥千人——汉代下层军官名,以其主管千名士兵,故名此。《汉书音义》曰:"官主千人,如候司马。" ⑦陷坚——冲击敌阵的坚实之处。为其"郁郁不得意",不欲久生故。 ⑧若——或者。 ⑨少瘳(chōu)——略好一点。瘳:痊愈。 ⑩上——此指汉景帝。 ⑪中郎将——皇帝的侍卫武官,属郎中令,秩比二千石。 ⑫劲兵处——须有强兵驻扎的地方。 ⑬太仆——为皇帝掌管车驾的官,九卿之一。 ⑭长乐卫尉——长乐宫的卫尉。卫尉统领禁兵,主管防卫宫庭,为九卿之一。 轻重不得——犹言(因某事而)意见不同。中井积德曰:"轻重,犹言得失也。彼以为是,此以为非之类。" ⑮陵——侵犯,欺侮。 ⑯与钧——犹言"亢礼",与之礼数相平。以上言灌夫的习性是好欺强而不凌弱。 ⑰荐宠下辈——推荐、赞扬比他地位低的人。 ⑱多——称许,赞扬。 ⑲已然诺——凡是答应人的事情一定办到。 ⑳宗族宾客为权利——宗族宾客借着灌夫的势力作威作福。为权利:作威作福。 ㉑卿相侍中宾客——卿相侍中那样的高贵宾客。侍中:侍候皇帝的近臣。 ㉒引绳批根——犹言"弹击""打击"。郭嵩焘曰:"引绳批根,皆攻木之工事。绳即绳墨,谓弹正之。批根者,近根处盘错,宜批削之也。引绳批根,弹削其不中程度者,盖当时常语。" 生平慕之后弃之者——先前敬慕趋附自己,后来见自己失势就叛离而去的那些人。生平:平素。

㉓有服——有丧服在身。此时灌夫乃以其姐服丧。 ㉔仲孺——灌夫的字。 过——过访,登门拜访。 ㉕临况——犹言"光临""惠顾"。况:通"贶",恩赐。 解——推脱。 ㉖帐具——设置帷帐,备办筵席。 ㉗不怿(yì)——不悦。 ㉘夫以服请,宜往——意谓我不顾丧服在身请他前来,(至今不到)我应该再去看看。 ㉙属(zhǔ)——连续。自己舞罢,邀请丞相接续舞之。古人宴会,常以舞蹈相属为娱乐。 ㉚丞相卒饮至夜,极欢而去——茅坤曰:"此卒饮极

欢，所谓嘻笑之怒甚于裂眦者也。婴与夫尚不悟哉！” ㉛恶两人有隙——不愿让魏其、武安二人之间产生矛盾。隙：隔阂，矛盾。㉜谩——诡也，编好听的话哄人。

元光四年春，丞相言灌夫家在颍川，横甚，民苦之，请案[1]。上曰：“此丞相事，何请。”灌夫亦持丞相阴事，为奸利[2]，受淮南王金与语言[3]。宾客居间[4]，遂止，俱解。

夏，丞相取燕王女为夫人，有太后诏，召列侯宗室皆往贺。魏其侯过灌夫，欲与俱。夫谢曰：“夫数以酒失得过丞相，丞相今者又与夫有隙。”魏其曰：“事已解。”强与俱。饮酒酣，武安起为寿，坐皆避席[5]伏。已魏其侯为寿，独故人避席耳，余半膝席[6]。灌夫不悦。起行酒，至武安，武安膝席曰：“不能满觞。”夫怒，因嘻笑曰：“将军贵人也，属之[7]！”时武安不肯。行酒次至临汝侯[8]，临汝侯方与程不识[9]耳语，又不避席。夫无所发怒，乃骂临汝侯曰：“生平毁程不识不直一钱，今日长者为寿，乃效女儿呫嗫耳语[10]！”武安谓灌夫曰：“程、李俱东西宫卫尉，今众辱程将军，仲孺独不为李将军地乎？[11]”灌夫曰：“今日斩头陷匈[12]，何知程李乎！”坐乃起更衣，稍稍去。[13]魏其侯去，麾灌夫出。武安遂怒曰：“此吾骄灌夫罪。”乃令骑留灌夫。灌夫欲出不得。籍福起为谢，案灌夫项令谢。夫愈怒，不肯谢。武安乃麾骑缚夫置传舍[14]，召长史[15]曰：“今日召宗室，有诏。”劾灌夫骂坐不敬[16]，系居室[17]。遂按其前事，遣吏分曹逐捕诸灌氏支属，皆得弃市罪。魏其侯大愧[18]，为资使宾客请，莫能解。武安吏皆为耳目，诸灌氏皆亡匿，夫系，遂不得告言武安阴事[19]。

魏其锐身[20]为救灌夫。夫人谏魏其曰：“灌将军得罪丞相，与太后家忤，宁可救邪？”魏其侯曰：“侯自我得之，自我捐之，无所恨[21]。且终不令灌仲孺独死，婴独生。”乃匿其家[22]，窃出上书。立召入，具言灌夫醉饱事，不足诛。上然之，赐魏其食，曰：“东朝廷辩之[23]。”

魏其之东朝，盛推灌夫之善，言其醉饱得过，乃丞相以他事诬罪之。武安又盛毁灌夫所为横恣，罪逆不道。魏其度不可奈何，因言丞相短。武安曰：“天下幸而安乐无事，蚡得为肺腑，所好音乐狗马田宅。蚡所爱倡优巧匠之属，不如魏其、灌夫日夜招聚天下豪桀壮士与论议，腹诽而心谤，不仰视天而俯画地，辟倪两宫间，幸天下有变，而欲有大功[24]。臣乃不知魏其等所为。”于是上问朝臣：“两人孰是？”御史大夫韩安国曰：“魏其言灌夫父死事[25]，身荷戟驰入不测之吴军，身被数十创，名冠三军，此天下壮士，非有大恶，争杯酒，不足引他过以诛也。魏其言是也。丞相亦言灌夫通奸猾，侵细民，家累巨万，横恣颍川，凌轹宗室，侵犯骨肉，此所谓‘枝大于本，胫大于股，不折必披’。丞相言亦是。唯明主裁之。”主爵都尉汲黯是魏其，[26]内史郑当时是魏其，[27]后不敢坚对。余皆莫敢对。上怒内史曰：“公平生数言魏其、武安长短，今日廷论，局趣效辕下驹[28]，吾并斩若属矣。”即罢起入，上食太后[29]。太后亦已使人候伺[30]，具以告太后。太后怒，不食，曰：“今我在也，而人皆藉[31]吾弟；令我百岁后，皆鱼肉之矣。且帝宁能为石人[32]邪！此特帝在，即录录[33]；设百岁后，是属宁有可信者乎？”上谢曰：“俱宗室外家，故廷辩之。不然，此一狱吏所决耳。”是时郎中令石建为上分别言两人事[34]。

武安已罢朝，出止车门[35]，召韩御史大夫载，怒曰：“与长孺共一老秃翁，[36]何为首鼠两端[37]？”韩御史良久谓丞相曰：“君何不自喜[38]？夫魏其毁君，君当免冠解印绶归，曰‘臣以肺腑幸得待罪[39]，固非其任，魏其言皆是’。如此，上必多君有让，不废君；魏其必内愧，杜门齰舌自杀。[40]今人毁君，君亦毁人，譬如贾竖女子争言，何其无大体也！”武安谢罪曰：“争时急，不知出此。”

于是上使御史簿责魏其所言灌夫颇不雠，[41]欺谩，劾系都司空[42]。孝景时，魏其常[43]受遗诏，曰：“事有不便，以便宜论上[44]。”

及系，灌夫罪至族，事日急，诸公莫敢复明言于上。魏其乃使昆弟子上书言之，幸得复召见。书奏上，而案尚书大行无遗诏[45]。诏书独藏魏其家，家丞封[46]。乃劾魏其矫先帝诏[47]，罪当弃市。五年十月，悉论[48]灌夫及家属。魏其良久乃闻，闻即恚，病痱，[49]不食欲死。或闻上无意杀魏其，魏其复食，治病。议定不死矣，乃有蜚语[50]为恶言闻上，故以十二月晦[51]，论弃市渭城[52]。

其春[53]，武安侯病，专呼服谢罪。使巫视鬼者视之，见魏其、灌夫共守，欲杀之[54]。竟死。子恬嗣。元朔三年，武安侯坐衣襜褕入宫，[55]不敬[56]。

淮南王安[57]谋反觉，治[58]。王前朝[59]，武安侯为太尉时，迎王至霸上[60]，谓王曰："上未有太子，大王最贤，高祖孙，即宫车晏驾，非大王立当谁哉！[61]"淮南王大喜，厚遗金财物[62]。上自魏其时不直武安，[63]特为太后故耳。及闻淮南王金事，上曰："使武安侯在者，族矣！[64]"

（以上为第四段，写窦婴、灌夫被害的过程，突出地表现了最高统治集团内部各种矛盾的尖锐复杂性。）

①案——查办。 ②为奸利——办坏事以图私利。 ③受淮南王金与语言——接受淮南王的贿赂以及说了不该说的话等等。详见后文。 ④居间——居中调停。 ⑤避席——离开自己的座席，表示对敬酒者的尊敬。 ⑥膝席——跪在席上。言其只是欠身直腰跪起，而身未离席。 ⑦属之——《汉书》作"毕之"，灌夫劝酒之语，犹言："干了这杯！" ⑧临汝侯——指灌贤，灌婴之孙。 ⑨程不识——武帝时名将，当时任长乐宫卫尉。事迹杂见于《李将军列传》。 ⑩乃效女儿呫嗫（chè niè）耳语——意谓"竟然像丫头们那样咬着耳朵说话"。呫嗫：低语声，犹言"叽叽咕咕"。 ⑪"程、李俱东西宫卫尉"三句——为李将军地：为李广留面子。当时李广任未央宫（西宫，皇帝居之）卫尉，程不识任长乐宫（东宫，太后居之）卫尉，二人同僚，故田蚡引李广为程不识说情。 ⑫斩头陷匈——犹言"拼出一死"。匈，同"胸"。 ⑬"坐乃起更衣"二句——座中人见势不妙，于是装做解手渐渐散去。

更衣：古时上厕所婉辞。 ⑭传(zhuàn)舍——接待宾客和办公人员住宿的驿馆。此处所言疑指田蚡家中的招待宾客的住所。 ⑮长史——丞相、大将军手下的诸吏之长，如今之秘书长、办公厅主任之类。 ⑯不敬——不敬诏命。这是田蚡陷害灌夫的借口。周寿昌曰："此不敬罪大，故夫卒被诛。" ⑰居室——后来也称"保宫"，是拘囚犯罪官员的地方，属少府。 ⑱魏其侯大愧——愧：愧悔。王先谦曰："灌夫不(欲)往田蚡所，窦婴强之，致罹祸，以是愧也。" ⑲"武安吏皆为耳目"四句——意谓田蚡的吏属们都为田蚡当耳目，到处侦缉灌夫的党羽，因而姓灌的都躲藏了起来，而灌夫本人又被拘系，因而他们不可能再告发田蚡的罪行。 ⑳锐身——锐意奋身，积极钻营。 ㉑"侯自我得之"三句——师古曰："言不过失爵耳。"盖魏其原料此事绝不至死，乃更见田蚡杀害魏其之阴毒。 ㉒匿其家——背着家里人。《集解》引晋灼曰："恐其夫人复谏止也。"匿：不使人知。 ㉓东朝廷辩之——犹言"到东宫太后那里去当面说"。东朝：东宫的殿廷。即太后面前。 ㉔"蚡所爱倡优巧匠之属"七句——意谓我的过错不过是贪图享乐，不像窦婴、灌夫他们那样阴谋造反。不仰视天而俯画地：不是仰视天文就是俯画地理。言其谋划造反之状。辟倪(pì nì)：斜视，暗中窥察。辟倪两宫，犹言窥测朝廷的间隙。有大功：隐指造反称帝。 ㉕死事——死于王事，为国家战死。 ㉖主爵都尉——主管列侯封爵的有关事务，秩二千石。 汲黯——人名。武帝时以立朝正直著称的官僚，《史记》有传。是司马迁称颂的人物。 ㉗内史——京城的行政长官，后称京兆尹。 郑当时——人名。亦以正直敢言著称，《史记》中与汲黯同传。按：韩安国隐佐田蚡，而以耿直著称的汲黯、郑当时则肯定窦婴的意见，余人虽不敢言，而是非曲直已经昭然。 ㉘局趣效辕下驹——责备他畏首畏尾，不敢坚持己见。局趣：亦作"局促"，受拘束不得自由的样子。武帝不满其母与田蚡的专横霸道，欲借大臣们的舆论来弹压他们一下，结果人们不敢说话，故发怒。 ㉙上食太后——伺候太后吃饭，为之"上食"，以表孝意。 ㉚候伺——暗中窥测。指暗盯着外面廷辩的情况。 ㉛藉——践踏。 ㉜石人——言其无感情。对事情无动于衷。太后知武帝不赞成田蚡，故有此言。另一说，石人指千秋长在者，对下句“百岁后”而言。 ㉝录录——指武帝无感情、无知识的样子。或曰，指群臣平庸畏懦的样子。皆通。 ㉞石建为上分别言两人事——石建：以驯良（实为谄媚）为能事的官僚。事迹详见《万石张叔列传》。茅坤曰：“石建所分别，大略右武安者。” ㉟止车门——宫禁的外门名。谓群臣车马至此即止，不得更驶入内。 ㊱长孺——韩安国的字。 共一老秃翁——顾炎武曰：“谓尔我皆垂暮之年，无所顾惜，当直言以决此事也。”又，《索隐》曰：“谓共治一老秃翁，指窦婴也。”秃翁，谓退职无势的老人。王骏图曰：“我与尔所共者，只此一老而退废之人，尚何疑虑瞻顾，致如首鼠之持两端耶？”后说近是。 ㊲首鼠两端——畏首畏尾，左右为难。中井积德曰：“鼠将出穴隙，必出头一左一右，故为两端之喻也。”王念孙曰：“‘首施’犹‘首鼠’也。……‘首施’，犹‘首尾’也。‘首尾两端’，即今人所云‘进退无据’也。”近人刘大白又以为“首鼠”同“踌躇”“犹豫”，皆联绵词。 ㊳何不自喜——为什么不知道自爱。自喜：自爱，自重。 ㊴待罪——客气语，即“待罪丞相”的省略。意即“身为丞相之职”。 ㊵杜门——闭门。指无脸见人。 齚（zé）舌——咬着舌头。指无话可说。 ㊶簿责——以文书责备。 不雠——与事实不合。郭嵩焘曰：“灌夫横恣颍川有实验，魏其谓灌夫醉饱得过……与魏其言不相应，因责以欺谩。”按：武帝态度变化，与王太后有关，亦与石建背后的“分别言之”有关。 ㊷都司空——宗正的属官，主管诏狱（皇帝发来的案犯）。窦婴是外戚，宗正是主管皇族和外戚事务的官，因此窦婴有罪要系于宗室属下的都司空。 ㊸常——通“尝”。 ㊹以便宜论上——利用方便条件向皇帝报告、说明。 ㊺案尚书大行无遗诏——查对尚书省的档案，找不到老皇帝给过窦婴遗诏的证据。尚书：官名，职掌档案文书。此指档案文书。大行：已死的皇帝。这里指汉景帝。 ㊻家丞封——是由家丞盖印封存的。家丞：侯国管家的头目。 ㊼及劾魏其矫先帝诏——矫：假造，假传。李慈铭曰：“此乃尚书劾（之）也。” ㊽论——论死，处决。 ㊾恚（huì）——恼怒。 病痱（féi）——即所谓“中风”。 ㊿蜚语——流言，谣言。蜚：通“飞”。《集解》引张晏曰：“蚡伪作飞扬诽谤之语。” 51晦——月的最末一日。司马光曰：“汉制，常以立春下宽大诏书,蚡恐魏其得释,故以十二月晦杀之。” ㉜渭城——在今陕西咸阳市东北。 ㉝其春——即元光五年(前130)春。当时仍用秦历,以十月为岁首,故春天在同年的十二月之后。 ㉞“见魏其,灌夫共守”二句——茅坤曰:“此必当时人不厌二人之死,故为流言云云。”按:此不应视史公为迷信,可视为表明其态度的一种方式。 ㉟武安侯——此即袭其父爵的田恬。 襜褕(chān yú)——一种直裾单便服,非入朝所宜服者。 ㊱不敬——梁玉绳曰:“此下缺‘国除’二字。”按:《惠景间侯者年表》作“坐衣襜褕入宫,不敬,国除”。 ㊲淮南王安——即刘安,刘邦少子刘长的儿子。刘长于文帝时,因罪被流放,自杀,刘安袭封为淮南王,武帝元狩元年(前122),刘安又欲谋反,事泄自杀。 ㊳治——审问,追查。 ㊴王前朝——淮南王前次入朝。事在武帝建元二年(前139)。 ㊵霸上——古地名。在今陕西西安东。亦作“灞上”。 ㊶“上未有太子”五句——宫车晏驾:指皇帝死。晏驾,晚驾,车出不来。何焯曰:“蚡为太尉,多受诸侯王金,私与交通,其罪大矣。然安之入朝,在建元二年。武帝即位之初,虽未有太子,尚春秋鼎盛(年仅十八岁),康强无疾;身又外戚(田蚡为武帝之舅),‘非王谁立’之言,狂惑所不应有之言,疑恶蚡者从而加之。” ㊷厚遗金财物——凌稚隆曰:“传末次淮南王遗金,所以实灌夫所持武安阴事者。” ㊸魏其时——指魏其遭构陷时。《汉书》作“魏其事时”。 不直——不赞成,不以……为对。 ㊹使武安侯在者,族矣——此史公借武帝语以表明自己的爱憎。吴见思认为:作快语结,所以深恶武安也。

太史公曰:魏其、武安皆以外戚重,灌夫用一时决策[①]而名显。魏其之举以吴楚,武安之贵在日月之际[②]。然魏其诚不知时变[③],灌夫无术[④]而不逊,两人相翼,乃成祸乱。武安负贵而好权,杯酒责望[⑤],陷彼两贤。呜呼哀哉!迁怒及人[⑥],命亦不延。众庶不载[⑦],竟被恶言[⑧]。呜呼哀哉!祸所从来矣[⑨]!

(以上为第五段,是作者的论赞,表现了作者对田蚡及其靠山王太后的不满,和对统治集团内部如此互相倾轧的无比厌恶。)

①一时决策——师古曰:“谓驰入吴军欲报父仇也。” ②日月之际——谓日月并悬之际,即武帝即位,太后称制之时。此句意思是说,田蚡是靠着王太后的关系发达起来的,与灌夫靠勇气、窦婴靠军功不同。史公的褒贬自在言外。 ③不知时变——不注意朝廷局势的变化,如窦太后死、王太后掌权等。 ④无术——不懂道术,不知如何处世做人。 ⑤杯酒责望——由于杯酒之间的一点嫌隙而引起对人的怨恨。责望:恨怨。 ⑥迁怒及人——指灌夫由恨武安而对灌贤发怒事。 ⑦众庶不载——百姓不拥戴。指颍川人民作歌以讽灌氏事。载:同“戴”。 ⑧竟被恶言——指灌夫被田蚡诬陷事。 ⑨祸所从来矣——灾难就是从这里来的呀!指灌夫横行颍川,劣迹被田蚡扩大、利用,既害了自己,又殃及了窦婴,惨不可言。

［**简评**］ 作品通过魏其侯窦婴与武安侯田蚡间的矛盾斗争,揭露了汉代统治集团内部互相倾轧、互相残杀的黑暗现实。由于这场贵族之间的互相倾轧是与宫廷内皇帝与太后的夺权斗争紧密相联的,所以这篇作品就具有了更深刻、更典型的意义。窦婴为人正直,忠于王室,有战功,不贪财,能进士;灌夫性倔强,尚侠义,欺强而不凌弱,在强权面前不低头,这是作者赞赏同情的。但他们同时又有贵族豪强平庸骄横的劣根性。田蚡是势利小人,倚靠裙带关系平步青云,专权跋扈,作威作福,贪婪骄奢,仗势害人,气焰之盛,甚至使得汉武帝都难以忍受了。田蚡及其靠山王太后是作者极力鞭挞的对象。作品在表现汉景帝与窦太后、王太后与窦太后、汉武帝与王太后之间的权力之争时,用笔虽然含蓄,而情事还是极为明晰的。又因为当时这场权势之争是在尊儒与反尊儒的口号下进行的,所以这篇文章又是研究汉武帝“罢黜百家、独尊儒术”这桩历史公案内幕的绝好文字。

《卫将军骠骑列传》载苏建语云:“吾尝责大将军至尊重,而天下之贤大夫无称焉,愿将军观古名将所招选择贤者,勉之哉!

大将军谢曰:‘自魏其武安之厚宾客,天子常切齿。彼亲附士大夫,招贤绌不肖者,人主之柄也。人臣奉法遵职而已,何与招士!’”这段文字补充了本篇作品之不足,又提出了汉武帝与魏其武安矛盾的一个方面。它不仅反映了汉武帝的集权思想,同时也反映了当时社会由尚带战国余风的西汉初期,向思想学术渐趋一统的西汉中期过渡的风气的变化。

[**集评**] 《太史公自序》:“吴楚为乱,宗属唯婴贤而喜士,士乡之,率师抗山东荥阳,作《魏其武安列传》第四十七。”

姚苎田曰:“田蚡借太后之势以得侯,魏其诎太后之私以去位,此一大异也。田蚡贵幸,镇抚多宾客之谋,魏其赐环,投身赴国家之难,此二大异也。田蚡居丞相之位,不肯诎于其兄,魏其受大将之权,必先进乎其友,此三大异也。田蚡之狗马玩好,遍征郡国而未厌其心,魏其之赐金千斤,尽陈廓庑而不私于己,此四大异也。魏其以强谏谢病,宾客说之莫来;田蚡以怙势见疏,人主麾之不去,此五大异也。凡此之类,皆史公着意推毂魏其,以深致痛惜之情,而田蚡之不值一钱,亦俱于反照处见之矣。”

又曰:“《魏其传》有三事:谏传梁王之失言也,监兵讨吴楚也,谏废太子也。《武安传》亦有三事:风太后以相魏其因以自重也,荐人除吏也,请考工地益宅也。君子小人,心事天渊,此皆其自己本传;至其他两人串合处,则不烦言而明矣。故当分看合看,以尽其理。”

又曰:“此传三人皆有疵病:婴之病在‘多易’,而大节殊可观;夫之病在‘使气’,而任侠亦可尚。至田蚡之病实不过怙势恣骄,纨绔小儿习气。使两人善于驯扰之,而不犯其犬牙蝎尾之毒,蚡固不必有害人之心者也。史公惟痛恶田蚡,故叙三人疵病处,婴与夫皆用好丑夹叙之法,而蚡则用加倍渲染之法,遂使蚡之恶一望无尽,彼二人之病隐跃(约)难知,此皆笔墨褒贬之妙。

然吾以为灌夫之病不能胜其贤也。”

又曰：“失势而不肯引退，喜与贵人游，则其受薄于人，必至之理也。以失势之人又不忍受人轻薄，而乐与之争，必败之势也。既不能摧刚为柔，乐观时变；又往往色厉内荏，不脱俗情，必穷之术也。”

又曰：“前武安本无意过魏其，而灌夫多事，强为撮合，遂为结怨之始。今灌夫本不欲过武安，而魏其又多事强拉之往，而竟成贾祸之媒。此两人相牵相负处，正复相当，大抵皆外有婞直之容，而中无坚忍之志，以此处世，无一而可。惜哉，一念之浮，决裂遂至于此也。”（《史记菁华录》）

曾国藩曰：“武安之势力盛时，虽以魏其之贵戚元功，而无如之何；灌夫之强力盛气，而无如之何。……子长深恶势利之足以移易是非，故叙之沈痛如此。前言灌夫亦持武安阴事，后言夫系遂不得告言武安阴事，至篇末乃出淮南遗金财事，此亦如画龙者将毕乃点睛之法。”（《求阙斋读书录》）

李晚芳曰：“篇中叙魏其之贵以功；序武安之贵以戚，贤否判矣。序引酒却梁王，与受淮南金反对；陈金于廊，听军吏裁取，与益地请田反对；平吴楚受封，与日益贵幸反对。或虚叙，或实叙，无不入妙。一贤一奸，判若天渊，而史公合而传之者，以其始相倾，继相轧，终则相死也。中插一悻悻不平之灌夫，为两传联络，是附传，故始终毕叙。叙武安，始则服役魏其，继则比肩魏其，后则高驾魏其，地位随时变换，面孔声口，亦随时变换，一经太史之笔，便变幻异常，令人失笑。不独武安也，贤如灌夫，于入吴军，写其孝勇；《颍水歌》，写其豪横；结魏其，写其同病相怜之密；援武安，写其降心俯就之卑。面孔心肠，亦若随时变换，序其使酒骂座，又借夫口骂尽满朝趋炎附势之徒，面孔心肠，随时变换。叙两人而有数十佰（百）人，笑貌声音，哄聚笔端，非笔大如椽，何能刻画至此！”（《读史管见》）

林纾曰："一事而判为数传，则《魏其武安灌夫列传》是也。窦、灌二人均死于田蚡之手，在理一传足以了之，合则雅有精神，分则不能斩截。然史公于《魏其传》末曰：'遂不用，用建陵侯卫绾为丞相。'似断非断，然谓之断可也。至《武安侯传》末，宜以武安为结矣；顾武安横恣事，全在《灌夫传》中，于是即《武安传》末起灌夫，复萦带到魏其，言：'惟灌将军独不失故。魏其日默默不得志，而独厚遇灌将军。'此又似断矣，实又不断。筋脉之妙，别有神解，始能作如此用法，真所谓'松际欲尽不尽云'矣。"（《春觉斋论文》）

吴见思曰："三人传分作三截，各为一章，犹不称好手，他却三人打成一片，水乳交融，绝无痕迹。如人田蚡，紧接魏其；先序魏其，带出灌夫，其神理可见。三人有一人单序处，两人双序处，三人合序处，竟有撇却三人于虚空别序处，不可不细看也。……其写醉语、怒语、对簿语、忙语、闲语，句句不同。至武帝亦不直武安，无奈太后何，亦欲廷臣公论，乃诸臣竟不做声，遂发作郑当时，是一肚皮不快活语，一一入妙。"（《史记论文》）

李景星曰："此传虽曰《魏其武安侯列传》，实则窦、田、灌三人合传也。两个贵戚，一个酒徒，惹出无限风波。头绪纷繁，如何措手？而太史公用独力搏众兽手段，构成一篇绝热闹文字，真是神力。传以魏其、武安为经，以灌夫为纬，以窦、王两太后为眼目，以宾客为线索，以梁王、淮南王、条侯、高遂、桃侯、田胜、丞相绾、籍福、王臧、许昌、庄青翟、韩安国、盖侯、颍阴侯、窦甫、临汝侯、程不识、汲黯、郑当时、石建许多人为点染，以鬼报为收束。分合联络，错综周密，使恩怨相结、权势相倾、杯酒相争情形，宛然在目。而武安侯田蚡恃其宠骄，以琐屑嫌隙倾杀窦、灌，此尤千古不平之事，故传又特意写出。……奇文信史，兼擅其长，宜乎于古今史家中首占一席也。"（《四史评议》）

汤谐曰："魏其荣势以亲交，武安挟诈以肆横，灌夫负气以任性，传内三人都写得须眉欲动，妙矣！尤妙在传外诸人如籍福之委曲调停，三边按捺；安国之心袒丞相，故持两端：当时之是非不爽，畏势游移；天子之实恶武安，碍难自决；太后之一味私情，护持昆弟，无不面面如生。看来他传多作波宕，而此传全着精彩，为是花簇已极，更添入闲情不得耳，故即以精彩处为波宕处也。”（《史记半解》）

韩长孺列传第四十八

御史大夫韩安国者，梁成安人也，[①]后徙睢阳。尝受韩子、杂家说于驺田生所。[②]事梁孝王为中大夫。[③]吴楚反时，孝王使安国及张羽为将，捍吴兵于东界。[④]张羽力战，安国持重，以故吴不能过梁。吴楚已破，安国、张羽名由此显。

梁孝王，景帝母弟，窦太后爱之，令得自请置相、二千石，出入游戏，僭于天子。天子闻之，心弗善也。太后知帝不善，乃怒梁使者，弗见，案责[⑤]王所为。韩安国为梁使，见大长公主[⑥]而泣曰："何梁王为人子之孝，为人臣之忠，而太后曾弗省[⑦]也？夫前日吴、楚、齐、赵七国反时，自关以东皆合从西乡，惟梁最亲，为艰难[⑧]。梁王念太后、帝在中，而诸侯扰乱，[⑨]一言泣数行下。跪送臣等六人[⑩]，将兵击却吴楚，吴楚以故兵不敢西，而卒破亡，梁王之力也。今太后以小节苛礼责望梁王。梁王父兄皆帝王，所见者大，故出称跸，入言警[⑪]，车旗皆帝所赐也，即欲以侘鄙县，驱驰国中，以夸诸侯，[⑫]令天下尽知太后、帝爱之也。今梁使来，辄案责之。梁王恐，日夜涕泣思慕，不知所为。何梁王之为子孝，为臣忠，而太后弗恤也？"大长公主具以告太后，太后喜曰："为言之帝！"言之，帝心乃解，而免冠谢太后曰："兄弟不能相教，乃为太后遗忧[13]。”悉见梁使,厚赐之。其后梁王益亲欢。太后、长公主更赐安国可直千余金。名由此显,结于汉。

其后安国坐法抵罪,蒙狱吏田甲辱安国[14]。安国曰:“死灰独不复然乎[15]?”田甲曰:“然即溺[16]之。”居无何,梁内史缺,[17]汉使使者拜安国为梁内史,起徒中为二千石[18]。田甲亡走。安国曰:“甲不就官,我灭而宗。[19]”甲因肉袒谢。安国笑曰:“可溺矣! 公等足与治乎[20]?”卒善遇之。

梁内史之缺也,孝王新得齐人公孙诡,说之,[21]欲请以为内史。窦太后闻,乃诏王以安国为内史。

公孙诡、羊胜说孝王求为帝太子及益地事,恐汉大臣不听,乃阴使人刺汉用事谋臣。及杀故吴相袁盎,景帝遂闻诡、胜等计画,乃遣使捕诡、胜,必得。汉使十辈至梁,相以下举国大索,月余不得。内史安国闻诡、胜匿孝王所,安国入见王而泣曰:“主辱臣死。大王无良臣,故事纷纷至此。今诡、胜不得,请辞赐死[22]。”王曰:“何至此!”安国泣数行下,曰:“大王自度于皇帝,孰与太上皇之与高皇帝及皇帝之与临江王亲?[23]”孝王曰:“弗如也。”安国曰:“夫太上、临江亲父子之间,然而高帝曰:‘提三尺剑取天下者朕也。’故太上皇终不得制事,居于栎阳。临江王,適长太子[24]也,以一言过,废王临江;用宫垣事,卒自杀中尉府[25]。何者? 治天下终不以私乱公。语曰:‘虽有亲父,安知其不为虎? 虽有亲兄,安知其不为狼?’今大王列在诸侯,悦一邪臣浮说,犯上禁,桡明法[26]。天子以太后故,不忍致法于王。太后日夜涕泣,幸大王自改,而大王终不觉寤。有如太后宫车即晏驾,大王尚谁攀乎?[27]”语未卒,孝王泣数行下,谢安国曰:“吾今出诡、胜。”诡、胜自杀。汉使还报,梁事皆得释,安国之力也。于是景帝、太后益重安国。孝王卒,共王即位[28],安国坐法失官,居家。

(以上为第一段,写韩安国景帝时在梁国为官,兼能取悦于朝廷太后的情景。)

①御史大夫——与丞相、太尉并称“三公”,掌监察、纠弹,位同副宰相。　韩安国——字长孺,篇名以字称。　梁成安——梁:汉代诸侯国名,国都睢阳(在今河南商丘南)。成安:汉县名,县治在今河南民权东北,当时属梁国。　②韩子——即今所谓《韩非子》。　杂家说——不专一派,兼取各家观点的一种学说,如《尉缭》《尸子》《吕氏春秋》等。　驺田生——驺县的田先生。驺:同“邹”,汉县名,县治在今山东邹城东南。田生:田先生,对年长学者的尊敬之称。　③梁孝王——即刘武,文帝之子,景帝的胞弟,皆窦太后所生。文帝十二年(前168)被移封为梁王。　中大夫——帝王身边的侍从官员,掌议论。汉代初期各诸侯国的官员建制与汉朝中央相同,故梁国亦有中大夫。　④张羽——人名,当时梁国的名将。　捍——抵抗。　⑤案责——审查,责备。案:考察。　⑥大长公主——即馆陶公主,名嫖,窦太后之女,景帝与梁孝王之胞姊。　⑦弗省(xǐng)——不被理解。省:知觉。引申为醒悟、明白。　⑧惟梁最亲,为艰难——谓只有梁王与朝廷的关系最亲;其封国当吴楚进攻之冲,处境最为艰难。又,此处“为艰难”三字或可解为梁国阻击吴楚,成为叛军难以逾越的障碍。　⑨在中——在京师。　扰乱——谓起兵造反。　⑩跪送臣等六人——跪送:对出征大将的礼遇。据说古时大将出征,王者为其跪推车毂,并说“外面的事情一切由你做主”。六人:有韩安国、张羽、傅柏、丁宽,余二人未详。　⑪出称跸,入言警——互文见义,即出入都加强警备,清道戒严。跸:清道。　⑫车旗——指使用天子的车驾、旌旗。　侘(chà)鄙县——对着乡下佬们炫耀。侘:同“诧”,夸耀。鄙县:僻陋的边远之县。　夸诸侯——向别的诸侯王们显摆。　⑬乃为太后遗忧——吴见思曰:“帝心既解,因太后一怒,故反为引罪之词,写得母子之间说不出之心事,一一逼露。”　⑭蒙狱吏田甲——蒙:汉县名,县治在今河南商丘东北。田甲:田氏某人。　⑮死灰独不复然乎——独:难道。然:“燃”的本字。　⑯溺——用水泼。或曰“‘溺’读曰‘尿’”。用作动词,较“用水泼”更生动、尖刻。用尿浇灭。　⑰居无何——没过多久。　内史——官名,诸侯国的内史,主管民政,秩二千石。　⑱起徒中为二千石——由一个苦役犯一下子升到了二千石。指当了梁国内史。　⑲就官——

指回到原来的岗位。 而宗——你的整个家族。而:通“尔”。你,你的。 ⑳公等足与治乎——像你们这号人值得让我惩办吗?治:整治,惩办。 ㉑公孙诡——姓公孙,名诡。 说之——说:“悦”的古字。 ㉒今诡、胜不得,请辞赐死——其意为,如果一定捉不到公孙诡、羊胜,那就请允许我向你辞行,干脆把我杀掉得了。今:如果。“辞”字或衍。 ㉓太上皇——指刘邦之父刘太公。 临江王——刘荣,景帝之子,栗姬所生,先曾为太子,后蒙冤被废为临江王。 ㉔适长太子——適:通“嫡”。 ㉕用宫垣事,卒自杀中尉府——刘荣被贬为临江王后,又被告发为占用了当地所建刘邦庙周围的闲散地,被调进京城受中尉郅都的审讯,刘荣被逼自杀。 ㉖桡(náo)明法——意即破坏朝廷的法律。桡:扰乱。 ㉗宫车即晏驾——即:若。晏:晚。车驾不能按时出宫。婉言帝后之死。 尚谁攀——指望谁来打救。 ㉘孝王卒,共王即位——事在景帝中元六年(前144),共王名买,孝王之子。

建元中,武安侯田蚡为汉太尉,①亲贵用事。安国以五百金物遗蚡,蚡言安国太后。②天子亦素闻其贤,即召以为北地都尉,迁为大司农。③闽越、东越相攻,安国及大行王恢将兵④。未至越,越杀其王降,汉兵亦罢。建元六年,武安侯为丞相,安国为御史大夫。

匈奴来请和亲,天子下议。大行王恢,燕人也,数为边吏,习知胡事。议曰:“汉与匈奴和亲,率不过数岁即复倍约。不如勿许,兴兵击之。”安国曰:“千里而战,兵不获利。今匈奴负戎马之足,怀禽兽之心,迁徙鸟举⑤,难得而制也。得其地不足以为广,有其众不足以为强,自上古不属为人⑥。汉数千里争利,则人马罢,虏以全制其敝。⑦且强弩之极矢,不能穿鲁缟;⑧冲风之末力,⑨不能漂鸿毛。非初不劲,末力衰也。击之不便,不如和亲。”群臣议者多附安国,于是上许和亲。

其明年,则元光元年,雁门马邑豪聂翁壹因大行王恢言上曰⑩:“匈奴初和亲,亲信边,可诱以利。⑪”阴使聂翁壹为间,亡入匈奴[12]，谓单于曰："吾能斩马邑令丞吏[13]，以城降，财物可尽得。"单于爱信之，以为然，许聂翁壹。聂翁壹乃还，诈斩死罪囚，县其头马邑城[14]，示单于使者为信。曰："马邑长吏已死，可急来。"于是单于穿塞将十余万骑，入武州塞。[15]

当是时，汉伏兵车骑材官[16]二十余万，匿马邑旁谷中。卫尉李广为骁骑将军，[17]太仆公孙贺为轻车将军，[18]大行王恢为将屯将军，太中大夫李息为材官将军。[19]御史大夫韩安国为护军将军[20]，诸将皆属护军。约单于入马邑而汉兵纵发[21]。王恢、李息、李广别从代主击其辎重。[22]于是单于入汉长城武州塞。未至马邑百余里，行掠卤[23]，徒见畜牧于野，不见一人。单于怪之，攻烽燧，得武州尉史。欲刺，问尉史。尉史曰："汉兵数十万伏马邑下。"单于顾谓左右曰："几为汉所卖！"乃引兵还。出塞，曰："吾得尉史，乃天也。"命尉史为"天王"。塞下传言单于已引去。汉兵追至塞，度弗及，即罢。王恢等兵三万，闻单于不与汉合，度往击辎重，必与单于精兵战，汉兵势必败，则以便宜罢兵，皆无功。

天子怒王恢不出击单于辎重，擅引兵罢也。恢曰："始约虏入马邑城，兵与单于接，而臣击其辎重，可得利。今单于闻，不至而还，臣以三万人众不敌，禔取辱耳[24]。臣固知还而斩，然得完陛下士三万人。"于是下恢廷尉。廷尉当恢逗桡[25]，当斩。恢私行千金丞相蚡。蚡不敢言上，而言于太后曰："王恢首造马邑事，今不成而诛恢，是为匈奴报仇也。"上朝太后，太后以丞相言告上。上曰："首为马邑事者，恢也，故发天下兵数十万，从其言，为此。且纵单于不可得，恢所部击其辎重，犹颇可得，以慰士大夫心。今不诛恢，无以谢天下。"于是恢闻之，乃自杀。

（以上为第二段，写韩安国在武帝朝为御史大夫及反对与匈奴开战事。）

①建元——武帝的第一个年号，时间为前140—前135年。　田蚡为汉太尉——田蚡是武帝之舅，在景帝死、武帝上台的关键时刻，田蚡

等出过力，所以特别受王太后与武帝的倚重。建元元年（前140）被任为太尉。太尉：主管全国军事，与丞相、御史大夫合称“三公”。 ②安国以五百金物遗（wèi）蚡——遗：给。按：韩安国与田蚡之关系如此开始，余者见《魏其武安侯列传》。 蚡言安国太后——按韩安国一贯走太后的后门，景帝时讨好窦太后；武帝上台，又讨好王太后，盖武帝初即位时年仅十六，大权在王太后与田蚡。 ③北地都尉——北地郡的军事长官。北地郡的郡治马岭，在今甘肃庆阳西北。 大司农——当时叫大农令，后来才改称大司农，“九卿”之一，掌管全国的粮食与货币。

④闽越、东越相攻，安国及大行王恢将兵——按：此处应作“闽越、南越相攻”，事在建元六年（前135）。闽越是当时建都在东冶（今福建福州）的小国名；南越是赵佗在番禺（今广东广州）建立的小国名，两个小国自汉初以来都归附汉王朝。建元六年（前135），闽越发兵攻南越，南越向汉王朝求救，朝廷派韩安国与大行王恢率军救南越。大行：即大行令，也叫典客，“九卿”之一，主管归降的少数民族事务。 ⑤迁徙鸟举——像飞鸟一样来去无常。 ⑥自上古不属为人——意即不想使其成为自己之民。 ⑦人马罢——罢：通“疲”，疲惫。 以全制其敝——以己之全，制敌之敝。 ⑧强弩之极矢——强弩之箭飞到最后。极：尽，最后。 鲁缟——鲁地出产的一种白色生娟，以轻薄为名。此处比喻最薄的东西。 ⑨冲风——巨风。 末力——最后的飘浮力。

⑩雁门马邑豪——雁门郡马邑县的豪绅。雁门郡的郡治善无，在今山西右玉西；马邑县的县治即今山西朔州。 聂翁壹——《索隐》曰：“聂，姓也。翁壹，名也。” 因大行王恢——通过大行王恢。 ⑪初和亲——刚与我们建立和亲关系。 亲信边——相信边境的和平无事。

可诱以利——谓以利诱之前来，而伏兵击之。 ⑫阴使聂翁壹为间，亡入匈奴——间：此指间谍。亡入：逃入。 ⑬马邑令丞吏——马邑县的县令、县丞与其他官吏。县丞是县令的助手。 ⑭县其头马邑城——县：同“悬”。 ⑮穿塞——越过边境线。 入武州塞——进入了武州境内。武州：汉县名，县治即今山西左云，在当时的马邑东北约八十公里。 ⑯车骑材官——车骑：车兵与骑兵。材官：秦汉时设置的一种力大善射的特种兵。 ⑰卫尉李广——卫尉：“九卿”之一，统兵护卫宫廷，当时李广任未央宫卫尉。　骁骑(xiāo qí)将军——杂号将军名，所统以骑兵为主。　⑱太仆公孙贺——太仆："九卿"之一，主管为皇帝赶车。　轻车将军——杂号将军名，所统以车兵为主。　⑲将屯将军——杂号将军名，统领屯驻沿边各地的守兵。屯：驻防。　太中大夫李息——太中大夫：皇帝的侍从官员，上属郎中令，掌议论。　材官将军——杂号将军名，统领力大善射的特种兵。　⑳护军将军——负责节制、协调各路兵马。护：监督，节制。　㉑纵发——即今所谓"出击"。　㉒代——汉县名，县治在今河北蔚县东北，当时也是代郡的郡治所在地。　主击其辎重——分管攻击其运输部队所运送的各种物资。　㉓行掠卤——边前进，边抄掠。卤：通"掳"。掠夺。　㉔禔(zhī)取辱耳——意即只能自取失败。禔：通"只"，只能。　㉕当恢逗桡——当：判定。逗桡：逗留败事，停止不前。

安国为人多大略，智足以当世取合，而出于忠厚焉。[①]贪嗜于财，所推举皆廉士，贤于己者也。于梁举壶遂、臧固、郅他[②]，皆天下名士，士亦以此称慕之，唯天子以为国器[③]。安国为御史大夫四岁余，丞相田蚡死，安国行丞相事，奉引堕车蹇。[④]天子议置相，欲用安国，使使视之，蹇甚，乃更以平棘侯薛泽[⑤]为丞相。安国病免数月，蹇愈，上复以安国为中尉。岁余，徙为卫尉。

车骑将军卫青击匈奴，出上谷，破胡茏城。[⑥]将军李广为匈奴所得，复失之[⑦]；公孙敖大亡卒，[⑧]皆当斩，赎为庶人。明年，匈奴大入边，杀辽西太守，及入雁门，所杀略数千人。车骑将军卫青击之，出雁门。卫尉安国为材官将军，屯于渔阳[⑨]。安国捕生虏，言匈奴远去。即上书言方田作时，请且罢军屯。[⑩]罢军屯月余，匈奴大入上谷、渔阳。安国壁乃有七百余人，出与战，不胜，复入壁。匈奴虏略千余人及畜产而去。天子闻之，怒，使使责让安国。徙安国益东，屯右北平，是时匈奴虏言当入东方。[⑪]

安国始为御史大夫及护军，后稍斥疏，下迁[⑫]；而新幸壮将军卫青等有功，益贵[⑬]。安国既疏远，默默也；将屯又为匈奴所欺，[⑭]

失亡多,甚自愧。幸得罢归,乃益东徙屯,[15]意忽忽不乐。数月,病欧血[16]死。安国以元朔二年中卒。

(以上为第三段,写韩安国晚年的坷坎遭遇。)

①多大略——能看大局,从大处着眼。 智足以当世取合——意即今所谓善于应付,左右逢源。 出于忠厚——都是从善良的愿望出发(至少让人看起来是如此)。 ②壶遂、臧固、郅他——事迹不详,三人皆当时名士。 ③唯天子以为国器——唯:即使。国器:言其器用重大,可施于国政。 ④行——代理。按:御史大夫职同副丞相,丞相有缺,多由御史大夫递补。 奉引——给皇帝出行做前导。 堕车蹇(jiǎn)——从车上掉下来摔瘸了腿。蹇:跛,瘸。 ⑤平棘侯薛泽——刘邦功臣广平侯薛欧之孙,袭其先辈之爵为侯,是被司马迁视为"促促廉谨"而"无所能发明功名有著于当世"的"丞相备员"之一。 ⑥车骑将军——当时最高的军事长官之一,第一为大将军,第二为骠骑将军,第三即为车骑将军。 卫青——武帝时的名将,皇后卫子夫之弟,以伐匈奴功被封为长平侯。 上谷——汉郡名,郡治沮阳,在今河北怀来东南。 茏城——也作龙城,匈奴祭天,大会诸部处,在今蒙古国鄂尔浑河西侧的和硕柴达木湖附近。 ⑦李广为匈奴所得,复失之——指李广受伤被匈奴所俘,押送途中自己逃回事。详见《李将军列传》。 ⑧公孙敖——卫青少年时代的朋友,后为伐匈奴的将领。 大亡卒——部下士卒损失惨重。 ⑨渔阳——汉郡名,郡治在今北京密云区西南。 ⑩方田作时——正当农事繁忙的季节。 且罢军屯——暂时解散屯集的军队使其回家务农。 ⑪右北平——汉郡名,郡治平刚,在今内蒙古宁城县西南。 匈奴虏——被汉朝捉来的匈奴俘虏。 ⑫后稍斥疏,下迁——稍:逐渐。按:韩安国遭斥疏,固与一连串的偶然事故有关,但与其先前之党附田蚡,而武帝忌恨田蚡,武帝之锐意讨伐匈奴,而韩安国一再反对与匈奴作战不无关系。 ⑬壮将军卫青等有功,益贵——壮:年轻。当时年轻有为的将领有卫青、霍去病等,他们一方面对匈奴作战有功,同时又都是武帝的亲戚,所以爵位升得很快。 ⑭将屯——指将兵屯守渔阳。 为匈奴所欺——即上文误信匈奴近期不会进攻,从而放松守备致遭"虏略"事。 ⑮幸得罢归——希望能罢

去边职,回归朝廷。　乃益东徙屯——结果又东移到右北平郡。
⑯欧血——欧:同"呕",吐。

太史公曰:余与壶遂定律历,观韩长孺之义,壶遂之深中隐厚[①]。世之言梁多长者,不虚哉!壶遂官至詹事,天子方倚以为汉相,会遂卒。[②]不然,壶遂之内廉行修,斯鞠躬君子也。[③]

(以上为第四段,是作者的论赞,作者对韩安国与壶遂的遭遇表现了深深感慨。)

①深中隐厚——沉稳、厚道。　②詹事——官名,为太后、王后、太子管家,秩二千石。　方倚以为汉相——正想任以为可资倚靠的朝廷丞相。按:此话疑有感情上的夸张。　会遂卒——正巧碰上壶遂去世了。会:逢,正巧碰上。　③内廉行修——廉正,有操行。　鞠躬君子——奉公守法,尽职尽责的人。

[**简评**]　韩安国是一个性格复杂独特的人,司马迁对他的看法也是多方面的。司马迁称道韩安国是"长者",说他"智足以当世取合,而出于忠厚",这主要是指他两次充当润滑剂,调和了景帝与梁孝王的尖锐矛盾。虽然司马迁对韩安国这种巧言善饰也并不一定从心眼里欣赏,但他毕竟化解了统治集团内部的一场骨肉相残。在他劝说梁孝王交出羊胜、公孙诡的问题上,可以说是既晓之以理,又动之以情,尤其更警之以政治斗争的冷酷,这些都有利于维护社会安定,具有明显的进步意义。韩安国本人虽然贪赃行贿,但他也确实举荐过不少好的人材,这是符合司马迁政治理想的。司马迁在论赞里满怀深情地提到了壶遂,这本身就是对韩安国的一种肯定。作品还写到了韩安国的反对与匈奴开战,写到了王恢因设谋马邑的事败被杀,表现了司马迁对武帝时期一系列边衅问题的批判态度。将略非安国所长,而武帝偏又将其使用于边方,以致守土无功,呕血而死,表现了司马迁对其一生结局的无限感慨。韩安国是田蚡一党,在田蚡与

窦婴、灌夫的矛盾火并中，韩安国明显站在田蚡一方，表现极不光彩，这也是他为人处世的一个方面，可参看《魏其武安侯列传》。

［**集评**］《太史公自序》："智足以应近世之变，宽足用得人，作《韩长孺列传》第四十八。"

林伯桐曰："武安侯田蚡受韩安国金、受王恢金，皆不见于《武安侯传》，而见于《韩长孺传》，长孺盖与武安相倚者也。然长孺贪嗜于财，而所推举皆廉士，可谓公道。至其为梁内史，处置田甲一事，较之李将军于霸陵尉，其识量宏远多矣。史公称之者，一则曰'智足以当世取合，而出于忠厚'，再则曰'智足以应当世之变，宽足用得人'，岂虚语哉！"（《史记蠡测》）

董份曰："知当世取舍者，智也。智者宜或失于薄，而安国乃又忠厚；贪嗜于财，宜其所举皆汙墨，而安国又举廉士，太史所以称之也。"（《史记评林》引）

黄震曰："（韩）安国长厚好靖，武帝好大喜功，故帝虽器之，而卒困焉。"（《黄氏日钞》）

郭嵩焘曰："安国自元光元年，汉始与匈奴构难即为护军将军，领诸将击匈奴，其后议置安国为相，不果；而卫青专任击匈奴，安国乃以屯将隶之。故历叙李广、公孙敖之被罪，见诸老将无一得志者，亦以明卫青之功由天幸也。"（《史记札记》）

吴见思曰："史公序（叙）韩长孺，偏插入梁王、公孙诡事；王恢马邑事、卫青击匈奴事，千头万绪而俱结至安国，将军八面威风，吾于史公亦云。韩安国说太后处、说梁王处，写得极其精神，是史公得意之笔。"（《史记论文》）

李景星曰："《韩长孺传》前半篇述其仕梁时事，后半篇述其仕汉为御史大夫事；前半篇步步写其得意，后半篇步步写其不得意；前半篇以张羽、田甲诸人为趁（衬），后半篇以王恢、卫青诸人为趁(衬);赞语又牵入一壶遂为最后陪结,四面夹写,头头是道,其实只完得一个韩长孺也。再四寻绎,不能不服其用笔之妙。”(《四史评议》)

李将军列传第四十九

李将军广者，陇西成纪人也。[1]其先曰李信，秦时为将，逐得燕太子丹者也[2]。故槐里[3]，徙成纪。广家世世受射[4]。孝文帝十四年[5]，匈奴大入萧关[6]，而广以良家子[7]从军击胡，用善骑射，杀首虏[8]多，为汉中郎[9]。广从弟李蔡亦为郎，皆为武骑常侍[10]，秩八百石。尝从行，有所冲陷折关及格猛兽[11]，而文帝曰："惜乎，子不遇时！如令子当高帝时，万户侯岂足道哉！"[12]

及孝景[13]初立，广为陇西都尉[14]，徙为骑郎将[15]。吴楚军[16]时，广为骁骑都尉[17]，从太尉亚夫[18]击吴楚军，取旗，显功名昌邑[19]下。以梁王授广将军印[20]，还，赏不行[21]。徙为上谷[22]太守，匈奴日以合战[23]。典属国公孙昆邪为上泣曰[24]："李广才气，天下无双，自负其能，数与虏敌战，恐亡之。"于是乃徙为上郡[25]太守。后广转为边郡太守，徙上郡，尝为陇西、北地、雁门、代郡、云中太守，皆以力战为名[26]。

匈奴大入上郡，天子使中贵人从广勒习兵击匈奴。[27]中贵人将骑数十纵[28]，见匈奴三人，与战。三人还射，伤中贵人，杀其骑且尽。中贵人走广。广曰："是必射雕者也。"广乃遂从百骑往驰三人[29]。三人亡马步行，行数十里。广令其骑张左右翼，而广身自射彼三人者，杀其二人，生得一人，果匈奴射雕者也。已缚之上马，望匈奴有数千骑，见广，以为诱骑，皆惊，上山陈。广之百骑皆大恐，欲驰还走。广曰："吾去大军数十里，今如此以百骑走，匈奴追射我立尽。今我留，匈奴必以我为大军之诱，必不敢击我。"广令诸骑曰："前！"前未到匈奴陈二里所，止，令曰："皆下马解鞍！"其骑曰："虏多且近，即有急，奈何？"广曰："彼虏以我为走，今皆解鞍以示不走，用坚其意㉚。"于是胡骑遂不敢击。有白马将出护其兵㉛，李广上马与十余骑奔射杀胡白马将，而复还至其骑中，解鞍，令士皆纵马卧。是时会暮，胡兵终怪之，不敢击。夜半时，胡兵亦以为汉有伏军于旁欲夜取之，胡皆引兵而去。平旦，李广乃归其大军。大军不知广所之，故弗从㉜。

（以上为第一段，写李广在文帝、景帝时期的生平际遇，重点突出了他在为上郡太守时的一段经历。）

①陇西——秦郡名，郡治狄道（今甘肃临洮）。　成纪——秦县名，属陇西郡，县治在今甘肃静宁西南。　②"其先曰李信"三句——李信，秦名将。逐太子丹事见《刺客列传》。　③槐里——秦县名，县治在今陕西兴平东南。　④受射——学习射法。受：接受，继承。⑤孝文帝十四年——孝文帝：即刘恒，高祖之子。十四年：公元前166年。　⑥萧关——在今宁夏固原东南。　⑦良家子——清白人家的子弟。汉代征兵来源有二，一为谪徙罪人，一为平常人家的子弟，即所为"良家子"。这种人在军中的地位较谪徙为高。　⑧首虏——斩敌之首级。首：斩人之首。用作动词。　⑨为汉中郎——为汉朝皇帝当侍从武官。中郎：亦称郎，属郎中令，在宫值夜护守，出则充当侍卫。所以要加"汉"字，是区别于当时的其他藩国。　⑩武骑常侍——皇帝的侍从武官。李广兄弟以中郎的身份补武骑常侍。　⑪"尝从行"二句——尝：曾经。冲陷：冲锋陷阵。折关：犹关"抵御"。折，折冲，打回敌人的冲锋。关，抵挡。　⑫"文帝曰"数语——凌约言曰："汉文帝惜广不逢时，自以其时海内乂安，不事兵革，广之才无所用耳。末年，匈奴入上郡、云中，帝遣将军令勉、张武、周亚夫等以备胡，中称其选用材勇，

而独不及广,知而不用,何取于知耶?” ⑬孝景——即汉景帝刘启,文帝之子。 ⑭都尉——郡守的副职,掌管郡中武事。 ⑮骑郎将——皇帝的侍从武官名,统领骑郎,秩比千石,与车郎将、户郎将合称“三将”,皆属郎中令。 ⑯吴楚军——指吴、楚七国造反起兵。事在汉景帝前元三年(前154)正月。 ⑰骁骑都尉——军官名。骁骑:如同今之所谓“轻骑兵”。 ⑱太尉亚夫——即周亚夫,汉代名将。绛侯周勃之子。吴楚军起,亚夫由中尉被任命为太尉,统兵讨吴楚。 ⑲昌邑——当时梁国的要邑,在今山东巨野南。周亚夫的重兵当时就集结在这里。 ⑳授广将军印——李广虽属亚夫军,但因他是在梁国的地面上作战,卓有战功,因此梁孝王出于敬慕而授之将军印。 ㉑还,赏不行——按:于此可见汉景帝与梁孝王兄弟之间的尖锐矛盾。 ㉒上谷——秦、汉时的郡名,郡治沮阳,在今河北怀来东南。 ㉓匈奴日以合战——匈奴每天都与李广军交战。以:与。 ㉔典属国——《汉书·百官公卿表》:“典属国,掌蛮夷降者。”是主管与他国、他族外交事务的官吏。 公孙昆邪(hún yé)——姓公孙,名昆邪。 ㉕上郡——汉郡名,辖今陕西北部一带地区。郡治肤施,在今陕西榆林东南。㉖“后广转为边郡太守”四句——张文虎曰:“‘后广转为’至‘为名’三十一字,疑当在后文‘不知广之所之,故弗从’下,而衍‘徙上郡’三字。则与《汉书》次序合。”按:此说近是。 ㉗中贵人——有地位、受宠信的宦官。 从广勒习兵——跟李广一道部勒训练军队。盖有观察监督之意。泷川资言曰:“宦官从军,盖以是为始。” ㉘纵——谓放马奔驰。 ㉙广乃遂从百骑往驰三人——吴见思认为:百骑驰三人,不见广勇;唯不用百骑而自射之,正极写广勇也。(《史记论文》) ㉚坚其意——强化他们的(错误)判断。 ㉛护其兵——整理其士兵的部伍阵势。 ㉜故弗从——据张文虎说,此下应有“后广转为边郡太守,尝为陇西、北地、雁门、代郡、云中太守,皆以力战为名”二十八字。转:辗转。

居久之,孝景崩,武帝立,左右以为广名将也,于是广以上郡太守为未央卫尉[①],而程不识亦为长乐卫尉[②]。程不识故与李广俱以边太守将军屯[3]。及出击胡，而广行无部伍行陈[4]，就善水草屯，舍止，人人自便，不击刁斗[5]以自卫，莫府省约文书籍事，[6]然亦远斥候[7]，未尝遇害。程不识正[8]部曲行伍营陈，击刁斗，士吏治军簿至明，军不得休息，然亦未尝遇害。不识曰："李广军极简易，然虏卒[9]犯之，无以禁也；而其士卒亦佚乐[10]，咸乐为之死。我军虽烦忧，然虏亦不得犯我。"是时汉边郡李广、程不识皆为名将，然匈奴畏李广之略，士卒亦多乐从李广而苦程不识。程不识孝景时以数直谏为太中大夫[11]。为人廉，谨于文法[12]。

后汉以马邑城诱单于[13]，使大军伏马邑旁谷，而广为骁骑将军[14]，领属护军将军。[15]是时单于觉之，去，汉军皆无功。其后四岁，广以卫尉为将军，出雁门击匈奴。匈奴兵多，破败广军，生得广。单于素闻广贤，令曰："得李广必生致之。"胡骑得广，广时伤病，置广两马间，络而盛卧广。行十余里，广详死，睨其旁有一胡儿骑善马，广暂[16]腾而上胡儿马，因推堕儿，取其弓，鞭马南驰数十里，复得其余军，因引而入塞。匈奴捕者骑数百追之，广行取胡儿弓，射杀追骑，以故得脱。于是至汉，汉下广吏[17]。吏当[18]广所失亡多，为虏所生得，当斩，赎为庶人。

顷之，家居数岁。广家与故颍阴侯孙屏野居蓝田南山中射猎。[19]尝夜从一骑出，从人田间饮。还至霸陵亭[20]，霸陵尉[21]醉，呵止广。广骑曰："故李将军。"尉曰："今将军尚不得夜行，何乃故也！"止广宿亭下。居无何，匈奴入杀辽西太守，败韩将军，后韩将军徙右北平。于是天子乃召拜广为右北平太守。广即请霸陵尉与俱，至军而斩之[22]。

广居右北平，匈奴闻之，号曰"汉之飞将军"，避之数岁，不敢入右北平。

广出猎，见草中石，以为虎而射之，中石没镞，视之石也。因复更射之，终不能复入石矣。广所居郡闻有虎，尝自射之。及居右北平射虎，虎腾伤广，广亦竟射杀之。

广廉，得赏赐辄分其麾下，饮食与士共之。终广之身，为二千石四十余年，家无余财，终不言家产事。广为人长，猿臂，其善射亦天性也，虽其子孙他人学者，莫能及广。广讷口少言，与人居则画地为军陈，射阔狭以饮[23]。专以射为戏，竟死[24]。广之将兵，乏绝之处，见水，士卒不尽饮，广不近水；士卒不尽食，广不尝食。宽缓不苛，士以此爱乐为用。其射，见敌急[25]，非在数十步之内，度不中不发，发即应弦而倒。用此，其将兵数困辱，其射猛兽亦为所伤云。

（以上为第二段，写自武帝发动对匈奴作战以来，李广为边将的一系列活动，重点突出了他出雁门击匈奴和为右北平太守的两段经历，并赞扬了他热爱士卒、宽缓简易的名将风度。）

①未央卫尉——未央宫的卫队长。未央宫当时是皇帝居住的地方。卫尉是当时的九卿之一，职掌守卫宫门。 ②长乐卫尉——长乐宫的卫队长。长乐宫是太后居住的地方。 ③将军屯——率领军队屯驻（于边地）。 ④广行无部伍行陈——此句言李广行军，士卒皆任意而行，不按编制，不成行列。 ⑤击刁斗——谓打更巡逻。刁斗：铜制的军用饭锅，白天用以煮饭，夜间用以敲击巡逻。 ⑥莫府——即“幕府”，指将军的办事机构。莫：通“幕”。 文书籍事——指各种公文案牍之类。 ⑦远斥候——远放哨探。斥候：侦察敌情的人员。 ⑧正——约束、要求，严格要求。 ⑨卒——同“猝”，突然。 ⑩佚（yì）乐——安闲快乐。 ⑪太中大夫——皇帝的文职侍从人员，掌议论，秩比千石，属郎中令。 ⑫谨于文法——严格执行规章制度。按：自“程不识故与李广俱以边太守将军屯”至“谨于文法”，皆补叙李广、程不识为卫尉以前事。 ⑬汉以马邑城诱单于——事见上篇《韩长孺列传》。 ⑭广为骁骑将军——谓以卫尉身份充任之，罢军后，仍回任卫尉。故下文又有“以卫尉为将军”语。 ⑮领属——属某人所统领。

护军将军——即韩安国。 ⑯暂——突然。 ⑰下广吏——把李广交给军法吏处置。 ⑱当——判处。 ⑲屏野——摒除人事而居于山野。 蓝田南山——即蓝田山，在今陕西蓝田，离长安很近，是当时贵族喜欢游猎、居住的地方。 ⑳霸陵亭——霸陵附近的亭驿。霸陵:汉文帝的陵墓,在今西安东北。当时曾因陵墓所在而设有霸陵县。㉑霸陵尉——霸陵县的县尉。尉在县里主管缉捕盗贼。 ㉒"广即请霸陵尉与俱"二句——此与韩信之"召辱己之少年令出胯下者,以为楚中尉"相较,二人之风度气派如何? ㉓射阔狭以饮——根据射中密集或宽疏的行列来定罚谁饮酒。阔狭:指实际着箭点和规定着箭点的距离大小。 ㉔竟死——一直到死(都是如此)。 ㉕见敌急——泷川资言曰:"《汉书》无'急'字,此疑衍。"

居顷之,石建①卒,于是上召广代建为郎中令。元朔六年,广复为后将军②,从大将军军出定襄,③击匈奴。诸将多中首虏率④,以功为侯者,而广军无功。后二岁,广以郎中令将四千骑出右北平,博望侯张骞⑤将万骑与广俱,异道。行可数百里,匈奴左贤王⑥将四万骑围广,广军士皆恐,广乃使其子敢往驰之。敢独与数十骑驰,直贯胡骑,出其左右而还,告广曰:"胡虏易与耳⑦。"军士乃安。广为圜陈外向⑧,胡急击之,矢下如雨。汉兵死者过半,汉矢且尽。广乃令士持满毋发,而广身自以大黄⑨射其裨将,杀数人,胡虏益解⑩。会日暮,吏士皆无人色,而广意气自如,益治军⑪。军中自是服其勇也。明日,复力战,而博望侯军亦至,匈奴军乃解去。汉军罢⑫,弗能追。是时广军几没,罢归。汉法,博望侯留迟后期,当死,赎为庶人。广军功自如⑬,无赏。

初,广之从弟李蔡与广俱事孝文帝。景帝时,蔡积功劳至二千石。孝武帝时,至代相。以元朔五年为轻车将军,从大将军击右贤王,有功中率,封为乐安侯。元狩二年中,代公孙弘为丞相。蔡为人在下中,名声出广下甚远,然广不得爵邑,官不过九卿,而蔡为列侯⑭,位至三公。诸广之军吏及士卒或取封侯。广尝与望气王朔燕语,⑮曰:"自汉击匈奴而广未尝不在其中,而诸部校尉以下,才能不及中人,然以击胡军功取侯者数十人,而广不为后人[16]，然无尺寸之功以得封邑者，何也？岂吾相不当侯邪？且固命也？”朔曰：“将军自念，岂尝有所恨[17]乎？”广曰：“吾尝为陇西守，羌尝反，吾诱而降，降者八百余人，吾诈而同日杀之。至今大恨独此耳。”朔曰：“祸莫大于杀已降，此乃将军所以不得侯者也[18]。”

后二岁，大将军、骠骑将军[19]大出击匈奴，广数自请行。天子以为老，弗许；良久乃许之，以为前将军。是岁，元狩四年也。

广既从大将军青击匈奴，既出塞，青捕虏知单于所居，乃自以精兵走之，而令广并于右将军[20]军，出东道。东道少回远，而大军行水草少，其势不屯行。[21]广自请曰：“臣部为前将军，今大将军乃徙令臣出东道；且臣结发[22]而与匈奴战，今乃一得当单于，臣愿居前，先死单于。”大将军青亦阴受上诫，以为李广老，数奇[23]，毋令当单于，恐不得所欲。而是时公孙敖新失侯[24]，为中将军从大将军，大将军亦欲使敖与俱当单于[25]，故徙前将军广。广时知之，固自辞于大将军。大将军不听，令长史封书与广之莫府，[26]曰：“急诣部[27]，如书。”广不谢大将军而起行，意甚愠怒而就部，引兵与右将军食其合军出东道。军亡导，或失道，[28]后大将军。大将军与单于接战，单于遁走，弗能得而还。南绝幕[29]，遇前将军、右将军。广已见大将军，还入军[30]。大将军使长史持糒醪[31]遗广，因问广、食其失道状，青欲上书报天子军曲折[32]。广未对，大将军使长史急责广之幕府对簿[33]。广曰：“诸校尉无罪，乃我自失道，吾今自上簿[34]。”

至莫府，广谓其麾下曰：“广结发与匈奴大小七十余战，今幸从大将军出接单于兵，而大将军又徙广部行回远，而又迷失道，岂非天哉！且广年六十余矣，终不能复对刀笔之吏。”遂引刀自刭。广军士大夫一军皆哭。百姓闻之，知与不知，无老壮皆为垂涕。而右将军独下吏，当死，赎为庶人。

（以上为第三段，写李广晚年以郎中令率军击匈奴的劳而无功，和最后从卫青击匈奴,被倾轧逼迫而死的悲惨结局。)

①石建——万石君石奋之子,以"孝谨"著称,实际上是颇近于佞幸。武帝时,曾为郎中令,元朔六年(前123)卒。李广代为郎中令,亦应在此年。 ②后将军——《汉书·百官公卿表》:"前、后、左、右将军皆周末官,秦因之。位上卿,金印紫绶。汉不常置。或有前后或有左右。皆掌兵及四夷。" ③大将军——这里的大将军是卫青,汉代名将。 定襄——汉郡名,郡治成乐(今内蒙古和林格尔西北土城子)。 ④首虏率——按斩敌首级多少而加官进爵的标准。率:一定的标准、规定。 ⑤张骞(qiān)——武帝时的大探险家,曾应募出使西域,以功封博望侯。事迹见《大宛列传》。 ⑥左贤王——匈奴大单于下面的最高贵族官长之一。与右贤王共同襄助大单于处理国事。分部驻扎,左贤王部居东,右贤王部居西。 ⑦胡虏易与耳——易与:容易对付。按:此处写李敢的少年勇猛,亦在于衬托李广。 ⑧圜陈外向——圆形兵阵。《匈奴列传》作"士皆持满,傅矢外乡"。因李广军处十倍于己的敌人包围中,须四面应敌。 ⑨大黄——一种黄色的可以连发的大弓。 ⑩益解——渐渐散去。泷川资言引王先谦曰:"凡言'益'者,皆以渐加之词。《汉书·苏武传》:'武益愈',言武渐愈也。《景十三王传》:'益不爱望卿',言渐不爱望卿也。"(《汉书补注》) ⑪益治军——更加精神十足地整顿自己的队伍。治军:师古曰:"巡部曲,整行阵也。" ⑫罢——通"疲"。 ⑬军功自如——军功和败罪相当,相抵消。 ⑭列侯——亦称彻侯、通侯,封有一定领地,较无领地的"关内侯"地位高。刘邦曾规定过:"非刘氏者不得王,非有功者不得侯。"因此在汉代对一般官员而言,封列侯是最高的荣誉。 ⑮望气——方士的一种占候术,望云气以测吉凶征兆。 燕语——闲谈。燕:通"宴"。安闲。 ⑯不为后人——不在人后,不比人差。 ⑰恨——遗憾,后悔。 ⑱此乃将军所以不得侯者也——按:王朔一段,乃史公游离点缀之词。李广及其家族悲剧的造成者,乃汉代皇帝及其宠幸,文中指示甚明;而所以仍著此词,一为批评李广之杀降,二乃借此为其终身坎壈(lǎn)兴叹。 ⑲骠骑将军——指霍去病,汉代名将,《史记》有传。 ⑳右将军——指赵食其(yì jī)。 ㉑"东道少回远"三句——少:稍,略。大军

行:卫青所率主力军的行动路线。不屯行:不留行,不能停止前进。三句意谓,东路本来就绕远,中路又一定是昼夜兼程,这样东路肯定要迟到。因此,急于求战的李广不愿走东路。 ㉒结发——犹言刚成人。古代男子二十岁梳发戴冠,从此算作成人。 ㉓数奇(jī)——运气不好。奇:不偶,不合。 ㉔失侯——公孙敖是卫青的朋友。武帝元狩二年(前121),公孙敖与霍去病等分道出击匈奴,霍去病破敌立大功,公孙敖因迟到未与霍去病按时会军,当斩,赎为庶人。 ㉕大将军亦欲使敖与俱当单于——按:此见卫青之偏心,欲令公孙敖有功复侯。 ㉖长史——汉代将军属官,以总理幕府。 广之莫府——指李广的前将军军部。卫青派李广去东道。李广不从,故卫青派其长史直接送命令与李广的部下,硬派此军前往。 ㉗诣部——到右将军军部去报到。㉘"军亡导"二句——亡导:没有向导。或失道:迷惑,走错了路。或:通"惑",迷惑。 ㉙南绝幕——向南回军,横渡大沙漠。绝:横渡,横过。幕:通"漠",沙漠。 ㉚还入军——回到自己军中去了,气愤难平。 ㉛糒醪(bèi láo)——糒:干饭。醪:浓酒。 ㉜报天子军曲折——向天子报告这次出兵不利的具体情况。又,王念孙曰:"'军曲折','军'上当有'失'字,广、食其军与大将军军相失,故曰'失军'。报'失军曲折'者,报失军之委曲情状也。"二义皆可。 ㉝大将军使长史急责广之幕府对簿——对簿:回答质问。簿,指文状。大将军长史问李广,广未对,于是长史即命令李广的军部人员回答问题。盖效其主子卫青前曾所用之手段。 ㉞上簿——上去回答质问。有本连下文断句为"吾今自上簿至幕府",意谓我自己到大将军幕府去对簿。

广子三人,曰当户、椒、敢,为郎①。天子与韩嫣②戏,嫣少不逊,当户击嫣,嫣走。于是天子以为勇。当户早死,拜椒为代郡太守,皆先广死。当户有遗腹子名陵。广死军时,敢从骠骑将军。广死明年,李蔡以丞相坐侵孝景园壖地③,当下吏治,蔡亦自杀,不对狱,国除。李敢以校尉从骠骑将军击胡左贤王,力战,夺左贤王鼓旗,斩首多,赐爵关内侯,食邑二百户,代广为郎中令。

顼之，怨大将军青之恨其父[4]，乃击伤大将军。大将军匿讳之[5]。居无何，敢从上雍[6]，至甘泉宫猎。骠骑将军去病与青有亲[7]，射杀敢。去病时方贵幸，上讳云鹿触杀之。居岁余，去病死[8]。而敢有女为太子中人，[9]爱幸。敢男禹有宠于太子，然好利，李氏陵迟衰微[10]矣。

李陵既壮，选为建章监[11]，监诸骑。善射，爱士卒。天子以为李氏世将，而使将八百骑，尝深入匈奴二千余里，过居延[12]视地形，无所见虏而还。拜为骑都尉[13]，将丹阳楚人五千人，教射酒泉、张掖，以屯卫胡[14]。

数岁，天汉二年秋，贰师将军李广利将三万骑击匈奴右贤王于祁连天山，[15]而使陵将其射士步兵五千人出居延北可千余里，欲以分匈奴兵，毋令专走贰师也。陵既至期还，而单于以兵八万围击陵军。陵军五千人，兵矢既尽，士死者过半，而所杀伤匈奴亦万余人。且引且战[16]，连斗八日，还未到[17]居延百余里，匈奴遮狭绝道[18]。陵食乏而救兵不到，虏急击招降陵。陵曰："无面目报陛下。"遂降匈奴。其兵尽没，余亡散得归汉者四百余人。

单于既得陵，素闻其家声，及战又壮，乃以其女妻陵而贵之。汉闻，族陵母妻子。自是之后，李氏名败，而陇西之士居门下者[19]皆用为耻焉。

（以上为第四段，写李广整个家族的悲剧。）

①为郎——言兄弟三人皆为郎。汉代有以父兄之任，使其子弟为郎的制度。　②韩嫣——汉武帝的宠臣，见《佞幸列传》。　③侵孝景园壖(ruán)地——侵占了孝景皇帝陵园范围内的土地。壖地：皇帝陵园内神道两边的空地。按：汉武帝时期为打击宗室、列侯，常以酎金（助皇帝祭祀）和侵壖事处宗室功臣以严刑，从而使之国除身灭。李蔡恐亦其一。　④怨大将军青之恨其父——王念孙曰："恨读为很……《吴语》：'今王将很天而伐齐。'韦注曰：'很，违也。'《说文》：'很，不听从也。'……《李广传》：'李敢怨大将军青之恨其父。'恨亦读为很。很，违也。谓广欲居前部以当单于，而青不听也。按：王说是。　⑤匿讳

之——隐而不说。按:以其内心有愧,倘宣露之,引起士论哗然,亦非自己之美事。 ⑥从上雍——谓从武帝至雍。雍:汉县名,在今陕西宝鸡凤翔区南。其地有离宫、猎场、祭坛等,故武帝常去其地。胡三省曰:"'雍'盖衍字。"按:照胡氏说,此句应连下文作"从上至甘泉宫猎"。语明义顺,疑近是。 ⑦骠骑将军去病与青有亲——卫青是汉武帝皇后卫子夫的同母异父弟,霍去病是卫子夫的胞姐卫少儿之子,称卫青为舅。 ⑧居岁余,去病死——此事与本传完全无关,史公连带及之,意谓害人者亦不得长世。乃是抒愤之笔。 ⑨太子——即武帝的长子刘据,卫皇后所生。元狩元年(前122)立为太子,征和二年(前91),因巫蛊案发兵斩江充,后被丞相刘屈氂打败,自杀。 中人——犹言"宫人",宫中姬妾之无位号者。 ⑩陵迟衰微——犹言越来越不行了,越来越衰落了。陵迟:斜平。犹言"陵夷",言丘岗之日渐低平。引申为衰颓。 ⑪建章监——护卫建章宫的卫队长。建章宫:在未央宫西,建于汉武帝太初元年(前104)。监:监督军队的长官。 ⑫居延——即居延海,在今内蒙古额济纳旗北境。 ⑬骑都尉——秩比二千石,原统领羽林骑兵,后为一般军职名。 ⑭"将丹阳楚人五千人"三句——丹阳:汉郡名,郡治宛陵即今安徽宣城。其地古代属楚。酒泉、张掖:皆汉代郡名,在今甘肃境内。 ⑮贰师将军——李广利的封号,以让他伐大宛,到贰师城取汗血马而得名。李广利是汉武帝的宠妃李夫人的哥哥。 祁连天山——即祁连山。中井积德曰:"胡人谓天为祁连,故祁连山或称天山。此文"祁连"与"天"重复,宜削其一。《汉书》单云天山,得之。" ⑯且引且战——犹言"边退边打"。引:抽兵而退。 ⑰还未到——犹言"尚距"。 ⑱遮狭绝道——在险狭之处截断了道路。 ⑲居门下者——指曾经出入于李氏之门的宾客。

太史公曰:传[①]曰:"其身正,不令而行;其身不正,虽令不从。"其李将军之谓也?余睹李将军悛悛如鄙人,[②]口不能道辞;及死之日,天下知与不知,皆为尽哀。彼其忠实心诚信于士大夫也[③]。谚曰:"桃李不言,下自成蹊[④]。"此言虽小,可以谕大也。

（以上为第五段，是作者的论赞，表现了作者对李广的无限敬慕与景仰。）

①传——汉代称儒家的六艺为经，此外一切贤人著作皆谓之传。此处乃指《论语》。 ②悛（xún）悛——亦作“恂恂”。同“逊逊”。谦恭谨慎貌。 鄙人——乡下人。 ③彼其忠实心诚信于士大夫也——信：取信。士大夫：指其部下将士。李景星认为：传一代奇人，而以‘忠实’两字为归宿，手眼俱超，压倒一切。 ④蹊（xī）——山路。

［**简评**］ 《太史公自序》云：“勇于当敌，仁爱士卒，号令不烦，师徒向之，作《李将军列传》。”本文即紧紧围绕着精于骑射，勇敢作战；热爱士卒，不贪钱财；为人简易，号令不烦三个特点，刻画了李广这样一个作者所理想的一代名将的英雄形象，而对李广的坎坷一生，尤其是对他以及他整个家族的悲惨结局，表现了无限的惋惜与同情，对汉代皇帝及其宠幸们排挤残害李广及其家族的罪行表现了极大的愤慨，对汉代的用人制度进行了有力的批判。同时，作者在李广坎坷悲惨的一生际遇中，也寄寓了自己的满腔悲愤与辛酸。

［**集评**］ 《太史公自序》曰：“勇于当敌，仁爱士卒，号令不烦，师徒乡之，作《李将军列传》第四十九。”

王昌龄曰：“秦时明月汉时关，万里长征人未还。但使龙城飞将在，不教胡马度阴山。”（《出塞》）

黄震曰：“看《卫霍传》，须合《李广传》，卫霍深入二千里，声振夷夏，今看其传，不直一钱。李广每战辄北，困踬终身，今看其传，英风如在。史氏抑扬予夺之妙岂常手。”（《黄氏日钞》）

茅坤曰：“李将军于汉最为名将，而卒无功，故太史公极力摹写，（感慨）淋漓，悲咽可涕。”（《史记钞》）

王夫之曰：“太史公言‘匈奴畏李广之略，士卒亦乐从广而苦程不识’，司马温公则曰：‘效不识，虽无功犹不败；效李广，鲜不覆亡。'二者皆一偏之论也。以武定天下者，有将兵，有将将；为将者，有攻有守，有将众，有将寡。不识之'正行伍，击刁斗，治军簿'，守兵之将也。广之简易，人人自便，攻兵之将也。束伍严整，斥堠详密，将众之道也；刁斗不警，文书省约，将寡之道也。严谨以攻，则敌窥见其进止而无功；简易以守，则敌乘其罅隙而相薄。将众以简易，则指臂不相使而易溃；将寡以严谨，则拘牵自困而取败。故广与不识，各得其一长，而存乎将将者尔。将兵者不一术，将将者兼用之，非可一律论也。……太史公之右广而左不识，为汉之出塞击匈奴言也；温公之论，其犹坐堂皇，持文墨以遥制阃外之见与。"(《读通鉴论》)

黄淳耀曰："李广非大将才也，'行无部伍……人人自便'，此以将数千骑逐利乘便可耳，遇大敌则覆矣。太史叙广最得意处，在为上郡以百骑御匈奴数千骑，射杀其将，解鞍纵卧，然此固裨将之器也。若夫堂堂之阵，正正之旗，进如风雨，退如山岳，广岂足以与乎此哉！卫将军将数万骑，蹂躏边廷，未尝挫衄，其将略优于广远矣。且出雁门时，广所将万骑，乃为敌所得；而霍去病以八百骑斩捕过当，必谓广'数奇'，而去病'天幸'，恐非论之得平者也。淮南王谋反，止惮青与汲黯，而不闻及广。太史公以孤愤之故，叙广不啻出口，而传卫将军，以姊子夫宠幸、若不直一钱者。然随文读之，广与青之优劣终不掩。"(《史记评论》)

刘咸炘曰："淳耀此论，一洗宋以来之痼见。史公虽许广，然止言其勇，悲其数奇，与论韩安国意同。论之称许，亦张季、冯公之等耳，未尝有用广已足御匈奴之意也。武帝欲使卫、霍专其赏，青欲自当，与公孙敖同功而移广，诚不无私意，然受戒以其老数奇，犹公孙昆邪恐亡之之意，未尝不善，非卫、霍有倾广之谋。簿责失军状，何至自杀？赵食其同受责，亦未诛，史公叙述甚明，安得以此而讥武帝，贬卫、霍邪？史公于此传及《卫霍传》，颇抑扬其词，乃其偏习，于好士者则喜之，于不好士者则贬之，观两论已可见，此岂论世知人之定准哉？后世好史公之文，为其情气所动，因慊史公之慨，而极贬卫、霍，推李广，非史公意也。”（《太史公书知意》）

姚苎田曰：“广之胜人处，只是‘才气无双’四字尽之。然才气既胜，则未有肯引绳切墨而轨于法之正者，则其一生数奇，亦才气累之也。篇中首载公孙昆邪一语，褒贬皆具。史公虽深爱李广，而卒亦未尝不并著其短，所以为良史之才，他人不能及也。”

又曰：“史公甚爱李广而独不满于卫青，青传之‘会有天幸’，此语亦颇不厌人意。至如广之任情孤往，败处每多于胜处，然略其败而详其出奇制胜之勇，令人读之，满腔都是奇特意思，则文字生色不少。如射雕一段，精神更自烁烁可爱。”（《史记菁华录》）

牛运震曰：“传目不曰‘李广’，而曰‘李将军’，以广为汉名将，匈奴号之曰‘飞将军’，所谓不愧将军之名者也。只一标题，有无限景仰爱重。一篇精神在射法一事，以广所长在射也。开端‘广家世世受射’，便挈一传之纲领。以后叙射匈奴，射雕，射白马将，射追骑，射猎南山中，射石，射虎，射涧狭以饮，射猛兽，射裨将，皆叙广善射事实。‘广为人长，猿臂，其善射亦天性也’云云：又‘其射，见敌急，非在数十步之内，度不中不发’云云，正写广善射之神骨。末附李陵善射、教射，正与篇首‘世世受射’句收应，此以广射法为线索贯串者也。”

又曰：“一篇感慨悲愤，全在李广数奇不遇时一事。篇首‘而文帝曰：惜乎子不遇时’云云，已伏‘数奇’二字，便立一篇之根。后叙广击吴楚，‘还，赏不行’，此一‘数奇’也；马邑诱单于，‘汉军皆无功’，此又一‘数奇’也；为虏生得‘当斩，赎为庶人’，又一‘数奇’也；出定襄而‘广军无功’，又一‘数奇’也：出右北平而广‘军功自如，无赏’，又一‘数奇’也；出东道而‘失道，后大将军’，遂'引刀自颈',乃以'数奇'终焉。至'初,广之从弟李蔡'云云,以客形主,及广与望气语,实叙不得封侯之故,皆着意抒发'数奇'本末。'上以为李广老,数奇'云云,则明点'数奇'眼目。传末叙当户早死,李陵生降,曰'李氏陵迟衰微矣'。又曰'李氏名败'云云,总为'数奇'不遇,余文低徊凄感,此又一篇之主宰,而太史公操笔谋篇时所为激昂不平者也。"(《史记评注》)

吴见思曰:"李将军战功如此,平序、直序、固亦可观,乃忽分为千绪万缕,或入议论,或入感叹,或入一二闲事,妙矣;又忽于传外插入一李蔡、一程不识,四面照耀,通体皆灵,可称文章神伎。吾尤爱其以李将军行军方略,于程不识口中序出;广之为人,反从射虎带下;而其不侯杀降事,偶在王朔燕语点明。错综变化,纯用天机,有意无意之间,令人莫测。……此篇以'射'字贯,故中间'射'字凡十二回合。而首以文帝叹其不遇,末以武帝诫其数奇,前后互挽,是一篇主意。"(《史记论文》)

李景星曰:"不曰'韩信',而曰'淮阴侯';不曰'李广',而曰'李将军',只一标题间,已见出无限的爱慕景仰。此篇用意尤在'数奇'二字,而叙事精神更在射法一事。赞其射法,正所以深惜其数奇也。篇首而文帝曰'惜乎子不遇时'云云,已伏数奇之根。"(《四史评议》)

匈奴列传第五十

匈奴，其先祖夏后氏之苗裔也，曰淳维。[1]唐虞以上有山戎、猃狁、荤粥[2]，居于北蛮，随畜牧而转移。其畜之所多则马、牛、羊，其奇畜则橐驼、驴、骡、駃騠、騊駼、驒騱。[3]逐水草迁徙，毋城郭常处耕田之业，然亦各有分地。[4]毋文书，以言语为约束[5]。儿能骑羊，引弓射鸟鼠；少长[6]则射狐兔，用为食。士力能毌弓，尽为甲骑。[7]其俗，宽则随畜[8]，因射猎禽兽为生业，急则人习战攻以侵伐，[9]其天性也。其长兵则弓矢，短兵则刀鋋[10]。利则进，不利则退，不羞遁走[11]。苟利所在，不知礼义。自君王以下，咸食畜肉，衣其皮革，被旃裘[12]。壮者食肥美，老者食其余。贵壮健，贱老弱。父死，妻其后母；兄弟死，皆取其妻妻之。[13]其俗有名不讳，而无姓字。[14]

夏道衰，而公刘失其稷官，[15]变于西戎，邑于豳。[16]其后三百有余岁，戎狄攻大王亶父，[17]亶父亡走岐下，而豳人悉从亶父而邑焉，作周。[18]其后百有余岁，周西伯昌伐畎夷氏。[19]后十有余年，武王伐纣而营雒邑，复居于酆鄗。[20]放逐戎夷泾、洛之北，以时入贡，命曰“荒服”。[21]其后二百有余年，周道衰，而穆王伐犬戎，得四白狼四白鹿以归。自是之后，荒服不至[22]。于是周遂作《甫刑》之辟[23]。穆王之后二百有余年,周幽王用宠姬褒姒之故,与申侯有卻[24]。申侯怒,而与犬戎共攻杀周幽王于骊山之下,遂取周之焦获,而居于泾渭之间,[25]侵暴中国。秦襄公救周,于是周平王去酆鄗而东徙雒邑[26]。当是之时,秦襄公伐戎至岐,始列为诸侯。[27]是后六十有五年,而山戎越燕而伐齐,齐釐公与战于齐郊。其后四十四年,而山戎伐燕。燕告急于齐,齐桓公北伐山戎,山戎走。其后二十有余年,而戎狄至雒邑,伐周襄王,襄王奔于郑之氾邑。初,周襄王欲伐郑,故娶戎狄女为后,与戎狄兵共伐郑。已而黜狄后,狄后怨。而襄王后母曰惠后,有子子带,欲立之。于是惠后与狄后、子带为内应,开戎狄[28],戎狄以故得入,破逐周襄王,而立子带为天子。于是戎狄或居于陆浑,东至于卫,侵盗暴虐中国。[29]中国疾之,故诗人[30]歌之曰"戎狄是应","薄伐猃狁,至于大原","出舆彭彭,城彼朔方"。周襄王既居外四年,乃使使告急于晋。晋文公初立,欲修霸业,乃兴师伐逐戎翟,诛子带,迎内周襄王,居于雒邑。

当是之时,秦晋为强国。晋文公攘戎翟,居于河西圁、洛之间,号曰赤翟、白翟。[31]秦穆公得由余,西戎八国服于秦。[32]故自陇以西有绵诸、绲戎、翟、獂之戎;岐、梁山、泾、漆之北有义渠、大荔、乌氏、朐衍之戎。[33]而晋北有林胡、楼烦之戎,[34]燕北有东胡、山戎。[35]各分散居谿谷,自有君长,往往而聚者百有余戎,然莫能相一。

自是之后百有余年,晋悼公使魏绛和戎翟,戎翟朝晋。后百有余年,赵襄子逾句注而破并代以临胡貉[36]。其后既与韩魏共灭智伯,分晋地而有之,则赵有代、句注之北,魏有河西、上郡[37],以与戎界边。其后义渠之戎筑城郭以自守,而秦稍蚕食,至于惠王,遂拔义渠二十五城。惠王击魏,魏尽入西河及上郡于秦。秦昭王时,义渠戎王与宣太后乱[38],有二子。宣太后诈而杀义渠戎王于甘泉,遂起兵伐残义渠。于是秦有陇西、北地、上郡,筑长城以拒胡。而赵武灵王亦变俗胡服，习骑射，北破林胡、楼烦。筑长城，自代并阴山下，至高阙为塞。[39]而置云中、雁门、代郡。[40]其后燕有贤将秦开，为质于胡，胡甚信之。归而袭破走东胡，东胡却千余里。与荆轲刺秦王秦舞阳者，开之孙也。燕亦筑长城，自造阳至襄平[41]。置上谷、渔阳、右北平、辽西、辽东郡以拒胡。[42]当是之时，冠带战国七，而三国边于匈奴。[43]其后赵将李牧时，匈奴不敢入赵边。后秦灭六国，而始皇帝使蒙恬将十万之众北击胡，悉收河南地[44]。因河为塞，筑四十四县城临河，徙適戍以充之。[45]而通直道，自九原至云阳。[46]因边山险壍谷，可缮者治之，起临洮至辽东万余里。[47]又度河据阳山、北假中。[48]

当是之时，东胡强而月氏[49]盛。匈奴单于[50]曰头曼，头曼不胜秦，北徙。十余年而蒙恬死，诸侯畔秦[51]，中国扰乱，诸秦所徙適戍边者皆复去，于是匈奴得宽，复稍度河南，与中国界于故塞。[52]

（以上为第一段，写汉代以前的匈奴历史。）

①夏后氏——夏朝的帝王。指禹的家族。　淳维——《史记集解》引《汉书音义》曰："匈奴始祖名。"　②山戎、猃狁（xiǎn yǔn）、荤粥（xūn yù）——荤粥：也作"熏粥"。服虔曰："尧时曰荤粥，周曰猃狁，秦曰匈奴。"　③奇畜——比较贵重的牲畜。　橐（tuó）驼——即今之骆驼。　骡——俗称"马骡"。家畜名。　駃騠（jué tí）——北狄骏马。　騊駼（táo tú）——似马而青。　驒騱（diàn xī）——野马名，《索隐》曰：一云："青骊白鳞，文如鼍鱼。"　④毋城郭常处——毋：没有。常处：固定的住所。　亦各有分地——分：亦作"份"。谓其贵族、君长各有领地，非指每个人丁。　⑤以言语为约束——一切只凭口头承诺。　⑥少长——稍微长大一点。少：稍微。　⑦士力能毌弓——凡是能拉开弓的成年男人。士：成年男人。毌（guàn）："贯"的古字。"贯弓"意即"弯弓"，"拉弓"。　尽为甲骑——意谓凡是能使用武器的人，一律都是士兵。　⑧宽则随畜——宽：无事。指没有战争的时候。随畜：谓人随着牲畜，吃到哪儿跟到哪儿，即通常所说的"逐水草而居"。　⑨急——谓有了战事。　人习战攻——每个人都会打仗。　⑩鋋

(chán)——铁柄短矛。 ⑪不羞遁走——不以逃跑为耻。 ⑫被旃裘——被:披。旃(zhān):通"毡",轧毛以为之,冬日服之以取暖。 ⑬妻其后母——因认识"生母",故不乱伦;至其父之其他妻妾,则不论。 兄弟死,皆取其妻——兄死则弟取其嫂,弟死则兄取其弟媳。 ⑭有名不讳——意谓皆直呼其名,不似汉族对人(尤其对长辈)的"名"应该避讳。 而无姓字——"姓"字衍。意谓匈奴人不似汉人之有"名"有"字",乃仅有"名"而已,非无"姓"。 ⑮公刘——古代周族领袖,《诗经》中有《公刘》篇,《孟子》亦载其事。 失其稷官——周朝的始祖名"弃",舜时为农官。弃死,其子不窋继之。不窋末年,夏政失道,不窋失其官而逃奔戎狄。不窋之孙公刘在戎狄间重修其祖之业,发展农事。今曰"公刘失其稷官",与《周本纪》不符。 ⑯变于西戎——有曰:"变,化也,谓行化于其俗。"或曰:"谓公刘从西戎之俗也。"按:前说符合《周本纪》,后说符合本文。 邑于豳(bīn)——在豳地建立都邑。豳:也作"邠",在今陕西彬州。 ⑰其后三百有余岁——按:据《夏商周年表》,自夏桀末(前1600)至武乙元年(前1147)为四百五十五年。 大王亶父(dǎn fǔ)——也称"古公亶父",周文王的祖父。 ⑱亡走岐下——为避戎狄、熏粥的侵袭,由豳迁到了岐山之下。岐:即岐山,在今陕西岐山东北。 作周——兴建周国。作:兴建。 ⑲周西伯昌——姬昌,即历史上的周文王,以其曾是商朝末年的西方霸主,故称"西伯"。 畎(quǎn)夷氏——也写作"犬戎","昆夷",古戎人的一支。 ⑳武王伐纣——事在公元前1046年。 营雒邑——在今之洛阳修筑王城。按:据《周本纪》,营雒邑乃成王时周公、召公所为。然《周本纪》中亦有武王"营周居于雒邑而后去"之语。 酆鄗(fēng hào)——也作"丰镐",西周的国都,都在今陕西西安西南的丰水两侧,相传文王居丰,武王居镐。 ㉑泾、洛——二水名,即今泾水、洛水。 荒服——古"五服"之一。称离京师二千到二千五百里的边远地方。亦泛指边远地区。 ㉒荒服不至——因穆王无理征犬戎,故远方不服而离异之。 ㉓《甫刑》之辟——即《尚书·吕刑》篇。周穆王命吕侯据夏禹赎刑之法而制定的刑法,吕侯后来为甫侯。故"吕刑"又称"甫刑"。 ㉔与申侯有卻——申侯:申国(国都在今河南南阳)的国君,周幽王的王后之兄。周幽王宠褒姒,废掉了申后与太子(即日后的周平王),故申侯与幽王“有郤”。郤:通“隙”,即今所谓“矛盾”,怨仇。㉕遂取周之焦获——“遂取”上应增“犬戎”二字读。焦获:亦作“焦护”。一说在今陕西泾阳北。一说即今山西阳城西的濩泽。泾渭之间——约当今之陕西咸阳市以西至乾县一带地区,因这一带南有渭水、北有泾水。㉖去酆鄗而东徙雒邑——离开旧都丰镐,而东迁于成王时周公所筑之洛阳王城。从此史称“东周”。酆:亦作“丰”。㉗伐戎至岐——犬戎灭西周后,遂占据丰镐一带。秦襄公起兵将其逐出丰镐,驱逐至岐山以北。始列为诸侯——秦襄公因破犬戎救周有功,平王赐之岐山以西之地,从此被封为诸侯,并由西垂迁都于雍。㉘开戎狄——为戎狄做先导。开:启,引路。㉙陆浑——古县名,治今河南嵩县东北。中国——中原地区的周王朝统辖下的国家。㉚诗人——此指《诗经》的作者。下引诗句俱见《诗经》。㉛攘戎翟——攘:排击,驱逐。翟:通“狄”。河西圁(yín)、洛之间——指今陕西黄河以西的延安、绥德、榆林一带地区。圁:古水名。即今陕西北部无定河。赤翟、白翟——晋国周边的两个少数民族部落。㉜由余——翟族的贤臣,被秦穆公招致入秦,对秦国的发展壮大起了重要作用。西戎八国——即下文所述之绵诸、绲(gǔn)戎、翟(dí)、獂(huán)、义渠、大荔、乌氏、朐(qú)衍。㉝岐、梁山——二山名,岐山在今陕西岐山东北,梁山在今陕西韩城西北。泾、漆——二水名,漆水在今陕西彬州西北汇入泾水,泾水东南流,在陕西西安东北汇入渭水。㉞林胡——少数民族部落名,也叫“儋林”“襜褴”。春秋时期活动在今山西、内蒙古交界地区,战国末被赵将李牧所灭。楼烦——古部族名。春秋末,分布于今山西宁武、岢岚等县地。后活动于今陕北及内蒙古南部。㉟东胡——古族名。因居匈奴(胡)以东而得名。山戎——古族名。亦称“无终”。春秋时原分布在今山西太原,后迁河北玉田县西北无终山,故名。㊱临胡貉——俯瞰胡貉,指与胡貉相邻近。胡貉:北方的戎翟名,匈奴族的前身。㊲魏有河西、上郡——河西:古地区名。一作“河右”。春秋、战国时指今山西、陕西二省间黄河南段之西。上郡:郡名。秦治肤施(今陕西榆林东南)。㊳义渠戎王与宣太后乱——宣太后:秦昭王之母,原楚人,秦惠王之妃。乱:指通奸。㊴筑长城,自代并阴山下,至高阙为塞——代:赵郡名,郡治在今河北蔚县东北。并阴山下:傍着阴山西行。阴山在今内蒙古自治区中部及河北省北部。高阙:古地名。在今内蒙古杭锦后旗东北。 ㊵云中——赵郡名,郡治在今内蒙古托克托东北古城镇。 雁门——赵郡名,郡治善无,在今山西右玉南。 ㊶自造阳至襄平——造阳:在今河北独石口以北、滦河上游闪电河一带。襄平:即今辽宁辽阳市。 ㊷渔阳——燕郡名,郡治在今北京密云区西南。 右北平——燕郡名,郡治无终,即今天津蓟州区。 辽西——燕郡名,郡治阳乐,在今辽宁义县西。 辽东——燕郡名,郡治襄平。 ㊸冠带战国七——即秦、楚、齐、燕、韩、赵、魏。冠带:戴帽子,系腰带。意指"文明之国""礼义之邦"。 三国边于匈奴——即秦、赵、燕。 ㊹悉收河南地——始皇二十六年(前221),秦已并天下,乃使蒙恬将三十万众北逐匈奴,收复了今内蒙古河套一带的黄河以南地区。 ㊺因河为塞——沿着黄河修筑长城,此城西起今甘肃兰州一带,沿黄河东北上,至内蒙古,遂与旧时赵国所筑的长城相接。 筑四十四县城临河——意即在这些"因河为塞"的长城黄河一线,设立了四十四个县。 徙適戍以充之——让全国各地的罪犯搬迁到沿边新筑的县城去住。適戍:因犯罪被罚守边的人。適:通"谪"。 ㊻直道——由内地直通北部边境的大道。 九原——秦郡名,郡治在今内蒙古包头西。 云阳——秦县名,在今陕西淳化西北,甘泉宫即在云阳县境内。 ㊼边山险壍谷——意即顺着险要的山势,该挖的挖,该填的填。 可缮者治之——旧有的长城,凡可串连利用的就加以修补。 起临洮至辽东万余里——此即通常所说的"万里长城"。 ㊽阳山——即今内蒙古狼山,因其在黄河之阳,故称"阳山"。 北假——地区名,指今内蒙古河套以北、阴山以南夹山带河地区。㊾月氏(yuè zhī)——西方游牧民族名,秦汉之交活动在今甘肃走廊的敦煌与祁连山一带。 ㊿单(chán)于——匈奴族的最高统治者,犹如汉族的皇帝。 51诸侯畔秦——指陈胜带头发动的各地起义,事在秦二世元年(前209)。 52复稍度河南——稍:逐渐。度河南:渡过黄河南下。 与中国界于故塞——此所谓"故塞",即《高祖本纪》之所谓

"河上塞"。即今陕西黄陵、旬邑一线。

单于有太子名冒顿[①]。后有所爱阏氏[②],生少子,而单于欲废冒顿而立少子,乃使冒顿质于月氏。冒顿既质于月氏,而头曼急击月氏。月氏欲杀冒顿,冒顿盗其善马,骑之亡归。头曼以为壮,令将万骑。冒顿乃作为鸣镝,习勒其骑射,[③]令曰:"鸣镝所射而不悉射者,斩之。"行猎鸟兽,有不射鸣镝所射者,辄斩之。已而冒顿以鸣镝自射其善马,左右或不敢射者,冒顿立斩不射善马者。居顷之,复以鸣镝自射其爱妻,左右或颇恐,不敢射,冒顿又复斩之。居顷之,冒顿出猎,以鸣镝射单于善马,左右皆射之。于是冒顿知其左右皆可用。从其父单于头曼猎,以鸣镝射头曼,其左右亦皆随鸣镝而射杀单于头曼,遂尽诛其后母与弟及大臣不听从者。冒顿自立为单于。

冒顿既立,是时东胡强盛,闻冒顿杀父自立,乃使使谓冒顿,欲得头曼时有千里马。冒顿问群臣,群臣皆曰:"千里马,匈奴宝马也,勿与。"冒顿曰:"奈何与人邻国而爱一马乎!"遂与之千里马。居顷之,东胡以为冒顿畏之,乃使使谓冒顿,欲得单于一阏氏。冒顿复问左右,左右皆怒曰:"东胡无道,乃求阏氏!请击之。"冒顿曰:"奈何与人邻国爱一女子乎?"遂取所爱阏氏予东胡。东胡王愈益骄,西侵。与匈奴间,中有弃地,莫居,千余里,各居其边为瓯脱[④]。东胡使使谓冒顿曰:"匈奴所与我界瓯脱外弃地,匈奴非能至也,吾欲有之。"冒顿问群臣,群臣或曰:"此弃地,予之亦可,勿予亦可。"于是冒顿大怒曰:"地者,国之本也,奈何予之!"诸言予之者,皆斩之。冒顿上马,令国中有后者斩,遂东袭击东胡。东胡初轻冒顿,不为备。及冒顿以兵至,击,大破灭东胡王,而虏其民人及畜产。既归,西击走月氏,南并楼烦、白羊河南王[⑤]。悉复收秦所使蒙恬所夺匈奴地者,与汉关故河南塞[⑥],至朝那、肤施[⑦],遂侵燕、代。是时汉兵与项羽相距,中国罢于兵革[8]，以故冒顿得自强，控弦之士三十余万。

自淳维以至头曼千有余岁，时大时小，别散分离，尚矣，其世传不可得而次云。[9]然至冒顿而匈奴最强大，尽服从北夷，而南与中国为敌国，其世传国官号乃可得而记云。[10]

置左右贤王，左右谷蠡[11]王，左右大将，左右大都尉，左右大当户，左右骨都侯[12]。匈奴谓贤曰"屠耆"，故常以太子为左屠耆王[13]。自如左右贤王以下至当户，大者万骑，小者数千，凡二十四长，立号曰万骑。[14]诸大臣皆世官[15]。呼衍氏，兰氏，其后有须卜氏，此三姓其贵种也。[16]诸左方王将居东方，直上谷以往者，[17]东接秽貉[18]、朝鲜；右方王将居西方，直上郡以西，接月氏、氐、羌；[19]而单于之庭直代、云中[20]：各有分地，逐水草移徙。而左右贤王、左右谷蠡王最为大，左右骨都侯辅政。[21]诸二十四长亦各自置千长、百长、什长、裨小王、相封、都尉、当户、且渠之属。

岁正月，诸长小会单于庭，祠[22]。五月，大会茏城[23]，祭其先、天地、鬼神。秋，马肥，大会蹛林，课校人畜计。[24]其法，拔刃尺者死，坐盗者没入其家；[25]有罪小者轧[26]，大者死。狱[27]久者不过十日，一国之囚不过数人。而单于朝出营，拜日之始生，夕拜月[28]。其坐，长左而北乡，日上戊己。[29]其送死，有棺椁金银衣裘，而无封树丧服[30]；近幸臣妾从死者，多至数千百人[31]。举事而候星月[32]，月盛壮则攻战，月亏则退兵。其攻战，斩首虏赐一卮酒，而所得卤获因以予之，[33]得人以为奴婢。故其战，人人自为趣利，善为诱兵以冒敌。[34]故其见敌则逐利，如鸟之集；其困败，则瓦解云散矣。战而扶舆死者[35]，尽得死者家财。

后北服浑庾、屈射、丁零、鬲昆、薪犁[36]之国，于是匈奴贵人大臣皆服，以冒顿单于为贤。

（以上为第二段，写匈奴的习俗、制度，与冒顿对发展、壮大匈奴的卓越贡献。）

①冒顿（mò dú）——使匈奴族强大起来的关键人物，"冒顿"二字

在蒙古语里是“勇猛”的意思。 ②阏氏(yān zhī)——师古曰:“匈奴皇后号也。”然下文有所谓东胡“欲得单于一阏氏”,则匈奴单于固不止有一个阏氏。 ③鸣镝——响箭。 习勒其骑射——训练他部下的骑兵射箭。习勒:即今所谓训练。 ④各居其边为瓯脱——各自在己方的边境上建筑防御工事。瓯脱:也写作“区脱”,匈奴称边界或边境屯戍、守望之处。按:林幹《匈奴史》以为:“瓯脱”即匈奴语“边界”的意思,也指当时匈奴与汉王朝,或与其他民族部落之间作为缓冲的“中间地带”。录以备考。 ⑤南并楼烦、白羊河南王——楼烦、白羊:当时居住在今内蒙古河套以南的两个匈奴部落名。“河南王”三字疑衍。 ⑥与汉关故河南塞——意谓河南地区的南部边境就是与刘邦汉朝的交界之处。《高祖本纪》汉二年(前205)有所谓“缮治河上塞”,指在这一线构筑工事。关:连界,接壤。 ⑦至朝那、肤施——谓冒顿的势力一直向南达到朝那与肤施一线。朝那:汉县名,县治在今宁夏固原东南。肤施:汉县名,在今陕西榆林东南。 ⑧中国罢于兵革——中国:指中原地区。罢:通“疲”。 ⑨自淳维以至头曼千有余岁——据《夏商周年表》,自夏桀至头曼,其间约一千四百年。 尚矣——意即“够久远的啦”。尚:上。 世传——世系。 不可得而次——没办法排列。次:排列。 ⑩尽服从北夷——使北方诸夷狄全部归服于匈奴。 为敌国——为对等的、势均力敌之国。敌:对等。 世传国官号——其官号世代相传。“国”字疑衍。 ⑪谷蠡(lù lí)——亦称“鹿蠡”。匈奴官名。 ⑫左右骨都侯——《集解》曰:“骨都,异姓大臣。” ⑬左屠耆(qí)王——即上述之“左贤王”。匈奴习惯以“左”为上,则“左贤王”乃仅次于单于者。 ⑭凡二十四长——谓上自左、右贤王,下至大当户,共有长官二十四个。 立号曰万骑——这些君长所统之兵不论上万,还是数千,一律号称万人。 ⑮世官——世袭为此官职,统此兵众。 ⑯呼衍氏——即今鲜卑姓呼延者。 此三姓其贵种——《正义》引《后汉书》曰:“呼衍氏、须卜氏,常与单于婚姻。” ⑰将居东方——将兵居住于匈奴领土之东方。 直上谷以往者——正对着汉朝上谷郡以东的地区。直:通“值”,正冲着。 ⑱秽貉(huì mò)——古代部族名。活动在今辽宁和朝鲜北部。 ⑲直上郡以西——正对着汉朝的上郡以西地区。 月氏、氐(dī)、羌——皆西方的少数民族部落名,秦汉之交氐族活动在今甘肃东南部,羌族活动在今青海东北部。 ⑳单于之庭——单于的大本营,当时的单于庭约在今蒙古国乌兰巴托附近。直代、云中——正冲着汉朝的代郡与云中郡。 ㉑最为大——意即部落最大,人马最多。 辅政——辅佐单于总理全匈奴事。 ㉒诸长小会单于庭,祠——诸长:即二十四长。祠:祭祀。此指规模较小的祭祀。 ㉓茏城——也作"龙城",在今蒙古国鄂尔浑河西侧的和硕柴达木湖附近。 ㉔蹛(dài)林——古时匈奴绕林而祭之处。 课校人畜计——课校:清点,检查。计:人畜之数目。 ㉕拔刃尺者死——为相互斗殴而拔刀出鞘一尺。意即想要杀人者,法当处死。 没入其家——指没其家口为奴,财产充公。 ㉖有罪小者轧——轧:有说即今之"轧杠子",也有人以为指用棍子打。 ㉗狱——案件,官司。也可以理解为关押犯人。 ㉘单于朝出营,拜日之始生,夕拜月——单于早上走出营地,祭拜太阳的初升,傍晚祭拜月亮。 ㉙长左而北乡——长者在左,面北而坐。乡:通"向"。 日上戊己——以"戊""己"日为吉日。上:通"尚"。 ㉚无封树丧服——不起陵丘,不立碑碣,死者的亲属也不穿丧服。封:堆土。但从几十年来苏联考古队发掘的匈奴古墓看,地上并非没有陵丘,只是不堆土而累积石块而已。 ㉛数千百人——应作"数十百人"。 ㉜举事而候星月——举事:指发动战争。候:观测。泷川资言曰:"'而'当作'常';'星'字疑衍。" ㉝斩首虏——斩敌之首或捉来俘虏。 赐一卮(zhī)酒——赏给一杯酒。卮:酒器。 卤获——指所缴获的兵器、铠甲、财物等。卤:通"掳"。 ㉞自为趣利——为自己谋利。趣:趋附、迎合。 善为诱兵以冒敌——以小部队诱敌深入,而以大部队包围之。冒:覆盖,此指包围。 ㉟扶舆死者——扶伤者以行,舆死者以归。 ㊱浑庾、屈射、丁零、鬲昆、薪犁——都是匈奴北面的游牧民族名,在今蒙古国与俄罗斯境内。

是时汉初定中国,徙韩王信于代,都马邑。匈奴大攻围马邑,韩王信降匈奴。匈奴得信,因引兵南逾句注,攻太原,至晋阳下。高帝自将兵往击之,会冬,大寒雨雪,卒之堕指者十二三。

于是冒顿详败走[①]，诱汉兵。汉兵逐击冒顿，冒顿匿其精兵，见其羸弱[②]。于是汉悉兵，多步兵，三十二万，北逐之。高帝先至平城，步兵未尽到，冒顿纵精兵四十万骑围高帝于白登，七日，汉兵中外不得相救饷[③]。匈奴骑，其西方尽白马，东方尽青駹马，北方尽乌骊马，南方尽骍马。[④]高帝乃使使间厚遗阏氏[⑤]，阏氏乃谓冒顿曰"两主不相困。今得汉地，而单于终非能居之也。且汉王亦有神[⑥]，单于察之。"冒顿与韩王信之将王黄、赵利期，[⑦]而黄、利兵又不来，疑其与汉有谋，亦取阏氏之言，乃解围之一角。于是高帝令士皆持满傅矢外乡[⑧]，从解角直出，竟与大军合，而冒顿遂引兵而去。汉亦引兵而罢，使刘敬结和亲之约。

是后韩王信为匈奴将，及赵利、王黄等数倍约，侵盗代、云中。居无几何，陈豨反，又与韩信合谋击代。汉使樊哙往击之，复拔代、雁门、云中郡县，不出塞[⑨]。是时匈奴以汉将众往降[⑩]，故冒顿常往来侵盗代地。于是汉患之，高帝乃使刘敬奉宗室女公主为单于阏氏，岁奉匈奴絮缯酒米食物各有数，约为昆弟以和亲，冒顿乃少止。后燕王卢绾反，率其党数千人降匈奴，往来苦上谷以东。

高祖崩，孝惠、吕太后时，汉初定，故匈奴以骄。冒顿乃为书遗高后，妄言[⑪]。高后欲击之，诸将曰："以高帝贤武，然尚困于平城。"于是高后乃止，复与匈奴和亲。

至孝文帝初立，复修和亲之事。其三年五月，匈奴右贤王入居河南地，侵盗上郡葆塞蛮夷[⑫]，杀略人民。于是孝文帝诏丞相灌婴发车骑八万五千，诣高奴[⑬]，击右贤王。右贤王走出塞。文帝幸太原。是时济北王反，文帝归，罢丞相击胡之兵。

其明年，单于遗汉书曰："天所立匈奴大单于敬问皇帝无恙。前时皇帝言和亲事，称书意，合欢。[⑭]汉边吏侵侮右贤王，右贤王不请，听后义卢侯难氏等计，[⑮]与汉吏相距，绝二主之约，离兄弟之亲。皇帝让书再至，发使以书报，不来，汉使不至，[⑯]汉以其故不和，邻国不附。[17]今以小吏之败约故，罚右贤王，使之西求月氏击之。以天之福，吏卒良，马强力，以夷灭月氏，尽斩杀降下之。定楼兰、乌孙、呼揭及其旁二十六国，皆以为匈奴。诸引弓之民，并为一家。北州已定，愿寝兵休士卒养马，除前事，复故约，以安边民，以应始古，使少者得成其长，老者安其处，世世平乐。未得皇帝之志也，故使郎中系雩浅奉书请，[18]献橐他一匹，骑马二匹，驾二驷。[19]皇帝即不欲匈奴近塞，则且诏吏民远舍。[20]使者至，即遣之[21]。"以六月中来至薪望[22]之地。书至，汉议击与和亲孰便。公卿皆曰："单于新破月氏，乘胜，不可击。且得匈奴地，泽卤[23]，非可居也。和亲甚便。"汉许之。

孝文皇帝前六年[24]，汉遗匈奴书曰："皇帝敬问匈奴大单于无恙。使郎中系雩浅遗朕书曰：'右贤王不请，听后义卢侯难氏等计，绝二主之约，离兄弟之亲，汉以故不和，邻国不附。今以小吏败约，故罚右贤王使西击月氏，尽定之。愿寝兵休士卒养马，除前事，复故约，以安边民，使少者得成其长，老者安其处，世世平乐。'朕甚嘉之，此古圣主之意也。汉与匈奴约为兄弟，所以遗单于甚厚。倍约离兄弟之亲者，常在匈奴。然右贤王事已在赦前，单于勿深诛。[25]单于若称书意，明告诸吏，使无负约，有信，敬如单于书。[26]使者言单于自将伐国有功，甚苦兵事。服绣夹绮衣、绣夹长襦、锦夹袍各一，[27]比余一，黄金饰具带一，黄金胥纰一，[28]绣十匹，锦三十匹，赤绨、绿缯各四十匹，[29]使中大夫意、谒者令肩遗单于。[30]"

后顷之，冒顿死，子稽粥立，号曰老上单于。

老上稽粥单于初立，孝文皇帝复遣宗室女公主为单于阏氏，使宦者燕人中行说傅公主。[31]说不欲行，汉强使之。说曰："必我行也，为汉患者[32]。"中行说既至，因降单于，单于甚亲幸之。

初，匈奴好汉缯絮食物，中行说曰："匈奴人众不能当汉之一郡，然所以强者，以衣食异，无仰于汉也。今单于变俗好汉物，汉物不过什二，则匈奴尽归于汉矣。”其得汉缯絮，以驰草棘中，衣袴皆裂敝，以示不如旃裘之完善也；得汉食物皆去之，以示不如湩酪[33]之便美也。于是说教单于左右疏记，以计课其人众畜物。[34]

汉遗单于书，牍以尺一寸，辞曰“皇帝敬问匈奴大单于无恙”，所遗物及言语云云。[35]中行说令单于遗汉书以尺二寸牍，及印封皆令广大长[36]。倨傲其辞曰：“天地所生日月所置匈奴大单于敬问汉皇帝无恙”，所以遗物言语亦云云。

汉使或言曰：“匈奴俗贱老。”中行说穷汉使曰：“而汉俗屯戍从军当发者，其老亲岂有不自脱温厚肥美以赍送饮食行戍乎！[37]”汉使曰：“然。”中行说曰：“匈奴明以战攻为事，其老弱不能斗，故以其肥美饮食壮健者，盖以自为守卫，如此父子各得久相保，何以言匈奴轻老也？”汉使曰：“匈奴父子乃同穹庐[38]而卧。父死，妻其后母；兄弟死，尽取其妻妻之。无冠带之饰，阙庭之礼[39]。”中行说曰：“匈奴之俗，人食畜肉，饮其汁，衣其皮；畜食草饮水，随时转移。故其急则人习骑射，宽则人乐无事，其约束轻，易行也。君臣简易，一国之政犹一身也。[40]父子兄弟死，取其妻妻之，恶种姓之失也[41]。故匈奴虽乱，必立宗种[42]。今中国虽详不取其父兄之妻，亲属益疏则相杀，至乃易姓，皆从此类。[43]且礼义之敝，上下交怨望。而室屋之极，生力必屈。[44]夫力耕桑以求衣食，筑城郭以自备，故其民急则不习战功，缓则罢于作业。[45]嗟土室之人，顾无多辞，令喋喋而占占，冠固何当？[46]”

自是之后，汉使欲辩论者，中行说辄曰：“汉使无多言，顾汉所输匈奴缯絮米蘖，令其量中，必善美而已矣，何以为言乎？[47]且所给备善则已；不备，苦恶，则候秋孰，以骑驰蹂而稼穑耳。[48]”日夜教单于候利害[49]处。

汉孝文皇帝十四年，匈奴单于十四万骑入朝那、萧关，[50]杀北地都尉卬，虏人民畜产甚多，遂至彭阳。[51]使奇兵入烧回中宫，候骑至雍甘泉。[52]于是文帝以中尉周舍、郎中令张武为将军，[53]发车千乘，骑十万，军长安旁以备胡寇。而拜昌侯卢卿为上郡将军，甯侯魏遬为北地将军，隆虑侯周灶为陇西将军，东阳侯张相如为大将军，成侯董赤为前将军，大发车骑往击胡。单于留塞内月余乃去，汉逐出塞即还，不能有所杀。匈奴日已骄，岁入边，杀略人民畜产甚多，云中、辽东最甚，至代郡万余人。[54]汉患之，乃使使遗匈奴书。单于亦使当户报谢，复言和亲事。

文帝后二年，使使遗匈奴书曰："皇帝敬问匈奴大单于无恙。使当户且居雕渠难、郎中韩辽遗朕马二匹，[55]已至，敬受。先帝制：长城以北，引弓之国，[56]受命单于；长城以内，冠带之室，朕亦制之。使万民耕织射猎衣食，父子无离，臣主相安，俱无暴逆。今闻渫恶民贪降其进取之利，倍义绝约，忘万民之命，离两主之欢，[57]然其事已在前矣。书曰：'二国已和亲，两主欢说，寝兵休卒养马，世世昌乐，阘然更始。[58]'朕甚嘉之。圣人者日新[59]，改作更始，使老者得息，幼者得长，各保其首领而终其天年。朕与单于俱由此道，顺天恤民，世世相传，施之无穷，天下莫不咸便。汉与匈奴邻国之敌[60]，匈奴处北地，寒，杀气早降，故诏吏遗单于秫蘖金帛丝絮佗物岁有数。[61]今天下大安，万民熙熙，朕与单于为之父母。朕追念前事，薄物细故，谋臣计失，皆不足以离兄弟之欢。朕闻天不颇覆，地不偏载[62]。朕与单于皆捐往细故，俱蹈大道，堕坏前恶，以图长久，使两国之民若一家子。[63]元元万民，下及鱼鳖，上及飞鸟，跂行喙息，蠕动之类，莫不就安利而辟危殆。[64]故来者不止[65]，天之道也。俱去前事：朕释逃虏民，单于无言章尼等。[66]朕闻古之帝王，约分明而无食言。单于留志，天下大安，和亲之后，汉过不先。[67]单于其察之。"

单于既约和亲，于是制诏御史曰："匈奴大单于遗朕书，言和亲已定，亡人[68]不足以益众广地，匈奴无入塞，汉无出塞，犯今约者杀之，可以久亲，后无咎，俱便。朕已许之。其布告天下，使明知之。"

后四岁，老上稽粥单于死，子军臣立为单于。既立，孝文皇帝复与匈奴和亲。而中行说复事之。

军臣单于立四岁，匈奴复绝和亲，大入上郡、云中各三万骑，所杀略甚众而去。于是汉使三将军军屯北地，代屯句注，赵屯飞狐口，[69]缘边亦各坚守以备胡寇。又置三将军，军长安西细柳、渭北棘门、霸上以备胡。胡骑入代句注边，烽火通于甘泉、长安[70]。数月，汉兵至边，匈奴亦去远塞，汉兵亦罢。后岁余，孝文帝崩，孝景帝立，而赵王遂乃阴使人于匈奴[71]。吴楚反，欲与赵合谋入边。汉围破赵，匈奴亦止。自是之后，孝景帝复与匈奴和亲，通关市，给遗匈奴，遣公主，如故约。终孝景时，时小入盗边，无大寇。

（以上为第三段，写西汉初期汉、匈时战时和的状况。）

①详败走——详：通“佯”，假装。　②见其羸弱——见：同“现”。羸：瘦，病弱。　③中外不得相救饷——指包围圈外的人没法救援包围圈内的人，没法供应其饮食。　④青駹（máng）马——头白身黑的马。乌骊马——黑马。　骍（xīng）马——红马。　⑤间厚遗（wèi）阏氏——间：暗中，私下。遗：致，给。指致书、致财物。　⑥亦有神——也多亏有神灵保佑。　⑦王黄、赵利——王黄原是匈奴人，赵利是六国时赵国王室的后代，现皆为韩王信部下。　期——约定。约定合击刘邦。　⑧持满傅矢外乡——拉满弓，搭上箭，向着敌人。傅：通“附”，此处指搭箭。乡：通“向”。　⑨不出塞——意即汉军只在自己的境内讨击叛者，而从未越境入匈奴界。　⑩汉将众往降——按：此处“将”字应重出，作“汉将将众往降”，其义乃明。　⑪冒顿乃为书遗高后，妄言——按：《汉书·匈奴传》载单于遗吕后书曰：“孤偾之君，生于沮泽之中，长于平野牛马之域，数至边境，愿游中国。陛下独立，孤偾独居，两主不乐，无以自虞，愿以所有，易其所无。”　⑫上郡葆塞蛮夷——居住在上郡北部边境的归附了汉帝国的匈奴人。葆塞：依附于汉帝国的边塞。葆，通“保”。　⑬高奴——汉县名，县治在今陕西延安市东北，当时属上郡。　⑭称书意——与所致书意相符合。　合欢——双方都

高兴。 ⑮不请——未向单于请示。 后义卢侯难氏(zhī)——“后义卢侯”应是匈奴官名,“难氏”应是人名。 ⑯皇帝让书——文帝谴责匈奴的书信。 再至——两次到来。 发使以书报,不来,汉使不至——谓匈奴得到汉书,即刻派使奉书以报汉,汉留匈奴使,不得来还,而汉又不派使至匈奴。 ⑰汉以其故不和——指文帝派灌婴将兵击右贤王。 邻国不附——匈奴以外的其他边防部族亦不附于汉,此冒顿威胁文帝语。 ⑱未得皇帝之志——不知汉朝皇帝的意向如何。 系雩(yú)浅——匈奴郎中之名。 ⑲橐(tuó)他——也作“橐驼”,即骆驼。 骑马二匹——供骑士使用的马两匹。 驾二驷——供拉车用的马八匹。 ⑳即不欲匈奴近塞——即:倘若。近塞:靠近汉朝边境。远舍——意即离开边境远点。 ㉑使者至,即遣之——匈奴使者到达汉朝后,汉朝应立即打发他们回来,不要扣留。 ㉒薪望——边境上的地名。 ㉓泽卤——犹斥卤。谓低洼。盐碱地。 ㉔前六年——文帝前元六年(前174)。 ㉕赦前——新发布的大赦令之前。按:文帝前元三年(前177)济北王谋反后,文帝为孤立谋反者曾下过地区性的赦令。 勿深诛——不必过于严厉的惩罚。诛:罚。 ㉖若称书意——如果心里真如信上写的那样想。称:合,一致。 有信——要让他们谨守信义。 敬如单于书——我们也会很好的按你信上写的那样办。 ㉗服绣夹绮衣——绮里绣面的丝织夹衣。服:天子自己所穿。帝王以给自己制作的衣服赐人,表示敬重。 绣夹长襦(rú)——绣花的丝制长袍。 锦夹袍——锦制夹长袍。锦:绣花的丝织物。 ㉘比余——《汉书》作“比疏”,即今之“梳子”。 黄金饰具带——梁玉绳以为“具带”应作“贝带”,用贝作饰的大带。 胥纰——也作“师比”“犀毗”,即带钩。 ㉙赤绨——红色的丝织品。 绿缯(zēng)——绿色的丝织物。 ㉚中大夫意——中大夫名意,史失其姓。中大夫:帝王身边的侍从官员,属郎中令,掌议论。 谒者令肩——谒者令名肩,史失其姓。谒者令:帝王身边的侍从人员,掌赞礼与禀报、传达之事,上属郎中令。

㉛中行说(yuè)——姓中行,名说。 傅公主——为公主的师傅官,以照顾公主的生活。 ㉜必我行也,为汉患者——如果你们一定要逼着我去,那我就将成为汉朝的祸患。 ㉝湩酪(dòng lào)——动物的

奶制品。湩:乳汁。 ㉞疏记——以文字记事。 计课——计算,统计。 ㉟牍以尺一寸——用一尺一寸长的木板书写。 所遗物及言语云云——意谓在一尺一寸长的板子上开头写"皇帝敬问匈奴大单于无恙",后面即写赠送什么东西,说什么话等等。 ㊱及印封皆令广大长——意即写信时不仅用的板子块大,其所使用的封泥、印章等都比汉朝皇帝使用者大。秦汉时期的印章不是加盖在文件上,而是盖在装盒或者打包之后的封泥上。 ㊲穷——困窘。此处用作动词,谓使其无法回答。 当发——发:指起行,开拔。 饮食行戍——让就要出发到前方去的孩子吃喝。行戍:赴戍役者。下句"饮食"二字与此用法相同。 ㊳穹庐——毡帐。 ㊴阙庭之礼——指朝廷上所施行的整套礼节。阙庭:意即"朝廷"。阙:古代宫殿正门两边所立的高台,今故宫午门两侧有"五凤楼",即其遗制。 ㊵君臣简易——君臣之间的礼节简便易行。 一国之政犹一身也——按:《秦本纪》由余即有所谓"一国之政,犹一身之治",盖与此相同。 ㊶恶种姓之失——不想让自己的血统流到别家去。种姓:即今所谓血统。 ㊷宗种——犹言宗族,家族。 ㊸中国虽详不取其父兄之妻——中国:此称中原地区。详:通"佯",假装,表面上。 至乃易姓——指改朝换代,政权被异姓所夺。 皆从此类——都是由上述原因造成的。按:《秦本纪》由余说中国"上下交争怨,而相篡弑,至于灭宗,皆以此类也",二者亦语同。 ㊹室屋之极——大兴土木的极点。 生力必屈——黎民百姓的气力必然被消耗净尽。屈:尽,竭。 ㊺急则不习战功——急:指发生战争。战功:应作"战攻"。 缓则罢于作业——缓:指和平时期。罢:通"疲"。作业:指盖房子、种地等各种事务。 ㊻土室之人——犹言"住房子的先生们",指汉族人。 顾无多辞——没必要再多费口舌。 喋喋而占占——伶牙利齿,说个不休的样子。 冠固何当——你们所说的"冠带"究竟有什么用处!或,你们这些戴帽的人究竟能干什么? ㊼缯絮米糵(niè)——汉朝给匈奴进贡的物品。糵:谓曲糵,酿酒之用。 令其量中——中:足,分量够数。 何以为言乎——还费这些口舌做什么! ㊽不备——指品种数量不够。 苦恶——指质量不好。苦:粗。 秋孰——秋天的庄稼成熟。孰:"熟"的古字。 以骑驰蹂而稼穑——驰蹂:践踏。而:你,你们的。 ㊾候利害——侦察何处利于入侵。候:侦察,刺探。 ㊿孝文皇帝十四年——公元前166年。萧关——在今宁夏固原东南。 (51)北地都尉卬——北地郡的都尉,名卬。 彭阳——汉县名,县治在今甘肃镇原东南。 (52)回中宫——秦汉时期的离宫名,在今陕西陇县西北。 候骑——骑兵侦探。 甘泉——秦汉时期的离宫名,在今陕西淳化西北的甘泉山上。 (53)中尉周舍——中尉:掌管首都治安的军事长官,后改称"执金吾"。 郎中令张武——郎中令:掌管宫廷门户及统领帝王侍从的官员,"九卿"之一。 (54)匈奴日已骄——已:同"以"。 至代郡万余人——据文意,"代郡"二字应削。 (55)当户且居雕渠难——当户、且居:二官名。雕渠难:匈奴人名。 郎中韩辽——与雕渠难俱匈奴之来使。 (56)先帝制——言高祖制诏如此。 长城以北,引弓之国——按:此处"长城"应指今内蒙古黄河一线的长城,然当时匈奴占领着"河南"地,实际并未以长城为界。 (57)渫(xiè)恶民——犹言刁民、无赖。 贪降其进取之利——泷川资言曰:"'降'字疑衍。" 离两主之欢——离:离间,破坏。 (58)书曰——此指单于来书所云。 闟(xì)然——安定的样子。 更始——重新开头。 (59)圣人者日新——《礼记·大学》有所谓"苟日新,日日新,又日新"。据说是商汤对臣下的告诫,故曰"圣人者日新"。 (60)邻国之敌——相邻之国而又有相互匹敌的力量。敌:相当,对等。《汉书》于此作"邻敌之国",较此为顺。 (61)杀气——肃杀之气。指寒气。 秫糵(shú niè)——造酒的材料。 岁有数——每年都有一定数量。 (62)天不颇覆,地不偏载——意即老天爷从不偏心地特别厚待谁。颇:偏。 (63)捐往细故——犹今之所谓"抛弃前嫌",不再计较过去的小矛盾。 堕坏前恶——忘掉过去不愉快的事情。 一家子——一个家庭里的子弟。 (64)元元——善良的意思。通常用以指天下万民。 跂(qí)行喙息——用脚走路,用嘴呼吸。泛指一切高等动物。虫爬行。引申为有足能行者之称。 蠕动——如蚯蚓、蛇一类的低级动物。 就安利而辟危殆(dài)——就:趋,奔向。辟:通"避",躲开。危殆:危险。最危险的莫过于战争。 (65)来者不止——意即"明天复明天",新事物总是不断来临,与前文"圣人者日新"意思相同。

⑯朕释逃虏民——意谓汉方不论是自己逃到匈奴去的，还是匈奴被俘虏去的，现在我都一律赦免，听其自便。 单于无言章尼等——章尼等逃到汉方来的匈奴人，单于也不要再对他们进行责难。 ⑰留志——犹言留心。 汉过不先——汉方决不先行违约。 ⑱亡人——牺牲士卒。指使用战争手段。 ⑲代屯句注——代地的守军驻扎在句注山。 赵屯飞狐口——赵地的守军屯扎于飞狐口。飞狐口：在今河北蔚县东南恒山峡谷口之北口。 ⑳烽火通于甘泉、长安——谓烽火由边防燃起，一直传示到皇帝所在的甘泉宫，或是长安城。 ㉑赵王遂乃阴使人于匈奴——赵王遂，刘邦之子赵幽王刘友的儿子。刘遂因朝廷削去了赵国的常山郡，于是勾结匈奴图谋反汉。

今帝即位，明和亲约束，厚遇，通关市，饶给之。[①]匈奴自单于以下皆亲汉，往来长城下。

汉使马邑下人聂翁壹奸兰出物与匈奴交，[②]详为卖马邑城[③]以诱单于。单于信之，而贪马邑财物，乃以十万骑入武州[④]塞。汉伏兵三十余万马邑旁，御史大夫韩安国为护军，护四将军以伏单于。[⑤]单于既入汉塞，未至马邑百余里，见畜布野而无人牧者，怪之，乃攻亭[⑥]。是时雁门尉史行徼，见寇，葆此亭，[⑦]知汉兵谋。单于得，欲杀之，尉史乃告单于汉兵所居。单于大惊曰："吾固疑之。"乃引兵还。出曰："吾得尉史，天也，天使若言。[⑧]"以尉史为"天王"。汉兵约单于入马邑而纵[⑨]，单于不至，以故汉兵无所得。汉将军王恢部出代击胡辎重，闻单于还，兵多，不敢出。汉以恢本造兵谋而不进，斩恢。自是之后，匈奴绝和亲，攻当路塞，往往入盗于汉边，不可胜数。然匈奴贪，尚乐关市，嗜汉财物，汉亦尚关市不绝以中之。[⑩]

自马邑军后五年之秋，汉使四将军各万骑击胡关市下。将军卫青出上谷，至茏城，得胡首虏[⑪]七百人。公孙贺出云中[⑫]，无所得。公孙敖出代郡[⑬]，为胡所败七千余人。李广出雁门，为胡所败，而匈奴生得广，广后得亡归。汉囚敖、广，敖、广赎为庶人。

其冬,匈奴数入盗边,渔阳尤甚。汉使将军韩安国屯渔阳备胡。其明年秋,匈奴二万骑入汉,杀辽西太守,略二千余人。胡又入败渔阳太守军千余人,围汉将军安国,安国时千余骑亦且尽,会燕救至,匈奴乃去。匈奴又入雁门,杀略千余人。于是汉使将军卫青将三万骑出雁门,李息出代郡,击胡。得首虏数千人。其明年,卫青复出云中以西至陇西,击胡之楼烦、白羊王于河南,得胡首虏数千,牛羊百余万。于是汉遂取河南地,筑朔方,复缮故秦时蒙恬所为塞,[14]因河为固。汉亦弃上谷之什辟县造阳地[15]以予胡。是岁,汉之元朔二年也。

其后冬,匈奴军臣单于死,军臣单于弟左谷蠡王伊稚斜自立为单于,攻破军臣单于太子於单。於单亡降汉,汉封於单为涉安侯,数月而死。

伊稚斜单于既立,其夏,匈奴数万骑入杀代郡太守恭友,略千余人。其秋,匈奴又入雁门,杀略千余人。其明年,匈奴又复入代郡、定襄、上郡,各三万骑,杀略数千人。匈奴右贤王怨汉夺之河南地而筑朔方,数为寇,盗边,及入河南,侵扰朔方,杀略吏民甚众。

其明年春,汉以卫青为大将军,将六将军,十余万人,出朔方、高阙击胡。右贤王以为汉兵不能至,饮酒醉,汉兵出塞六七百里,夜围右贤王。右贤王大惊,脱身逃走,诸精骑往往随后去。汉得右贤王众男女万五千人,裨小王十余人。其秋,匈奴万骑入杀代郡都尉朱英,略千余人。

其明年春,汉复遣大将军卫青将六将军,兵十余万骑,乃再出定襄数百里击匈奴,得首虏前后凡万九千余级,而汉亦亡两将军,军三千余骑。右将军建得以身脱,而前将军翕侯赵信兵不利,降匈奴。赵信者,故胡小王,降汉,汉封为翕侯,以前将军与右将军并军分行,独遇单于兵,故尽没。单于既得翕侯,以为自次王[16],用其姊妻之,与谋汉。信教单于益北绝幕,以诱罢汉兵,徼极而取之，无近塞。[17]单于从其计。其明年，胡骑万人入上谷，杀数百人。

其明年春，汉使骠骑将军去病将万骑出陇西，过焉支山千余里，[18]击匈奴，得胡首虏八千余级，破得休屠王祭天金人。[19]其夏，骠骑将军复与合骑侯数万骑出陇西、北地二千里，击匈奴。过居延，攻祁连山，得胡首虏三万余人，裨小王以下七十余人。是时匈奴亦来入代郡、雁门，杀略数百人。汉使博望侯及李将军广出右北平，击匈奴左贤王。左贤王围李将军，卒可四千人，且尽，杀虏亦过当[20]。会博望侯军救至，李将军得脱。汉失亡数千人，合骑侯后骠骑将军期，及与博望侯皆当死，赎为庶人。

其秋，单于怒浑邪王、休屠王居西方为汉所杀虏数万人，欲召诛之。浑邪王与休屠王恐，谋降汉，汉使骠骑将军往迎之。浑邪王杀休屠王，并将其众降汉，凡四万余人，号十万。于是汉已得浑邪王，则陇西、北地、河西益少胡寇，徙关东贫民处所夺匈奴河南、新秦中以实之，而减北地以西戍卒半。其明年，匈奴入右北平、定襄各数万骑，杀略千余人而去。

其明年春，汉谋曰“翕侯信为单于计，居幕北，以为汉兵不能至”。乃粟马，发十万骑，私负从马凡十四万匹，粮重不与焉。[21]令大将军青、骠骑将军去病中分军，大将军出定襄，骠骑将军出代，咸约绝幕击匈奴。[22]单于闻之，远其辎重，以精兵待于幕北。与汉大将军接战一日，会暮，大风起，汉兵纵左右翼围单于。单于自度战不能如汉兵，单于遂独身与壮骑数百溃汉围西北遁走。汉兵夜追不得，行斩捕匈奴首虏万九千级，北至阗颜山赵信城而还。[23]

单于之遁走，其兵往往与汉兵相乱而随单于。单于久不与其大众相得，其右谷蠡王以为单于死，乃自立为单于。真单于复得其众，而右谷蠡王乃去其单于号，复为右谷蠡王。

汉骠骑将军之出代二千余里，与左贤王接战，汉兵得胡首虏凡七万余级，左贤王将皆遁走。骠骑封于狼居胥山，禅姑衍，临翰海而还。[24]

是后匈奴远遁，而幕南无王庭[25]。汉度河自朔方以西至令居，往往通渠，[26]置田官吏卒五六万人，稍蚕食，地接匈奴以北。[27]

初，汉两将军大出围单于，所杀虏八九万，而汉士卒物故[28]亦数万，汉马死者十余万。匈奴虽病，远去，而汉亦马少，无以复往。匈奴用赵信之计，遣使于汉，好辞请和亲。天子下其议，或言和亲，或言遂臣之[29]。丞相长史[30]任敞曰："匈奴新破，困，宜可使为外臣，朝请于边。[31]"汉使任敞于单于。单于闻敞计，大怒，留之不遣。先是汉亦有所降匈奴使者，单于亦辄留汉使相当。[32]汉方复收士马，会骠骑将军去病死，于是汉久不北击胡。

（以上为第四段，写武帝时期对匈奴的大张挞伐。）

①今帝——武帝刘彻。　饶给之——给匈奴丰厚的东西。　②马邑——汉县名，即今山西朔州，上属雁门郡。　聂翁壹——有曰姓聂名翁壹；也有曰聂翁名壹，后者为是。　奸（gān）兰出物与匈奴交——奸兰：私自运出禁物，即今所谓"走私"。　③详为卖马邑城——详：通"佯"。卖：叛卖。　④武州——汉县名，县治即今山西左云，在当时马邑城之东北。　⑤御史大夫韩安国——御史大夫：国家的最高监察长官，职同副丞相。韩安国：字长孺，先为大农令，建元六年（前135）起为御史大夫。　护军——护军将军之简称。　护四将军以伏单于——护：监督，协调。四将军：指李广、公孙贺、李息、王恢。伏：伏击。　⑥乃攻亭——亭：瞭望亭，即岗棚、哨所之类。　⑦雁门尉史——雁门郡郡尉手下的小吏。尉史：军中武官。　行徼（jiào）——巡察边防哨所。徼：边界。　葆——隐蔽，此指依托，躲藏。　⑧出曰——出了汉王朝之边境，激动地说。　天使若言——这是老天爷让你来告诉我们。若：你。指尉史。　⑨汉兵约单于入马邑而纵——约：谓各路伏兵彼此约定。纵：纵兵，出击。　⑩尚乐关市——喜欢进行边境贸易。尚：喜欢，爱好。"尚""乐"二字同义连用。　汉亦尚关市不绝以中之——不绝：不与之断绝贸易。中：迎合，投其所好。　⑪得胡首虏——斩敌之

首与俘获敌兵。 ⑫公孙贺出云中——公孙贺:卫青同母异父之长姊卫孺之夫。此前为太仆,此次以轻车将军之身份出云中北击匈奴。⑬公孙敖出代郡——公孙敖:卫青少年时代的朋友,在此以前为太中大夫,此次以骑将军的身份北出代郡击匈奴。 ⑭筑朔方——在朔方郡的郡治筑城。当时主持此项筑城任务的是苏武之父苏建。 复缮故秦时蒙恬所为塞——缮:修补。 ⑮什辟县造阳地——在东北边界上向北突出县分的造阳一带。什辟:应作"斗辟""斗曲",意指突出、伸进。造阳:古地名,约当今河北独石口、滦河上游闪电河一带,汉时弃入匈奴地。 ⑯自次王——自次:封号名。《正义》曰:"尊重次于单于。"⑰益北绝幕——远远地撤到今大沙漠以北。绝:横跨。幕:通"漠"。诱罢——诱其深入以疲惫之。 徼极而取之——待其疲惫之极而攻取之。徼:同"邀"。 无近塞——不要靠近汉朝的边塞。 ⑱去病——霍去病,卫青的外甥,皇后卫子夫姊卫少儿之子。 焉支山——也作"胭脂山""燕支山",在今甘肃山丹东南、永昌西,因山石赭红似胭脂而得名。 ⑲休屠王——匈奴西部地区的部落头领。 祭天金人——祭天使用的金制神像。 ⑳杀虏亦过当——杀死敌人的数目比自己牺牲的人数多。 ㉑乃粟马——以粟喂马。 私负从马——即不属国家征调,而自愿跟从前往。 粮重不与焉——粮重:粮食与其他辎重。不与:不计在内。极言其多。 ㉒中分军——将出征的军队分成两半,每人率领一半。 咸约——彼此约定。 绝幕——横越大沙漠。㉓行斩捕——边前进,边捕捉敌人。 北至阗(tián)颜山赵信城而还——阗颜山、赵信城:都在今蒙古境内杭爱山南侧。 ㉔封于狼居胥山——在狼居胥山顶筑台祭天。封:增土而祭。狼居胥山即今蒙古国境内肯特山。 禅姑衍——在姑衍山下拓地而祭地。禅(shàn):拓地而祭。姑衍山在蒙古今乌兰巴托城东侧,狼居胥山之西。 临翰海——临:登高眺望。翰海:指大戈壁沙漠。 ㉕幕南无王庭——大漠以南无匈奴单于的立脚之地。王庭:单于的停宿与办公之地。 ㉖令居——汉县名,在今甘肃永登西北。 通渠——开渠通水,以发展农业。 ㉗稍蚕食——接着慢慢向北扩展。 地接匈奴以北——《正义》曰:"汉境连接匈奴旧地以北也。" ㉘物故——指死。 ㉙遂臣之——意即进一步打击，使其彻底臣服。 ㉚丞相长史——丞相手下的诸史之长，大将军、丞相属下都有此官。 ㉛外臣——境外之臣。指附属国的君主。 朝请——指按时的进京朝拜皇帝。 ㉜汉亦有所降匈奴使者——汉朝也有逼迫匈奴使者投降的事情。 留汉使相当——扣留汉朝使者以相抵。相当：相抵，相顶。

数岁，伊稚斜单于立十三年死，子乌维立为单于。是岁，汉元鼎三年也。乌维单于立，而汉天子始出巡郡县。其后汉方南诛两越，不击匈奴，匈奴亦不侵入边。

乌维单于立三年，汉已灭南越，遣故太仆贺将万五千骑出九原二千余里，至浮苴井而还，[①]不见匈奴一人。汉又遣故从骠侯赵破奴万余骑出令居数千里，至匈河水[②]而还，亦不见匈奴一人。

是时天子巡边，至朔方，勒兵十八万骑以见武节，而使郭吉风告单于。[③]郭吉既至匈奴，匈奴主客问所使，郭吉礼卑言好，[④]曰："吾见单于而口言。"单于见吉，吉曰："南越王头已悬于汉北阙。今单于能，即前与汉战，天子自将兵待边；单于即不能，即南面而臣于汉。何徒远走，亡匿于幕北寒苦无水草之地，毋为也。[⑤]"语卒而单于大怒，立斩主客见者，而留郭吉不归，迁之北海上。[⑥]而单于终不肯为寇于汉边，休养，息士马，习射猎，数使使于汉，好辞甘言求请和亲。

汉使王乌等窥[⑦]匈奴。匈奴法，汉使非去节而以墨黥其面者不得入穹庐。[⑧]王乌，北地人，习胡俗。去其节，黥面，得入穹庐。单于爱之，详许甘言，为遣其太子入汉为质，以求和亲。

汉使杨信于匈奴。是时汉东拔秽貉、朝鲜以为郡，而西置酒泉郡以鬲绝胡与羌通之路[⑨]。汉又西通月氏、大夏，又以公主妻乌孙王，以分匈奴西方之援国。又北益广田至胘靁[⑩]为塞，而匈奴终不敢以为言。是岁，翕侯信死，汉用事者以匈奴为已弱，可臣从也。[⑪]杨信为人刚直屈强[⑫]，素非贵臣，单于不亲。单于欲召入,不肯去节,单于乃坐穹庐外见杨信。杨信既见单于,说曰:“即欲和亲,以单于太子为质于汉。”单于曰:“非故约。故约,汉常遣公主,给缯絮食物有品[13]。以和亲,而匈奴亦不扰边。今乃欲反古,令吾太子为质,无幾矣。[14]”匈奴俗,见汉使非中贵人,其儒先,以为欲说,折其辩;[15]其少年,以为欲刺,折其气。[16]每汉使入匈奴,匈奴辄报偿[17];汉留匈奴使,匈奴亦留汉使,必得当[18]乃肯止。

杨信既归,汉使王乌。而单于复讇以甘言,欲多得汉财物,绐谓王乌曰[19]:“吾欲入汉见天子,面相约为兄弟。”王乌归报汉,汉为单于筑邸于长安。匈奴曰:“非得汉贵人使,吾不与诚语。”匈奴使其贵人至汉,病,汉予药,欲愈之,不幸而死。而汉使路充国佩二千石印绶往使,因送其丧,厚葬直数千金,[20]曰:“此汉贵人也[21]。”单于以为汉杀吾贵使者,乃留路充国不归。诸所言者,单于特空绐王乌,殊无意入汉及遣太子来质。于是匈奴数使奇兵侵犯边。汉乃拜郭昌为拔胡将军,及浞野侯[22]屯朔方以东,备胡。路充国留匈奴三岁,单于死。

乌维单于立十岁而死,子乌师庐立为单于。年少,号为儿单于。是岁元封六年也。自此之后,单于益西北,左方兵直云中,右方直酒泉、敦煌郡。[23]

儿单于立,汉使两使者,一吊单于,一吊右贤王,欲以乖其国。[24]使者入匈奴,匈奴悉将致单于[25]。单于怒而尽留汉使。汉使留匈奴者前后十余辈;而匈奴使来,汉亦辄留相当。

是岁,汉使贰师将军广利西伐大宛,[26]而令因杅将军敖筑受降城。[27]其冬,匈奴大雨雪,畜多饥寒死。儿单于年少,好杀伐,国人多不安。左大都尉欲杀单于,使人间告汉曰:“我欲杀单于降汉,汉远,即兵来迎我,我即发[28]。”初,汉闻此言,故筑受降城,犹以为远[29]。

其明年春,汉使浞野侯破奴将二万余骑出朔方西北二千余里,期至浚稽山而还[30]。浞野侯既至期而还,左大都尉欲发而觉,单于诛之,发左方兵击浞野。浞野侯行捕首虏得数千人。还,未至受降城四百里,匈奴兵八万骑围之。浞野侯夜自出求水,匈奴间捕[31],生得浞野侯,因急击其军。军中郭纵为护,维王为渠,相与谋曰:“及诸校尉畏亡将军而诛之,莫相劝归。”[32]军遂没于匈奴。匈奴儿单于大喜,遂遣奇兵攻受降城。不能下,乃寇入边而去。其明年,单于欲自攻受降城,未至,病死。

儿单于立三岁而死,子年少,匈奴乃立其季父乌维单于弟右贤王呴犁湖为单于。是岁太初三年也。

呴犁湖单于立,汉使光禄徐自为出五原塞数百里,远者千余里,筑城鄣列亭至庐朐,[33]而使游击将军韩说、长平侯卫伉屯其旁,使强弩都尉路博德筑居延泽上[34]。

其秋,匈奴大入定襄、云中,杀略数千人,败数二千石而去,行破坏光禄所筑城列亭鄣。又使右贤王入酒泉、张掖,略数千人,会任文击救[35],尽复失所得而去。是岁,贰师将军破大宛,斩其王而还。匈奴欲遮之,不能至。[36]其冬,欲攻受降城,会单于病死。

呴犁湖单于立一岁死,匈奴乃立其弟左大都尉且鞮侯为单于。

汉既诛大宛,威震外国。天子意欲遂困胡,乃下诏曰:“高皇帝遗朕平城之忧,高后时单于书绝悖逆。[37]昔齐襄公复九世之仇,《春秋》大之。[38]”是岁太初四年也[39]。

(以上为第五段,写武帝晚年汉与匈奴的时战时和。)

①太仆贺——公孙贺。太仆:“九卿”之一,为皇帝赶车,及管理皇帝的车马。　浮苴井——丁谦认为:当在杭爱山北。　②匈河水——应在令居(今甘肃永登西北)西。　③以见武节——犹言以炫耀武力。见:同“现”,显示。　风告——以嘲讽的口气劝告。风:通“讽”。④主客——接待宾客的官员,犹如汉代之“典客”。　问所使——问出

使所为何事。　礼卑言好——礼数谦卑，态度和好。　⑤何徒远走——徒：空，只顾。　毋为也——没意思，没必要。　⑥主客见者——带郭吉前来见单于的那位“主客”。见：引见。　北海——即今俄罗斯境内的贝加尔湖。　⑦窥——身临而探测之。　⑧去节——不准手持汉节。节：旌节，帝王使者手持的信物。　以墨黥其面——此即以墨涂面，非必如黥刑之刺面。　⑨以鬲绝胡与羌通之路——霍去病平定河西前，匈奴与居住在今青海东部的羌族和居住在今甘肃西部与新疆一带的西域诸国相通；霍去病平定河西，设立酒泉、敦煌等郡后，匈奴、羌族和西域诸国的联络遂被断绝，从此汉与西羌、西域相通。⑩北益广田至眩靁（xuán léi）——北益广田：更加向北推展农垦区。田：垦田，屯田。眩靁：古地名，依上下文意当在今黄河后套以北。《集解》引《汉书音义》以为在乌孙北。　⑪翕侯信死——赵信于元朔六年兵败降匈奴，为匈奴出谋画策，至此年死，为害于汉朝十七年。　以匈奴为已弱，可臣从也——此杨信出使匈奴之原因。臣从：犹言“臣服”。⑫屈强——同“倔强”。　⑬汉常遣公主，给缯絮食物有品——按：中华本作“汉常遣翁主”，而黄本、殿本、凌本皆作“公主”。“翁主”指诸侯王之女。按：汉与匈奴约定时，都是说嫁以“公主”，从未明言嫁以诸侯王女者；至于实际所派都是宗室之女，那是另一个问题，故此处依黄本仍作“公主”。有品：有一定的规格。　⑭反古——改变旧约。古：旧；原来。　无幾——无望，意即你们的想法不可能实现。或说，照你那样讲，双方的和平共处就没有希望了。幾：通“冀”，希望。　⑮中贵人——与皇帝关系亲密的大贵族。　其儒先——假如是一个儒学先生。先：或称“生”，都同于今之所谓“先生”。　以为欲说，折其辩——欲说：想逞其辞令。折其辩：顶回其说辞。　⑯其少年——假如派去的是个青年人。　欲刺——意欲行刺。　折其气——打掉他的气焰。⑰报偿——派使者回报、回访。　⑱必得当——一定要两相对等。⑲谄（chǎn）以甘言——以好话讨人喜欢。　绐（dài）谓王乌曰——绐：哄骗。　⑳使路充国佩二千石印绶——路充国的官爵原不至二千石，现特命其以二千石的身份充任使者。二千石：郡太守与诸侯相之级别。　厚葬直数千金——厚葬：此指装殓丰厚。　㉑此汉贵人也——

这在汉朝,是贵人殡葬的规格。 ㉒浞(zhuó)野侯——赵破奴,先从霍去病破匈奴有功,封从骠侯。后失侯,至再破楼兰,乃又被封为浞野侯。 ㉓单于益西北——指整个匈奴部落越来越向西北方向移动。 左方兵直云中——直:通“值”,当,冲着。 右方直酒泉、敦煌郡——郭嵩焘以为不应有“敦煌”二字。 ㉔一吊单于,一吊右贤王——吊:慰问。此指慰问丧家。 欲以乖其国——乖:离,离间。向谁致吊,即意味着承认谁是主人。现汉使既吊单于(乌维之子),又吊右贤王(乌维之兄弟),乃故意离间之。 ㉕悉将致单于——全把他们送到了单于那里。致:送达。 ㉖贰师将军广利——李广利,武帝宠妃李夫人之兄,因命其往攻大宛的贰师城,故号之为贰师将军。 大宛——西域国名,国都贵山城(今塔吉克斯坦的若盏),在今费尔干纳盆地。 ㉗因杅(yú)将军敖——公孙敖,曾多次随卫青北伐匈奴。 受降城——也称“宿虏城”,在今内蒙古乌拉特中旗东阴山北。 ㉘即兵来迎我,我即发——汉若能派兵前来迎我,我便举事。即:若。发:举事。 ㉙犹以为远——主语为匈奴的左大都尉。 ㉚期至浚稽山而还——期:预定。浚稽山:在今蒙古国戈壁阿尔泰山脉中段。 ㉛间捕——暗中袭捕。 ㉜郭纵为护——郭纵为护军,“护军”是监督全军的长官。 渠——渠帅,大头目。 相与谋曰:“及诸校尉畏亡将军而诛之,莫相劝归。”——梁玉绳曰:“‘军中’至‘诛之’二十九字,《汉书》作‘畏军吏亡将而诛’。”刘辰翁曰:“《史记》不可解。” ㉝光禄徐自为——光禄:此处为“光禄勋”的简称,原称“郎中令”,太初元年(前104)改称“光禄勋”。 五原塞——在今内蒙古包头西北。 筑城鄣列亭至庐朐——丁谦认为:徐光禄所筑亭障,当从阴山北麓迤逦而西,直至庐朐山止。庐朐山必阳山北麓之名。按:阳山,即今内蒙古黄河后套以北的狼山。 ㉞筑居延泽上——在居延泽上筑城防守,居延塞遗址在今内蒙古额济纳旗北境。 ㉟会任文击救——任文:汉将名,时率军驻扎于玉门关。击救:击匈奴而救汉军。 ㊱匈奴欲遮之——遮:拦击。 不能至——《汉书》作“不敢”。 ㊲遗(wèi)朕平城之忧——给我留下了要雪平城之辱的任务。 绝悖逆——大逆不道到了极点。绝:极。 ㊳齐襄公复九世之仇——指灭掉纪国。齐襄公:名诸兒,春秋前期齐国的国君。其九世祖曾因纪国诸侯的挑动,被周天子所杀,至襄公时遂以“复仇”为名,灭掉了纪国。 《春秋》大之——大:赞美。《集解》:“《公羊传》曰:‘九世犹可以复仇乎?曰:虽百世可也。’” ㊴是岁太初四年也——史公作《史记》,下限截止于太初四年(前101),故此处有“结束语”的意味。

且鞮侯单于既立[①],尽归汉使之不降者,路充国等得归。单于初立,恐汉袭之,乃自谓:“我儿子,安敢望汉天子![②]汉天子,我丈人行[③]也”。汉遣中郎将苏武厚币赂遗单于[④]。单于益骄,礼甚倨,非汉所望也。其明年,浞野侯破奴得亡归汉。

其明年,汉使贰师将军广利以三万骑出酒泉,击右贤王于天山,得胡首虏万余级[⑤]而还。匈奴大围贰师将军,几不脱,汉兵物故什六七。汉复使因杅将军敖出西河,与强弩都尉会涿涂山,[⑥]毋所得。又使骑都尉李陵将步骑五千人,出居延北千余里,与单于会,合战,陵所杀伤万余人,兵及食尽,欲解归,匈奴围陵,陵降匈奴,其兵遂没,得还者四百人。单于乃贵陵,以其女妻之。

后二岁,复使贰师将军将六万骑,步兵十万,出朔方。强弩都尉路博德将万余人,与贰师会。游击将军说将步骑三万人,出五原。因杅将军敖将万骑步兵三万人,出雁门。匈奴闻,悉远其累重于余吾水北,[⑦]而单于以十万骑待水南,与贰师将军接战。贰师乃解而引归,与单于连战十余日。贰师闻其家以巫蛊族灭[⑧],因并众降匈奴,得来还千人一两人耳。游击说[⑨]无所得,因杅敖与左贤王战,不利,引归。是岁汉兵之出击匈奴者不得言功多少,功不得御[⑩]。有诏捕太医令随但,言贰师将军家室族灭,使广利得降匈奴[⑪]。

(以上为第六段,写李陵、李广利两次出征失败,投降匈奴。此段多被认为是后人所补。)

①且鞮(dī)侯单于既立——此下乃后人所续,非史公本书。 ②我儿子——我是小孩子,晚辈。 安敢望汉天子——望:怨恨。

③我丈人行——我的上一辈,长辈。 ④汉遣中郎将苏武厚币赂遗单于——苏武:卫青的部将苏建之子。厚币:厚礼。币,即帛。古人常用作祭祀或馈赠的礼品。后用作礼物的通称。通常以璧、帛等为之。按:以上路充国归汉与苏武出使,皆天汉元年(前100)事,今系于太初四年下,误。 ⑤得胡首虏万余级——据《卫将军骠骑列传》皆作"捕斩首虏""获首虏""斩获首虏","首虏"谓首级与俘虏。唯此处曰"得胡首虏万余级",似"首虏"义同"首级"者,或后人所补,与史公用字不同。 ⑥强弩都尉——指路博德,当时正驻兵于居延塞。 涿涂山——也作"涿邪山",在今蒙古国境内满达勒戈壁以南一带。 ⑦远其累重——将沉重的东西都向北送得远远的。累重:师古曰:"谓妻子资产也。" 余吾水——即今蒙古国境内的土拉河。 ⑧闻其家以巫蛊族灭——巫蛊:一种以迷信方法诅咒人使人患病致死的害人之法。武帝晚年惧怕蛊术,怀疑有人以此害他,于是阴谋家江充遂借此陷害素所忌恨者,致使许多官僚贵族纷纷遇害,李广利家也是其一。 ⑨游击说——游击将军韩说。韩说与公孙敖皆与李广利同时分道北伐的将军,二人或未遇敌,或遇敌不胜而回。 ⑩不得言功多少,功不得御——二句不知究指何事,《史记》他篇与《汉书》之天汉四年(前97)与征和三年(前90)下亦皆无此类似语句。 ⑪太医令随但——太医令姓随名但。太医令:皇帝的医官,上属少府。 言贰师将军家室族灭,使广利得降匈奴——按:随但为李广利通消息事,仅此一见,《汉书》之《李广利传》《匈奴传》皆不载,且事实亦不相同。据《汉书·匈奴传》,李广利是听说家属被系,因此尚欲行险邀功;此处则说随但"言贰师将军家室族灭",显然与事实不合。

太史公曰:孔氏著《春秋》,隐桓之间则章,至定哀之际则微,[①]为其切当世之文而罔褒,忌讳之辞也。[②]世俗之言匈奴者,患其徼一时之权,而务讇纳其说,以便偏指,不参彼己;[③]将率席中国广大,气奋,人主因以决策,是以建功不深。[④]尧虽贤,兴事业不成,得禹而九州宁。[⑤]且欲兴圣统,唯在择任将相哉![⑥]唯在择任将相哉!

（以上为第七段,是作者的论赞,作者对武帝伐匈奴的有关问题进行了公开的批评。）

①隐桓之间则章——隐桓之间:指春秋时代的初期。隐桓:鲁隐公（前722—前712年在位）、鲁桓公（前711—前694年在位）,都是春秋初期的鲁国诸侯,孔子写《春秋》,以鲁国的诸侯纪年,鲁隐公是第一个,鲁桓公是第二个。章:彰明,指写得明白直露,没有什么顾忌。 定哀之际则微——定哀:鲁定公（前509—前495年在位）、鲁哀公（前494—前468年在位）,都是春秋末期,孔子那个时代的鲁国诸侯。微:指写得隐晦含蓄。 ②为其切当世之文而罔褒——语略生涩。罔褒:不加褒贬。 忌讳之辞——儒家讲究"为尊者讳""为长者讳",故《春秋》中有许多不是实话实说的地方。按:以上是司马迁解释《春秋》的写法,同时也是向读者说明自己写作《史记》的许多苦衷。 ③言匈奴者——指主张对匈奴用兵的人。 徼一时之权——《索隐》曰:"徼,言求一时权宠。"徼:同"邀"。 务讇纳其说——向统治者进献谄媚迎合之辞。讇纳:谄媚,进献,二动词连用。 以便偏指——以求实现其偏颇的主张。 不参彼己——不研究敌我双方的实际情况。张文虎曰:"不参彼己,谓不能知彼知己也。" ④将率席中国广大——将率:带兵出征的人,主要指卫青、霍去病等。席:凭借,倚仗。 气奋——犹言逞一时的意气。 是以建功不深——张照认为:言匈奴者务谄纳其说,以便伸其一偏之见,而不以彼己利害短长参之;其将率则席中国盛势以奋其气,人主就此辈决策,是以无成功也。 ⑤兴事业不成——指还有许多事情没有办好,如洪水未得治理,恶人未能斥退,贤才未能进用等。 得禹而九州宁——后来得到了大禹,才将洪水治好,使九州安宁。 ⑥兴圣统——建设理想的圣王政治。 唯在择任将相哉——关键在于选好决策大臣。

［简评］ 这是表现司马迁进步民族观的一篇重要文字,他改变了先秦中原统治者那种"尊王攘夷"的狭隘观点,而不带任何偏见地为北方少数民族立传,并接受战国以来的说法,把匈奴

人也和中原人、秦人、楚人、越人、西南地区的夷人等都说成是黄炎子孙，大家都是同宗同源，这种心胸气魄显然带着当时的时代色彩，而这种观点对于我国多民族友好大家庭的形成，无疑是起了极其巨大的历史作用的。《匈奴列传》所记的有关春秋以前的匈奴史，由于材料所限，司马迁只能姑妄言之，我们也只好姑妄听之，无法深究；而其中所记的战国以来的匈奴史，则无疑便是非常重要的史料了。其中所记录的匈奴人的风俗习惯、风土人情，尤其对冒顿这位杰出的民族英雄的生动描画，给人们留下了极其深刻的印象。对于秦汉以来匈奴与汉族间的战争与和亲的关系，司马迁做了详尽的记录。他对双方那些为了和平共处做出了努力的人们给予了表彰；对那些攻杀掠夺，挑起战端，致使两族人民蒙受灾难的统治者，尤其是对汉武帝设谋马邑的行为，给予了尖锐的批判。司马迁比较肯定文、景时期的和亲，对于武帝时期的大举征伐，尽管并不完全否定，但总的来说他认为是劳民伤财，得不偿失。他对卫青、霍去病的军事贡献作了如实的描写，但同时也有不少非议。他明白这是汉武帝决策的结果，只是由于不能直说，所以只有泛泛地归罪于“将相”，归罪于提出建议的诸如王恢等人。《匈奴列传》的文字相当好，曾被梁启超认为是《史记》中的十大名篇之一。为了全面了解司马迁的民族观，应该结合《大宛列传》《朝鲜列传》《南越列传》《西南夷列传》《东越列传》等篇；为了全面了解汉匈战争，应该结合《卫青霍去病列传》《韩长孺列传》《李将军列传》《平准书》等一道阅读。

［**集评**］《太史公自序》：“自三代以来，匈奴常为中国患害；欲知强弱之时，设备征讨，作《匈奴列传》第五十。”

郭嵩焘曰：“春秋时之戎翟皆在中国，推而至于熏鬻、玁狁、畎夷之属，大都与中国错居，未尝北及沙漠以外也。迨七国以后，渐次收取胡地，而后匈奴始横于塞外。匈奴立国之始，与诸胡之徙出塞外者，日相吞并，以成乎强大，其本末必多可纪者。而周、秦之世纪载无征，史公乃混中国与西戎、北狄言之，并其种类亦不可详矣。”（《史记札记》）

姚苎田曰：“冒顿弑父作逆，犬羊之俗，不足复道，然其作用一何妙哉！观其蓄志行弑，却绝不嗫嚅呫哔，托意腹心，惟以勒兵之中严明斩断，则大事就而举国无敢摇动者，无他，积威约之渐也。岳忠武之论兵曰：‘顾方略何如耳’；霍冠军亦有‘运用存乎一心’之论。冒顿之方略运用，何尝从成法得来，才过孙吴远矣。肇造朔廷，千古常劲，岂偶然哉！”

又曰：“冒顿不惟志灭东胡，并欲借东胡以摧诸国。以篡国新造之时，而蓄锐养精，开创大业，先须想其坚忍之志，而终乃观其迅疾之情。”

又曰：“淳维自夏后氏立国，至冒顿时已二千余年矣，而一朝振兴，南抗中国，固古今来夷夏一大关会也。观《诗》《书》所载，仅有攘斥挞伐之辞；及汉以来，乃有和亲款塞之说，则冒顿之为匈奴第一代开疆鼻祖可知。然其开疆始祖而即以杀父诛母、鱼肉昆弟为务，是则礼教亲厚之意总不足以系属之，亦明甚矣。奈何汉启和亲之门，唐宋以下世世有加，始如奉骄子，后且若事严父，可胜叹哉！吾读此传而知孝武之功良亦何可少也？”（《史记菁华录》）

谢孝苹曰：“冒顿单于顺应时代发展的趋势，融合了原来处于分散落后的部落联盟中的许多部族，以匈奴族为主体，统一成为一个庞大的奴隶制军事大国。这个军事大国西有西域、东并东胡，大漠南北，控弓之民，皆成一家，其封疆几与漠南的汉民族相埒，是当时世界上统治地区最为广袤的民族国家之一。冒顿制订了一套完整的军事政治制度，在古代北方游牧民族中也是首创。匈奴作为北方草原游牧地区的主体民族南下与中原农业地区主体民族汉民族争衡，夺取东方世界的统治权，进行了长期的威武雄壮的战争。冒顿单于为这一长期战争揭开了序幕。冒顿单于作为匈奴民族杰出代表和伟大人物记录在世界历史的史册上。”(《全注全译史记》)

顾炎武曰:“因匈奴犯塞而有卫、霍之功,故序匈奴于《卫将军骠骑传》之前。”(《日知录》)

薛应旗曰:“尝观汉之世矣,国势虽定,裔戎日炽,高帝被围白登……迨至武帝,当文帝惠养之后,粟陈贯朽,将勇兵强,而匈奴又数犯边境,帝于是征伐四出,所向成功,以致幕南无王庭,而累世之耻得雪,皆帝有以震之也。世儒徒见其登封巡幸,纷纷不已,遂并其征伐之事谓为‘穷兵’,而以‘秦皇汉武’称,亦过矣。”(《史记评林》引)

林幹曰:“汉初的和亲是一种消极的政策,是一种变相的纳贡,是在当时的历史条件下迫不得已的一种妥协。这样自然不符合汉族上下层的愿望,更损害了人民的利益;其后果适足以在一定程度上滋长匈奴奴隶主的贪欲,却无补于汉族的安宁和汉匈两族人民的友好。故武帝在国力充实、足以抗拒匈奴的时候,本于维护他的封建王朝的统治,树立中央政府的权威,采取积极防御的战争方针以代替消极的和亲政策,完全符合人民的愿望和利益。……如果没有这五六十年的反侵扰战争及其最后胜利,汉朝北方的安全,人民生产、生活的安定,民族、国家的命运,封建社会经济文化的发展,都是不堪设想的。故西汉时期汉匈之间的战争,是一场维护先进的封建制、反对落后的奴隶制的战争,实质上也就是封建制与奴隶制之间的斗争。”“武帝及其以后对匈奴战争的进步作用,不仅表现在解除了匈奴奴隶主对汉族的侵扰,而且还表现在解除了乌桓、丁令(零)、西嗕、乌孙和西域各族人民所受匈奴奴隶主的奴役和剥削,使他们脱离了匈奴落后的奴隶制的束缚,加强与汉族先进封建经济文化的接触和影响,这在当时的历史条件下,是有积极意义的。”(《匈奴史》)

杨燕起、阎崇东曰:“司马迁突破了儒家先内后外轻视排斥夷狄的思想,将中原以外的边境少数民族国家和地区,纳入了中华民族整体的历史范围之内……又将匈奴这个少数民族国家的历史编撰出与中原地区相并,直自唐虞而至汉武时的历史系统……体现在此篇中的‘通变’思想是极其光辉的。此篇是实际的匈奴发展史略,是我国历史上第一次经过系统整理而撰就的关于北方少数民族发展的重要文献,为尔后匈奴史的研究与撰述打下了基础。”(《〈史记〉精华导读》)

李景星曰:“《匈奴传》可分六段读,又可分两段读:自首至‘其俗有名不讳,而无姓字’,叙匈奴之本始,为第一段;自‘夏道衰’至‘始列为诸侯’,叙夏后至周初之匈奴,为第二段;自‘是后六十有五年,而山戎越燕而伐齐’至‘据阳山北假中’,叙春秋战国时之匈奴,为第三段;自‘当是之时,东胡强而月氏盛’至‘以冒顿单于为贤’,叙匈奴之强盛由于冒顿,为第四段;自‘是时汉初定中国’至‘终孝景时,时小入盗边,无大寇’,叙汉高、惠、文、景时之匈奴,为第五段;自“今帝即位”至末,叙武帝时之匈奴,为第六段,此所谓分六段读也。前三段并作一大段,言世传不可得而次,后三段并作一大段,言世传乃可得而记,此又所谓分两段读也。洋洋洒洒,几至万言,而结构抟捖,绝不费力。其间匈奴之盛衰,历朝对待匈奴之状况,及汉世驾驭匈奴之得失,一一如绘。”(《四史评议》)

卫将军骠骑列传第五十一

大将军卫青者，平阳人也。[①]其父郑季，为吏，给事平阳侯家，[②]与侯妾卫媪通，[③]生青。青同母兄卫长子，[④]而姊卫子夫自平阳公主家得幸天子，故冒姓为卫氏。[⑤]字仲卿。长子更字长君。长君母号为卫媪。媪长女卫孺，次女少儿，次女即子夫，后子夫男弟步、广，皆冒卫氏。[⑥]

青为侯家人[⑦]，少时归其父，其父使牧羊。先母之子皆奴畜之，不以为兄弟数。[⑧]青尝从入至甘泉居室，有一钳徒相青曰[⑨]："贵人也，官至封侯。"青笑曰："人奴之生，得毋笞骂即足矣，安得封侯事乎！"

青壮，为侯家骑[⑩]，从平阳主。建元二年春，青姊子夫得入宫幸上。皇后，堂邑大长公主女也[⑪]，无子，妒。大长公主闻卫子夫幸，有身，妒之，乃使人捕青。青时给事建章[⑫]，未知名。大长公主执囚青，欲杀之。其友骑郎公孙敖与壮士往篡取之，以故得不死。上闻，乃召青为建章监，侍中[⑬]，及同母昆弟贵，赏赐数日间累千金。孺为太仆公孙贺妻。少儿故与陈掌通，上召贵掌。[⑭]公孙敖由此益贵。子夫为夫人[⑮]，青为大中大夫。

（以上为第一段，写卫青之早年遭遇。）

①大将军——国家的最高军事长官，名义上位在丞相之下，但权势在丞相之上。　平阳——汉县名，县治在今山西临汾西南。　②郑季——郑老四，“季”字未必是名。　给事——给其做事，犹今之所谓“供职”。　平阳侯——始封者为刘邦的开国功臣曹参，封地平阳，此时袭封为侯者是曹参的曾孙曹寿。　③侯妾——侯家的婢仆，非谓平阳侯之姬妾。　卫媪(ǎo)——媪：老妇，以后来的口气对其敬称，非谓当时即老妇。　④青同母兄——卫氏本家亲父所生的儿子。　卫长子——卫家的老大，“长子”未必是名。　⑤卫子夫——武帝的第二位皇后。　平阳公主——武帝的胞姊，其实应称为“阳信公主”，因嫁与平阳侯曹寿为妻，故人们也称之为“平阳公主”。　冒姓为卫氏——因为是私生子，只好姓人家的姓。冒：假充。　⑥后子夫男弟步、广——“后”字疑衍。　皆冒卫氏——据文意，盖谓此妇所生子女多人，除卫长子是其亲夫所生外，其他子女皆私生，且不知子夫、少儿等之生父为谁。　⑦为侯家人——谓随其母在平阳侯家为奴仆。　⑧先母——指郑季之嫡妻，此时已死。　奴畜之——像对待奴隶一样对待卫青。　不以为兄弟数——不将其视为自己之兄弟。数：计算，看作。　⑨从入——“入”字应作“人”，跟着他人。　甘泉居室——甘泉宫里的监狱。居室：也称保宫，关押犯人的地方。　钳徒——脖子上套着铁箍的劳役犯。　⑩为侯家骑——又回到平阳公主家当侍从骑士。　⑪皇后，堂邑大长公主女——即陈阿娇。其母为景帝之姊，武帝之姑，名嫖，堂邑侯陈午之妻。陈午是刘邦功臣陈婴之孙，继其祖为堂邑侯。凡皇帝之女称公主，姐妹称长公主，姑称太长公主。　⑫给事建章——官名，在建章宫里当差。　⑬侍中——在宫中侍候皇帝，后来也用为官名。　⑭故与陈掌通——陈掌是刘邦开国功臣陈平的曾孙。　上召贵掌——因其与皇家亲戚私通而得显贵。　⑮夫人——后妃的封号名。

元光五年，青为车骑将军，击匈奴，出上谷[①]；太仆公孙贺为轻车将军，出云中[②]；大中大夫公孙敖为骑将军，出代郡[③]；卫尉李广为骁骑将军，出雁门[④]：军各万骑。青至茏城[⑤]，斩首虏数百。

骑将军敖亡七千骑；卫尉李广为虏所得，得脱归：皆当斩，赎为庶人。贺亦无功。

元朔元年春，卫夫人有男，立为皇后。其秋，青为车骑将军，出雁门，三万骑击匈奴，斩首虏数千人。明年，匈奴入杀辽西太守，虏略渔阳二千余人，败韩将军军。汉令将军李息击之，出代；令车骑将军青出云中以西至高阙[⑥]。遂略河南地，至于陇西，[⑦]捕首虏数千，畜数十万，走白羊、楼烦王[⑧]，遂以河南地为朔方郡。以三千八百户封青为长平侯。青校尉苏建有功，以千一百户封建为平陵侯。使建筑朔方城。青校尉张次公有功，封为岸头侯。天子曰："匈奴逆天理，乱人伦，暴长虐老，以盗窃为务，行诈诸蛮夷，造谋借兵[⑨]，数为边害，故兴师遣将，以征厥罪。《诗》不云乎，'薄伐玁狁，至于太原'；'出车彭彭，城彼朔方'。今车骑将军青度西河至高阙，获首虏二千三百级，车辎畜产毕收为卤，[⑩]已封为列侯，遂西定河南地，按榆溪旧塞，绝梓领，梁北河，[⑪]讨蒲泥，破符离[⑫]，斩轻锐之卒，捕伏听者三千七十一级，执讯获丑，[⑬]驱马牛羊百有余万，全甲兵而还，益封青三千户。"其明年，匈奴入杀代郡太守友[⑭]，入略雁门千余人。其明年，匈奴大入代、定襄、上郡，杀略汉数千人。

其明年，元朔之五年春，汉令车骑将军青将三万骑，出高阙；卫尉苏建为游击将军，左内史李沮为强弩将军，太仆公孙贺为骑将军，代相李蔡为轻车将军，皆领属车骑将军，俱出朔方；大行[⑮]李息、岸头侯张次公为将军，出右北平：咸击匈奴。匈奴右贤王当[⑯]卫青等兵，以为汉兵不能至此，饮醉。汉兵夜至，围右贤王，右贤王惊，夜逃，独与其爱妾一人、壮骑数百驰，溃围北去。汉轻骑校尉郭成等逐数百里，不及，得右贤裨王十余人，众男女万五千余人，畜数千百万，[⑰]于是引兵而还。至塞，天子使使者持大将军印，即军中拜车骑将军青为大将军，诸将皆以兵属大将军，大将军立号而归。[⑱]天子曰："大将军青躬率戎士，师大捷，获匈奴王十有余人，益封青六千户。"而封青子伉为宜春侯，青子不疑为阴安侯，青子登为发干侯。青固谢曰："臣幸得待罪[19]行间，赖陛下神灵，军大捷，皆诸校尉力战之功也。陛下幸已益封臣青，臣青子在襁褓中，未有勤劳，上幸列地封为三侯，非臣待罪行间所以劝士力战之意也。伉等三人何敢受封！"天子曰："我非忘诸校尉功也，今固且图之[20]。"乃诏御史曰："护军都尉公孙敖三从大将军击匈奴，常护军，傅校获王，以千五百户封敖为合骑侯。都尉韩说从大将军出窳浑，至匈奴右贤王庭，为麾下搏战获王，以千三百户封说为龙頟侯。骑将军公孙贺从大将军获王，以千三百户封贺为南窌侯。轻车将军李蔡再从大将军获王，以千六百户封蔡为乐安侯。校尉李朔、校尉赵不虞、校尉公孙戎奴，各三从大将军获王，以千三百户封朔为涉轵侯，以千三百户封不虞为随成侯，以千三百户封戎奴为从平侯。将军李沮、李息及校尉豆如意有功，赐爵关内侯[21]，食邑各三百户。"其秋，匈奴入代，杀都尉朱英。

其明年春，大将军青出定襄，合骑侯敖为中将军，太仆贺为左将军，翕侯赵信为前将军，卫尉苏建为右将军，郎中令李广为后将军，左内史[22]李沮为强弩将军，咸属大将军，斩首数千级而还。月余，悉复出定襄击匈奴，斩首虏万余人。右将军建、前将军信并军三千余骑，独逢单于兵，与战一日余，汉兵且尽。前将军故胡人，降为翕侯，见急，匈奴诱之，遂将其余骑可八百，奔降单于。右将军苏建尽亡其军，独以身得亡去，自归大将军。大将军问其罪正闳、长史安、议郎周霸等："建当云何？"[23]霸曰："自大将军出，未尝斩裨将。今建弃军，可斩以明将军之威。"闳、安曰："不然。兵法：'小敌之坚，大敌之禽[24]也。'今建以数千当单于数万，力战一日余，士尽，不敢有二心，自归。自归而斩之，是示后无反意[25]也。不当斩。"大将军曰："青幸得以肺腑待罪行间，不患无威，而霸说我以明威，甚失臣意。且使臣职虽当斩将，以臣之尊宠而不敢自擅专诛于境外，而具归天子，天子自裁之，于是以见为人臣不敢专权，不亦可乎！”军吏皆曰：“善。”遂囚建诣行在所。入塞罢兵。

是岁也，大将军姊子霍去病[26]年十八，幸，为天子侍中。善骑射，再从大将军，受诏与壮士，为剽姚校尉，[27]与轻勇骑八百直弃大军数百里赴利，斩捕首虏过当。[28]于是天子曰：“剽姚校尉去病斩首虏二千二十八级，及相国、当户，斩单于大父行籍若侯产，生捕季父罗姑比，[29]再冠军，以千六百户封去病为冠军侯。[30]上谷太守郝贤四从大将军，捕斩首虏二千余人，以千一百户封贤为众利侯。”是岁，失两将军军，亡翕侯，[31]军功不多，故大将军不益封。右将军建至，天子不诛，赦其罪，赎为庶人。

大将军既还，赐千金。是时王夫人方幸于上，宁乘说大将军曰[32]：“将军所以功未甚多，身食万户，三子皆为侯者，徒以皇后故也。今王夫人幸而宗族未富贵，愿将军奉所赐千金为王夫人亲寿[33]。”大将军乃以五百金为寿。天子闻之，问大将军，大将军以实言，上乃拜宁乘为东海都尉。

张骞从大将军，以尝使大夏，留匈奴中久，导军，知善水草处，军得以无饥渴。因前使绝国功，封骞博望侯。[34]

（以上为第二段，写卫青于元光、元朔年间五次北伐匈奴的情景。）

①上谷——汉郡名，郡治沮阳，在今河北怀来东南。 ②云中——汉郡名，郡治在今内蒙古托克托东北。 ③代郡——汉郡名，郡治在今河北蔚县东北。 ④雁门——汉郡名，郡治善无，在今山西右玉南。 ⑤茏城——也作“龙城”，匈奴的大本营，在今蒙古国鄂尔浑河西侧的和硕柴达木湖附近。 ⑥高阙——关塞名，在今内蒙古杭锦后旗东北。 ⑦略河南地——略：以兵力抚定。 陇西——汉郡名，郡治狄道（今甘肃临洮）。 ⑧走白羊、楼烦王——走：打跑。白羊、楼烦：都是匈奴的别支，当时占据在今内蒙古之临河、杭锦旗一带地区。 ⑨行诈诸蛮夷，造谋借兵——意即欺骗、裹胁着周边的少数民族阴谋侵犯汉朝边境。诸蛮夷：指匈奴周边的其他少数民族部落。 ⑩度西河——度：通

"渡"。西河:指今宁夏境内以及内蒙古西部的那段南北流向的黄河。 车辎畜产毕收为卤——车辎:辎重车。卤:通"掳",缴获。这里指战利品。 ⑪按榆溪旧塞——按:循行,巡查。榆溪:大约在今山西、陕西、内蒙古三省交界的黄河地区,蒙恬当年伐匈奴,曾在此种榆为塞。 绝梓领——绝:翻越。梓领:即"梓岭",疑在河套地区。 梁北河——梁:架桥。北河:流经今内蒙古境内的西东走向的那段黄河。 ⑫讨蒲泥,破符离——蒲泥、符离的具体方位不详,钱穆以为符离塞在今内蒙古丰镇西北,似与史文不合。 ⑬伏听——伏于隐处,听军虚实。 执讯获丑——谓执其生口问之,知虏处,破获其众。《正义》:"讯,问也。"丑,众。 ⑭太守友——太守名友,姓共。 ⑮大行——即大行令,也称典客,"九卿"之一,主管归附的少数民族事务。 ⑯当——对,正碰上。 ⑰右贤裨(pí)王——右贤王手下的小王。裨王:小王。 数千百万——似应作"数十百万"。 ⑱大将军——作为一种正式官职,始设于此。 立号而归——令卫青以"大将军"之威仪率军回朝。按:前所谓"即军中拜车骑将军卫青为大将军",又令"诸将皆以兵属大将军",又令"大将军立号而归",武帝对卫青的荣宠前所未有。 ⑲待罪——谦言自己任某职。"待罪行间"即谦言任该军统帅。 ⑳今固且图之——我将马上考虑对他们的封赏。 ㉑关内侯——比列侯低一级,以其无封地,住在长安,故称关内侯。 ㉒左内史——中华本于此作"右内史",与前文所称李沮之官职不合,今依《汉书》改为"左"。 ㉓正闳(hóng)——军正名闳,史失其姓。军正:军中的司法官。 长史安——长史名安,史失其姓。长史:大将军属下的诸史之长。 议郎周霸——议郎:原属郎中令,在皇帝身边掌议论。 建当云何——对苏建应如何处置。 ㉔小敌之坚,大敌之禽——语见《孙子·谋攻》。意谓小部队遇到敌人的大部队,如果坚战,只有被敌人全部消灭。禽:通"擒"。 ㉕示后无反意——告诉后人再遇到类似问题就干脆别回来。 ㉖霍去病——卫少儿嫁与陈掌前与霍仲孺私通所生的儿子。 ㉗受诏与壮士——谓卫青接受诏令调拨壮士让其统领。 剽姚——也作"嫖姚""票姚",取其劲疾、武猛之义,汉代以为武官名号,义仍取此。 ㉘直弃——远远甩下,孤军深入。弃:甩下。 赴利——

寻求克敌立功。 过当——自己失亡者少,杀获敌人者多。 ㉙相国、当户——都是匈奴人的官名。 大父行(háng)——单于祖父一辈的人。大父:祖父。 籍若侯产——籍若侯是封号名,其人名产。 季父罗姑比——单于的小叔父,名罗姑比。季:排行中表示第四或最小的。 ㉚再冠军——两次功盖全军。 冠军侯——封地冠军县,在今河南邓州西北。 ㉛失两将军军——谓赵信、苏建的两支军队全部丧失。 亡翕侯——指赵信降匈奴。亡:失掉。 ㉜王夫人——武帝的宠妃,生齐王刘闳。 宁乘——事迹不详。据褚少孙补《滑稽列传》,用下述语言劝说卫青者乃"待诏东郭先生"。 ㉝为王夫人亲寿——为王夫人的父母祝福长寿。意即给其送礼。亲:指父母。寿:祝人健康长寿,此处指送礼。 ㉞绝国——悬远不相及的国家。 博望侯——封地博望,在今河南方城西南。

冠军侯去病既侯三岁,元狩二年春,以冠军侯去病为骠骑将军①,将万骑出陇西,有功。天子曰:"骠骑将军率戎士逾乌盭,讨遬濮,涉狐奴,历五王国,②辎重人众慑慑者弗取,冀获单于子。③转战六日,过焉支山千有余里,合短兵,杀折兰王,斩卢胡王,④诛全甲,执浑邪王子及相国、都尉,⑤首虏八千余级,收休屠祭天金人,益封去病二千户。"

其夏,骠骑将军与合骑侯敖俱出北地,异道;⑥博望侯张骞、郎中令李广俱出右北平,异道,皆击匈奴。郎中令将四千骑先至,博望侯将万骑在后⑦。匈奴左贤王将数万骑围郎中令,郎中令与战二日,死者过半,所杀亦过当。博望侯至,匈奴兵引去。博望侯坐行留⑧,当斩,赎为庶人。而骠骑将军出北地,已遂深入,与合骑侯失道,不相得,骠骑将军逾居延至祁连山,捕首虏甚多。天子曰:"骠骑将军逾居延,遂过小月氏⑨,攻祁连山,得酋涂王⑩,以众降者二千五百人,斩首虏三万二百级,获五王,五王母,单于阏氏、王子五十九人,相国、将军、当户、都尉六十三人,师大率减什三⑪,益封去病五千户。赐校尉从至小月氏爵左庶长⑫。

鹰击司马破奴再从骠骑将军斩遬濮王，捕稽沮王，千骑将得王、王母各一人，王子以下四十一人，捕虏三千三百三十人，前行捕虏千四百人，以千五百户封破奴为从骠侯。⑬校尉句王高不识，从骠骑将军捕呼于屠王王子以下十一人，捕虏千七百六十八人，以千一百户封不识为宜冠侯。⑭校尉仆多有功，封为煇渠侯。"合骑侯敖坐行留不与骠骑会，当斩，赎为庶人。诸宿将所将士马兵亦不如骠骑，骠骑所将常选，然亦敢深入，常与壮骑先其大军，⑮军亦有天幸，未尝困绝也。然而诸宿将常坐留落不遇⑯。由此骠骑日以亲贵，比大将军⑰。

其秋，单于怒浑邪王居西方数为汉所破，亡数万人，以骠骑之兵也。单于怒，欲召诛浑邪王。浑邪王与休屠王等谋欲降汉，使人先要边⑱。是时大行李息将城河上，得浑邪王使，即驰传以闻。⑲天子闻之，于是恐其以诈降而袭边，乃令骠骑将军将兵往迎之。骠骑既渡河，与浑邪王众相望。浑邪王裨将见汉军而多欲不降者，颇遁去。骠骑乃驰入与浑邪王相见，斩其欲亡者八千人，遂独遣浑邪王乘传先诣行在所，尽将其众渡河，降者数万，号称十万。既至长安，天子所以赏赐者数十巨万。封浑邪王万户，为漯阴侯。封其裨王呼毒尼为下摩侯，鹰庇为煇渠侯，禽梨为河綦侯，大当户铜离为常乐侯。于是天子嘉骠骑之功曰："骠骑将军去病率师攻匈奴西域王浑邪，王及厥众萌咸相奔，率以军粮接食。⑳并将控弦万有余人，诛獟駻，㉑获首虏八千余级，降异国之王三十二人。战士不离伤，十万之众咸怀集服。㉒仍与之劳，爰及河塞，庶几无患，幸既永绥矣。㉓以千七百户益封骠骑将军。"减陇西、北地、上郡戍卒之半，以宽天下之繇㉔。

居顷之，乃分徙降者边五郡故塞外，而皆在河南，因其故俗，为属国。㉕其明年，匈奴入右北平、定襄，杀略汉千余人。

其明年，天子与诸将议曰："翕侯赵信为单于画计，常以为汉兵不能度幕轻留，㉖今大发士卒，其势必得所欲。"是岁元狩四年也。

元狩四年春，上令大将军青、骠骑将军去病将各五万骑，步兵转者踵军数十万，[27]而敢力战深入之士皆属骠骑。骠骑始为出定襄，当单于[28]。捕虏言单于东，乃更令骠骑出代郡，[29]令大将军出定襄。郎中令为前将军，太仆为左将军，主爵赵食其为右将军，平阳侯襄为后将军，[30]皆属大将军。兵即度幕[31]，人马凡五万骑，与骠骑等咸击匈奴单于。赵信为单于谋曰："汉兵既度幕，人马罢，匈奴可坐收虏耳。[32]"乃悉远北其辎重，皆以精兵待幕北。而适值大将军军出塞千余里，见单于兵陈而待[33]。于是大将军令武刚车自环为营，而纵五千骑往当匈奴。[34]匈奴亦纵可万骑。会日且入，大风起，沙砾击面，两军不相见。汉益纵左右翼绕单于。单于视汉兵多，而士马尚强，战而匈奴不利。薄莫，单于遂乘六骡，壮骑可数百，直冒汉围西北驰去。[35]时已昏，汉匈奴相纷挐，杀伤大当。[36]汉军左校捕虏言单于未昏而去，汉军因发轻骑夜追之，大将军军因随其后。匈奴兵亦散走。迟明[37]，行二百余里，不得单于。颇捕斩首虏万余级，遂至窴颜山[38]赵信城，得匈奴积粟食军。军留一日而还，悉烧其城余粟以归。

大将军之与单于会也，而前将军广、右将军食其军别从东道，或失道，后击单于[39]。大将军引还过幕南，乃得前将军、右将军。大将军欲使使归报，令长史簿责前将军广，广自杀。右将军至，下吏，赎为庶人。大将军军入塞，凡斩捕首虏万九千级。

是时匈奴众失单于十余日，右谷蠡王[40]闻之，自立为单于。单于后得其众，右王乃去单于之号。

骠骑将军亦将五万骑，车重与大将军军等，而无裨将。悉以李敢等为大校，当裨将，出代、右北平千余里，直左方兵[41]，所斩捕功已多大将军。军既还，天子曰："骠骑将军去病率师，躬将所获荤粥之士，[42]约轻赍，绝大幕，涉获章渠，以诛比车耆；[43]转击左大将，斩获旗鼓；历涉离侯，济弓闾，获屯头王、韩王等三人，[44]将军、相国、当户、都尉八十三人,封狼居胥山,禅于姑衍,登临翰海。[45]执卤获丑七万有四百四十三级,师率减什三,取食于敌,逴行殊远而粮不绝,[46]以五千八百户益封骠骑将军。"右北平太守路博德属骠骑将军,会与城,不失期,从至梼余山,斩首捕虏二千七百级,以千六百户封博德为符离侯。北地都尉邢山从骠骑将军获王,以千二百户封山为义阳侯。故归义因淳王复陆支、楼专王伊即靬皆从骠骑将军有功,以千三百户封复陆支为壮侯,以千八百户封伊即靬为众利侯。[47]从骠侯破奴、昌武侯安稽从骠骑有功,益封各三百户。校尉敢得旗鼓,为关内侯,食邑二百户。校尉自为爵大庶长。[48]军吏卒为官,赏赐甚多。而大将军不得益封,军吏卒皆无封侯者。

两军之出塞,塞阅[49]官及私马凡十四万匹,而复入塞者不满三万匹。乃益置大司马位,大将军、骠骑将军皆为大司马。[50]定令,令骠骑将军秩禄与大将军等。自是之后,大将军青日退,而骠骑日益贵。举大将军故人门下多去事骠骑,辄得官爵,唯任安不肯。[51]

(以上为第三段,写卫青、霍去病并肩伐匈奴,霍去病后来居上的情形。)

①骠骑将军——仅低于大将军,地位、权势也都在丞相之上。②乌盭(lì)——《集解》引《汉书音义》曰:"音戾,山名也。"亦作"乌戾"。 遬濮(sù pú)——匈奴部落名。 狐奴——《集解》引晋灼曰:"水名也。" 五王国——皆休屠王部属,休屠王城在今甘肃武威市城北。 ③辎重人众慑慑(shè shè)者弗取——对于运输部队与作战部队中的恐惧求饶者一律放过。慑慑:恐惧,屈服。 冀获单于子——冀:《汉书》作"几",意即差点儿。 ④焉支山——在今甘肃永昌县西、山丹县东南。 杀折兰王,斩卢胡王——折兰、卢胡,皆匈奴部落名。 ⑤诛全甲——与上文"慑慑者弗取"相反,谓披挂整齐而又坚决抵抗者,则必诛灭之。全甲:即全副武装之士兵。 浑邪王——匈奴王名,"浑邪"也写作"呼韩邪"。 ⑥北地——汉郡名,郡治马岭,在今甘肃

庆阳西北。 异道——分两路出行。 ⑦博望侯将万骑在后——中华本“后”下有“至”字,语不成义,今依《汉书》削。 ⑧行留——行动逗留迟缓,以致贻误战机。 ⑨小月氏(ròu zhī)——古族名。西汉文帝初年,月氏的一小部分人没有西迁,活动在祁连山一带地区。 ⑩酋涂王——匈奴族别支的头领。 ⑪师大率(lǜ)减什三——匈奴人的兵力大约减去了十分之三。按:《汉书》于此作“减什七”。大率:大约。“率”字的读音,《正义》称读曰“律”,今之《辞源》《辞海》标作 shuài。 ⑫赐校尉从至小月氏爵左庶长——凡是跟着霍去病到达了小月氏的校尉,一律赐爵左庶长。左庶长:秦汉时期二十级爵位中的第十级。 ⑬鹰击司马破奴——赵破奴。鹰击:表示其轻捷勇猛的称号。司马:官名,主管军中司法。 遬濮王,捕稽沮王——遬濮王、稽沮王皆匈奴王名。 千骑将——此指赵破奴手下的统领千名骑兵的军官。 前行——前锋,先头部队。此亦指赵破奴的部众。 从骠侯——跟从骠骑将军立功,因以为号。 ⑭校尉句(gōu)王高不识——原为匈奴之句王,降汉后任骠骑将军之校尉。 呼于屠王——匈奴王名。 宜冠侯——因与冠军侯配合良好而得立功,故以“宜冠”为号。 ⑮宿将——老将,如李广等。 常选——通常都是经过挑选的。 先其大军——指离开大部队,率领轻兵深入,即前文之所谓“直弃大军数百里赴利”。 ⑯留落不遇——行动迟缓,总是遇不上敌人。 ⑰比大将军——和卫青的荣宠相等。比:相等。 ⑱使人先要边——要边:到边境线上寻找汉人,以通消息。要:拦截。这里指寻找。 ⑲将城河上——将兵于河上筑城。 驰传(zhuàn)以闻——乘传车飞报皇帝。传:驿车。 ⑳匈奴西域王——匈奴西部地区之王,与通常所说之“西域”概念不同。也有人将此理解为浑邪王本来在匈奴中主管“西域”的事务,录以备考。 众萌——犹言众民。萌:通“氓”。 咸相奔——咸相约以奔汉。 率以军粮接食——谓骠骑携带粮食全部地予以迎接、供应。率:大概,全部。 ㉑将控弦——意即率领骑射之兵。 诛獟駻(xiāo hàn)——诛灭那些不想归降的人。獟駻:凶猛不听指挥。 ㉒战士不离伤——指汉军未受任何损伤。离:通“罹”,遭,陷。 咸怀集服——意即该部匈奴全部归顺。集:归依。 ㉓仍与之劳,爰及河塞,庶几无患——仍与:《汉书》作“仍兴”,此“与”字误。仍兴:频繁举兵。仍:频繁。兴:军兴,即今所谓“军事动员”。　永绥——永久地太平无事。　㉔宽天下之繇——繇:同“徭”,徭役。　㉕边五郡故塞外——意即让他们分别居住在沿边五个郡的国境线外。五郡:指陇西、北地、上郡、朔方、云中。　皆在河南——都在黄河以南,即今内蒙古西南部、陕西北部与甘肃、宁夏的部分地区。　因其故俗,为属国——将他们分成几个部落,让他们按旧有的习俗生活,而称这些部落曰“属国”。　㉖其明年——元狩四年(前119)。　度幕轻留——越跨大漠,在沙漠中轻意停留。幕:通“漠”。沙漠。轻留:轻易地停留。　㉗转者——运辎重者,即今所谓“后勤部队”。　踵军——犹今所谓后续部队。踵:紧跟,接续。　㉘骠骑始为出定襄,当单于——霍去病本来是准备从定襄郡北出,向着单于之所在扑去。当:向着,对着。　㉙捕虏言单于东——从捕获的俘虏口中得知单于是在东部地区。　更令——改派。　㉚郎中令——指李广。　太仆——指公孙贺。　主爵赵食其(yì jī)——主爵:主爵都尉的简称,掌管列侯的封爵事宜。　平阳侯襄——曹襄,曹参的曾孙,袭其先人之爵为侯。　㉛兵即度幕——即:就。　㉜人马罢——罢:通“疲”,疲惫。　坐收虏——意谓不必硬打,即可坐而俘之。　㉝陈而待——列阵而待之。陈:“阵”的古字。㉞武刚车——一种既可用于进攻,也可用于防守的战车。盖后世坦克之先导。　往当——前往迎击。　㉟薄莫——傍晚。薄:迫,临近。莫:“暮”的本字。　六骡——六匹骡子拉着的快车。　直冒汉围——冒:冲破。　㊱相纷拏(rú)——相互混杂在一起。拏:纷乱。　杀伤大当——双方的损失大体相当。　㊲迟明——到天亮时。迟:及,至。㊳窴(tián)颜山——约即今蒙古国境内,为杭爱山脉之一支。　㊴后击单于——没有赶上合击单于。　㊵右谷蠡(lù lí)王——匈奴王名,是单于之下的显要贵族,一般都是单于的兄弟或子侄。　㊶直左方兵——正好碰上匈奴东部地区的军队,即左贤王部。　㊷躬将——亲自率领。　所获荤粥(xūn yù)之士——所俘虏、招纳的匈奴人马。荤粥:也作“熏育”,“猃狁”,匈奴的别称。　㊸约轻赍——即今所谓“轻装”。“约”“轻”二字意复。　涉获章渠——《索隐》引小颜云:“涉谓涉水也。章渠，单于之近臣。谓涉水而破获之。” 比车耆——匈奴王名。 ㊹历涉离侯——翻过涉离侯山。 济弓闾——渡过弓闾水。济：渡。弓闾：《集解》引晋灼曰：“水名也。” 屯头王、韩王——皆匈奴王名。 ㊺封狼居胥山——在狼居胥山头筑台祭天。封：在山上筑台祭天。狼居胥山，在今蒙古国境内肯特山。 禅于姑衍——在姑衍拓场祭地。禅：古代帝王的祭地礼。姑衍：地名，在今乌兰巴托之东南，离狼居胥山不远。 翰海——大漠的别称。 ㊻执卤获丑——义同前文之“执讯获丑”，即捉到敌兵生口，问知消息，进而俘获大量敌兵。卤：通“掳”。 师率减什三——使敌人的兵力减少了十分之三。 逴(chuō)行——远出，远征。 ㊼因淳王复陆支、楼专王伊即靬——“因淳”“楼专”皆匈奴之王号；“复陆支”“伊即靬”为人名，皆匈奴王之归附汉朝者。 封复陆支为壮侯——“壮”字应作“杜”。杜：封地名。 伊即靬为众利侯——众利：封地名。 ㊽校尉自为——徐自为。 大庶长——秦汉时期二十级爵位的第十八级。 ㊾塞阅——出塞时的统计。阅：检阅，统计。 ㊿大司马——古官名，汉代建国以来所未有，今始用之。 大将军、骠骑将军皆为大司马——即他处史文之所称“大司马大将军”“大司马骠骑将军”。 51举——全部，所有的。 多去事骠骑——多离开卫青，更去投靠霍去病。 唯任安不肯——任安：司马迁的朋友，事迹见《田叔列传》与《报任安书》。

骠骑将军为人少言不泄，有气敢任[①]。天子尝欲教之孙吴兵法，对曰：“顾方略何如耳，不至学古兵法[②]。”天子为治第，令骠骑视之，对曰：“匈奴未灭，无以家为也。”由此上益重爱之。然少而侍中，贵，不省士[③]。其从军，天子为遣太官赍数十乘，[④]既还，重车余弃粱肉[⑤]，而士有饥者；其在塞外，卒乏粮，或不能自振，而骠骑尚穿域蹋鞠，[⑥]事多此类。大将军为人仁，善退让，以和柔自媚于上，然天下未有称也。

骠骑将军自四年军后三年，元狩六年而卒。天子悼之，发属国玄甲军，陈自长安至茂陵，为冢象祁连山。[⑦]谥之并武与广地曰景桓侯[8]。子嬗代侯。嬗少，字子侯，上爱之，幸其壮而将之。居六岁，元封元年，嬗卒，谥哀侯。无子，绝，国除。

自骠骑将军死后，大将军长子宜春侯伉坐法失侯。后五岁，伉弟二人，阴安侯不疑及发干侯登皆坐酎金失侯。失侯后二岁，冠军侯国除。其后四年，大将军青卒，谥为烈侯。子伉代为长平侯。

自大将军围单于之后，十四年而卒。竟不复击匈奴者，以汉马少，而方南诛两越，东伐朝鲜，击羌、西南夷，以故久不伐胡。

大将军以其得尚平阳长公主故，长平侯伉代侯。[9]六岁，坐法失侯。

（以上为第四段，写卫青、霍去病的为人与其去世后的家族零落。）

①有气敢任——讲义气，勇于承担责任。 ②顾方略何如耳，不至学古兵法——意谓关键在于根据具体情况临机处置的本领如何，不在于死读古人的旧本本。顾：转折语气词，犹如今天之“问题在于”“关键是”。不至：不在于。 ③不省士——不关心人，不把人看在眼里。 ④太官——皇家厨房的管理员。 赍（jī）数十乘——拉着几十车吃的，以供霍去病的小灶所用。赍：携带。乘：古称一车四马。 ⑤重车余弃粱肉——重车：拉东西的车辆。余弃：吃不了扔掉。粱肉：黄粮（小米）与肉食，都是古代的上等饭菜。 ⑥不能自振——饿得站不起来。 穿域——开辟场地。 蹋鞠——古代的一种踢球游戏，用以锻炼身体，军中也有时用作训练项目。 ⑦属国玄甲军——即前所述分部集居在西北沿边五郡的归降于汉的匈奴人的铁甲军。玄甲：黑甲，铁甲。 陈自长安至茂陵——使之列队为骠骑送殡。陈：排列，列队。茂陵：武帝为自己预造的陵墓，在今陕西兴平东南，霍去病墓是武帝茂陵的陪葬墓。 为冢象祁连山——陈直认为：霍墓从侧面周视，皆为山峰形，所谓“象祁连山”是也。 ⑧谥之并武与广地曰景桓侯——《索隐》认为：“‘景’‘桓’两谥也。《谥法》：‘布义行刚曰景’，是武谥也；又曰：‘辟士服远曰桓’，是广地之谥也。以去病平生有武艺及广边地之功，故云‘谥之并武与广地曰景桓侯’。” ⑨尚平阳长公主——娶平阳公

主为妻。尚：上配，高攀。平阳长公主：武帝之胞姊，原称阳信公主。因嫁与平阳侯曹寿（曹参的后代）为妻，故通常也称之为平阳公主。曹寿后来得了恶疾，平阳公主与之离异，遂改嫁，后又嫁给卫青。 长平侯伉代侯——卫伉前因有罪失去了自己的宜春侯，按理已无再袭父爵的资格，但因其父是皇帝的姐夫，所以特施恩典又令其袭了其父的长平侯。

左方两大将军及诸禆将名：

最大将军青[①]，凡七出击匈奴，斩捕首虏五万余级。一与单于战，收河南地，遂置朔方郡，再益封[②]，凡万一千八百户。封三子为侯，侯千三百户。并之，万五千七百户。其校尉、禆将以从大将军侯者九人，其禆将及校尉已为将者十四人[③]。为禆将者曰李广，自有传。无传者曰：

将军公孙贺。贺，义渠[④]人，其先胡种。贺父浑邪，景帝时为平曲侯，坐法失侯。贺，武帝为太子时舍人。武帝立八岁，以太仆为轻车将军，军马邑。后四岁，以轻车将军出云中。后五岁，以骑将军从大将军有功，封为南窌侯。后一岁，以左将军再从大将军出定襄，无功。后四岁，以坐酎金失侯。后八岁，以浮沮将军出五原二千余里，[⑤]无功。后八岁，以太仆为丞相，封葛绎侯。贺七为将军，出击匈奴无大功，而再侯，为丞相。坐子敬声与阳石公主奸，为巫蛊，族灭，[⑥]无后。

将军李息，郁郅[⑦]人，事景帝。至武帝立八岁，为材官将军，军马邑；后六岁，为将军，出代；后三岁，为将军，从大将军出朔方，皆无功。凡三为将军，其后常为大行[⑧]。

将军公孙敖，义渠人，以郎事武帝。武帝立十二岁，为骑将军，出代，亡卒七千人，当斩，赎为庶人。后五岁，以校尉从大将军有功，封为合骑侯。后一岁，以中将军从大将军，再出定襄，无功。后二岁，以将军出北地，后骠骑期，当斩，赎为庶人。后二岁,以校尉从大将军,无功。后十四岁,以因杅将军筑受降城。七岁,复以因杅将军再出击匈奴,至余吾[9],亡士卒多,下吏,当斩,诈死,亡居民间五六岁。后发觉,复系。坐妻为巫蛊,族。凡四为将军,出击匈奴,一侯。

将军李沮,云中人,事景帝。武帝立十七岁,以左内史为强弩将军。后一岁,复为强弩将军。

将军李蔡,成纪人也,[10]事孝文帝、景帝、武帝。以轻车将军从大将军有功,封为乐安侯。已为丞相,坐法死。

将军张次公,河东[11]人。以校尉从卫将军青有功,封为岸头侯。其后太后崩,为将军,军北军[12]。后一岁,为将军,从大将军。再为将军,坐法失侯。次公父隆,轻车武射[13]也。以善射,景帝幸近之也。

将军苏建,杜陵[14]人。以校尉从卫将军青,有功,为平陵侯,以将军筑朔方。后四岁,为游击将军,从大将军出朔方。后一岁,以右将军再从大将军出定襄,亡翕侯,失军,当斩,赎为庶人。其后为代郡太守,卒,冢在大犹乡[15]。

将军赵信,以匈奴相国降,为翕侯。武帝立十七岁,为前将军,与单于战,败,降匈奴。

将军张骞,以使通大夏,还,为校尉。从大将军有功,封为博望侯。后三岁,为将军,出右北平,失期,当斩,赎为庶人。其后使通乌孙,为大行而卒,冢在汉中[16]。

将军赵食其,祋祤人也。[17]武帝立二十二岁,以主爵为右将军[18],从大将军出定襄,迷失道,当斩,赎为庶人。

将军曹襄,以平阳侯为后将军,从大将军出定襄。襄,曹参孙也。

将军韩说,弓高侯庶孙也。[19]以校尉从大将军有功,为龙頟侯,坐酎金失侯。元鼎六年,以待诏为横海将军,击东越有功,为按道侯。以太初三年为游击将军,屯于五原外列城。为光禄勋,掘蛊太子宫,卫太子杀之。[20]

将军郭昌,云中人也,以校尉从大将军。元封四年,以太中大夫为拔胡将军,屯朔方。还击昆明,毋功,夺印。

将军荀彘,太原广武[21]人。以御[22]见,侍中,为校尉,数从大将军。以元封三年为左将军击朝鲜,毋功[23]。以捕楼船将军坐法死[24]。

最骠骑将军去病,凡六出击匈奴,其四出以将军[25],斩捕首虏十一万余级,及浑邪王以众降数万,遂开河西酒泉之地,西方益少胡寇。四益封,凡万五千一百户。其校吏有功为侯者凡六人,而后为将军二人。

将军路博德,平州[26]人。以右北平太守从骠骑将军有功,为符离侯。骠骑死后,博德以卫尉为伏波将军,伐破南越,益封。其后坐法失侯。为强弩都尉,屯居延,卒。

将军赵破奴,故九原[27]人。尝亡入匈奴,已而归汉,为骠骑将军司马。出北地时有功,封为从骠侯。坐酎金失侯。后一岁,为匈河将军,攻胡至匈河水,无功。后二岁,击虏楼兰王,复封为浞野侯。后六岁,为浚稽将军,将二万骑击匈奴左贤王,左贤王与战,兵八万骑围破奴,破奴生为虏所得,遂没其军。居匈奴中十岁,复与其太子安国亡入汉[28]。后坐巫蛊,族。

自卫氏兴,大将军青首封,其后枝属为五侯。[29]凡二十四岁而五侯尽夺,卫氏无为侯者。

(以上为第五段,附列卫青、霍去病属下部分将领的情况。)

①最大将军青——意即大将军卫青的功勋总计。最:犹言“总计”。 ②再益封——两次追加封户。 ③已为将者十四人——已为将:指率军独当一面之将,不再在他人属下当裨将。十四人即下文所开列。 ④义渠——《正义》曰“今庆州,本义渠戎国也。”《地理志》云:“北义渠道也。”其地在战国时为义渠族人所居,后来被秦国伐灭,在其地设义渠县。 ⑤浮沮将军——浮沮:地名,与赵破奴为“匈河浚稽将

军”,李广利为“贰师将军”,盖皆以往征之地为称。 五原——汉郡名,郡治在今内蒙古包头西。 ⑥敬声与阳石公主奸——阳石公主:武帝之女。敬声之母为卫皇后之姊卫孺,故敬声与阳石公主为姨表兄妹。 为巫蛊,族灭——事在征和元年(前92),公孙贺为救儿子敬声,请命捕捉亡命“大侠”朱安世。朱安世被捕后,反口诬说公孙贺等以巫蛊谋害皇帝,于是公孙贺被灭族。 ⑦郁郅(zhì)——汉县名,即今甘肃庆阳。 ⑧大行——即大行令,也称典客,“九卿”之一,主管少数民族事务。 ⑨余吾——水名,即今内蒙古境内的图勒河。 ⑩李蔡——李广从弟。 成纪——汉县名,县治在今甘肃静宁成纪古城。 ⑪河车——应作“河东”,汉郡名,郡治安邑,在今山西夏县西北。 ⑫军北军——意即统领北军。关于“北军”,说法不一,多数人认为是防卫首都的部队;也有人说是防卫未央宫的部队,也有说是防卫宫廷而驻守北阙的部队,参见《吕太后本纪》注。 ⑬轻车武射——皇帝仪仗队中轻车上的武射之士。 ⑭杜陵——汉县名,县治在今陕西西安东南。 ⑮冢在大犹乡——大犹乡:应属阳陵县,在今陕西西安北。盖亦陪葬景帝之阳陵者。 ⑯冢在汉中——张骞冢在今陕西城固。 ⑰赵食其(yì jī)——汉人喜以“食其”为名,仅刘邦部下即有“郦食其”“审食其”。 祋祤(duì yì)——也作“祋栩”,即今陕西铜川耀州区河东堡。 ⑱以主爵为右将军——主爵:主爵都尉的简称。主爵都尉主管列侯事务。 ⑲韩说——刘邦功臣韩王信的曾孙。 弓高侯庶孙——弓高侯:名颓当,韩王信之子。 ⑳掘蛊太子宫——朱安世以巫蛊为由害得丞相公孙贺被族后,江充等又挑动武帝怀疑自己的皇后与太子,派韩说率人到太子宫查抄,太子一怒,遂杀死韩说,举兵“反”。 卫太子——名据,因是卫子夫所生,故习称“卫太子”。 ㉑太原广武——太原郡的广武县,县治在今山西代县西南。 ㉒御——赶车。这里指车技。 ㉓为左将军击朝鲜,毋功——据《朝鲜列传》,元封二年(前109)汉派楼船将军杨仆自齐地浮海,攻朝鲜都城王险;派左将军荀彘自辽东出兵攻朝鲜北部,结果两军初战皆败。 ㉔以捕楼船将军坐法死——两军初败后,又整顿士伍合击朝鲜都城,荀彘与杨仆勾心斗角,相互拆台,最后荀彘竟然诱骗袭捕了杨仆,夺取了他的军队。此后荀彘虽亦灭了朝鲜,但终被武帝所杀。 ㉕其四出以将军——骠骑出击匈奴共六次,前两次皆以剽姚校尉随卫青出定襄。后四次皆以骠骑将军出。 ㉖平州——应作“平周”,汉县名,在今山西介休西。 ㉗九原——汉县名,县治在今内蒙古包头西,当时为五原郡的郡治所在地。 ㉘复与其太子安国亡入汉——太子:即今所谓“长子”。赵破奴降匈奴后,匈奴曾封之为“王”,故此处有“太子”之称。 ㉙首封——首次被封为侯。枝属为五侯——枝属:犹言“枝派”“派系”,卫青的派系为侯者共五人,即其子卫伉、卫不疑、卫登;其外甥霍去病,与去病之子卫嬗。

太史公曰:苏建语余曰[①]:“吾尝责‘大将军至尊重,而天下之贤大夫毋称焉[②],愿将军观古名将所招选择贤者,勉之哉![③]’大将军谢曰:‘自魏其、武安之厚宾客[④],天子常切齿。彼亲附士大夫,招贤绌不肖者,人主之柄也。[⑤]人臣奉法遵职而已,何与招士![⑥]’”骠骑亦放此意,其为将如此。[⑦]

(以上为第六段,是作者的论赞,作者引用苏建语对卫青的为人行事隐微地表现了某种不满与遗憾之情。)

①苏建语余曰——苏建是史公的朋友,赞语中引出与朋友的对话,一来可见本篇所叙史实的真实可靠,二来也使读者感到分外亲切。 ②天下之贤大夫毋称焉——苏建是否真对史公说过此话,不得而知。然此话之偏颇失平是显而易见的。 ③所招选择贤者——词语不顺,《汉书》无“择贤”二字。 勉之——请朝这个方向努力。 ④魏其、武安之厚宾客——事见《魏其武安侯列传》。 ⑤招贤绌不肖——绌:通“黜”,罢黜,排斥。不肖:不类其父。通常即谓“不成材”“没出息”。人主之柄也——柄:权柄、权力。 ⑥人臣奉法遵职而已——即前文卫青不杀苏建,押回请武帝处置,用以表现其“为人臣不敢专权”之意。 何与招士——何必做招贤纳士的事情。与:参与,介入。 ⑦骠骑亦放此意——霍去病为将军也大体是这种做法。放:通“仿”,仿效。其为将如此——言外有许多不满、遗憾之意。

［**简评**］ 这是《史记》中记录武帝对匈奴战争的最主要的一篇文字，从司马迁的基本态度而言，他对这场战争是反感的，他比较赞成文、景时期的和亲政策，而对武帝首先在马邑挑起战端，以及从此一连十几年的兵连祸结，进行了含蓄的批评。他认为这是“劳民伤财，得不偿失”，对此我们倘能结合《平准书》与《匈奴列传》阅读，当有更深切的体会。但我们也必须看到，汉与匈奴的战争，从根本上说是来自于匈奴对中原地区的侵扰，这与汉武帝对朝鲜、大宛、南越、西南夷的纯粹出于扩张掠夺，还有性质上的不同，所以本篇对汉武的批判程度应该算是最平和的。卫青、霍去病，的确是我国古代少有其比的名将，其匈奴战争取得的胜利又的确辉煌，是足以让汉代人为之扬眉吐气的，这就使得司马迁尽管并不赞成这种战争，但事实上又不得不为之感到鼓舞与自豪。他对卫青、霍去病的为人有不少批评，但对他们的军事贡献也由衷佩服；尤其对卫青所进行的那场漠北大战，司马迁可以说是进行了倾心竭力的描写；而对卫、霍两个家族十来年间都迅速烟消云散的结局，也流露了深深的同情。

［**集评**］ 《太史公自序》：“直曲塞，广河南，破祁连，通西国，靡北胡，作《卫将军骠骑列传》第五十一。”

黄震曰：“卫青者，奴隶郑季之遗孽，而霍去病其甥也。汉武帝以青之姊曰子夫者为后，因生事夷狄而官青曰大将军，官去病曰骠骑将军。公孙敖尝脱卫青于难，亦官之至将军；青之长姊嫁公孙贺，贺为将军，且至宰相；其余侯者，非两将军亲戚，则其门下人也。它日贰师将军亦以后宫故，生事大宛而使之贵。帝平生穷兵黩武，使海内萧然，观其所由，往往为荣宫妾地尔。而曰‘春秋大复仇之义’，其谁欺？欺天乎？且受围与嫚书，未可以仇言也。文景和亲，相安已久，否而严备，则置一李将军，匈不敢入塞矣，何纷纷为？”（《黄氏日钞》）

王鸣盛曰："《卫将军骠骑列传》叙述战功虽详，而指摘其短特甚。其论赞又补叙，苏建责大将军至尊重，而天下贤士大夫无称，宜招选贤者，大将军谢以奉法，不敢招士，与传中'和柔自媚'等语相应；其下则云'骠骑亦放此意'，而末束以一句云'其为将如此，论体应加褒贬'，此则叙述而止，无所可否，乃论之变例，隐以见其人本庸猥，用兵制胜皆竭民力以成功，岂真有谋略？敌未灭，无以家为，亦是自媚之词，非其本心。上益重之者，与信燕齐怪迂士扼掔谈神仙同一受欺耳。此迁意也。"（《十七史商榷》）

蒋彤曰："卫将军，其父郑季也，而传目著卫不著郑；骠骑，其父霍仲孺也，而传目不著霍而属之卫将军，以两将军皆卫氏出，而后日宠贵又皆自卫氏来也。自古文武材类生于世禄，选于学校，论定于司马，而乃以一女宠获两大将，是其好兵与色之念相为倚伏者耶！而两将军之功，必自天子亲言之，则天子之意也。纪汉之出，必纪匈奴之人，则兵端启自我，而祸延于无既也。纪汉之出所获，必纪匈奴之人所亡，而凡计两将军及诸裨将之斩捕封邑之数，则获不如亡，而功不足蔽其辜也。匈奴自夏后氏以来千有余岁，跨地数千里，引弓之士数十万，高祖之神武，太宗之文教，皆与为和亲而羁縻之；而卫青将军、骠骑阿天子之意，摧百万之命，取无用之功，使天子意益侈大，东拔朝鲜、秽貉，南诛两越，西通月氏、大夏，而汉卒以大困。故太史公前列《匈奴传》，以示非所能统，而后列《公孙弘传》，以示汉与匈奴连兵之祸，实弘等外修儒术而内务功利所由致，而两将军之成功名，则皆以为天幸也。"（《丹棱文钞》）

钟惺曰："卫青以奴虏为外戚，能以边功自奋，称大将军，使史家不入《外戚》，特为立传，亦英雄也。武帝，雄主也，以皇后故贵青有之，然其时开边多事，信赏罚，明功罪，使恩泽无故加于外戚，不足以驱策智勇，亦帝之所内讳；而青自以边功为大将军，代为帝出脱私外戚之名与迹，尤帝之所心醉也。封青三子，青固辞,曰‘臣奉得待罪行间,赖陛下神灵,军大捷,皆诸校尉力战之功也’。……及不敢荐士,以招贤绌不肖之柄归之人主,有识,有体,有机权,有情实,似从学问世务中出,非独奴虏所难,恐功臣中亦鲜有及此者。获上收众,道俱不出此。及苏建亡军归,或言当斩,或言当赦,青具归天子,天子自裁之,示不敢专。处分折衷,出诸将士之上,称‘大将军’,不虚耳。处盛满之术,固应如是。……青于盛衰消息之际似有所见者,亦知几人也。”(《史怀》)

王世贞曰:“昔人称《卫青霍去病传》为太史公叙法之奇者,然其论卫将军曰‘于天下无称也’。去病则曰‘有天幸不至乏绝’而已。呜呼,匈奴天下莫强焉,其所以数胜而不绌者,岂尽‘天幸’耶?至伍被之所以奇大将军于淮南王者,又胡‘无称’也?李广盖屡战而屡败也,太史公津津不啻口出焉。……于其胜而幸者如彼,于其败而不幸者如此,是可以识矣。吾不幸,而材不见知于孝武,而卒腐以老如公孙弘、兒宽者,二将靡耳,奈何雍容取公相为也?彼盖以李广自况也。太史公于游侠、刺客、货殖、伯夷、屈平诸传,皆有所感慨,独于李广、卫霍传比兴之义多。吾既深于其指,而又惜其以私。故掩卫、霍摧敌之妙,使后人不得寻也。”(《弇州山人四部稿》)

姚苎田曰:“以卫将军、李广相提而论,则抑卫而右李;以霍骠骑与卫青相提而论,则右卫而贬霍。……大将军深入穷追,战功最烈,又且因粮于敌,使幕南积聚一空,又且单于跳身苟免,使其众不知所在,汉威已极,此平城以后第一吐气之功也。……史公偏于青之一战,胪次极其详尽,使千古以下犹若身在行间,闻鼓声而搏髀者。于去病之功悉削之不书,而惟以诏书代叙事,则炙手之势,偏引重于王言;而裹革之忠,自铭劳于幕府,其轻其重,文人代握其权矣,不但写景之工开却唐人许多沙场佳句也。”

又曰:“卫霍一传,叙伐胡功烈屡矣,莫奇于元狩四年之役。

两军分出，彼此各叙，而虚实详略一一对针。极尽笔力之奇，无一毫零赘也。杨升庵云：自‘日且入’至‘行二百余里’，写得如画。唐诗‘胡沙猎猎吹人面，汉虏相逢不相见’；又‘月黑雁飞高，单于夜遁逃。欲将轻骑逐，大雪满弓刀’，皆用此事，实千秋之绝调也。”(《史记菁华录》)

吴见思曰：“此传是一篇大文字，载大将军击匈奴者七，骠骑击匈奴者六，诏书封拜叙功者八，附叙诸将军者十六，而匈奴之入，皇后、王夫人之宠，两将军之为人，经纬穿插，埋伏布置，首尾浑然不露堆叠痕迹，岂非神手！”(《史记论文》)

曾国藩曰：“《卫青霍去病传》右卫而左霍，犹《魏其武安传》右窦而左田也。卫之封侯，意已含风刺矣；霍则风刺更甚。句中有筋，字中有眼，故知文章须得偏鸷不平之气，乃是佳耳。”(《求阙斋读书录》)

钱穆曰：“中国史上的外患，因地势及气候关系，其主要者常在北方，秦、汉大敌便是北方之匈奴。秦始皇对付匈奴，采用一种驱逐政策，汉高祖以一时轻敌致败，遂听娄敬策以和亲缓敌，但和亲政策终于不可久。汉、匈奴一旦破裂，则汉之形势实利攻而不利守，于是遂先有汉武帝之诱敌政策。诱敌政策失败，于是不得不大张挞伐，开塞出击。汉击匈奴，采用两种步骤：一是远出东西两翼造成大包围形势，以绝其经济上之供给与援助；一是正面打击其主力。开塞出击之进一步则为绝漠远征。（中国之对匈奴，非不知出击之利于坐防，然而不能决然出击者，则以骑兵之不足为一要因。……至汉武休养生息已七十年……马畜既盛，骑兵之训练自易。）自是匈奴远遁，而漠南无王庭，到宣帝时，匈奴终于屈服，而汉廷一劳永逸之战略卒以见效。中国以优势的人力和财力，对付文化较低、政治组织较松的民族，采用主力击破的攻势，自比畏葸为胜。汉武帝挞伐匈奴并不误，惟惜武帝内政方面有种种不需要的浪费，所以匈奴虽败，而中国亦疲，故为后人所不满。”

又曰：“观去病之将兵，较之项王未多逊。……独数其人，非虚也。……卫、霍虽以女宠进，而重以建功绝域自显。其一种进取勇决无畏之风，亦可敬矣。……然两党各有奇材，史公于霍去病虽寥寥落笔，而亦精神毕显矣，诚亦良史才也。”（《国史大纲》）

张大可曰：“本篇是汉代名将卫青、霍去病两人的合传，又是汉武帝征伐匈奴主要战将的类传……元光二年（前 133），汉武帝设谋马邑时，汉武帝二十四岁，当时卫青亦约二十四岁。元光五年（前 130），卫青为车骑将军，一出击匈奴，时年二十七岁……霍去病拓西河，降浑邪王，为骠骑将军，时年二十五岁。元狩四年（前 119），漠北大战，卫、霍两路出击，大胜匈奴，奠定了汉匈战争胜利结束的基础，是年卫青三十八岁，霍去病二十七岁。卫、霍两人都是青年将军，建立盖世之功，虽古之名将，不能过也。发动汉匈战争是年轻有为的汉武帝的决策，年轻有为的皇帝，敢于破格提拔年轻有为的将军，为中华民族的历史谱写了新声，司马迁是予以肯定的。卫、霍二人因是外戚，身上存在不少贵族积习，司马迁不为尊者讳，在传中提出了批评。……后世学者，断章取义，只讲卫、霍‘以外戚幸’，不谈卫、霍‘颇用才能自进’，认为《卫霍传》旨在刺讥，大失司马迁之旨矣。”（《史记全本新注》）

平津侯主父列传第五十二

丞相公孙弘者，齐菑川国薛县人也，字季。[①]少时为薛狱吏，有罪，免。家贫，牧豕海上[②]。年四十余，乃学《春秋》杂说[③]。养后母孝谨。

建元元年，天子初即位，招贤良文学之士。是时弘年六十，征以贤良为博士[④]。使匈奴，还报，不合上意，上怒，以为不能，弘乃病免归。

元光五年，有诏征文学，菑川国复推上公孙弘。弘让谢国人曰："臣已尝西应命，以不能罢归，愿更推选。"国人固推弘，弘至太常[⑤]。太常令所征儒士各对策，百余人，弘第居下[⑥]。策奏，天子擢弘对为第一。召入见，状貌甚丽，拜为博士[⑦]。是时通西南夷道，置郡，巴蜀民苦之[⑧]，诏使弘视之。还奏事，盛毁西南夷无所用，上不听。

弘为人恢奇[⑨]多闻，常称以为人主病不广大，人臣病不俭节。弘为布被，食不重肉。[⑩]后母死，服丧三年。每朝会议，开陈其端[⑪]，令人主自择，不肯面折庭争。于是天子察其行敦厚，辩论有余，习文法吏事，而又缘饰以儒术[⑫]，上大说之。二岁中，至左内史[⑬]。弘奏事，有不可，不庭辩之。尝与主爵都尉汲黯请间，[⑭]汲黯先发之，弘推其后[15]，天子常说[16]，所言皆听，以此日益亲贵。尝与公卿约议，至上前，皆倍其约以顺上旨。[17]汲黯庭诘弘曰："齐人多诈而无情实，始与臣等建此议，[18]今皆倍之，不忠。"上问弘。弘谢曰："夫知臣者以臣为忠，不知臣者以臣为不忠。"上然弘言。左右幸臣每毁弘，上益厚遇之。

元朔三年，张欧免，以弘为御史大夫。是时通西南夷，东置沧海[19]，北筑朔方之郡。弘数谏，以为罢敝中国以奉无用之地，[20]愿罢之。于是天子乃使朱买臣等难弘置朔方之便。[21]发十策，弘不得一[22]。弘乃谢曰："山东鄙人，不知其便若是，愿罢西南夷、沧海而专奉朔方。"上乃许之[23]。

汲黯曰："弘位在三公，奉禄甚多，然为布被，此诈也。"上问弘。弘谢曰："有之。夫九卿与臣善者无过黯，然今日庭诘弘，诚中弘之病。夫以三公为布被，诚饰诈欲以钓名。且臣闻管仲相齐，有三归，侈拟于君，[24]桓公以霸，亦上僭于君[25]。晏婴相景公，食不重肉，妾不衣丝，齐国亦治，此下比于民。今臣弘位为御史大夫，而为布被，自九卿以下至于小吏，无差[26]，诚如汲黯言[27]。且无汲黯忠，陛下安得闻此言。"天子以为谦让，愈益厚之。卒以弘为丞相，封平津侯。

弘为人意忌，外宽内深。[28]诸尝与弘有郤者，虽详与善，阴报其祸。[29]杀主父偃，徙董仲舒于胶西，[30]皆弘之力也。食一肉脱粟之饭。[31]故人所善宾客，仰衣食，弘奉禄皆以给之[32]，家无所余。士亦以此贤之[33]。

淮南、衡山谋反，治党与方急。[34]弘病甚，自以为无功而封，位至丞相，宜佐明主填抚国家，使人由臣子之道。[35]今诸侯有畔逆之计，此皆宰相奉职不称，恐窃病死，无以塞责。[36]乃上书曰："臣闻天下之通道[37]五，所以行之者三。曰君臣，父子，兄弟，夫妇，长幼之序，此五者天下之通道也。智，仁，勇，此三者天下之通德，所以行之者也。故曰'力行近乎仁，好问近乎智，知耻近乎勇'。知此三者,则知所以自治;知所以自治,然后知所以治人。天下未有不能自治而能治人者也,此百世不易之道也。今陛下躬行大孝,鉴三王,建周道,兼文武,[38]厉贤予禄[39],量能授官。今臣弘罢驽之质,无汗马之劳,陛下过意擢臣弘卒伍之中,封为列侯,致位三公。臣弘行能不足以称,素有负薪之病,[40]恐先狗马填沟壑,终无以报德塞责。愿归侯印,乞骸骨,避贤者路。"天子报曰:"古者赏有功,褒有德,守成尚文,遭遇右武[41],未有易此者也。朕宿昔庶几获承尊位,惧不能宁,[42]惟所与共为治者[43],君宜知之。盖君子善善恶恶,君若谨行,常在朕躬。[44]君不幸罹霜露之病,何恙不已,[45]乃上书归侯,乞骸骨,是章朕之不德也[46]。今事少闲,君其省思虑,一精神[47],辅以医药。"因赐告,牛酒杂帛[48]。居数月,病有瘳[49],视事。

元狩二年,弘病,竟以丞相终。子度嗣为平津侯。度为山阳太守十余岁,坐法失侯。

(以上为第一段,写公孙弘因读《公羊春秋》入仕至最终跻身丞相的过程。)

①齐——汉代诸侯国名,都城临菑(在今山东淄博临淄区北)。菑(zī)川——汉代诸侯国名,国都剧县(在今山东寿光南)。 薛县——汉县名,县治在今山东滕州南。按:薛县与菑川相距甚远,属于鲁国,似不可能属菑川。 字季——"季"字疑是排行。 ②牧豕海上——在海边放猪,当时的剧县北距海边不远。 ③《春秋》杂说——指《公羊春秋》与诸子杂家之学。 ④征以贤良为博士——以"贤良文学"的身份被诏至朝廷,任以为博士。博士:此时尚是朝官名,上属太常,在皇帝身边以备顾问。 ⑤太常——九卿之一,掌管宗庙礼仪及士人进入官场的考试。 ⑥弘第居下——公孙弘的答卷被主持考试者置于下等。第:次第。 ⑦拜为博士——任以为博士。拜:旧时用一定的礼节授予官职或以某种名义结成某种关系。 ⑧巴蜀民苦之——首先倡导通西南夷的是唐蒙与司马相如,而通西南夷所花费的巨大人力物力,最受其害的为巴郡、蜀郡,故巴、蜀之民对此怨声载道。 ⑨恢

奇——气度恢宏,不同凡响。 ⑩布被——不用丝绸。极言其俭省。 食不重肉——每顿饭只吃一种带肉的菜。 ⑪开陈其端——把解决该问题的几种方案都列出来。 ⑫缘饰以儒术——不论办什么事情,都要从儒家的经典中找出说法,以文饰之。 ⑬左内史——也称左冯翊,当时首都及其郊区的东部的行政长官,与右扶风、京兆尹合称“三辅”。 ⑭尝——曾经。 主爵都尉——朝官名,掌管有关列侯的事务,秩二千石。 汲黯——武帝时期的直臣。 请间——请求皇帝避开众人单独接见他们。间:缝隙,空隙。 ⑮汲黯先发之,弘推其后——每次总是让汲黯先说,而后公孙弘再接着加以申说。 ⑯说——“悦”的古字。 ⑰尝与公卿约议——有一次,与其他朝臣事先约定好大家都提某种相同的建议。 倍其约——违背事先的约定。倍:通“背”。违背。 以顺上旨——以迎合皇帝的想法。 ⑱齐人多诈而无情实——公孙弘这个家伙奸诈,没有真情实意。 始与臣等建此议——他本来在下面与我们商量好共同提这个建议的。 ⑲东置沧海——指在今朝鲜的江原道一带设置沧海郡,事在元朔元年(前128)。沧海:也作“苍海”。 ⑳罢敝——即“疲敝”,劳民伤财,耗损人力物力。 奉——事奉。此处引申为供应,用于。 ㉑朱买臣——武帝时的辩士,以读儒书进身,后为会稽太守、丞相长史。 难弘置朔方之便——称说在朔方置郡筑城的好处,以驳斥公孙弘“罢敝中国以奉无用之地”的说法。难:诘责,驳诘。 ㉒发十策,弘不得一——朱买臣一连提了十个问题,公孙弘一个也回答不上来。 ㉓上乃许之——按:公孙弘此议保证了全国集中力量对付匈奴,大大有裨于时政,不能因其人品而并废其谋略。 ㉔三归——讲法不一。有说指娶三房妻室,有三处住宅;有说指全国税收的十分之三归于他家。 侈拟于君——其奢侈的程度和齐桓公一样。拟:相比。 ㉕亦上僭(jiàn)于君——意谓管仲的功劳虽大,但其生活表现毕竟是一种越分行为。僭:越分,排场、做派超越了自己的等级。 ㉖自九卿以下至于小吏,无差——语欠明畅。大致是说,如果全像我一样,那就使得三公、九卿,以至普通小吏的生活状况全都没有区别了。 ㉗诚如汲黯言——佘有丁曰:“实自美也,而言似逊。” ㉘意忌——多疑且又忌恨人。 外宽内深——表面上宽和厚道,而内心里阴狠刻毒。 ㉙有郤——有恩怨,有过节。郤:通“隙”。空隙。引申为嫌隙。 详与善——表面上装作与其关系良好。详:通“佯”。假装。 阴报其祸——暗中寻机报仇。 ㉚杀主父偃——事见后文。 徙董仲舒于胶西——董仲舒是武帝时期的著名儒生,以治《公羊春秋》闻名于世。董仲舒讨厌公孙弘的希世从谀,公孙弘恼恨在心。当时的胶西王(国都在今山东高密西南)刘端是武帝的异母兄,为人强暴凶悍,许多派往胶西的朝廷官吏都死在他手里。公孙弘为了借刀杀人,便建议武帝派董仲舒去任胶西王相。 ㉛一肉——即前文之“食不重肉”。 脱粟之饭——粗米饭。 ㉜奉禄皆以给之——所得的俸禄全部用在了供养穷亲戚、穷朋友上。 ㉝士亦以此贤之——贤:称道。按:史公讨厌公孙弘,但也并不全面否定公孙弘。

㉞淮南、衡山谋反——淮南王(国都寿春,在今安徽寿县)刘安、衡山王(国都邾县,在今湖北黄冈西北)刘赐,都是刘邦的儿子淮南王刘长之子,武帝元狩元年(前122),因谋反被审查,自杀。 治党与——追查其同党之人。 ㉟填抚——安定与抚慰。即今所谓“统治”。填:通“镇”。 使人由臣子之道——使每个人都谨遵为臣、为子之道。意即恭恭敬敬地接受朝廷统治。 ㊱恐窃病死——“恐窃”当为“窃恐”。病死:指突然患病而死。 无以塞责——无法搪塞自己的失职之罪。

㊲通道——人人都要遵行的大道。通:普,普遍。 ㊳鉴三王——以三王的政治为借鉴。三王指夏禹、商汤、周文王;一说指夏禹、商汤、周文王与周武王。 建周道——拨去秦朝的乱政,使周初的美好政治在汉代重新建立起来。 兼文武——既有周文王的德治,又有周武王的武功。 ㊴厉贤予禄——意即只有真正的贤者,才让其食禄。厉:磨炼。 ㊵不足以称——不副其任。称:相称。 负薪之病——背柴累出来的毛病,背柴是“贱者”的劳动。这里即谦称自己之病。 ㊶尚文——以文治为上。 遭遇右武——战乱时则以武力为上。右:崇尚。

㊷宿昔——亦作“夙昔”。从前,前些时候。 庶几获承尊位——勉强的继承了皇位。这里是谦辞。 惧不能宁——害怕天下不能安宁。

㊸惟所与共为治者——这一切全都仰仗你们这些辅佐之臣好好帮助我。惟:只。 ㊹善善恶恶——喜欢好人好事,讨厌坏人坏事。 谨

行——谨慎行事。 常在朕躬——把一切心思都用在为我效力上。 ㊺罹霜露之病——犹言偶感风寒一类的小病。罹:遭,遇。 何恙不已——有什么病不能痊愈?已:止,痊愈。 ㊻是章朕之不德也——这岂不是显示我对群臣的无情无义。章:彰明。 ㊼一精神——意即专心静养。 ㊽赐告,牛酒杂帛——赐给假期,并赏赐牛酒绢帛。告:古时官吏休假之称。 ㊾有瘳(chōu)——有所好转。瘳:痊愈。

主父偃者,齐临菑人也。[①]学长短纵横[②]之术,晚乃学《易》、《春秋》、百家言。游齐诸生间,莫能厚遇也。齐诸儒生相与排摈[③],不容于齐。家贫,假贷无所得,乃北游燕、赵、中山,皆莫能厚遇,为客甚困。孝武元光元年中,以为诸侯莫足游者,乃西入关见卫将军。[④]卫将军数言上,上不召。资用乏,留久,诸公宾客多厌之,乃上书阙下。[⑤]朝奏,暮召入见。所言九事,其八事为律令[⑥],一事谏伐匈奴。其辞曰:

臣闻明主不恶切谏以博观,忠臣不敢避重诛以直谏,是故事无遗策而功流万世。今臣不敢隐忠避死以效愚计,愿陛下幸赦而少察之。

《司马法》[⑦]曰:"国虽大,好战必亡;天下虽平,忘战必危。"天下既平,天子大凯,春蒐秋狝,[⑧]诸侯春振旅,秋治兵,所以不忘战也。且夫怒者逆德也,兵者凶器也,争者末节也。古之人君一怒必伏尸流血,故圣王重行之[⑨]。夫务战胜穷武事者,[⑩]未有不悔者也。昔秦皇帝任[⑪]战胜之威,蚕食天下,并吞战国,海内为一,功齐三代。务胜不休,欲攻匈奴。李斯谏曰:"不可。夫匈奴无城郭之居,委积之守,迁徙鸟举,[⑫]难得而制也。轻兵深入,粮食必绝;踵粮以行,重不及事。[⑬]得其地不足以为利也,遇其民不可役而守也[⑭]。胜必杀之[⑮],非民父母也。靡弊中国,快心匈奴,[⑯]非长策也。"秦皇帝不听,遂使蒙恬将兵攻胡,辟地千里,以河为境[⑰]。地固泽卤，不生五谷[18]。然后发天下丁男以守北河[19]，暴兵露师十有余年，死者不可胜数，终不能逾河而北。[20]是岂人众不足，兵革不备哉？其势不可也。又使天下蜚刍挽粟，起于黄、腄、琅邪负海之郡，[21]转输北河，率三十钟而致一石。[22]男子疾耕不足于粮饷，女子纺绩不足于帷幕。百姓靡敝，孤寡老弱不能相养，道路死者相望，盖天下始畔秦也。

及至高皇帝定天下，略地于边，闻匈奴聚于代谷[23]之外而欲击之。御史成进谏曰："不可。夫匈奴之性，兽聚而鸟散，从之如搏影。今以陛下盛德攻匈奴，臣窃危之。"高帝不听，遂北至于代谷，果有平城之围[24]。高皇帝盖悔之甚，乃使刘敬往结和亲之约，然后天下忘干戈之事。故兵法曰"兴师十万，日费千金"。夫秦常积众暴兵数十万人，虽有覆军杀将系虏单于之功，[25]亦适足以结怨深仇，不足以偿天下之费。夫上虚府库，下敝百姓，甘心于外国，非完事也。[26]夫匈奴难得而制，非一世也。行盗侵驱，所以为业也，天性固然。上及虞夏殷周，固弗程督，禽兽畜之，不属为人。[27]夫上不观虞夏殷周之统，而下循近世之失，此臣之所大忧，百姓之所疾苦也。且夫兵久则变生，事苦则虑易[28]。乃使边境之民弊靡愁苦而有离心，将吏相疑而外市[29]，故尉佗、章邯得以成其私也。[30]夫秦政之所以不行者，权分乎二子，此得失之效也。[31]故《周书》曰"安危在出令，存亡在所用"。愿陛下详察之，少加意而熟虑焉。

是时赵人徐乐、齐人严安俱上书言世务，各一事。徐乐曰：

臣闻天下之患在于"土崩"，不在于"瓦解"，古今一也。何谓"土崩"？秦之末世是也。陈涉无千乘之尊，尺土之地，身非王公大人名族之后，无乡曲之誉，非有孔、墨、曾子之贤，陶朱、猗顿之富也。然起穷巷，奋棘矜，偏袒大呼而天下从风，[32]此其故何也？由民困而主不恤，下怨而上不知，俗已乱而政不修，此三者陈涉之所以为资也，是之谓“土崩”。故曰天下之患在于“土崩”。何谓“瓦解”？吴、楚、齐、赵之兵[33]是也。七国谋为大逆，号皆称万乘之君，带甲数十万，威足以严其境内，财足以劝其士民，[34]然不能西攘尺寸之地而身为禽于中原者，此其故何也？非权轻于匹夫而兵弱于陈涉也。当是之时，先帝之德泽未衰，而安土乐俗之民众，故诸侯无境外之助。此之谓“瓦解”。故曰天下之患不在“瓦解”。由是观之，天下诚有土崩之势，虽布衣穷处之士或首恶而危海内，[35]陈涉是也，况三晋之君[36]或存乎！天下虽未有大治也，诚能无土崩之势，虽有强国劲兵不得旋踵[37]而身为禽矣，吴、楚、齐、赵是也，况群臣百姓能为乱乎哉！此二体者，安危之明要也，[38]贤主所留意而深察也。

间者关东五谷不登，年岁未复，[39]民多穷困，重之以边境之事，推数循理而观之，则民且有不安其处者矣。不安故易动。易动者，“土崩”之势也。故贤主独观万化之原，明于安危之机，修之庙堂之上，而销未形之患。其要，期使天下无“土崩”之势而已矣。故虽有强国劲兵[40]，陛下逐走兽，射蜚鸟，弘游燕之囿，淫纵恣之观，极驰骋之乐，自若也。[41]金石丝竹之声不绝于耳，帷帐之私俳优侏儒之笑不乏于前，而天下无宿忧。[42]名何必汤武，俗何必成康！[43]虽然，臣窃以为陛下天然之圣，宽仁之资，而诚以天下为务，则汤武之名不难侔[44]，而成康之俗可复兴也。此二体者立[45]，然后处尊安之实，扬名广誉于当世，亲天下而服四夷，余恩遗德为数世隆[46]，南面负扆摄袂而揖王公，此陛下之所服也。[47]臣闻图王不成，其敝足以安。[48]安则陛下何求而不得，何为而不成，何征而不服乎哉！

严安上书曰：

臣闻周有天下，其治三百余岁，成康其隆也，刑错四十余年而不用。[49]及其衰也，亦三百余岁，故五伯更起。[50]五伯者，常佐天子兴利除害，诛暴禁邪，匡正海内，以尊天子。五伯既没，贤圣莫续，天子孤弱，号令不行。诸侯恣行，强陵弱，众暴寡，田常篡齐，六卿分晋，[51]并为战国，此民之始苦也。于是强国务攻，弱国备守，合从连横，驰车击毂，介胄生虮虱，民无所告诉。[52]

及至秦王，蚕食天下，并吞战国，称号曰皇帝。主海内之政，坏诸侯之城，销其兵，铸以为钟虡，示不复用。[53]元元黎民得免于战国，逢明天子，人人自以为更生。[54]向使秦缓其刑罚，薄赋敛，省繇役，贵仁义，贱权利，上笃厚，下智巧，[55]变风易俗，化于海内[56]，则世世必安矣。秦不行是风而循其故俗[57]，为智巧权利者进，笃厚忠信者退；法严政峻，谄谀者众，日闻其美，意广心轶。[58]欲肆威海外，乃使蒙恬将兵以北攻胡，辟地进境，戍于北河，蜚刍挽粟以随其后。又使尉屠睢将楼船之士南攻百越，使监禄凿渠运粮，[59]深入越，越人遁逃。旷日持久，粮食绝乏，越人击之，秦兵大败。秦乃使尉佗将卒以戍越。当是时，秦祸北构于胡，南挂于越，宿兵无用之地，[60]进而不得退。行十余年，丁男被甲，丁女转输，苦不聊生，自经[61]于道树，死者相望。及秦皇帝崩，天下大叛。陈胜、吴广举陈[62]，武臣、张耳举赵，项梁举吴，田儋举齐，景驹举郢，周市举魏，韩广举燕，穷山通谷豪士并起，不可胜载也。然皆非公侯之后，非长官之吏也。[63]无尺寸之势，起闾巷，杖棘矜，应时而皆动，不谋而俱起，不约而同会，壤长地进，至于霸王，时教使然也。秦贵为天子，富有天下，灭世绝祀者，穷兵之祸也。故周失之弱，秦失之强，不变之患也。[64]

今欲招南夷，朝夜郎，降羌僰，略濊州，建城邑，[65]深入匈奴，燔其茏城[66]，议者美之。此人臣之利也，非天下之长策也。今中国无狗吠之惊，而外累于远方之备，靡敝国家，非所以子民也。[67]行无穷之欲，甘心快意，结怨于匈奴，非所以安边也。祸结而不解，兵休而复起，近者愁苦，远者惊骇，非所以持久也。今天下锻甲砥剑，桥箭累弦，[68]转输运粮，未见休时，此天下之所共忧也。夫兵久而变起，事烦而虑生[69]。今外郡之地或几千里，列城数十，形束壤制，旁胁诸侯，非公室之利也。[70]上观齐晋之所以亡者，公室卑削，六卿大盛也；下观秦之所以灭者，严法刻深，欲大无穷也。今郡守之权，非特六卿之重也；地几千里，非特闾巷之资也；甲兵器械，非特棘矜之用也：以遭万世之变，则不可称讳也。[71]

书奏天子，天子召见三人，谓曰："公等皆安在？何相见之晚也！"于是上乃拜主父偃、徐乐、严安为郎中[72]。偃数见，上疏言事，诏拜偃为谒者，迁为中大夫。[73]一岁中四迁偃。

偃说上曰："古者诸侯不过百里，强弱之形易制。今诸侯或连城数十，地方千里，缓则骄奢易为淫乱，急则阻其强而合从以逆京师。[74]今以法割削之，则逆节萌起，前日晁错是也。[75]今诸侯子弟或十数，而適嗣代立，[76]余虽骨肉，无尺寸地封，则仁孝之道不宣。愿陛下令诸侯得推恩分子弟，以地侯之[77]。彼人人喜得所愿，上以德施[78]，实分其国，不削而稍弱矣。"于是上从其计。又说上曰："茂陵[79]初立，天下豪桀并兼之家，乱众之民，皆可徙茂陵，内实京师，外销奸猾，此所谓不诛而害除。"上又从其计。

尊立卫皇后，及发燕王定国阴事[80]，盖偃有功焉。大臣皆畏其口，赂遗累千金。人或说偃曰："太横矣。"主父曰："臣结发游学四十余年，身不得遂[81]，亲不以为子，昆弟不收，宾客弃我，我厄日久矣。且丈夫生不五鼎食，死即五鼎烹耳。吾日暮途远，故倒行暴施之。"

偃盛言朔方地肥饶，外阻河，[82]蒙恬城之以逐匈奴，内省转输戍漕，[83]广中国，灭胡之本也。上览其说，下公卿议，皆言不便。公孙弘曰："秦时常发三十万众筑北河，终不可就，已而弃之。[84]"

主父偃盛言其便，上竟用主父计，立朔方郡。

元朔二年，主父言齐王内淫佚行僻，上拜主父为齐相。至齐，遍召昆弟宾客，散五百金予之，数之曰："始吾贫时，昆弟不我衣食，宾客不我内门；[85]今吾相齐，诸君迎我或千里。吾与诸君绝矣，毋复入偃之门！"乃使人以王与姊奸事动王[86]，王以为终不得脱罪，恐效燕王论死，乃自杀。有司以闻[87]。

主父始为布衣时，尝游燕、赵，及其贵，发[88]燕事。赵王恐其为国患，欲上书言其阴事，为偃居中，[89]不敢发。及为齐相，出关，即使人上书，告言主父偃受诸侯金，以故诸侯子弟多以得封者。及齐王自杀，上闻大怒，以为主父劫其王令自杀，乃征下吏治。[90]主父服受诸侯金，实不劫王令自杀。上欲勿诛，是时公孙弘为御史大夫，乃言曰："齐王自杀无后，国除为郡，入汉，主父偃本首恶，陛下不诛主父偃，无以谢天下。"乃遂族主父偃。

主父方贵幸时，宾客以千数，及其族死，无一人收者，唯独洨孔车[91]收葬之。天子后闻之，以为孔车长者也。

（以上为第二段，写主父偃的生平事迹，并连带写了徐乐、严安的上书。）

①主父偃——姓主父，名偃。　临菑——也写作"临淄"，历来为齐国都城，在今山东淄博临淄区。　②长短纵横——"长短"与"纵横"的意思相同，即所谓纵横家的学问。　③相与排摈——勾结起来排挤主父偃。　④西入关——指入函谷关。　卫将军——卫青，时任大将军之职。　⑤诸公宾客——指主父偃曾多次求见过的这些长安城的公卿权贵与其门下的宾客们。　上书阙下——到宫门前给皇帝上书。帝王的宫门左右立有双阙，故称宫门之前曰"阙下"。　⑥八事为律令——上书共提及九件事，其中八件是有关规章制度的。　⑦《司马法》——古代的一部兵书名，作者不详。司马是古代的主兵之官。也有说指《司马穰苴兵法》。　⑧天下既平——天下一旦太平。　天子大凯——帝王就要立刻收兵止战。　春蒐（sōu）秋狝（xiǎn）——古代春秋两季所举行的练兵活动，春曰"蒐"，秋曰"狝"。　⑨重行之——

不轻易使用。重:慎,不轻易。 ⑩务战胜——追求一定打败对手。穷武事——极端讲究武力。 ⑪任——凭借,依仗。 ⑫委积——仓廪之所藏。 迁徙鸟举——要想搬家,像鸟似的一张翅膀就飞走了。举:起飞。 ⑬踵粮——后面跟着运粮大队。踵:追随,跟随。 重不及事——指行动迟缓,不可能抓住敌人。 ⑭遇其民不可役而守也——"遇"字不顺,《汉书》作"得其民"。役:奴役。 ⑮胜必杀之——为恐敌人重新集聚,故将所降敌兵尽数杀掉。 ⑯靡弊——耗费,损耗。 快心匈奴——为获得打败匈奴的一时痛快。 ⑰以河为境——这里指今内蒙古河套一带的那段黄河。 ⑱地固泽卤,不生五谷——泽卤:地多盐碱。按:匈奴地区多沙漠,亦多戈壁、盐碱,但谓河套地区"地固泽卤,不生五谷"则非,古语有所谓"黄河百害,唯富一套"。 ⑲北河——即上述内蒙古河套一带的黄河,因其在关中地区的北方,故称"北河"。 ⑳暴(pù)兵露师——使军队被太阳晒着,被风雨吹着淋着。暴:"曝"的古字。日晒。 不能逾河而北——按:当初赵国的长城,以及蒙恬后来所筑的长城都在黄河北侧,主父偃根本不明白河套地区的地形。 ㉑蜚刍挽粟——即运输粮草。蜚:通"飞"。 黄、腄——二县名,黄县县治在今山东龙口,腄县县治在今山东烟台,二县都在山东半岛的东北沿海,当时属东莱郡。 琅邪——汉县名,地处山东半岛的东南部海边,县治在今山东青岛黄岛区。 负海——靠近海边。负:背靠。 ㉒转输——辗转运送。也可说是以车运送。 率——大概,大体上。 三十钟而致一石——从始发点运送一石粮食到前线,运输者在路上的吃用要达到三十钟。一石等于十斗,一钟等于六石四斗。也就是说,运到的粮食,相当于路上消耗的一百九十二分之一。危言耸听,夸张得不着边际。 ㉓代谷——具体方位不详,有说在今河北蔚县附近,有说在今山西代县附近,有说在今山西大同附近。 ㉔平城之围——事在高祖七年(前200)冬。刘邦率军进至平城(在今山西大同)东北之白登,被匈奴所包围,七日不得出。后通过陈平施反间计,始脱困境。 ㉕积众暴兵——指蒙恬等之驻军北河,以抗匈奴。 覆军——指在一个战役中全部消灭敌人。 系虏单于——按:蒙恬等曾驱逐匈奴,夺回河套一带的大片地盘,但从无"系虏单于"事,此又主父偃夸大其词。 ㉖甘心于外国——通过对外战争中求得一时痛快,即前文所谓“快心匈奴”。 完事——完美之事,盛德之事。㉗固弗程督——从来没对这些北方敌人采取严厉的措施。程督:规范约束。 不属为人——不把他们当作与中原人一样的人。 ㉘虑易——想法改变。隐指图谋造反。 ㉙外市——与外敌相通,以求卖主利己。 ㉚尉佗——原名赵佗,因后为南海尉,故亦称尉佗。秦末大乱时,赵佗以南海郡为基础进而收服了桂林、象郡,自立为南越王。章邯——秦朝名将,曾打败陈胜,破杀项梁,后在巨鹿被项羽打败,因朝内赵高正欲借机陷害章邯,故章邯遂率军投降项羽。 成其私——实现了其私人目的。 ㉛秦政之所以不行——意即秦朝之所以灭亡。不行:不能推行,不能行使。 此得失之效也——这就是秦朝失败的最有力的证明。 ㉜棘矜(qín)——矛戟,此处泛指武器。棘:通“戟”。矜:矛柄。 偏袒——袒露出一只胳膊。古人宣誓或表决心时常做这种姿态。 ㉝吴、楚、齐、赵之兵——指汉景帝时吴楚七国之乱。㉞严——整饬,整备。 劝——鼓励,收买之以为其效力。 ㉟穷处——处于穷困之地。 首恶——首先带头造反。 危海内——指动摇国家政权。 ㊱三晋之君——这里指随陈涉而起的战国诸侯的后代,如魏咎、魏豹、韩成、赵歇等。三晋:指韩、赵、魏,因此三国皆由春秋时代的晋国分出。 ㊲旋踵——转身,极言其时间之短。踵:脚跟。㊳二体——指“土崩”与“瓦解”两种不同的形势。 安危之明要——是有危险与无危险的鲜明而重要的标志。 ㊴间者——近来,不久前,前些时候。 年岁未复——至今尚未获得好的收成。年岁:指农业收成。 ㊵虽有强国劲兵——意谓即使有“瓦解”性质的诸侯王作乱。

㊶弘——扩大,广建。 游燕之囿——游玩享乐的园林。燕:通“宴”。安乐。 淫——放纵,放任,肆意而为。 纵恣之观——一切赏心悦目的东西。 自若——照常,和往常一样。 ㊷帷帐之私——指宠狎姬妾。 无宿忧——不会有潜藏的祸患。 ㊸汤武——商汤、周武王。 成康——周成王、周康王。 ㊹侔(móu)——齐等。㊺此二体者立——指“名侔汤武”“俗复成康”的两种局面出现后。㊻余恩遗德为数世隆——意谓靠您恩德奠定的基业,足以使子孙后代

几辈子安享太平。 ㊼负扆(yǐ)——背靠屏风。扆:天子御座后面的画着斧形图案的屏风。 摄袂——犹言“敛袂”,整理衣袖。 揖王公——使王公大臣前来拜见。 此陛下之所服也——这是您现在应做的事情。服:事,从事。 ㊽图王——希求创立三王一样的功业。 其敝足以安——连上句意谓即使达不到“三王”的局面,最不好也能使国家获得安定。 ㊾成康其隆——成王、康王时期的太平兴隆。 刑错——刑法搁置不用。指社会治安良好,无人犯罪。错:停,闲置不用。 ㊿五伯——同“五霸”,指齐桓公、晋文公、楚庄王、吴王阖庐、越王句践。 更起——迭起,此起彼伏。 51众暴寡——兵多的欺侮兵少的。暴:侵陵。 田常篡齐——田常本作“田恒”,也称“陈恒”,汉人为避文帝讳而改称“田常”,春秋末期的齐国大贵族,于公元前481年,弑其君齐简公,为其后人正式篡齐奠定了基础。 六卿分晋——六卿指春秋末期控制晋国政权的六家大臣,即范氏、中行氏、智氏、韩氏、赵氏、魏氏。后来先是智氏、赵氏、韩氏、魏氏四家联合灭掉了范氏、中行氏;不久赵氏、韩氏、魏氏三家又联合灭掉了智氏,而后瓜分晋国成为诸侯。 52击毂——车轴相互碰撞。极言路上车辆之多。毂:车轮正中之孔,以安车轴的部位。 介胄——甲胄。介:甲。 告诉——求告,诉说,以求援救与保护。 53销其兵——销毁从六国缴获的武器,使东方之人再无武器用以反秦。 铸以为钟虡(jù)——将东方的兵器熔化后,铸成了钟虡与十二个大铜人。钟:古代的乐器。虡:亦作“簴”。悬挂钟的架子。 示不复用——按:此所谓“不复用”是指令东方六国之人无法再行反秦,而不是连秦国的兵器也一同销毁,从此不再打仗。 54元元——庶民。 更生——获得了新生。 55贵仁义,贱权利——意即实行儒家的一套,压制法家的那一套。权:指用刑法、武力镇压。利:以“首功”之法鼓励人们杀敌与垦荒。 上笃厚,下智巧——引导人以笃厚为上,而鄙弃那些斗心眼、耍手段的人。 56化于海内——以儒家倡导的那套伦理道德教化全国。 57循其故俗——还是实行商鞅在秦国搞的那一套法家统治。循:沿袭,照旧实行。 58日闻其美——整天听歌功颂德的话。 意广心轶——越来越没个收敛,越来越好大喜功。 59尉屠睢——尉:军官名。屠睢:人姓名。 监禄——监郡名禄。秦代各郡的长官除郡守、郡尉外,尚有由朝廷派出的御史一人,名曰“监郡”。 ⑥⓪构——连,即今所谓兵连祸结。 挂——与“构”的意思相同。 宿兵——驻兵。 ⑥①自经——自缢,上吊。 ⑥②陈胜、吴广举陈——陈胜等起兵于蕲县大泽乡(在今安徽宿州东南),事在二世元年(前209)七月,至攻克陈(在今河南周口淮阳区)后,乃称王。举:攻克,占领。 ⑥③皆非公侯之后——按:陈涉、吴广、武臣、张耳等非公侯之后,至田儋、魏咎、项梁等,则不可谓“非公侯之后”。 非长官之吏——都不是掌大权的官吏,若萧何、曹参、夏侯婴等皆小吏;县令、郡守亦有欲起兵反秦者,然皆被刘邦、项梁等所杀。 ⑥④周失之弱,秦失之强——周因弱而亡,秦因强而亡。 不变——不知形势变化了就必须采取变通的政策。 ⑥⑤招南夷——招南夷地区的诸小君长前来归附。南夷:指今贵州、云南境内的诸少数民族部落,如夜郎、牂柯、滇、昆明等。 朝夜郎——使夜郎王进京朝见。夜郎:当时南夷中一个较大的小国名,其地主要在今贵州西部、北部,以及云南东北、四川南部与广西北部部分地区。 降羌僰(bó)——当时蜀郡以西地区的少数民族名,即当时所说的西夷。僰族约在今四川宜宾;羌族约在今甘、青、川一带。 略濊(huì)州,建城邑——即在濊州设郡。濊州:古秽貊(mò),分布在今松嫩平原、鸭绿江流域及朝鲜半岛。元朔元年(前128)秋,东夷濊君南闾等二十八万人降,为苍海郡。 ⑥⑥茏城——也作龙城,匈奴单于的大本营,在今蒙古国鄂尔浑河西侧的和硕柴达木湖附近。 ⑥⑦外累于远方之备——让防备远方之敌成为国家的累赘。 非所以子民也——这不是养育黎民的好章程。 ⑥⑧锻甲——冶炼金属,制造铠甲。 砥——磨。 桥箭——正曲使直。桥:此处通“矫”。 累弦——造弦。也有人解释“累”字为“集聚”。 ⑥⑨事烦而虑生——事情多了就容易出乱子。烦:繁杂,繁剧。虑:忧患。 ⑦⓪形束壤制,旁胁诸侯——谓各郡的地形与邻近的诸侯国犬牙交错,控制威胁着其邻近的诸侯国。 公室——春秋时以称诸侯之宗室,今以“公室”称皇帝的家族,似乎欠妥。 ⑦①以遭万世之变——如果一旦碰上万世难逢的变故。隐指造反。 不可称讳——其灾难将大得没法言说。隐指国家必亡。按:自贾谊以来,例皆劝皇帝打击、削弱诸侯王,唯严安提出要防备中央直属的郡守,此颇与众不同。 ⑫郎中——皇帝身边的侍从官员,上属郎中令。 ⑬谒者——皇帝身边的侍从官员,掌收发传达与赞礼等,上属郎中令。 中大夫——皇帝身边的顾问人员,掌议论。 ⑭阻其强——仗恃着其国力强大。阻:凭借,倚仗。 合从——指诸侯王的相互联合,如吴、楚七国之作为。 逆——迎,对抗。 ⑮逆节萌起——那他们立刻就萌生造反的念头。 晁错——景帝时为御史大夫,因力主削弱诸侯王,引发了吴楚七国之乱,被景帝当作替罪羊杀害。 ⑯诸侯子弟或十数——每个诸侯都会有兄弟、儿子十来个以至几十个。 適嗣代立——只有嫡长子代其父为王。適:通"嫡"。 ⑰以地侯之——将本国之地分成若干份,除嫡长子继任为王外,其他所有子弟一律都封为列侯。 ⑱上以德施——从皇帝的角度来说,这是对所有诸侯的子弟施以了恩典。 ⑲茂陵——武帝的陵墓,在今陕西兴平。汉代皇帝的惯例是,自其继位为帝的第二年起,便着手为自己预建陵墓。并在其陵墓所在地置县,名曰"陵邑",强制各地区的富户、豪绅向这些地区搬迁。 ⑳发燕王定国阴事——事在元朔元年(前128)。燕王定国是刘邦功臣刘泽之孙,继其父位为燕王。因通其父姬,夺其弟妻,奸其亲女,被人告发,自杀国除。 ㉑遂——成功,如意。 ㉒朔方——古地区名,约当今河套西北部及后套地区。 地肥饶——意即可以在这一带驻兵移民,发展农业。 外阻河——北依黄河。 ㉓蒙恬城之——蒙恬曾在后套以北建筑长城。 内省转输戍漕——意谓如果在河套一带发展农业,就用不着再从内地向那一带运送粮食了。 ㉔常——通"尝"。曾经。 筑北河——在河套北筑城驻守。 终不可就,已而弃之——按:秦时蒙恬筑城,已经完成,并非"终不可就",亦未"已而弃之"。 ㉕不我衣食——即"不衣食我",不给我吃的穿的。 不我内门——不许我进其家门。内:"纳"的古字。 ㉖动王——意即向齐王吹风、示警。 ㉗以闻——将其事上报皇帝。 ㉘发——揭发,告发。 ㉙恐其为国患——因当年主父偃穷困游赵时,赵国君臣亦待之无礼。 居中——在朝中,尤其是在宫内为官。 ㊿劫其王令自杀——意即逼着齐王自杀。 乃征下吏治——将其调到京城交有司惩治。 ㉛洨(xiáo)孔车——洨县人,姓孔名车。洨县在今安徽固镇县东,当时属沛郡。

太史公曰:公孙弘行义虽修,然亦遇时。①汉兴八十余年矣,上方乡文学,招俊乂,②以广儒墨③,弘为举首④。主父偃当路,诸公皆誉之,及名败身诛,士争言其恶。悲夫!

(以上为第三段,是作者的论赞,作者对汉代的尊儒与其“举首”的公孙弘表达了隐约的嘲讽。)

①行义虽修——品行举止虽好。行义:合乎时髦的行为举动。义:宜也。 遇时——赶上了合适的机会,指武帝尊儒。 ②乡文学——喜爱儒术。乡:通“向”。向往,喜爱。文学:指学术。这里指儒术。俊乂(yì)——犹言“俊杰”。此指精通儒术者。 ③以广儒墨——意即推广儒术。“墨”字只是连类而及。参见俞樾《古书疑义举例》。④举首——犹今之所谓“首选”。

太皇太后诏大司徒大司空①:“盖闻治国之道,富民为始;富民之要,在于节俭。《孝经》曰:‘安上治民,莫善于礼。’‘礼,与奢也宁俭②。’昔者管仲相齐桓,霸诸侯,有九合一匡之功③,而仲尼谓之不知礼,以其奢泰侈拟于君故也。夏禹卑宫室,恶衣服,后圣不循。由此言之,治之盛也,德优矣,莫高于俭。俭化俗民,则尊卑之序得,而骨肉之恩亲,争讼之原息。斯乃家给人足,刑错之本也欤?可不务哉!夫三公者,百寮之率,万民之表也。未有树直表而得曲影者也。孔子不云乎,‘子率而正,孰敢不正④’;‘举善而教不能则劝⑤’。维汉兴以来,股肱宰臣身行俭约,轻财重义,较然著明,未有若故丞相平津侯公孙弘者也。位在丞相而为布被,脱粟之饭,不过一肉。故人所善宾客皆分奉禄以给之,无有所余。诚内自克约而外从制。⑥汲黯诘之,乃闻于朝⑦,此可谓减于制度⑧而可施行者也。德优则行,否则止⑨,与内奢泰而外为诡服以钓虚誉者殊科。⑩以病乞骸骨,孝武皇帝即制曰:‘赏有功,褒有德,善善恶恶,君宜知之。其省思虑,存精神,辅以医药。'赐告治病,牛酒杂帛。居数月,有瘳,视事。至元狩二年,竟以善终于相位。夫知臣莫若君,此其效也[11]。弘子度嗣爵,后为山阳太守,坐法失侯。夫表德章义,所以率俗厉化,圣王之制,不易之道也。其赐弘后子孙之次当为后者爵关内侯,食邑三百户,征诣公车,上名尚书,朕亲临拜焉。[12]"

班固称曰[13]:公孙弘、卜式、兒宽皆以鸿渐之翼困于燕雀,远迹羊豕之间,[14]非遇其时,焉能致此位乎?是时汉兴六十余载,海内乂安,府库充实,而四夷未宾,制度多阙,上方欲用文武,求之如弗及。[15]始以蒲轮迎枚生,见主父而叹息。[16]群臣慕向,异人并出。卜式试于刍牧,弘羊擢于贾竖,[17]卫青奋于奴仆,日磾出于降虏,[18]斯亦曩时版筑饭牛之朋矣。[19]汉之得人,于兹为盛。儒雅则公孙弘、董仲舒、兒宽,笃行则石建、石庆,质直则汲黯、卜式,推贤则韩安国、郑当时,定令则赵禹、张汤,文章则司马迁、相如,滑稽则东方朔、枚皋,应对则严助、朱买臣,历数则唐都、落下闳,协律则李延年,运筹则桑弘羊,奉使则张骞、苏武,将帅则卫青、霍去病,受遗[20]则霍光、金日磾。其余不可胜纪。是以兴造功业,制度遗文[21],后世莫及。孝宣承统,纂修洪业,[22]亦讲论六艺,招选茂异,而萧望之、梁丘贺、夏侯胜、韦玄成、严彭祖、尹更始以儒术进,刘向、王褒以文章显。将相则张安世、赵充国、魏相、邴吉、于定国、杜延年,治民则黄霸、王成、龚遂、郑弘、邵信臣、韩延寿、尹翁归、赵广汉之属,皆有功迹见述于后。累其名臣,亦其次也[23]。

(以上为第四段,是东汉以后窜入的有关公孙弘的两段文字。)

①太皇太后——指汉元帝的王皇后,名政君。所以称之为"太皇太后",是因为现时在位的汉平帝(公元前1—公元6年在位)是中山孝王刘兴之子,元帝的庶孙。　大司徒——古官名,汉哀帝恢复古制,改丞相为大司徒。　大司空——汉成帝时,改御史大夫为大司空。②礼,与奢也宁俭——语见《论语·八佾》,意思是在不好掌握分寸的时候,宁可讲究得不够,不能讲究得过分,因为过分就是僭越。　③有

九合一匡之功——九合：即九合诸侯，谓多次召集诸侯会盟，以解决“尊王攘夷”等事。一匡：即一匡天下。指稳定周天子的统治地位，参见《管晏列传》。 ④子率而正，孰敢不正——语见《论语·颜渊》。原文是：“季康子问政于孔子，孔子对曰：‘政者，正也。子帅以正，孰敢不正！’” ⑤举善而教不能则劝——语见《论语·为政》，意思是表扬好的，教导不好的，那本来不好的就可以因受鼓励而逐渐变好。劝：鼓励。 ⑥克约——克制，严格要求自己。 从制——遵守制度。 ⑦汲黯诘之，乃闻于朝——汲黯在朝堂上对公孙弘提出责问，公孙弘才将实情对皇帝讲明。诘：问，责问。 ⑧减于制度——比制度所规定的还要低，还要少。 ⑨德优则行，否则止——只有道德高尚的人才能做到，道德低的人是做不来的。 ⑩内奢泰而外为诡服——实际生活骄奢，而表面上做出俭朴的样子。 殊科——不是一类。 ⑪此其效也——这就是最好的证据。效：效验，证据。 ⑫征诣(yì)公车——用公车召其入京。 上名尚书——将合法继承人的名字上报尚书。 亲临拜——亲自来予以加封。拜：封。 ⑬班固——字孟坚，东汉初期的史学家与辞赋家，《汉书》作者。“班固称曰”以下的文字见《汉书·公孙弘卜式兒宽传》之论赞。 ⑭卜式——出身田家，以牧羊致富，官至御史大夫。 兒宽——武帝时的柔媚儒生，出身贫寒，后官至御史大夫。 鸿渐之翼——有鸿鹄的翅膀。这里指鸿鹄，以喻人的资质卓荦。鸿渐：《易·渐卦》上九爻辞曰：“鸿渐于陆，其羽可用为仪。” 远迹羊豕之间——言公孙弘、卜式、兒宽三人皆出身寒微，放牧过猪羊。远迹：犹言远处，远居。 ⑮文武——指有文韬、有武略的人才。 求之如弗及——极言其招纳之急切，唯恐稍纵即逝。 ⑯以蒲轮迎枚生——枚生即枚乘，当时著名的学者，曾为吴王刘濞、梁孝王刘武的宾客。武帝时，年已九十，武帝以蒲轮征之，死于途中。蒲轮：以蒲裹轮，取其安稳。 见主父而叹息——即前文所谓“公等皆安在？何相见之晚也”云云。叹息：赞叹。 ⑰卜式试于刍牧——把卜式从一个放牧者提拔起来。刍牧：割草、放牧。 弘羊擢于贾竖——把桑弘羊从一个商人提拔起来。 ⑱卫青奋于奴仆——卫青出身于平阳侯家的奴仆，后来成为名将，封长平侯。 日磾(mì dī)出于降虏——金日磾原是匈奴人，降汉后受武帝宠信，后与霍光一起受遗诏辅佐昭帝为政。 ⑲曩（nǎng）时——昔日，从前。 版筑——指商代的贤臣傅说，在被殷帝武丁发现前，曾“为胥靡，筑于傅险”。 饭牛——指齐桓公的贤臣宁戚，在被齐桓公发现前曾给人喂牛。 朋——伦，类。 ⑳受遗——指接受武帝遗命，以辅佐幼主昭帝。 ㉑制度遗文——指创建的各种制度与流传下来的有关国家制度的资料文献。 ㉒孝宣——即汉宣帝刘询。 纂修洪业——继续推行武帝所开创的各种事业。 ㉓累其名臣，亦其次也——按：二句莫知所云，疑有讹误。《汉书》作“参其名臣，亦其次也”。参：参详，观察思考。意即看看宣帝、元帝时代的这些名臣，也大体可以和武帝时代的名臣相比。

［**简评**］ 本文记述了公孙弘“曲学阿世”，以诈伪手段博得武帝信任，最终拜相封侯，以及主父偃三人以文辞进用的过程。公孙弘通过学《公羊春秋》跻身官场，是武帝尊儒后第一个获得实利的人物。通过认识公孙弘可以使人们清楚地认识汉代尊儒的实质，和这些被尊儒生的可鄙嘴脸。此文应该与《刘敬叔孙通列传》《儒林列传》《游侠列传》等参照阅读。公孙弘与主父偃之被司马迁肯定的地方，是他们的反对伐匈奴、打朝鲜，以及通西南夷等。徐乐、严安也都有这方面的言论，这是司马迁所赞成的。这方面的问题应该结合《匈奴列传》《卫将军骠骑列传》《西南夷列传》《平准书》等一道阅读。公孙弘、主父偃都是很阴险、很狡猾的人物，结果主父偃竟死在了公孙弘手下。这里一方面有其造孽自取，另一方面也是为了突出公孙弘的恶劣，从这个意义上说本文的确有些像《袁盎晁错列传》。主父偃未得志时尝尽了人间冷暖，得志后倒行逆施，其疯狂报复有些像是当年的伍子胥，司马迁在描述这个人物的过程中夹杂了不少个人的身世之感。

后人阑入之两段，前段纯为歌颂公孙弘，无足言者；后段乃节之于《汉书·公孙弘卜式兒宽传》之论赞，叙述武帝时代之宏阔与其人才之盛,以及其功业辉煌之所由,高屋建瓴,实不可多得之宏论。

[**集评**] 《太史公自序》:“大臣宗室以侈靡相高,唯弘用节衣食为百吏先,作《平津侯列传》第五十二。”

黄震曰:“主父偃奸险无赖小人,其致身青云,特自速族灭之祸耳,何足污齿颊哉。惟谏伐匈奴一书,不当以人废言。然它日劝筑朔方,俾袭蒙恬故步者,即今日举秦事以谏伐匈奴之偃也,何耶?其劝分王诸侯,则掇拾贾生之绪余也;其劝徙豪民实茂陵,则剽窃娄敬之陈言也,何能为汉庭(廷)决一策耶?而取大臣金、取诸侯金,自谓‘日暮途远’,自分‘倒行暴施’;以生于齐而劫齐王杀之,以游于燕而陷燕王杀之,召平日昆弟宾客,戒其毋入偃门,以一切踈绝之,何哉?偃之为人也,其自取覆灭也固宜,为偃之族者为可悲耳。”(《黄氏日钞》)

方苞曰:“以‘恢奇多诈’蔽宏(弘)之为人,唯恢奇,故多诈,而天子以为敦厚也。唯天子以为敦厚,故不唯汲黯之诘不能动,即左右佞幸之毁亦不能入也。其称‘人主病不广大’,及阳屈于买臣之议,阴祸主父,徙董相,‘诈’也。而使匈奴,还报不合上意,数谏通西南夷、筑朔方、置沧海郡,汲黯廷诘,反称其忠,使天子察其行而以为敦厚,所谓‘恢奇’也。黯之诘以‘倍约不忠’,则曰‘知臣者以臣为忠,不知臣者以臣为不忠’;诘其俭以饰诈,则曰‘管仲侈拟于君而桓以霸,晏婴下比于民而齐亦治’,所谓‘辨论有余’也。淮南、衡山之反,泛引传记,使览者莫识其意向,而究其隐私,则自引咎以绎人主之惭,所谓‘习文法’而又‘缘饰以儒术’也。凡此类,皆以‘恢奇’行其‘诈’也。天子报书,一则曰‘君宜知之’,再则曰‘君宜知之’,而其曲学逢君、饰诈不忠之实,不可掩矣。”(《归方评点史记合笔》)

王鸣盛曰:“公孙宏(弘)及主父偃、徐乐、严安,皆倾险浮薄之徒耳。而其上书言事皆能谏止用兵，盖是时如若辈者，犹倚正论以行其说，武帝亦喜，而恨相见晚。武帝好文，故爱其辞，而不责其忤己。偃既任用，遂请城朔方，以为灭匈奴之本，与初进议论大相矛盾矣。公孙宏（弘）以儒者致位宰相封侯，乃与主父偃同传；张汤、杜周，皆三公也，乃入之《酷吏传》，子长恶此三人特甚，故其位置如此。"（《十七史商榷》）

赵翼曰："主父偃上书，朝奏入，暮即召见。同时徐乐、严安，亦上书俱召见，曰'公等皆安在，何相见之晚也'。终军上书言事，帝奇其文，即拜为谒者。甚而东方朔上书……狂肆自举，如此使在后世，岂不以妄诞得罪？乃帝反伟之，而令待诏金马门，遂以进用。《史》称武帝招英俊，程其器能，用之如不及，宜乎兴文治，建武功，为千古英主也。又戾太子死巫蛊之祸，车千秋上书，为太子讼冤，帝大感悟召见，即拜为大鸿胪，不数月，遂为丞相。帝之度外用人如此，而当时禁网疏阔，怀才者皆得自达，亦于此可见矣。"（《廿二史札记》）

李景星曰："平津、主父之所以合传者，约有五端：一为齐人同；二先屈后伸同；三心术之不纯同；四行事之诡谲同；五则主父之死，由于平津。以同始者，以不同终也。《平津传》暗以'曲学阿世'四字为主，摹写入微。《主父传》叙事颇简，而所载书辞独详。由主父谏伐匈奴一书，引起徐乐、严安二书，即以为徐乐、严安之附传；又由徐乐、严安事转入主父事，以完成《主父传》之正文，用笔极屈伸之致。而《平津传》曰：'杀主父偃，徙董仲舒于胶（西），皆弘之力也。'《主父传》曰'是时公孙弘为御史'云云，则又见二传钩连之妙。"（《四史评议》）